Werner Rau

MOBIL REISEN
NORWEGEN

Die schönsten Reisewege
von Oslo bis zum Nordkap
Auto-, Motorrad-, Caravan- und
Wohnmobil-Touring in Norwegen

Rau's Reisebücher
Band 3

RAU'S REISEBÜCHER
Band 3

MOBIL REISEN

NORWEGEN

Die schönsten Reisewege
von Oslo bis zum Nordkap
Auto-, Motorrad-, Caravan- und
Wohnmobil-Touring in Norwegen

Oslo
Südnorwegen
Telemark und Fjordküste
Täler, Fjälls und Gletscher
Westnorwegen und Lofoten
Finnmark und Nordkap

WERNER RAU VERLAG STUTTGART

Idee, Text, Layout, Karten und Fotos (falls nicht anders gekennzeichnet): Werner Rau.
Titelfoto: Lofoten-Insel Vestvågøy.

8. überarbeitete Auflage 2004/05

Alle Rechte vorbehalten
© Werner Rau, Stuttgart

Herstellung: Druckerei Steinmeier, 86720 Nördlingen
Printed in Germany

ISBN 3-926145-07-2
Geo-Nr. 663 10108

Reproduktion in jeder Form, auch durch elektronische Medien, auch auszugsweise nur mit Genehmigung des Verlages.

Gedruckt auf chlorfrei gebleichtem Papier.

INHALT

Zum Kennenlernen

Übersichtskarten
- Norwegen Süd .... Umschlag vorne
- Norwegen Nord .... Umschlag hinten
Ein Wort zum Buch 8
Kurzporträt Norwegens 9
Kunst und Geschichte – in Stichworten 14
Bedeutende Persönlichkeiten, große Namen 20
Wie kommt man hin? 23
- Mit dem Auto 23
- Mit der Bahn 23
- Mit dem Bus 23
- Mit dem Flugzeug 24
- Mit dem Schiff 24

Mobil Reisen: Norwegen – Die Routen
Oslo

1. Oslo 28

Südnorwegen

2. Oslo – Kristiansand 52
3. Kristiansand – Egersund – Stavanger 65
   - Abstecher nach Stavanger 72
   - Alternativroute: Stavanger – Røldal (siehe auch Route 6) 83
4. Egersund – Haukeligrend 86

Durch die Telemark und über die Fjells zur Fjordküste

5. Haukeligrend – Notodden – Åmot 91
6. Åmot – Røldal – Bergen 102
   - Alternativroute über Skarsmo, Odda und Kvanndal nach Bergen (siehe auch Route 8) 107
7. Bergen 112
8. Bergen – Voss 127
   - Ausflug: Flåm (Bahn) – Myrdal 132
9. Voss – Loen 134
   - Alternativroute durch den Nærøyfjord 136
   - Abstecher an Norwegens Westkap 143
   - Ausflug zum Briksdalgletscher 150
10. Loen – Åndalsnes 152
    - Abstecher nach Ålesund und Runde 162
    - Alternativroute über Molde 167

Täler und Gletscher

11. Åndalsnes – Otta 171
12. Otta – Gjerde 179
13. Gjerde – Flåm 193

5

INHALT

14. Flåm – Otta 201
15. Otta – Oslo 215

Westnorwegen und die Inselwelt der Lofoten

16. Otta – Trondheim 223
    – Umweg über Røros 225
    – Alternativroute über Kristiansund N 230
17. Trondheim 236
18. Trondheim – Mosjøen 248
    – Alternativroute über Namsos (R17) 248
19. Mosjøen – Svolvær/Lofoten 259
20. Lofoten 276
21. Svolvær/Lofoten – Tromsø 288

Finnmark und Nordnorwegen

22. Tromsø 298
23. Tromsø – Alta 305
24. Alta – Nordkap 314
25. Nordkap – Kirkenes 325

Praktische und nützliche Informationen von A bis Z

Anschriften 339
Camping 339
– Thema Stellplätze 339
– Hinweise über Angaben zu Campingplätzen 341
Einreisebestimmungen 343
Freizeitaktivitäten 345
– Angeln 345
– Radfahren 345
– Wasser- und Kanusport 345
– Wandern 345
– Mückenschutz 346
Gesetzliche Feiertage 346
Hotels und andere Unterkünfte 346
Klima, Temperaturen 348
– Durchschnittstemperaturen 348
– Mitternachtssonne u. Polarnacht 348
Medikamente, ärztliche Versorgung 349
Miniwortschatz – klein, aber nützlich 349
Mit dem Auto durch Norwegen 351
– Verkehrsregeln 352
– Kraftstoffe und Preise 353
– Entfernungsübersicht 353
Öffnungszeiten 354
Post und Telefon 354
Reisen im Lande 354
– Mit dem Flugzeug 354
– Mit der Bahn 354
– Mit dem Bus 355

INHALT

- Mit dem Mietauto 355
- Mit dem Schiff 355
- Hurtigruten 355
Reisezeit und Kleidung 356
Währung und Devisen 357
Zeichenerklärung 358

Register 359
Rau's Reisebücher – Programm 363

Kurzessays

„Alt for Norge", Norwegens Monarchie 10
Das Ende des „Schottenzuges" 178
Ein Schiff erobert die Eismeere 45
Fjorde am „Nordweg" 139
Gletscher 192
Golfstrom 297
Längster Straßentunnel der Welt 196
Lofotfischfang 278
Mitternachtssonne und Polarnacht 266
Nordische Mythologie, die Welt mit den Augen der Wikinger 160
Nordlicht 304
Ölexporteur Norwegen 78
Sami, „Nomaden des Nordens" 312
Stabkirchen 209
Wasserstraßen in der Telemark 97
Wikinger, erste Entdecker Amerikas 246

Karten und Stadtpläne

Die Routen, südl. Norwegen .... Umschlag vorne
Die Routen, nördl. Norwegen .... Umschlag hinten
Routenkarten .... vor jeder Etappe

Bergen 115
Fähren 25
Kristiansand 62
Nordkapplateau 323
Oslo, Stadtplan Großraum 29
Oslo, Stadtplan Zentrum 33
Oslo, Norsk Folkemuseum 42
Regionen 12
Stavanger 75
Tromsø 301
Trondheim 239

EIN WORT ZUM BUCH

EIN WORT ZUM BUCH

Individuell reisen, mehr erleben.
Nicht suchen, sondern finden, erleben und genießen. *Rau's Reisebücher* sagen konkret wo's langgeht.

Reisebücher aus der neuen Reihe MOBIL REISEN sind handliche, praktische Reiseführer, maßgeschneidert sowohl fürs Reisemobil- und Auto-Touring als auch fürs Motor Biking oder Caravaning.

Zusammen mit den bewährten Tourenvorschlägen bilden Rau's Reisebücher eine gelungene Mischung aus zeitgemäßer Informationsvielfalt, Kultur und aktuellen Tipps für täglich neue Reiseerlebnisse.

Gehen Sie mit dem vorliegenden Band *„MOBIL REISEN: NORWEGEN"* auf Ihre ganz individuelle Entdeckungsreise. Dieser Reiseführer bietet Ihnen ausgewählte Auto-Touren, Routenvorschläge, Ausflüge, Stadtspaziergänge, Tipps zu Biking- oder Hikingtouren und vieles mehr. Jeden Tag gibt es neue, liebliche und dramatische Landschaften zu erkunden, Reisehöhepunkte zu erleben. Und jeden Abend können Sie in behaglichen Hotels übernachten oder auf naturnahen Campingplätzen Station machen. Denn auf jeder Etappe finden Sie in diesem Band ausgesuchte Hotels, Restaurants und Campingplätze aufgeführt.

☑ *neu!* Neu aufgenommen wurden Angaben über <u>Stellplätze für Wohnmobile</u> – so weit das möglich ist, muss aber gleich hinzugefügt werden. Näheres zu Stellplätzen in Norwegen finden Sie weiter hinten im Buch in der Rubrik „Praktische und nützliche Informationen von A bis Z" unter „Camping".

Alle Angaben sind mit größter Sorgfalt nach dem zum Zeitpunkt der Manuskripterstellung aktuellsten erreichbaren Stand zusammengestellt. Änderungen sind aber nicht auszuschließen, leider auch nicht Irrtümer. Und obwohl wir natürlich auf die Richtigkeit der Informationen achten, können wir für die gemachten Angaben keine Haftung übernehmen. Und alle genannten Preise sollten nur als Anhaltspunkte verstanden werden.

Zuschriften mit reiserelevanten Neuigkeiten aus Norwegen oder mit Angaben zu neuen Stellplätzen sind immer sehr willkommen, unterstützen sie doch mein Bestreben, Rau's Reisebücher aus der Reihe MOBIL REISEN immer auf dem neuesten Stand zu halten.

Gute Reise!

Ihr Werner Rau

Werner Rau Verlag, Feldbergstraße 54, D – 70569 Stuttgart.
Fax 07 11 / 68 22 47. E-mail: RauVerlag@aol.com
Internet: http://www.rau-verlag.de

KURZPORTRÄT NORWEGEN

Norwegen, norw. *Norge*, das mit alten Namen auch als *Noregi, Nåri, Thule* oder *Nuruniak* bezeichnet wurde, liegt am Westrand der skandinavischen Halbinsel und grenzt im Westen an die Nordsee (Atlantik), im Norden ans Eismeer, im Osten an Rußland (fast 200 km Grenze), an Finnland (über 700 km Grenze) und an Schweden (1.619 km Grenze) und im Südosten an den Skagerrak.

Größe des Landes

Die Gesamtfläche (ohne Svalbard und Jan Mayen) beläuft sich auf 323.878 qkm (BRD 357.050 qkm). Davon sind nur rund 4% bebaut oder anderweitig genutzt, z. B. durch Landwirtschaft.

Die Nord-Süd-Ausdehnung des norwegischen Territoriums beträgt 1.752 km, die Ost-West-Ausdehnung beläuft sich auf rund 430 km, wobei die schmalste Stelle des Landes nur ca. 6 km breit ist.

Küstenlänge: Luftlinie 2.650 km, mit allen Fjorden und Buchten rund 21.347 km, zusätzlich mit allen Inseln 57.009 km.

Einwohnerzahl: 4,4 Mio. (BRD rund 78 Mio.).

Hauptstadt: ist Oslo mit annähernd 484.000 Einwohnern.

Staatsform

Als Staatsform hat Norwegen die Konstitutionelle Monarchie (seit 1905) mit demokratischer Verfassung gewählt.

In ihrer noch heute gültigen Form wurde Norwegens Verfassung in Eidsvoll von der Nationalversammlung beschlossen und am 17. Mai 1814 verkündet. Norwegens Verfassung ist eine der ältesten in Europa und wurde bei ihrer Entstehung von den Leitgedanken der Französischen Revolution beeinflußt.

Dem Monarchen (seit 1991 König Harald V.) – er ist auch Oberhaupt der Staatskirche und oberster Befehlshaber der Streitkräfte – obliegt die ausübende, vollziehende Gewalt (Exekutive). Die gesetzgebende Gewalt (Legislative) liegt beim Parlament, dem „Storting", und die richterliche Gewalt (Jurisdiktion) beim Rechtswesen.

Der König ernennt mit Zustimmung des Parlaments den Ministerrat.

Das Stortinget, das Parlamentsgebäude in Oslo

KURZPORTRÄT NORWEGEN

„ALT FOR NORGE"
Norwegens Monarchie

Seine Majestät König Harald V. von Norwegen trat nach dem Tode seines Vaters, König Olav V., am 17. Januar 1991 die Thronfolge an. Und wie sein Vater und sein Großvater, König Haakon VII., wählte er das Motto „Alt for Norge", „Alles für Norwegen".
König Harald wurde am 21. Februar 1937 auf Skaugum, einem Gut der königlichen Familie in Asker bei Oslo, geboren. Nach 567 Jahren war er der erste im Lande geborene norwegische Prinz. Entsprechend groß war die Begeisterung im norwegischen Volk. König Haralds Eltern waren König Olav V. (1903 – 1991, Sohn von König Haakon VII., ehemals Prinz Carl von Dänemark und Königin Maud, Tochter von König Edvard VII. von Großbritannien) und Kronprinzessin Märthe (1901 – 1954, Tochter von Prinz Carl von Schweden und Prinzessin Ingeborg). Die Erziehung des Erbprinzen Harald entspricht der königlichen Tradition und der späteren Verantwortung des Monarchen – Volksschule in Smestadt, Kathedralschule in Oslo, Offiziersanwärterschule der Kavallerie, Militärakademie, Balliol College in Oxford.

Norwegens Königspaar
König Harald V. und Königin Sonja
Foto: Norwegische Botschaft, Berlin

Das Parlament wird alle vier Jahre als Ein-Kammer-Parlament in geheimer Wahl neu gewählt und setzt sich aus 165 Mitgliedern zusammen. Das Parlament wählt aus seiner Mitte 38 Abgeordnete, die das „Lagting" bilden. Die restlichen Abgeordneten stellen das „Oldesting" dar.

Die meisten Norweger (ca. 95%) gehören der evangelisch-lutherischen Staatskirche an.

Landesnatur

Zu drei Vierteln besteht Norwegen überwiegend aus Gebirgen, Gletschern und Tundra. Das restliche Viertel ist in erster Linie Wald, der sich in der Südostecke des Landes (Östlandet) konzentriert.

Im **Südosten** und östlich des Oslofjords wird die Landschaft geprägt von Flußtälern, wie das Österdal mit dem Fluß Glåma oder das weiter nordwärts führende Gudbrandsdal mit grünen, fruchtbaren Talgründen und waldreichen Höhen. An der Übergangsstelle des Tallandes in die verzweigte Küstenregion des weit ins Land reichenden Oslofjordes liegt die Hauptstadt des Landes.

Westlich schließt die Region **Telemark** an, die den Übergang zum weiter westlich gelegenen südnorwegischen Hochland bildet. Neben der Telemark zählen die Provinzen **Östfold, Vestfold, Akershus, Buskerud, Oppland** und **Hedmark** zu dieser Region.

KURZPORTRÄT NORWEGEN

Im August 1968 heiratet Kronprinz Harald die bürgerliche Sonja Haraldsen. Der Umstand führte aber nur kurzfristig zu Debatten, in der Öffentlichkeit wie auch im Storting und im Kabinett. In der Bevölkerung wurde die künftige Königin mit Begeisterung aufgenommen. Aus der Ehe gehen zwei Kinder hervor, Prinzessin Märthe Louise, geboren am 22. September 1971 und der Thronfolger Prinz Haakon, geboren am 20. Juli 1973.

Als Kronprinz ist Harald Stellvertreter des Königs und in dieser Eigenschaft leitete er seit der Erkrankung seines Vaters, König Olav, ab 1990 die Staatsratssitzungen und nahm andere Aufgaben des Königs wahr.

Am 21. August 1991 legte König Harald seinen Eid auf die Verfassung ab. Königin Sonja begleitete ihn bei diesem historischen Ereignis im Storting. Zu dieser Zeit war es 69 Jahre her, daß im Parlamentssaal eine Königin zugegen war.

Am 23. Juni 1991 wurde König Harald auf eigenen Wunsch im Nidaros-Dom zu Trondheim gesegnet. Auch Königin Sonja nahm den Segen der Kirche entgegen. Im Sommer desselben Jahres unternahm das Königspaar eine zehntägige Segnungsreise durch das südliche und im Jahr darauf durch das nördliche Norwegen.

Seine Majestät König Harald hat sich bei einer Reihe von nationalen und internationalen Segelwettbewerben einen Namen gemacht. Als Kronprinz hat er Norwegen mehrere Male bei den Olympischen Spielen vertreten; 1968 hat er im Kampf um den Goldpokal den Sieg davongetragen, 1972 die Kieler Regatta gewonnen und im Sommer 1987 wurde er Weltmeister mit seinem neuen Eintonner „Fram X".

Die persönliche und die engagierte Weise, in der König Harald und Königin Sonja, die von einer überwältigenden Mehrheit der Bevölkerung hoch geschätzt werden, ihre offiziellen Aufgaben wahrnehmen, ist eine von mehreren Ursachen dafür, daß die Monarchie in Norwegen heute so gefestigt ist. Eine weitere Ursache ist die Bedeutung der Königlichen Familie als Symbol der Stabilität und politischen Kontinuität.

Die **Südküste** Norwegens vom Oslofjord bis Stavanger ist eine Fels- und Schärenküste mit kaum nennenswerten größeren Buchten oder gar ins Land reichenden Fjorden. Hier liegen die Provinzen **Austagder** und **Vestagder**. Die relativ wirtliche Küste erlaubte eine dichte Besiedelung. Arendal, Kristiansand, Mandal oder Stavanger sind hier die bedeutendsten Küsten- und Hafenstädte.

Norwegens südlichster Punkt, das **Kap Lindesnes**, ist westlich von Mandal zu finden. Viele Täler, wie das schöne Setesdal, streben vom gebirgigen Inland hauptsächlich südwärts zur Küste.

Das **südnorwegische Hochland** ist das Gebiet der Fjells, der Hochflächen (Hardangervidda), Berge und Gletscher. Ein wunderbares Gebiet übrigens, für handfeste Wandertouren. Die wichtigsten Gebirgszüge hier sind das **Dovrefjell** mit dem 2.286 m hohen *Snöhetta* und **Jotunheimen**. Jotunheimen ist Skandinaviens größtes zusammenhängendes Hochgebirge. Hier findet man Norwegens höchste Erhebung, den 2.469 m hohen *Galdhøpigen* und den Jostedalsbreen, mit 486 qkm größter europäischer Gletscher.

Noch dramatischer wird das ohnehin schon imposante Landschaftsbild des südnorwegischen Hochlandes durch die un-

KURZPORTRÄT NORWEGEN

geheuer tief ins Land schneidenden, steilen und tiefen Arme des **Nordfjords**, des **Sognefjords** oder des **Hardangerfjords**.

Die **westnorwegische Schären- und Fjordküste** umfaßt den größten Teil der überaus zerklüfteten und zerrissenen Westküste des Landes. Zum einen ist dieser Küstenstrich das Hauptgebiet der norwegischen Heringsfischerei, zum anderen aber ist er das Land der bezaubernden Fjordwelt, mit Landschaftsbildern, die jede Reise lohnen. **Rogaland, Hordaland,**

KURZPORTRÄT NORWEGEN

Sogn og Fjordane und Møre og Romsdal sind die Provinzen dieser Landesregion.

Mittelnorwegen mit den Provinzen Sør-Trøndelag und Nor-Trøndelag ist ein Mittelgebirgsland am hier abgeflachten westskandinavischen Gebirgsrücken, mit weiten Wäldern, aber auch mit Wiesenflächen und Feldern. Das Gebiet um die alte Königsstadt **Trondheim** am Trondheimsfjord ist uraltes norwegisches Kulturgebiet.

Nordnorwegen schließlich, mit den Provinzen **Nordland, Troms** und **Finnmark**, ist das Land der Mitternachtssonne und der Polarlichter, der Samen und der menschenleeren Weiten der Tundra. Hier findet man die Inselgruppen der Vesterålen und Lofoten, Zentren der Kabeljaufischerei und des Dorschfangs, die Hafenstädte Bodø, Narvik, Tromsø, Alta, Hammerfest und Kirkenes und das **Nordkap**, den nördlichsten per Straße erreichbaren Punkt Europas. Nicht nur von strategischer, sondern mit ihrem reichen Eisenerzvorkommen auch von wirtschaftlicher Bedeutung, ist die Varangerhalbinsel im äußersten Nordosten des Landes. Die geförderten Erze werden in Kiruna verarbeitet und über den Hafen von Narvik verschifft.

Wirtschaftliche Schwerpunkte

Die Bedeutung der klassischen Erwerbszweige wie Landwirtschaft und Fischerei nehmen im Vergleich zu den anderen Wirtschaftssektoren mehr und mehr ab.

Die in erheblichem Umfang aus Wasserkraft gewonnene Elektrizität ermöglicht eine extensive Herstellung und Verarbeitung energieintensiver Produkte auf den Gebieten Metall und Chemie. Export von Nickel, Magnesium, Mangan, Kupfer und Zink. Ausgeprägte Forstwirtschaft, holzverarbeitende Industrie und Papierindustrie.

Unter norwegischer Flagge fährt die viertgrößte Handelsflotte der Welt.

Seit etwa 1970 spielt die Off-Shore-Exploration in der Nordsee für Norwegens Wirtschaft eine herausragende Rolle. Große Erdöl- und Gasvorkommen machten das Land zu einem wohlhabenden Öl- und Gasexportland. Begleitet wird die Öl- und Gasförderung von einer wachsenden Off-Shore-Industrie. Darunter sind Werften, die der Welt größte Ölbohrplattformen bauen (siehe auch unter „Ölexporteur Norwegen").

Die **Nationalflagge** ist ein querliegendes blaues, weiß umrandetes Kreuz auf rotem Grund.

Südlichster per Auto erreichbarer Punkt: Kap Lindesnes 57°57'31" nördlicher Breite.

Nördlichster Punkt: Nordkap 71°10'21" nördlicher Breite.

Längster Fjord: Sognefjord, ca. 200 km lang und bis 1.308 m tief.

Größter See: Mjøsa, 368 qkm (von insgesamt über 200.000 Binnenseen im Lande).

Tiefster See: Hornindalsvatnet, 604 m tief, Europas tiefster See.

Höchster Berg: Galdhøpiggen, 2.469 m.

Größter Gletscher: Jostedalsbreen 486 qkm (von insgesamt fast 1.700 Gletschern in ganz Norwegen, gleichzeitig Europas größter Gletscher).

Größte Insel: Hinnøya (Vesterålen), 2.198 qkm.

Längster Fluß: Glomma, ca. 600 km.

Nationalfeiertag: 17. Mai, Tag der Verfassung.

Norwegens Nationalhymne beginnt mit den Worten: „Ja, wir lieben dieses Land...".

Autokennzeichen: N

KUNST UND GESCHICHTE – IN STICHWORTEN

Mit dem Rückgang der Eismassen am Ende der Eiszeit vor 10.000 bis 15.000 Jahren drängten die ersten Menschen, wahrscheinlich aus osteuropäischen Gegenden, auf die skandinavische Halbinsel vor.

Um 8000 – 2000 v. Chr. – Norwegen ist – wenn auch recht spärlich und nur an den Küsten – bis in den hohen Norden von Menschen der **Steinzeitkultur** bewohnt.

Spuren aus jener Zeit sind in Form von Felsgravuren (Felszeichnungen – norw. *„helleristninger"*) vom Süden des Landes bis hinauf nach Alta in der Finnmark heute noch zu besichtigen. Dargestellt sind jagende Menschen, Tiere (Rentiere, Elche, Bären etc.), Boote und die wohl erste Skizzierung eines skifahrenden Menschen. Eine Kopie davon ist vor dem Skifahrtmuseum an der Holmenkollenschanze in Oslo zu sehen. Diese Felszeichnungen zählen mit zu ersten Objekten in der europäischen Kunstgeschichte.

In der **jüngeren Steinzeit** wird auch im Landesinneren mit der Kultivierung des Bodens und mit einer bescheidenen Landwirtschaft begonnen.

Um 1000 v.Chr. – In der Bronzeit werden die alten Steinwerkzeuge und Waffen rasch von der widerstandsfähigeren Bronze verdrängt. Erste eherne Gebrauchs- und Ziergegenstände werden gefertigt. Als Zeugen aus der Vorgeschichte sind Felsritzungen, Hünengräber und Dolmen erhalten.

5. Jh. v. Chr. – Erstmals wird Eisen verwendet.

1. – 6. Jh. n. Chr. – In Norwegen beginnen sich Siedlungen und Stammesgemeinschaften zu bilden. Am Trondheimsfjord formt sich das erste von einem König regierte Reich.

Die Zeit um das 5. Jh., die Zeit der Völkerwanderung, bringt Bewegung in die norwegischen Stammesgebiete. Von Süden kommende Stämme drängen die Ansässigen nach Westen und Norden. Die Zeit ist geprägt von kriegerischen Auseinandersetzungen zwischen den zahlreichen Sippen, Stämmen und Kleinkönigreichen, die sich in den vielen Tälern etabliert haben.

8. – 9. Jh. n. Chr. – Es ist die Zeit der **Wikinger**, eine Zeit, in der sich das Augenmerk der Bevölkerung vor allem aufs Meer richtet. Wikinger bestimmen das Geschehen im nord- und mitteleuropäischen Raum.

Zeugen aus der Wikingerzeit sind noch erhalten, z. B. im sehenswerten Wikingerschiff-Museum in Oslo.

In ihren bewundernswerten, meisterlich konzipierten und gebauten Holzbooten erkunden die Wikinger die Meere. Auf Handels- und Raubzügen dringen sie nach Frankreich, bis an den Bosporus, nach England, Island, Grönland, ja bis nach Nordamerika vor (siehe auch „Wikinger, erste Entdecker Amerikas").

Zwischen dem 9. und 11. Jh. erobern Waräger, einerseits handels- und geschäftstüchtige, andererseits kriegslüsterne Wikinger aus Schweden, Teile des Baltikums und segeln bis Byzanz.

872 – König *Harald Hårfagre* („Schönhaar") versucht das in viele Kleinkönigreiche zersplitterte Norwegen zu einem Reich zu einen, ohne Erfolg.

Um 1000 – Wikingerschiffe unter *Leif Erikson* erreichen die Küste Nordamerikas. In Nidaros (heute Trondheim) regiert König *Olav Tryggvasson*, ein Nachfahre Harald Schönhaars. Er versucht erneut, Norwegen zu einen.

Unter König Olavs Schutz beginnt die Christianisierung des Landes. Olav Tryggvasson fällt in der Schlacht gegen die Truppen Dänemarks und Schwedens bei der Insel Rügen.

Sein Nachfolger, König *Olav Haraldsson* („der Heilige"), verhilft dem Christentum in Norwegen zum Durchbruch. Der König fällt am 29. Juli 1030 bei Stiklestad (alljährlich St. Olav Festspiele).

KUNST UND GESCHICHTE – IN STICHWORTEN

im Kampf für die neue Religion, die zur Staatsreligion ernannt wird. König Olav wird Norwegens Nationalheiliger.

1035 – 1047 – Es regiert König *Magnus Olavsson* („der Gute"). Ihm gelingt es, die Eigenständigkeit und Geschlossenheit des jungen norwegischen Königreichs gegenüber Schweden und Dänemark zu festigen und zu sichern.

1048 – oder 1050 wird Oslo von König *Harald Hårdråde* („der Harte") gegründet. 1066 fällt König Harald Hårdråde in England im Kampf um den englischen Thron. Mit ihm geht die große Zeit der Wikinger zu Ende.

1070 – Bergen wird gegründet. Die norwegische Hafenstadt entwickelt sich rasch zu einem wichtigen Handelsplatz und wird nach Trondheim, damaliger Sitz des einflußreichen Klerus und Residenzstadt, zur wichtigsten Stadt des Königreichs.

12. Jh. – Die christlichen Kreise um den Erzbischof von Trondheim nehmen mehr und mehr Einfluß auf die politischen Geschehnisse am Königshof. Sie festigen ihren Rückhalt bei wichtigen Familien des Landes und verlangen schließlich ein Mitspracherecht bei der Vergabe der Königswürde.

Der Handelsbund der norddeutschen **Hanse** erlangt Macht und Einfluß im skandinavischen Raum.

Das 11. und 12. Jahrhundert waren die Blütezeit der **Stabkirchen-Architektur** in Norwegen. Die älteste noch erhaltene Stabkirche des Landes ist die von Urnes. Sie entstand um 1090 (siehe auch unter „Stabkirchen").

13. Jh. – Nicht zuletzt durch die Politik der Kirche kommt es zu Rivalitäten bei der Erbfolge am norwegischen Königshof.

1217 – *Håkon Håkonsson* wird zum König von Norwegen gekrönt. Die Königswürde wird von nun an an den ältesten Sohn des Königs vererbt.

Mitte des 13. Jh. wird das Königreich Norwegen um die Inseln Island und Grönland erweitert. Die deutsche Hanse festigt ihre Position als Handelsmacht in Bergen.

1276 – Erstmals werden für das ganze Königreich geltende Gesetze eingeführt.

Zeugen mittelalterlicher Baukunst in Norwegen sind die 1261 fertiggestellte Håkonshalle und die Marienkirche aus dem 12. Jh. in Bergen. Auch die Domkirche von Stavanger zählt zu den Baudenkmälern aus jener Zeit. Sie entstand im 12. Jh., wurde aber später des öfteren restauriert und umgebaut, wobei Stilelemente der Gotik und später des Barock hinzugefügt wurden. Das wohl bedeutendste gotische Kirchenbauwerk Norwegens stellt der Nidarosdom zu Trondheim dar.

Die bildenden Künste entfalteten sich im Mittelalter in erster Linie auf dem Gebiet der Kirchenkunst. Altartafeln, Schnitzwerk und Holzplastiken sind erhalten.

Aus dem frühen 13. Jh. ist das erste Werk **norwegischer Literatur** bekannt. *Snorre Sturlasson* (1179 – 1241) schrieb auf Island die **Königs-Sagas**. Sie vermit-

Holzschnitzereien an der Stabkirche von Urnes aus dem 11. Jh.

KUNST UND GESCHICHTE – IN STICHWORTEN

teln ein Bild der Sitten und der Geschichte des 12. Jh.

Mitte des 13. Jh. entstand der sog. **"Königsspiegel"**, der Einblick in das Leben an den nordischen Höfen der damaligen Zeit gibt.

1319 – *Magnus Eriksson* wird König von Norwegen und Schweden.

Bei den Bestrebungen um eine skandinavische Union der drei Königreiche Norwegen, Schweden und Dänemark gerät Norwegen mehr und mehr ins Hintertreffen.

1320 – Der Bau des Nidarosdoms in Trondheim wird abgeschlossen. Der im 12. Jh. im romanischen Stil begonnene Monumentalbau ist Krönungskirche und Norwegens bedeutendster Sakralbau.

1350 – Während einer verheerenden Pestepidemie stirbt nahezu die Hälfte der Bevölkerung des Landes. Norwegen wird wirtschaftlich von der Hanse, politisch von Schweden und 1380 mit *Olav Håkonsson*, der in Personalunion König von Dänemark und Norwegen ist, auch von Dänemark abhängig.

1397 – Die **"Kalmarer Union"** wird auf Betreiben und unter Vorsitz der dänischen *Königin Margrethe* unterschrieben. Beabsichtigt ist, Schweden, Dänemark und Norwegen unter einem dänischen Unionskönig zu vereinigen. Bald aber versucht Schweden, sich der dänischen Vorherrschaft zu entziehen. Es gibt Aufstände, die der Bauernführer Engelbrekt nutzt und sich zum Reichsvorsteher Schwedens ernennen läßt. Es entsteht ein Reichstag, zu dem Adel, Geistlichkeit, Bürgertum und Bauern ihre Vertreter entsenden.

Norwegen bleibt bis 1814 mit Dänemark verbunden.

Während der gesamten Unionszeit mit Dänemark findet eine eigenständige Entfaltung der Künste in Norwegen kaum statt. Lediglich im 17. Jh. treten zwei Literaten hervor, *Peter Dass*, ein Kirchenmann, der zwischen 1647 und 1708 lebte und mit seiner *"Nordland-Trompete"* das Leben in Nordnorwegen beschrieb, und *Ludvig Holberg*. Er wurde zwar in Bergen geboren (1684), lebte aber bis zu seinem Tod 1754 in Dänemark. Er schrieb u. a. Komödien.

15. Jh. – Norwegen muß die Orkney- und Shetland-Inseln an die schottische Krone abtreten.

1523 – Gustav Wasa wird zum schwedischen *König Gustav I.* gewählt. Er tritt aus der Kalmarer Union aus.

1537 – Durch die von Dänemark erzwungene Abschaffung des Reichsrates wird Norwegen faktisch der Status eines eigenständigen Königreichs (bis 1814) genommen. Aufstände gegen die dänische Krone scheitern.

Während der Reformation werden auch die katholischen Bischöfe Norwegens entmachtet. Dem dänischen Königshaus fallen die riesigen Ländereien zu, die ehemals im Besitz des Klerus waren.

Aus der Kunstepoche der **Renaissance** gilt in Norwegen der Rosenkrantzturm in Bergen aus der Mitte des 16. Jh. als schönes Beispiel.

1563 – 1570 – Im Siebenjährigen Krieg wird Norwegen als Reichsteil Dänemarks in die Kriegshandlungen gegen Schweden verstrickt.

Nachdem um 1550 die Vormachtstellung der Hanse in Norwegen durch Dänemark gebrochen worden war, konnte Norwegen langsam einen zunächst bescheidenen Auslandshandel beginnen. Dabei nutzte man den natürlichen Reichtum des Landes – Holz und Fisch. Die Erfolge auf dem Gebiet des Handels weckten auch den Wunsch nach nationaler Selbständigkeit.

17. Jh. – Die erste Hälfte des Jahrhunderts ist geprägt von Kriegen zwischen Dänemark und Schweden (1611 – 1614 und 1643 – 1645), in die auch Norwegen verwickelt ist. Norwegen verliert die Provinzen Härjedalen, Jämtland und 1658 auch Bohuslän.

1709 – 1721 – "Nordischer Krieg". Schweden unter König Karl XII. steht im Krieg mit Dänemark und Norwegen, mit Sachsen, Preußen, Polen, Rußland und Hannover.

KUNST UND GESCHICHTE – IN STICHWORTEN

1716 – Schwedische Truppen besetzen kurzzeitig Oslo (damals Christiania). Nach den Kriegswirren verschaffen Handelsmonopole zu Gunsten Norwegens dem Land die Möglichkeit, seine Exportgeschäfte auszubauen. Vor allem die Handelsschiffahrt und der Schiffsbau erleben eine Blütezeit.

1807 – 1814 – Während des Krieges Englands und Schwedens mit Dänemark/Norwegen verhängt England zwischen 1809 und 1812 eine Blockade, die die Verbindungen Norwegens mit Dänemark sehr stört und Norwegens Handelsschiffahrt hart trifft.

Die häufigen Kriege, in die Norwegen durch die Union mit Dänemark meist unfreiwillig verstrickt wird und nun auch der Niedergang des Handels, lassen die unzufriedenen Stimmen über die miserable Außenpolitik Dänemarks in Norwegen laut werden. Man strebt nun entschlossen die Unabhängigkeit von Dänemark an.

1809 – Frieden mit Schweden.

1814 – Kieler Frieden. Nach den Wirren der napoleonischen Kriege – Dänemark hatte während dieser Zeit mit Frankreich sympathisiert – muß sich Dänemark gegenüber England geschlagen geben und Helgoland an England und Norwegen an Schweden abtreten.

Norwegen erklärt sich mit den Resultaten des Kieler Friedensvertrages nicht einverstanden, fordert seine nationale Eigenständigkeit und beruft am 10. April 1814 in Eidsvoll eine **Nationalversammlung** ein, die am **17. Mai 1814** eine neue Verfassung verkündet. Zum neuen König wird der dänische Kronerbe *Christian Frederik* gewählt.

Schweden und auch England sind mit diesem Akt nicht einverstanden und bestehen auf der Einhaltung des Kieler Friedensvertrages. Es kommt im Juli und August 1814 zum Krieg mit Schweden.

Schon am 14. August 1814 aber wird ein Waffenstillstand mit Schweden geschlossen. König Christian Frederik dankt ab und geht außer Landes. Das Storting in Oslo akzeptiert die Union mit Schweden und die Weisungen der schwedischen Krone in außenpolitischen Fragen. Innenpolitisch aber kann die in Eidsvoll verkündete Verfassung angewandt werden. Die Union mit Schweden dauert bis 1905.

Island, Grönland und die Faröer werden von Dänemark annektiert. Der Versuch Dänemarks ganz Schleswig einzugliedern, führt zu den deutsch-dänischen Kriegen 1848, 1850 und 1864.

Mitte des 19. Jh. – „Nynorsk", eine aus den verschiedenen Dialekten (Landsmål) entstandene Sprache, wird offizielle Landessprache in Norwegen.

Erneute Blütezeit der norwegischen Handelsschiffahrt. Industrialisierung des Landes. Starke Landflucht und 1882 Auswanderungswelle nach Amerika.

1872 – Am 3. August 1872 wird als zweitältester Sohn des dänischen Königs Frederik VII., *Prinz Carl*, der spätere norwegische König *Håkon VII.* geboren.

Nach der Trennung Norwegens von Dänemark und der Wiedererlangung einer gewissen staatlichen Souveränität, entwickelte sich in Norwegen nach und nach wieder ein **eigenständiges Geistes- und Kunstleben**.

Das 19. Jh. wurde zu einer Zeit der kulturellen Blüte in Norwegen. Es ist die Zeit des Dramatikers *Henrik Ibsen*, des Komponisten *Edvard Grieg*, des Malers *Edvard Munch*, des Bildhauers *Vigeland* und anderer namhafter Künstler (siehe auch unter „Bedeutende Persönlichkeiten, große Namen").

1903 – Am 2. Juli 1903 wird Olav, Kronprinz von Norwegen und späterer König von Norwegen bis 1991, geboren.

1905 – Das norwegische Parlament tritt zurück und erklärt am 7. Juni die Personalunion mit Schweden für beendet. In einer Volksabstimmung am 13. August distanzieren sich die Norweger mit überwältigender Mehrheit von der Union mit Schweden. Eine fast ebenso große Volksmehrheit stimmt für eine parlamentarische Monarchie als Staatsform für das nun endgültig unabhängige Norwegen. Am 18. November 1905 wird der dänische *Prinz*

KUNST UND GESCHICHTE – IN STICHWORTEN

Carl als *Håkon VII.* zum norwegischen König gewählt.

Im gleichen Jahr durchsegelt *Roald Amundsen* als erster mit seinem Schiff „Gjøa" die schon lange gesuchte Nordwestpassage.

1906 – Am 22. Juni 1906 wird König Håkon VII. in der Domkirche zu Trondheim zum König von Norwegen gekrönt.

1911 – Roald Amundsen erreicht am 4. Dezember als erster Mensch den Südpol, rund vier Wochen vor dem Engländer Scott.

1912 – Die Frauen Norwegens erhalten das Wahlrecht.

Stockholm ist Austragungsort der Sommerspiele der 5. Olympiade.

1914 – 1918 – Erster Weltkrieg. Dänemark und Norwegen bleiben neutral. 1918 wird Island selbständiges Königreich.

1919 – 1940 – Die Weltwirtschaftskrise um 1930 wird auch in Norwegen spürbar. Arbeitslosigkeit und die schlechte Situation der Bauern stärkt die sozialistische Arbeiterpartei, die ab 1935 schließlich die Regierung bildet.

Ab 9. April 1940 beginnen Truppen der deutschen Wehrmacht Norwegen zu besetzen. Oslo wird eingenommen und andere wichtige Städte, darunter Narvik, das mit seinem Verschiffungshafen des aus Kiruna in Schweden stammenden Erzes natürlich von besonderer Bedeutung war.

Die Regierung und König Håkon VII. fliehen nach England und setzen von dort aus den Kampf gegen Hitlers Truppen fort.

Während der fünfjährigen deutschen Besetzung führt der Norweger *Vidkun Quisling* eine den Besatzern genehme Regierung.

1945 – Im Mai kapitulieren die deutschen Truppen in Norwegen. Der König kehrt im Juni nach Oslo zurück. Vidkun Quisling wird zum Tode verurteilt. Im November wird Norwegen Mitglied der Vereinten Nationen (UN).

1949 – Norwegen wird Mitglieder der NATO.

1950 – Das 1933 begonnene Rathaus von Oslo wird vollendet.

1952 – Der Nordische Rat wird gegründet. Ihm gehören alle fünf Nordischen Länder Dänemark, Norwegen, Schweden, Island und Finnland an. Es beginnt eine enge Kooperation und Annäherung der Gesetzgebung der Nordischen Länder (Sozialabkommen, Arbeitsrecht, Paßrecht, Entwicklungs- und Handelspolitik u. a.).

1957 – Im Alter von 85 Jahren stirbt der norwegische König *Håkon VII.* Er war verheiratet mit der englischen Prinzessin *Maud* (gest. 1938). Nachfolger auf dem Thron wird der 1903 geborene einzige Sohn des Königspaares, *Olav V.*

Aus der Ehe König Olavs V. mit der schwedischen Prinzessin *Märthe* (gest. 1954) gingen drei Kinder hervor, die 1930 geborene Prinzessin *Ragnhild*, die 1932 geborene Prinzessin *Astrid* und der 1937 geborene Thronfolger Kronprinz *Harald*.

Zu den norwegischen Künstlern moderner Prägung zählen u. a. Bildhauer wie *Lunde, Rasmussen, Emil Lie* oder *Anne Grimdalen*, die das Reiterstandbild König Harald Hårdrådes an der Westseite des Rathauses schuf. Die Künstlerin wurde aber vor allem wegen ihrer Tierplastiken (Bären) bekannt.

Namhafte norwegische Komponisten der Zeit sind u.a. *Klaus Egge* oder *Ludvig I. Jensen*.

1966 – Beginn der Off-Shore-Exploration, der Suche nach Öl und Gas in der Nordsee(siehe auch unter „Ölexporteur Norwegen").

1971 – Erste Ölförderung auf norwegischen Ölfeldern.

1972 – In einem Volksentscheid votiert die Mehrheit der Norweger gegen einen Beitritt zur Europäischen Gemeinschaft (EG). In den folgenden Jahren verhelfen die reichen Öl- und Gasvorkommen und die mit deren Erschließung und Förderung verbundenen Industrien Norwegens zu wirtschaftlichem und sozialem Wohlstand.

1981 – *Gro Harlem Brundtland* von der Norwegischen Arbeiterpartei wird mit 42 Jahren Norwegens jüngste Premierministerin.

18

KUNST UND GESCHICHTE – IN STICHWORTEN

1989 – Am 7. April 1989 sinkt im Eismeer nördlich der norwegischen Küste ein atomgetriebenes sowjetisches U-Boot.

1994 – Vom 12. bis 27. Februar 1994 finden im südnorwegischen Lillehammer die 17. Olympischen Winterspiele statt.

Im Mai wird der Ministerpräsidentin Gro Harlem Brundtland in Aachen der Karlspreis verliehen.

Am 2. Dezember 1994 stimmen die Norweger erneut über den Beitritt ihres Landes zur EU ab. Überraschend klar fällt die Ablehnung aus. 52,2% der Wahlberechtigten sprechen sich gegen einen Beitritt aus.

1995 – Seit dem 25. Oktober 1995 bildet ein neues Kabinett unter Ministerpräsident *Thorbjørn Jagland* von der Norwegischen Arbeiterpartei die Regierung.

1997 – Am 15. September 1997 wählen die Norweger ihr neues Parlament. Jagland verfehlt das angestrebte Ziel, wieder Ministerpräsident zu werden, um 2%. Er tritt im Oktober zurück. Neuer Ministerpräsident wird *Kjell Magne Bondevik* von der Christlichen Volkspartei.

2000 – Nach dem Rücktritt der norwegischen Regierung unter Bondevik am 17. März 2000 übernimmt *Jens Stoltenberg* das Amt des norwegischen Ministerpräsidenten. Er bildet eine sozialdemokratische Minderheitsregierung.

2001 – Am 25. August heiraten Kronprinz Haakon und Mette-Marit Tjessem Høiby in der Kathedrale zu Oslo.

Parlamentswahlen am 10. September. Neuer Premierminister wird Kjell Magne Bondevik. Bondevik bildet mit der konservativen Partei Høyre (38 Sitze im Storting), der Christlichen Volkspartei (22 Sitze) und der Liberalen Partei Venstre (2 Sitze) eine Minderheitsregierung.

2002 – Prinzessin Märtha Luise und Ari Behn heiraten am 24. Mai 2002 im Nidarosdom in Trondheim. Das Hochzeitsbankett findet im Stiftsgården statt, der königlichen Residenz in Trondheim.

Parade zum Nationalfeiertag am 17. Mai

BEDEUTENDE PERSÖNLICHKEITEN, GROSSE NAMEN

Roald Amundsen (1872 – 1928), Polarforscher. Amundsen wird am 16. Juli 1872 geboren. Erste Forschungsfahrten mit dem Schiff „Gjøa" von 1903 bis 1906

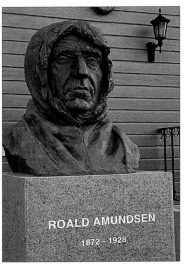

Roald Amundsen

zur Erkundung eines schiffbaren Weges durch die Nordwestpassage.

Am 14. Dezember 1911 erreicht Amundsen als erster den Südpol. Näheres unter „Oslo, Fram Museum". 1926 überfliegt er zusammen mit dem italienischen Luftschiffkonstrukteur Umberto Nobile mit dem Luftschiff „Norge" den Nordpol. 1928 kommt der Polarforscher von einer Rettungsaktion für den mit seinem Luftschiff „Italia" in der Arktis notgelandeten Nobile nicht zurück und bleibt verschollen.

Bjørnstjerne Bjørnson (1832 – 1910), Schriftsteller, Dramatiker und Theaterdirektor. Eines seiner Gedichte lieferte den Text zur norwegischen Nationalhymne. 1903 Literaturnobelpreis.

Gro Harlem Brundtland, geb. 1939, graduierte Medizinerin und Politikerin der Norwegischen Arbeiterpartei. Von 1974 bis 1978 Kabinettsmitglied. 1981 kurzzeitig Premierministerin. In dieses Amt kehrte sie 1986 für eine Amtsperiode zurück.

Ole Bull (1810 – 1880), ein bedeutender Violinvirtuose des 19. Jh.

Johann Christian (1788 – 1857), einer der ersten großen romantischen Landschaftsmaler Norwegens.

Petter Dass, ein Kirchenmann und Literat, der zwischen 1647 und 1708 lebte und in seiner „Nordland-Trompete" das Leben in Nordnorwegen beschrieb.

Edvard Grieg (1843 – 1907) Norwegens weltberühmter Komponist. Seine oft von Volksweisen inspirierten Kompositionen, sein Klavierkonzert in a-moll, Opus 16, das einzige Klavierkonzert übrigens das Grieg schrieb, und natürlich die Musik zu Ibsens „Peer Gynt", zeugen nicht nur von seinem musikalischen Genie, sondern auch von einer innigen Verbundenheit mit der norwegischen Landschaft.

Edvard Hagerup Grieg wurde am 15. Juni 1843 in Bergen geboren. Nach einem Studium am Konservatorium in Leipzig debütiert er 1861 mit einem Konzert in Kalmar in Schweden. Ein Jahr später gibt er sein erstes Konzert in Bergen. Grieg zieht nach Kopenhagen, später nach Kristiania (Oslo), wo er 1867 Nina Hagerup heiratet. In den folgenden Jahren schreibt Grieg lyrische Stücke, das a-Moll-Konzert, das Liszt 1870 in Rom aufführt, 25 norwegische Volksweisen und Tänze. 1880 zieht Grieg in seine Heimatstadt Bergen. In den folgenden Jahren unternimmt Grieg zahlreiche Konzertreisen durch Deutschland und Holland, nach London und nach Kopenhagen und 1890 nach Paris, Stuttgart, Leipzig, Berlin, Oslo und Kopenhagen. Dazwischen hält sich Grieg immer wieder in Troldhaugen, seinem Wohnsitz in Bergen, auf, wo er sich 1891 seine wunderschön am Fjord gelegene Komponistenhütte bauen läßt. Es folgen zahlreiche weitere Konzertreisen in ganz Europa. 1905

BEDEUTENDE PERSÖNLICHKEITEN, GROSSE NAMEN

Edvard Grieg

trifft Edvard Grieg König Håkon VII. und Königin Maud. Zwei Jahre später stirbt der große norwegische Komponist am 4. September 1907 im Alter von 64 Jahren in Bergen.

Knut Hamsun (1859 – 1952), einer der großen norwegischen Erzähler, hieß mit bürgerlichem Namen eigentlich Pedersen. Zu seinen bedeutenden Werken zählen u. a. die Romane „Hunger" von 1890 oder „Segen der Erde" von 1917. 1920 erhielt Knut Hamsun den Literaturnobelpreis.

Thor Heyerdahl, geboren 1914, Forscher und Ethnologe. 1937 erste Expeditionen in den pazifischen Raum. 1947 fährt er mit seinem Balsafloß „Kon-Tiki" von Peru nach Polynesien. Heyerdahl wird für die Dokumentation dieser aufsehenerregenden Reise mehrfach ausgezeichnet. 1953 Expedition zu den Galapagos-Inseln, 1955 Expedition zur Oster-Insel, um das Geheimnis der dortigen monumentalen Steinskulpturen zu lüften. 1969 und 1970 zwei aufsehenerregende Expeditionen mit den Papyrusbooten „Ra", die allerdings aus politischen Gründen im Roten Meer dramatisch enden. Heyerdal starb am 19. April 2002.

Ludvig Holberg, Schriftsteller und Dramatiker, wurde zwar in Bergen geboren (1684), lebte aber bis zu seinem Tod 1754 in Dänemark. Er schrieb u. a. Komödien.

Henrik Ibsen (1832 – 1906), Schriftsteller und Dramatiker. Ibsen verbrachte seine Jugendjahre in Grimstadt und lebte in der zweiten Hälfte des 19. Jh. lange Jahre in Italien und Deutschland.

Ibsen beschäftigte sich zunächst mit Themen aus seiner Heimat, wandte sich aber bald kritisch gesellschaftspolitischen Fragen zu. Die Beziehungen zwischen Mann und Frau, die er in einigen Werken als Lebenslüge entlarvt, sowie die Stellung der Frau in der Familie und in der Ehe beschäftigen Ibsen sehr. 1879 schrieb er das Drama „Nora oder ein Puppenheim", 1880 „Peer Gynt", 1881 „Gespenster", 1888 „Hedda Gabler" u. v. a. Siehe auch unter Grimstad.

Alexander Kielland (1849 – 1906), satirischer Schriftsteller, Romane, Erzählungen, schreibt kritisch und mokant über die Gesellschaft seiner Zeit.

Knut Hamsun

BEDEUTENDE PERSÖNLICHKEITEN, GROSSE NAMEN

Jonas Lie (1853 – 1908), Schriftsteller, befaßt sich in seinen Werken u. a. auch mit gesellschaftspolitischen Fragen, die sich aus der neuen staatlichen Situation nach der Trennung Norwegens von Dänemark und der Wiedererlangung der Souveränität ergeben. Einer seiner großen Romane ist „Die Familie auf Gilje".

Trygve Lie (1896 – 1968), norwegischer Politiker, war zwischen 1946 und 1952 erster Generalsekretär der Vereinten Nationen in New York.

Edvard Munch wurde 1863 geboren. Der wohl bedeutendste Impressionist des Landes beherrscht mit seiner epochemachenden Kunst die norwegische Szene zumindest bis zur Jahrhundertwende. Munch starb 1944. Siehe auch unter Oslo, *Edward Munch Museum*.

Fridtjof Nansen (1861 – 1930), Polarforscher und Diplomat. 1888 durchquert Nansen als erster Grönland von Ost nach West. Mit dem Forschungsschiff „Fram" driftet er zwischen 1893 und 1896 durch das Packeis des nördlichen Polarmeeres. Siehe auch unter Oslo, *Fram Museum*. Später tritt Nansen in den diplomatischen Dienst und wird von 1906 bis 1908 norwegischer Gesandter in London. Nach dem 1. Weltkrieg ist Nansen Oberkommissar des Völkerbundes. 1922 initiiert er die Einführung des sog. Nansen-Passes als Ausweisdokument für Staatenlose. 1922 Friedensnobelpreis.

König Olav V. (1903 – 1991). SM Olav V. wurde am 2. Juli 1903 in Sandringham in Großbritannien als einziger Sohn von König Håkon II. und der englischen Prinzessin Maud geboren und kam im Alter von zwei Jahren nach Norwegen. Als junger Kronprinz macht Olav als Sportsmann und Skiläufer Furore und bleibt seiner sportlichen Passion bis ins Alter treu.

1929 heiratet Olav die schwedische Kronprinzessin Märthe. Während des 2. Weltkrieges geht er ins Exil. Der Einsatz für sein Land während des Exils bringt dem Monarchen höchste Achtung und Bewunderung unter der norwegischen Bevölkerung ein. 1957 folgt Olav seinem Vater König Håkon auf den norwegischen Thron. König Olav V. starb am 18. Januar 1991.

Liv Ullmann, geboren 1938. Schauspielerin. Studierte in London Schauspielkunst und hatte 1957 ihr Bühnendebut. Von 1960 bis 1971 arbeitete sie am Norwegischen Theater und am Nationaltheater. Ihre Rollen in den Filmen des schwedischen Regisseurs Ingmar Bergman (z. B. „Szenen einer Ehe") brachten ihr Weltruhm ein. Liv Ullmann tritt am Broadway auf und arbeitet in Hollywood und sie setzt sich engagiert für die Belange der UNICEF ein.

Sigrid Undset (1882 – 1949) Schriftstellerin von Weltruf, befaßt sich in ihren Werken vor allem mit den Lebensfragen der Frau. U. a. Romantrilogie „Kristin Lavransdatter" (Kristin Lavranstochter), entstanden zwischen 1920 und 1922, schildert den Gesellschaftskonflikt zwischen Christentum und heidnischen Weltanschauungen im 14. Jh. Sigrid Undset wurde 1928 mit dem Literaturnobelpreis ausgezeichnet.

Gustav Vigeland (1869 – 1943), ein von einer schon fast orgiastischen Schaffenskraft besessener Bildhauer. Näheres unter Oslo, Frogner Park.

Henrik Wergland (1808 – 1845), Lyriker, einer der ersten, der nach der Trennung Norwegens von Dänemark die „Wiederbelebung" seiner Nation in seinen Werken zum Ausdruck bringt.

WIE KOMMT MAN HIN?

MIT DEM AUTO

Bei der Anreise nach Norwegen führen alle einigermaßen direkten Wege über Hamburg. Der weitere Weg wird von dem Fährhafen bestimmt, von dem aus man nach Norwegen, bzw. über Dänemark und/oder Schweden nach Norwegen einreisen will.

Wichtig für die Wahl des Anreiseweges ist auch, ob z. B. Oslo oder Kristiansand als Ausgangspunkt für eine Reise durch Norwegen vorgesehen ist.

Abgesehen vom direkten und schnellen, wenn auch nicht unbedingt billigsten Weg mit die **Direktfähre Kiel – Oslo**, bietet sich der recht schnelle und bequem zu bewältigende Weg über **Flensburg** und **Jütland** nach **Hirtshals** (viel Autobahnanteil) an der dänischen Nordseeküste an. Dort nimmt man die Fähre z. B. nach **Kristiansand**. Die Straßenkilometerentfernung von Hamburg nach Hirtshals beträgt rund 500 km.

Nur kurze Fährabschnitte (die bei Reisen mit dem Auto immer kostenintensiv sind), dafür aber der längste Anteil an Straßenkilometern sind zu bewältigen auf dem Weg über die „**Vogelfluglinie**" (Fähre Puttgarden – Rødbyhavn), weiter über die dänischen Inseln Lolland und **Seeland** (siehe auch „MOBIL REISEN: DÄNEMARK"), vorbei an **Kopenhagen** nach **Helsingør**, dort mit der Fähre nach **Helsingborg** und weiter an der schwedischen Westküste entlang (E6) über **Göteborg** nach **Oslo**. Der Straßenkilometeranteil Hamburg – Oslo beträgt auf diesem Wege rund 850 km.

MIT DER BAHN

Wichtige Knotenpunkte für Bahnreisen nach Norwegen sind Hamburg und Kopenhagen. Fernschnellzüge mit Kurswagen oder Anschlußverbindungen nach Oslo sind der Euro City „Alfred Nobel" (Frankfurt – Hamburg – Göteborg – Oslo) mit Umsteigen in Hamburg, Fahrzeit rund 22 Stunden, oder der „Nord Express" (Köln – Hamburg – Kopenhagen) mit Umsteigen in Oslo.

Eine tägliche, durchgehende Verbindung zwischen Hamburg und Oslo stellt auch der „Skandia Express" dar, Fahrzeit rund 15 Stunden.

Nach den südlichen Landesteilen in Norwegen bieten sich Bahn/Schiffsverbindungen über Dänemark an, z. B. Hamburg – Hirtshals – Kristiansand oder Hamburg – Frederikshavn – Larvik.

Bahnreisende in nördliche Regionen Norwegens haben (außer über Oslo natürlich) ab Stockholm direkte Zugverbindungen nach Trondheim (bis zu 2 mal täglich, Fahrzeit ca. 14,5 Stunden) und über Kiruna nach Narvik (bis zu 3 mal täglich, Fahrzeit ca. 22 Stunden).

Spezialtarife und Sonderfahrscheine sind die „Interrailtickets" für alle unter 26 Jahre, oder die Netzkarte „Scanrail-Pass", die für die 1. oder 2. Klasse gekauft werden kann und während einer bestimmten Gültigkeitsdauer, z. B. 5 Reisetage innerhalb von 15 Tagen oder 10 Reisetage innerhalb eines Monats, für unbegrenzte Bahnfahrten auf allen skandinavischen Strecken berechtigt. Mit einem Scanrail-Pass erhalten Sie auch Ermäßigungen auf vielen Schiffs-, Fähr- und Busverbindungen. Scanrail Pässe gibt es bei allen Verkaufsstellen der DB und in lizenzierten Reisebüros.

MIT DEM BUS

Fernbuslinien der *Deutschen Touring GmbH* in Zusammenarbeit mit dem norwegischen Unternehmen *NORWAY Bussekspressen* stellen ganzjährige Verbindungen her, von München, Karlsruhe, Frankfurt, Kassel oder Hamburg durch Jütland zum dänischen Fährhafen Hirtshals (Fähre nach Kristiansand) und ab Kristiansand weiter über Mandal, Lyngdal, Flekkefjord und Sandnes nach Stavanger.

WIE KOMMT MAN HIN?

MIT DEM FLUGZEUG

Direkte Flugverbindungen bestehen täglich ab Frankfurt, Düsseldorf Berlin und Hamburg nach Oslo Gardermoen. Ab München, Stuttgart, Köln/Düsseldorf, Nürnberg, Dresden und Leipzig bestehen Verbindungen über Frankfurt, Hamburg und/oder Kopenhagen nach Oslo Gardermoen.

Andere norwegische Flughäfen wie Stavanger, Kristiansand, Bergen oder Trondheim sind nur von Oslo, Kopenhagen oder Hamburg aus direkt mit dem Flugzeug zu erreichen.

Die Flugzeit beträgt z. B. zwischen Frankfurt und Oslo 1 Stunde 50 Minuten.

Der **Flughafen Oslo Gardermoen** liegt ca. 50 km nordöstlich des Stadtzentrums. Am schnellsten erreicht man den Flughafen mit der Flughafen-Zubringerbahn **Flytog** ab Oslo Sentralstasjon. Siehe auch unter „Oslo - Praktische Hinweise".

MIT DEM SCHIFF

Zahlreiche Fährverbindungen bestehen zwischen deutschen, dänischen und norwegischen Häfen. Überlegenswert sind auch die Anfahrtsmöglichkeiten über schwedische Häfen.

Man kann wählen zwischen einer ausgedehnten Seereise von Kiel nach Oslo und kurzen Sprüngen über die „Vogelfluglinie" (kürzeste Fährpassage, dafür längster Straßenkilometeranteil). Bei Reisen während der Ferienzeit empfehlen sich Platzreservierungen fürs Auto und ggf. für eine Kabine!

Endlich auf der Fähre, ist man gut beraten, sein Fahrzeug ordentlich zu verschließen. Es gibt kaum eine Reederei, die für das Gepäck im, am oder auf dem Auto haftet. Selbstverständlich sind gasbetriebene Aggregate (z. B. Kühlschrank im Wohnmobil) während der Überfahrt abzuschalten und der Haupthahn am Gastank zu schließen.

Gerade in der betriebsamen Hochsaison werden die Autos auf den Fähren sehr, sehr dicht geparkt. Es ist deshalb wirklich kein Fehler, die Handbremse gut anzuziehen (eingelegter Gang genügt nicht), um die Bewegungen des Autos während der Überfahrt so gering wie möglich zu halten.

☑ *Mein Tipp!* Alle Utensilien die man während der Überfahrt zu brauchen glaubt (Fotoapparat und Filme, Lesestoff, Pullover etc.), nimmt man gleich aus dem Auto mit, denn während der Überfahrt ist das Autodeck in aller Regel nicht mehr zugänglich.

FÄHRVERBINDUNGEN NACH NORWEGEN

DEUTSCHLAND – DÄNEMARK – SCHWEDEN

„Vogelfluglinie" Puttgarden – Rødbyhavn/Lolland

Scandlines – Ganzjähriger Verkehr, im Sommer bis zu 42 Abfahrten täglich. Fahrtdauer ca. 1 Stunde.

Achten Sie darauf: Scandlines bietet günstige **Kombinationstarife** für die Strecken Puttgarden – Rødby / Helsingør – Helsingborg!

Weiterreise über

Helsingør – Helsingborg/Schweden

HH-Ferries, Scandlines – Ganzjährig von 0.00 Uhr bis 24.00 Uhr laufend Abfahrten. Fahrtdauer ca. 25 Minuten.

DEUTSCHLAND – NORWEGEN

Kiel – Oslo

Color Line – Tägliche Abfahrten in der Hochsaison, sonst mehrmals wöchentlich, Fahrtdauer ca. 19 Stunden.

DÄNEMARK – NORWEGEN

Hirtshals – Kristiansand

Color Line – Ganzjährig, bis zu 6 Abfahrten täglich. Fahrtdauer Normalfähre ca. 4 ½ Stunden. Fahrtdauer Schnellfähre 2 ½ Stunden. An Wochenenden höhere Preise!

Hirtshals – Oslo

Color Line – Ganzjährig, 1 Abfahrt täglich in der Sommersaison. Fahrtdauer ca. 8 ½ bis 13 Stunden, je nach Abfahrt. An Wochenenden höhere Preise!

WIE KOMMT MAN HIN?

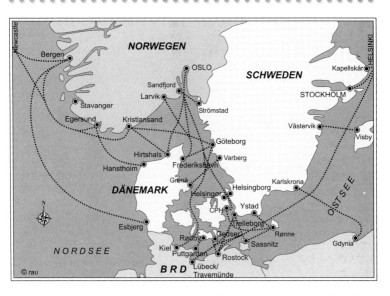

Hanstholm – Egersund – Bergen
Fjord Line – Ganzjährig. Im Sommer bis zu 3 Abfahrten wöchentlich nach Bergen und bis zu 7 Abfahrten wöchentlich nach Egersund. Fahrtdauer ca. 6 ½ Stunden bis Egersund und ca. 15 ½ Stunden bis Bergen.

Frederikshavn – Larvik
Color Line – Ganzjährig, bis zu 2 Abfahrten täglich. Fahrtdauer ca. 6 Stunden, Nachtfahrten ca. 8 Stunden.

Frederikshavn – Oslo
Stena Line – Ganzjährig, bis zu 2 Abfahrten täglich. Fahrtdauer ca. 9 bis 12 Stunden, je nach Tag- oder Nachtfahrt.

Kopenhagen – Helsingborg – Oslo
DFDS Seaways – Mitte März bis Ende Oktober 1 Abfahrt täglich. Fahrtdauer ca. 12 Stunden.

DÄNEMARK – SCHWEDEN

Helsingør – Helsingborg
HH-Ferries, Scandlines – *Ganzjährig* von 0.00 Uhr bis 24.00 Uhr laufend Abfahrten. Fahrtdauer ca. 25 Minuten.

Achten Sie darauf: Scandlines bietet günstige **Kombinationstarife** für die Strecken Puttgarden – Rødby / Helsingør – Helsingborg!

Grenå – Varberg
Stena Line – *Ganzjährig*, im Sommer bis zu 3 Abfahrten. Fahrtdauer 4 Stunden.

Frederikshavn – Göteborg
Stena Line, Hoverspeed – *Ganzjährig*, im Sommer bis zu 8 Abfahrten täglich. Fahrtdauer ca. 3 Stunden 15 Minuten.

SCHWEDEN – NORWEGEN
Strömstad – Sandefjord
Color Line – Ganzjährig, im Sommer bis zu 6 Abfahrten täglich. Fahrtdauer 2 ½ Stunden.

Mobil Reisen

Norwegen

Die Routen

MOBIL REISEN: NORWEGEN – DIE ROUTEN

Eine Reise durch Norwegen ist eine Reise durch ein Land mit absolut eigenem, unverwechselbarem Gesicht. Viele faszinierende Besonderheiten, speziell seine Landschaft, machen Norwegen zu einem überaus lohnenden Reiseziel.

DIE TOUREN – verläßliche, ausgesuchte Routen-Vorschläge

Die beschriebenen Routen und Touren (siehe Karten im Umschlag vorne und hinten) führen in überlegt ausgewählten Etappen von Oslo durch die schönsten Täler und Fjordlandschaften Süd- und Westnorwegens, über die Lofoten- und Vesterålen-Inseln bis zum Nordkap und weiter bis nach Kirkenes.

Von Oslo über die Fjorde und die Inselwelt der Lofoten bis zum Nordkap

Auf der Rückreise durch Norwegen bis Oslo kann man sich der auf dem Weg nach Norden ausgelassenen Alternativrouten bedienen.

Fast alle Touren sind so ausgewählt, daß sie möglichst an einem Tag bewältigt werden können.

Betont werden soll, daß unsere Touren **Routen-V*orschläge*** sind, die natürlich durch Alternativrouten, Ausflüge, Abstecher und Umwege individuell variiert, abgekürzt oder ergänzt werden können. Gerade in Südnorwegen sind viele Alternativen möglich. Wir haben Sie für Sie schon mal getestet und beschrieben.

Schon alleine aus Zeitgründen werden Sie sich auf Ihrer Norwegenreise für die eine oder andere Variante der in diesem Reiseführer vorgestllten Touren entscheiden müssen. Um Ihnen diese Entscheidung etwas zu erleichtern, wurden die hier vorgeschlagenen Routen in „handliche" Etappen verpackt, die Sie – ähnlich einem Baukastenprinzip – zu Ihrer individuellen Reise zusammenstellen können. Und aneinandergereiht ergeben die einzelnen Strecken eine herrliche Reiseroute durch die schönsten Gebiete gesamt Norwegens.

Um Ihnen einen groben zeitlichen Rahmen zu geben sei erwähnt, dass im Interesse eines erholsamen Reiseerlebnisses für eine Tour durch Südnorwegen und weiter bis zum Nordkap mindestens fünf bis sechs Wochen und durch Südnorwegen alleine nicht weniger als drei Wochen eingeplant werden sollten.

Weniger kann mehr sein!

27

1. OSLO

🕐 **Reisedauer:** Mindestens zwei, besser drei Tage.
⌘ **Höhepunkte:** Blick von der **Festung Akershus** zum Hafen ** – die Museen auf der **Insel Bygdøy** *** – das **Munch-Museum** ** – die **Vigeland Skulpturen im Frognerpark** ** – Stadtblick von der **Holmenkollenschanze** **.

„Es liegt das Schloß Agershusen nahend dieser Stadt Aslo oder Opslo, allda das Hofgericht ist, dahin alle schwerere Rechtliche Sachen auß gantz Norwegen gebracht werden: und wird das Recht in dieser Stadt in Gegenwart des gedachten Schlosses Hauptmann gesprochen". So berichtete der Reisende Martin Zeiller 1648 in seiner „Neuen Beschreibung des Königreichs Norwegen, auch desselben einverleibten Landschatten".

Zu Zeiten früher reisender Chronisten Mitte des 17. Jh. wurde Oslo bereits als eine Stadt mit 600jähriger Geschichte geschildert. Kurz zuvor hatte die Stadt 1624 einen katastrophalen Großbrand erlitten und wurde bald danach umgetauft in **Christiania**.

Oslos Stadtgeschichte

Gegründet wurde Oslo Mitte des 11. Jh. von Harald Hårdråde, genannt „der Harte", als der König 1048 oder 1050 (über das genaue Datum sind sich die Geschichtsforscher noch nicht einig geworden) im Ostteil der heutigen Stadt einen befestigten Handelsplatz einrichten ließ, um den sich dann rasch ein lebhaftes Gemeinwesen mit annähernd 3.000 Einwohner entwickelte.

das königliche Schloß in Oslo

ROUTE 1: OSLO

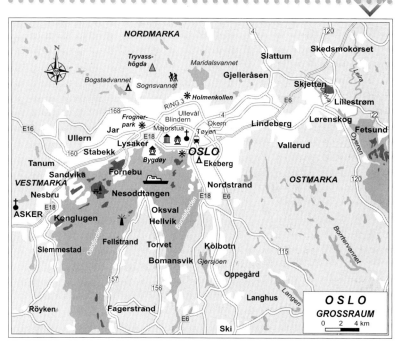

Klöster wurden gegründet und Kirchen errichtet, darunter die St.-Hallvards-Kirche (heute Ruinenreste in Gamleby), in der 1299 König Håkon V. gekrönt wurde.

Håkon V. wählte Oslo zu seiner Residenz, machte die Stadt zur Hauptstadt des Reiches (bis dahin war Bergen Hauptstadt) und begann um 1300 mit dem Bau der Feste Akershus.

In der Mitte des 14. Jh. suchte eine Pestepidemie das Land heim und traf in verheerendem Maße die Bevölkerung der Stadt.

Oslos Bedeutung als Handelsstadt sank in gleichem Maße, wie die mächtiger werdende Hanse ihre Position festigte. Auch die „Union von Kalmar" ausgangs des 14. Jh. und die Einführung der Reformation Mitte des 16. Jh. hemmten die Entfaltung der Stadt Oslo mehr, als sie diese förderten.

Ein drastischer Einschnitt in die Stadtentwicklung war die Feuersbrunst am 17. August 1624. Drei Tage lang brannte die Stadt. Danach lag ganz Oslo in Schutt und Asche.

Auf Geheiß des dänisch-norwegischen Königs Christian IV. (1588 – 1648) wurde Oslo nun am Westufer des Akerselva und im Schutz der Festung Akershus völlig neu aufgebaut. Alle wichtigen Bauten errichtete man in Stein. Die Hauptstraßen legte man mindestens 15 m breit an, um das Ausbreiten evtl. neuer Brände zu erschweren. Zu Ehren des Erbauers des neuen Oslo wurde die Stadt umbenannt in *Christiania* (ab 1877 Kristiania). Dieser Name wurde bis 1925 beibehalten. 1811 entstand Oslos Universität.

ROUTE 1: OSLO

Mit der Einführung der Industrialisierung nach dem Kieler Frieden von 1814 und mit der Erstarkung eines neuen Nationalgefühls, begann auch für Oslo wieder eine prosperierende Entwicklung. Die Einwohnerzahl stieg von rund 8.000 zu Beginn des 19. Jh. auf über 40.000 in der Mitte des 19. Jh. Und als der norwegisch-schwedische König Karl Johan XIV. während der Union mit Schweden den Bau des Königspalastes und die Anlage des Hauptboulevards Karl Johansgate veranlaßte, war Oslo auf dem Wege zu einer repräsentativen Landeshauptstadt ein gutes Stück weiter.

Oslos Bausubstanz blieb von den kriegerischen Einflüssen im Zweiten Weltkrieg verschont. Die Stadt konnte sich in der Nachkriegszeit erheblich erweitern.

Heute hat Norwegens Metropole rund eine halbe Million Einwohner und ist die wichtigste Hafenstadt, sowie ein bedeutendes Handels- und Industriezentrum des Landes mit beachtlichen kulturellen Aktivitäten.

TIPPS ZUR STADTBESICHTIGUNG:

Tipps zur Stadtbesichtigung

Oslos Sehenswürdigkeiten verteilen sich im Wesentlichen auf drei Regionen – auf den **Innenstadtbezirk**, auf die **Insel Bygdøy** und auf die **Außenbezirke**, vor allem im Nordwesten der Stadt.

Stehen nur einige Stunden für eine Stadtbesichtigung zur Verfügung, sollte ein Besuch in einem der Museen (etwa Wikingerschiffe oder Freilichtmuseum) auf der Insel Bygdøy Priorität erhalten.

Die **Stadtzufahrten** nach Olso sind **mautpflichtig!** Zuletzt NOK 22,-.

Besonders an Werktagen während der Geschäftszeiten (ca. 10 – 17, Sommer 16 Uhr) ist es in der Innenstadt schwierig einen **Parkplatz** zu finden. Erwischt man einen Parkplatz am Straßenrand wird man feststellen, daß Parken (außer in Parkhäusern und am Hauptbahnhof Oslo Sentralstasjon) auf max. drei Stunden begrenzt ist.

Außerhalb der City wird die Höchstparkdauer durch Farben an den Parkuhren signalisiert: Gelb = 1 Stunde, Grau = 2 Stunden. Braun = 3 Stunden.

Parkmöglichkeiten

Parkhäuser in der City findet man u. a. in der Sjøgata 4 beim Einkaufszentrum Aker Brygge, dann im Munkedamsveien westlich vom Rathaus, in der Prinsensgate beim Einkaufscenter Paleet in der Nähe des Bahnhofs Sentralstasjon, dann hinter der Sentralstasjon an der Südostseite in der Nähe des Terminals Flytogerminal (Flughafenbahn) und vor allem rund um das Veranstaltungszentrum „Oslo Spektrum" mit dem Hotel Radisson SAS Plaza am Sonja Henies plass 3.

Parkplätze findet man u. a. beim Touristeninformationsbüro Vestbanen, bei der Nationalgalerie in der Kristian August gate nordöstlich vom Schloßpark, dann Nähe Kongens gate östlich der Akershus Festung und am Bankplassen, auf dem Festungsplatz am Südende der Kirkegata, am Ostende der Rådhusgata und schließlich südlich von der Sentralstasjon in der Havnegate.

Es empfiehlt sich – falls man es einrichten kann – auf Stadtbesichtigungen öffentliche Verkehrsmittel zu benutzen. U-Bahn, Straßenbahn und Busse (teils auch Schiffe) verkehren zu allen bedeutenden Sehenswürdigkeiten.

ROUTE 1: OSLO

Blick über die Hafenbucht Pipervika mit dem Segelschulschiff „Christian Radich" zum Rathaus

Wichtige Knotenpunkte des öffentlichen Nahverkehrs sind der Bahnhof und der Bahnhofsvorplatz (*Oslo Sentralstasjon* und *Jernebanetorget*, ab hier verkehren Züge, Straßenbahn und Busse), das *Terminal Nationaltheater* (Busse, Straßenbahn) oder das U-Bahn *Terminal am Stortinget*.

Oslo bietet seinen Besuchern die **Oslo Kortet** an. Diese Pauschalkarte hat eine Gültigkeit von ein, zwei oder drei Tagen. Zuletzt kostete sie pro Erwachsener 180, 270 oder 360 Kronen, Familien (2 Erw. + 2 Kinder) 395 NOK. Die Karte bietet unbegrenzt freie Benutzung der öffentlichen Verkehrsmittel und der NSB-Lokalzüge innerhalb Oslos (bis Zone 4), aber nicht für Nachtbusse und Nacht-Straßenbahnen. Zudem gewährt die Oslo Karte freien Eintritt in die meisten Museen, in die städtischen Freibäder Tøyenbadet und Frognerbadet und zu vielen Sehenswürdigkeiten. Der Preis der Karte schließt weiter eine kostenlose kurze Bootsrundfahrt im Oslofjord, freies Parken auf städtischen Parkplätzen sowie diverse weitere Ermäßigungen (Stadtrundfahrten, Hafenrundfahrten, Theater, einige Restaurants, einige Autovermietungen) ein. Die Karte gibt es in den Touristeninformationen, in vielen Hotels, auf einigen Postämtern, bei Trafikanten, in Narvesen-Kiosken oder auf den Osloer Campingplätzen.

Oslo Karte, günstig für Vielbesichtiger

WAS BESICHTIGT MAN?

Als Anhaltpunkt hier einige Besichtigungsvorschläge, die in zwei, drei oder vier Tagen bewältigt werden können. Bei intensiverem Studium der einzelnen Sehenswürdigkeiten, häufigeren Museumsbesuchen und Ausflügen kann leicht ein einwöchiger Aufenthalt ausgefüllt werden.

1. Tag: Innenstadt, Schloß und Wachablösung, Karl Johans gate, Rathaus und Festung Akershus.

ROUTE 1: OSLO

2. Tag: Rundfahrt per Auto oder mit öffentlichen Verkehrsmitteln nach Holmenkollen (Schanze und Skimuseum), zum Frognerpark mit den Vigeland-Plastiken und dem Osloer Stadtmuseum, dann Vigeland-Museum und später evtl. eines der Museen auf Bygdøy.
3. Tag: Die Museen auf Bygdøy.
4. Tag: Ausflüge oder Museumsbesuche, z. B. Munch-Museum, Kunstgewerbemuseum, Nationalgalerie, Stadtmuseum, Bogstad Gård, Aussichtsturm „Tryvannstårnet" etc.

Bei sehr gedrängtem Zeitplan sollten wenigstens eines der Bygdøy-Museen (evtl. Folke Museum oder Wikingerschiffe-Museum), die Karl Johans gate, der Frognerpark und möglichst das Munch Museum besichtigt werden.

1. INNENSTADT UND FESTUNG AKERSHUS

Stadtspaziergang

Norwegisches Informationszentrum
Sommer tgl. 9 - 18, Winter Mo. - Fr. 9 - 16 Uhr.

Rathaus * (1)
1.5. - 31.8. Mo. - Sa. 9 - 17, So. 12 - 17 Uhr. Eintritt, mit Oslo Karte gratis. 1.9. - 30.4. Mo. - Sa. 9 - 16, So. 12 - 16 Uhr. Führungen ganzjährig (im Winterhalbjahr kostenlos) Mo. - Fr. 10, 12, 14 Uhr.

Ausgangspunkt dieses Stadtrundgangs ist der Rådhusplassen (Rathausplatz). An der Südseite des Platzes liegen die Hafenkais. Ab Kai 3 verkehren die Boote zur Insel Bygdøy.

An der nördlichen Hauptfront des Rathauses liegt der Fridtjof Nansens Plass. Dort findet man das **Touristeninformationsbüro Norges Informasjonssenter**, das ausführliche Informationen über Oslo, aber auch über alle Regionen Norwegens bietet. Tel. 23 11 78 80, Fax 22 83 81 50. Internet: www.oslopro.no

Düster, kahl und abweisend steht der Backsteinbau des **Rådhuset i Oslo**, des **Osloer Rathauses (1)** vor einem. Mit seinen beiden ungeschlachten Türmen gleicht es mehr einer Trutzburg, bereit, alle neugierigen Touristen gleich hier wieder zur Umkehr zu bewegen. Selbst durch die Wasserspiele auf dem Rathausplatz davor kann man sich dieses Eindrucks nicht ganz erwehren.

Das Osloer Rathaus, das Wahrzeichen und eine der Sehenswürdigkeiten der Stadt, wurde zwischen 1931 und 1950 von den Architekten Arnstein Arneber und Magnus Poulson erbaut. Es verkörpert angeblich einen Stil „neuer Sachlichkeit"

Das äußere Erscheinungsbild des Rathausbaus sollte nicht von der Besichtigung seines Inneren abhalten (Führungen Mo. – Fr. 10, 12, und 14 Uhr). Die namhaftesten Künstler des Landes haben daran mitgewirkt, das Gebäude mit Skulpturen, Gemälden, Wandbehängen u. ä. auszuschmücken. Beeindruckend ist vor allem die 21 m hohe **Rathaushalle**, die der Stadt bei festlichen Empfängen und anderen Feierlichkeiten als Repräsentationsraum dient, z. B. bei der alljährlichen Verleihung des Friedensnobelpreises am 10. Dezember, dem Todestag des Nobelpreisstifters Alfred Nobel. Im Innenhof ist eine große astronomische Uhr zu sehen.

Wir folgen der Roald Amundsens gate, westlich vom Rathaus, stadteinwärts bis zur Stortings gate. Dort sieht man weiter rechts (östlich) das **Nationaltheater (2)**. Wir gehen links, vorbei am Verkehrsterminal Nationaltheater bis zu Oslos Hauptboulevard Karl Johans gate. Nach Westen führt er durch Parkanlagen auf das **Königliche Schloß (3)** zu.

Auf dem freien Platz vor dem Schloß sieht man das Reiterstandbild des schwedisch-norwegischen Königs Karl Johan. Das Denkmal wurde von Brynjulf Bergslien gefertigt und 1875 eingeweiht.

ROUTE 1: OSLO

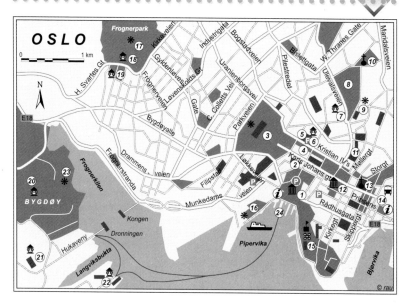

OSLO – 1 Rathaus, – 2 Nationaltheater – 3 Königliches Schloß – 4 Universität – 5 Historisches Museum – 6 Nationalgalerie – 7 Kunstgewerbemuseum – 8 Vår-Frelsers-Friedhof – 9 Damstredet – 10 Gamle Aker Kirke – 11 Regierungsgebäude – 12 Parlamentsgebäude – 13 Domkirche – 14 Zentralbahnhof u. Busbahnhof – 15 Akershus Festung – 16 Aker Brygge – 17 Frogner/Vigeland Park – 18 Stadtmuseum – 19 Vigeland Museum – 20 Norsk Folkemuseum – 21 Wikingerschiffe-Museum – 22 Fram-, Kon-Tiki u. Seefahrtmuseum – 23 Schloß Oskarshall – 24 Rundfahrten, Fjordfahrten, Fähre nach Bygdøy

Det Kongelige Slott, das Königliche Schloß, liegt etwas erhöht mitten in einem ausgedehnten Park. Auf Veranlassung von König Karl Johan wurde es zwischen 1825 und 1848 erbaut. Der Baustil ist klassizistisch. Im großen und ganzen wirkt der Schloßbau eher schlicht, verglichen mit den Residenzen englischer, ehemaliger französischer oder österreichischer gekrönter Häupter etwa.

Von der Öffentlichkeit kann das Schloß, die Residenz des norwegischen Königs, nicht besichtigt werden. Lediglich dem Aufmarsch der Königlichen Garde zur **Wachablösung**, begleitet vom Gardemusikcorps, kann man beiwohnen. Die Wachablösung findet täglich pünktlich um 13.30 Uhr statt, sofern seine Majestät anwesend ist.

Wachablösung am Königlichen Schloß

Im weiteren Verlauf unseres Rundgangs durch die Innenstadt gehen wir den breiten, gut einen Kilometer langen Hauptboulevard Oslos, die **Karl Johans gate** hinunter fast bis zu ihrem Ostende am Jernebanetorget (Bahnhofsplatz) am Zentralbahnhof (14). Nehmen Sie sich Zeit für den Weg. Besonders die östliche Hälfte des Boulevards, Oslos Paradestraße (Fußgängerzone) ist voller Leben. Man findet jede Menge Kaufhäuser, darunter das moderne, **Einkaufscenter Paleet** (Karl Johans gate 37 – 43, 45 Geschäfte, 13 Restaurants, von 10 bis 20 Uhr geöffnet), weiter Geschäfte, Restaurants, Hotels, fliegende Händler, Straßenmusikanten

Oslos Hauptboulevard

ROUTE 1: OSLO

Stadtspaziergang

etc., aber auch gepflegte Grünanlagen und historische Gebäude, wie das **Storting** (Parlament – 12), etwa auf halbem Weg.

Nachdem man den Schloßpark verlassen hat, sieht man zunächst linkerhand, an der Nordseite der Karl Johans gate also, den Komplex der **Oslo Universität (4)**. Sie wurde 1811 gegründet, der Bau nach einem Entwurf des vor allem in Berlin tätigen Baumeisters Karl-Friedrich Schinkel (1781 –1841) ausgeführt.

Der alte Festsaal der Uni verdient durch die von Edvard Munch geschaffenen Gemälde besondere Aufmerksamkeit. Der Saal kann im Juli (Mo. – Fr. 12 – 14 Uhr) besichtigt werden.

Zwei Straßenzüge nördlich der Universität findet man zwei interessante Museen:

Historisches Museum (5)
15. 5. - 14. 9. Di. - So. 10 - 16 Uhr, übrige Zeit ab 11 Uhr.

Historik Museum (5), Frederiksgate 2, Ecke Kristian gate. Neben umfangreichen Sammlungen aus dem Altertum bis in unser Jahrhundert, von der frühen Wikingerkultur bis zu Amundsens Polexpeditionen, beherbergt das Museum das **Myntkabinettet,** das Münzkabinett, sowie die **Universitetets Oldsaksamling**, die Frühgeschichtliche Sammlung der Universität.

Nationalgalerie ** (6)
Mo., Mi. + Fr. 10 - 18, Do. bis 20, Sa. bis 16, So. 11 - 16 Uhr. Straßenbahn 10, 11, 17, 18 oder Bus oder U-Bahn bis Nationaltheatret

Nasjonalgalleriet (6), Universitets gata 13. Hier ist die größte Kunstsammlung des Landes untergebracht. In der den Arbeiten norwegischer Künstler vorbehaltenen Abteilung findet man natürlich Werke von Edvard Munch, Christian Dahl u.a., während in den anderen Abteilungen Meisterwerke von El Greco, Goya, Rembrandt, über Renoir, Cezanne, Van Gogh, Gauguin u.a. bis Picasso zu sehen sind. Außerdem gibt es Ausstellungen über zeitgenössische Kunst und Bildhauerei, eine interessante Ikonensammlung sowie Grafiken und Zeichnungen.

Es bietet sich an – je nach Interessenlage – ab der Nationalgalerie einen Umweg nach Norden zu machen. Man geht dann über die Universitets Gata ein gutes Stück bis zur St. Olavs gate am gleichnamigen Platz, folgt ihr rechts (ostwärts) bis zur St. Olavs Kirche. Ihr gegenüber liegt das **Kunstgewerbe-Museum (7)**, St. Olavs gate 1. Ausgestellt ist norwegisches und ausländisches Kunstgewerbe vom Mittelalter bis in die jüngste Zeit. Neben Porzellan, Glas und Möbeln ist vor allem der *Baldisholteppich* aus dem 12. Jh. ein Glanzstück des Museums, neben einer Sammlung königlicher Garderoben. Separate Abteilung über skandinavisches Design.

Kunstgewerbe-Museum * (7)
Di. - Fr. 11 - 15, Sa. + So. 12 - 16 Uhr. Eintritt, ermäßigt mit Oslo Karte.

An der Ostseite der St. Olavs Kirche vorbei kann man über den Akersveien weiter nach Norden gehen. Wenig später beginnt linkerhand das Gelände des Friedhofs **Vår Frelsers Gravlund (8)**. Hier sind u. a. namhafte Bürger der Stadt beigesetzt, darunter Bjørnstjerne Bjørnson, Henrik Ibsen und Edvard Munch.

Auf dem Weg zum Osteingang an der Friedhofskapelle passiert man kurz vorher die **Damstredet (9)**, die nach rechts abzweigt. In dieser hübschen alten Wohngasse sind – wie im ganzen hiesigen Viertel „Bergfjerdingen" zwischen Friedhof und Maridalsveien – noch viele alte Holzhäuser erhalten.

Ab Maridalsveien kann man Busse der Linien 31 und 32 zurück in die Stadt (Stortorvet) nehmen.

ROUTE 1: OSLO

das norwegische Parlament Stortinget

Folgt man dem Akersveien vollends bis zum Ende, kommt man zur **Gamle Aker Kirke (10)**. Sie stammt aus der Zeit um 1100, gilt als die älteste Steinkirche in ganz Skandinavien und dient heute noch als Gotteshaus. Die Kirche ist nur zwischen 12 und 14 Uhr für Besucher geöffnet.

Unser Abstecher nach Norden führt ab St. Olavs Kirche wieder südwärts, über die Akersgata, vorbei an der **Trefoldighetskirke** (Dreifaltigkeitskirche) und dem hohen Regierungsgebäude (11) bis zur Karl Johans gate in Höhe des Parlamentsgebäudes (12).

Verzichtet man auf diesen nördlichen Umweg, geht man ab Universität (4) die Karl Johans gate weiter nach Osten, passiert die Grünanlage Eidsvolls Plass, rechts, und erreicht bald das markante Parlamentsgebäude **Stortingsbygningen (12)**. Das imposante Bauwerk mit seinen beiden Seitenflügeln und dem rotundenähnlichen Zentralteil, zu dem vom Eidsvoll Platz her eine breite Freitreppe hinaufführt, entstand zwischen 1861 und 1866. Das Innere ist mit Kunstwerken dekoriert, darunter ist ein monumentales Wandgemälde von Wergeland, das die Unterzeichnung der Verfassung in Eidsvoll im Jahre 1814 zeigt.

Weiter östlich liegt links der Karl Johans gate die **Oslo Domkirke (13)**. Der Dom mit seinem massiven Ziegelturm und der dreigeschossigen, vielfach durchbrochenen Turmhaube entstand ausgangs des 17. Jh., wurde aber zwischen 1848 und 1850 sowie zwischen 1939 und 1950 mehrfach restauriert, was allerdings die Harmonie des Erscheinungsbildes des Inneren nicht fördern konnte. Sehenswert dagegen sind einzelne Kunstwerke, wie Altartafel und Kanzel, die beide noch aus dem Jahre 1699 stammen, dann die Glasmalereien von Emanuel Vigeland und die Bronze-

Oslos Domkirche (13) tgl. 10 - 16 Uhr. Bus 37, Tram 11, 17, 18 bis Stortorget, U-Bahn bis Jernebanetorget.

35

ROUTE 1: OSLO

Stadtspaziergang

tore am Hauptportal von Dagfin Werenskiold (entstanden vor dem Zweiten Weltkrieg), sowie die Deckenmalereien von Hugo Luis Mohr.

An der Südseite des Domplatzes, Ecke Dronningens gate, liegen die sog. **Basarhallen**. Sie stammen aus der Mitte des 19. Jh., dienten damals als Markthallen und sind heute ein Zentrum des Kunsthandwerks.

Der Hauptbahnhof **Oslo Sentralstasjon (14)** und Bahnhofsvorplatz Jernebanetorget (Touristeninformation) schließen die Karl Johans gate im Osten ab.

An der Nordseite des Bahnhofsplatzes findet man moderne Einkaufszentren wie „**Oslo City**" oder „**Byportens Shopping**" mit mehreren hundert Geschäften.

Wir gehen die Dronningens gate ganz nach Süden, vorbei an der **Hauptpost** und an der **Norges Bank** bis zur Myntgata, folgen dieser nach Westen bis zur Kongens gate und noch ein Stück weiter bis zum Park und zum Zugang zur **Akershus Festung (16)** zuführt.

Akershus Festung * (15)
Gelände: tgl. 6 - 21 Uhr. Museen: 2.5. - 15.9. Mo. - Sa. 10 - 16, So. 12.30 - 16 Uhr. 15.4. - 1.5. u. 16.9. - 31.10 nur So. 12.30 - 16 Uhr. Eintritt zu Akershus Slott, mit Oslo Karte gratis. Bus 60 bis Bankplassen. Tram 10, 12 bis Christiania torv, Tram 13, 15, 19 bis Wessels plass.

Von den Mauern der etwas erhöht gelegenen Festung hat man einen sehr schönen Blick auf die Stadt, das Rathaus und den Hafen, Heimathafen übrigens des wunderschönen Windjammers „Christian Radich".

Der Kern der mittelalterlichen Festung stammt aus dem späten 13. Jh. und wurde unter König Håkon V. Magnusson auf einem Felsrücken über der Bucht Pipervika errichtet. Jahrhundertelang widerstand die befestigte Königsresidenz allen Wirrnissen und Angriffen, bis sie im August 1624 ein Raub der Flammen wurde.

Mitte des 17 Jh. ließ König Christian IV. Akershus als Renaissanceschloß wieder aufbauen. Die gesamte Befestigung wurde dabei erweitert und mit neuen Bastionen und Bollwerken versehen. Im großen und ganzen erhielt die Anlage damals das Aussehen, wie es sich uns heute bietet. 1716 wurde Akershus zum letzten mal belagert. Später verlor sie an Bedeutung und begann schließlich zu zerfallen.

Während des Zweiten Weltkrieges diente Akershus als Gefängnis für politisch unbequeme Zeitgenossen. Nach dem Kriege wurde die Festungsanlage bis 1963 umfassenden Restaurierungsarbeiten unterzogen. Heute beherbergt sie zahlreiche staatliche Einrichtungen. Die Krypta unter der Schloßkirche dient als Königliches Mausoleum. Im Sommer finden sonntags in der Schloßkirche Konzerte statt.

In einem beachtenswerten Fachwerkgebäude aus dem Jahre 1774 links vom Zugang in die Festungsanlage findet man ein **Informationszentrum**. Und ganz in der Nähe kann man – nach Voranmeldung im Informationszentrum – im ehemaligen Pulvermagazin das **Gefängnismuseum** besichtigen. Die Zellen dienten vor allem im 19. Jh. der Verwahrung besonders schwerer Jungs.

Im Høymagasinet, dem Gebäude 025 der Festung Akershus an der Rathausseite, ist das Christiania Stadtmodell zu besichtigen. Das Modell zeigt das Bild der Stadt im 17. und 18. Jh. Die Ausstellung ist Teil einer 20-minütigen Tonbildschau über die Geschichte Oslos.

Widerstandsmuseum
15.6. - 31.8. Mo. - Sa. 10 - 17, So. 11 - 17 Uhr. Übrige Zeit Mo. - Sa. 10 - 16, So. 11 - 16 Uhr.

In einem Gebäude nördlich des Schloßkomplexes, auf einer Anhöhe innerhalb des Festungsareals, ist das **Norges Hjemmefront Museum** (Norwegisches Widerstandsmuseum) eingerichtet. Es dokumentiert fast ausschließlich die Zeit während der deutschen Besetzung 1940 bis 1945.

ROUTE 1: OSLO

Ein Denkmal erinnert an die gefallenen Widerstandskämpfer. Östlich der Kongens gate liegt am Südrand des Festungsplatzes das **Forsvarsmuseet**, das Norwegische Armee- oder Verteidigungsmuseum. Es gibt anhand von Kriegsgerät Einblick in die norwegische Militärgeschichte vom 17 Jh. bis in die Zeit nach dem Zweiten Weltkrieg.

auf der Akershus Festung

Unweit östlich der Akershus Festung findet man am Bankplassen das **Museet for Samtidskunst**, das Nationalmuseum für norwegische und internationale bildende Kunst. In dem Granitbau, der zu Beginn unseres Jahrhunderts im Jugendstil für die Norges Bank errichtet worden ist, werden – teils in wechselnden Ausstellungen – Arbeiten norwegischer und internationaler Künstler aus der Zeit nach dem Zweiten Weltkrieg bis heute gezeigt.

Kunstmuseum
Di. - So. 10 - 17,
Do. bis 20 Uhr.

Von der Akershus Festung zurück zum Ausgangspunkt am Rathausplatz. An der Westseite der Hafenbucht Pipervika liegt das Einkaufszentrum **Aker Brygge (16)**. In diesem modernen Zentrum findet man neben Geschäften, Modeboutiquen und annähernd 35 Restaurants und Cafés auch Theater, ein Großleinwandkino und ein wechselndes Unterhaltungsangebot. An einem sonnigen Tag ist Aker Brygge ein angenehmer Platz von einem der Straßencafés aus das Leben und Treiben in diesem geschäftigen Zentrum und im Hafen zu beobachten.

Ein gutes Stück weiter nördlich findet man in der Arbins gate Nr. 1 südlich des Schloßparks das **Ibsen Museet**. Hier hatte der Dramatiker Henrik Ibsen von 1895 bis zu seinem Tod im Jahre 1906 seinen letzten Wohnsitz in Oslo. Die Wohnung wurde im Stil des 19. Jh. restauriert.

Ibsen Museum
Di. - So. 12 - 15 Uhr. Eintritt, mit Oslo Karte gratis. Führungen obligatorisch.

37

ROUTE 1: OSLO

2. RUNDFAHRT HOLMENKOLLEN, FROGNERPARK, MUSEEN.

Benutzt man für die Rundfahrt nicht das Auto, sondern öffentliche Verkehrsmittel, bedient man sich am einfachsten der U-Bahn Linie 1 bis Holmenkollen. Die Bahn verkehrt regelmäßig in kurzen Abständen ab U-Bahn Station Nationaltheater. Ab Station Holmenkollen muß man bis zur Schanze und zum Skimuseum noch ein Stück zu Fuß gehen. Die Holmenkollenschanze liegt nordwestlich vom Stadtzentrum und ist gut ausgeschildert.

Fährt man mit der U-Bahn Linie 1 noch fünf Stationen weiter bis zur **Endstation Frognerseteren**, kann man den Ausflug mit Wanderungen und einem Besuch des Aussichtsturms „Tryvannstårnet" (siehe auch „4. Weitere interessante Sehenswürdigkeiten") verbinden.

Auf der **Holmenkollen Skisprungschanze** werden jedes Jahr im März die Internationalen Skisprung Meisterschaften ausgetragen. Die Teilnahme an diesem weltweit bekannten Springen gilt als Höhepunkt in dieser Sportdisziplin. Abertausende von Zuschauern kommen jedes Jahr zu diesem Weltsportereignis.

Denkmal König Olav's V. vor der Holmenkollenschanze

Ein Aufzug bringt Sie auf den etwa 60 m hohen Turm der Sprungschanze und wer schwindelfrei ist und zu Fuß weiter hoch bis zum Anlauf gehen kann, wird mit einer einzigartigen **Aussicht** auf Oslo und die Bucht belohnt. Aber es genügt schon ein Blick von der Nähe des Schanzentisches hinab in die im Sommer teils von einem See bedeckte Auslaufmulde, um den Mut der Skispringer respektvoll zu bewundern. Im Sommer zeigen gelegentlich Skiakrobaten ihr Können an eben erwähntem See. Und wenn Sie Lust bekommen haben, auch einmal einen Skiflug von der ehrwürdigen Holmenkollenschanze zu wagen, können Sie das im Skisimulator gleich tun.

Stadtblick von der Holmenkollenschanze **

Skimuseum **
tgl. 10 - 17, Juni
bis 20. Juli + Aug.
bis 22 Uhr. Eintritt,
mit Oslo Karte
gratis.

Sehr lohnend ist ein Besuch des gleich neben der Schanze teils in den Berg gebaute **Skimuseum**. Beachten Sie am Eingang die etwa 4.000 Jahre alte Felszeichnung des „ersten Skiläufers der Welt". Die Geschichte des Skilaufs, von der Zeit, als lediglich ungeschlachte Holzbohlen den Menschen vor etwa 1.400 Jahren nicht im Schnee untergehen ließen, bis zu den supermodernen Brettern aus Kunstfaser samt stromlinienförmig gestylter Kleidung, ist in ihren vielfältigen Facetten ausgezeichnet dargestellt. Die Exponate werden in den modernen Museumsräumen sehr übersichtlich präsentiert.

Von besonderem Interesse sind Skiausrüstungsgegenstände von Fridtjof Nansens Grönlandüberquerung 1888 und Roald Amundsens Südpolexpedition 1910 – 1912, gleich im Eingangsbereich. Im Obergeschoß des Museums sind u. a. Skier der Königlichen Familie zu sehen.

Auf dem Weg vom Parkplatz zur Schanze passiert man ein Denkmal, das König Olav V. auf Skiern zeigt.

Falls Sie mit der Bahn unterwegs sind, fahren Sie zurück bis Station Majorstuen, verlassen dort die U-Bahn, gehen ein kurzes Stück stadteinwärts bis zur Querstraße Kirkeveien und nehmen dort die Straßenbahn Linie 12 oder 15 bis zum Haupteingang zum Frogner Park, Haltestellen Vigelandsparken oder Frogner plass.

Wenn Sie von der Haltestelle Majorstuen nur ein kurzes Stück zurückgehen, können Sie – aber nur am Wochenende – noch einen kurzen Sprung ins **Sporveismuseet**, das Straßenbahn-Museum, Ecke Selmdalsveien und Gardeveien, machen. Das Museum beherbergt die einzige Sammlung öffentlicher Verkehrsmittel in Norwegen.

Der ausgedehnte **Frogner Park (18)** mit seinen beiden Seen, ist berühmt für seine Freilichtsammlung von Bronze- und Steinplastiken des Bildhauers Gustav Vigeland.

Bronzeplastik von Gustav Vigeland im Frognerpark

Gustav Vigeland, 1869 in Mandal geboren und in einer Handwerkerfamilie und auf Großvaters Hof Vigeland in Lindesnes aufgewachsen, war Zeit seines Lebens erfüllt von einem glühenden Schaffensdrang. Vigelands Vater war Möbelschreiner. So wurde der Sohn schon in jungen Jahren mit der Holzschnitzerei bekannt. 1884 kam Gustav aus seinem sehr ernsten, strengen Elternhaus nach Oslo zur Ausbildung als Holzschnitzer. Später lebte und arbeitete er in Kopenhagen, Paris, Berlin, Florenz und London und kehrte Anfang unseres Jahrhunderts wieder zurück nach Oslo. Vigeland starb 1943. In seinem unbändigen Arbeitseifer schuf er weit über tausend monumentale Skulpturen, rund 800 plastische Skizzen und nicht weniger als 12.000 Zeichnungen und Skizzen.

Frogner Park (17) ** und Vigeland Skulpturen **
Bus 20, Tram 12, 15 bis Frogner plass

Zeit seines Lebens waren seine Motive Mann und Frau, Menschendarstellungen in allen Lebensaltern. Fast immer strahlen Vigelands Plastiken Ernst und Wehmut aus.

Alle Werke überließ der Meister der Stadt Oslo als Entgelt für das Gebäude, das die Stadt dem Bildhauer errichtete, in dem sich Vigelands Atelier und Wohnung befand. Heute beherbergt es das Vigeland Museum (siehe dort).

Schon das große schmiedeeiserne Tor mit seinen sieben Flügeln am Haupteingang zum Frogner Park (Kirkeveien) ist eine sehenswerte Arbeit Vigelands.

Als nächstes erreicht man die Brücke, die über die Parkseen führt. Hier stehen zahlreiche Steinplastiken. Insgesamt findet man im Park, dessen Anlage von Vigeland selbst konzipiert wurde, annähernd 200 Skulpturen. Man kommt zur Bronzefontäne. Der Lebensweg des Menschen vom Kind bis zum Greis wird anhand von Bronzeplastiken darge-

ROUTE 1: OSLO

Skulptur „Lebenssäule" von Gustav Vigeland, im Frognerpark

Oslos Stadtmuseum
Di. - Fr. 10 - 18 Uhr, übrige Zeit bis 16 Uhr, Sa. + So. 11 - 17 Uhr. Eintritt, mit Oslo Karte frei. Bus 20, 45, 81 oder Tram 12, 15 bis Frogner plass.

Vigeland Museum (19)
Mai - Sept. Di. - Sa. 10 - 18 Uhr, Do. + So. 12 - 18 Uhr. Winterhalbjahr Di. - So. 12 - 16, Fr. + Sa. 12 - 19 Uhr. Eintritt, mit Oslo Karte frei. Bus 20, 45, 81 oder Tram 12, 15 bis Frogner plass.

stellt. Treppen führen schließlich hinauf zum großen **Monolithen „Lebenssäule"**, der erhöht auf einer Steinterrasse steht. Die 17 m hohe Steinsäule ist mit 121 Leibern geschmückt, die sich wild verschlungen bis zur Spitze des Obelisks gruppieren. Der Monolith besteht aus einem einzigen Granitblock.

Beachtung verdienen natürlich auch die Monumentalplastiken, die sich um den Monolithen gruppieren.

Kunsthistoriker sind sich nicht ganz einig über den künstlerischen Wert von Vigelands Schöpfungen. Sicher dürfte aber sein, daß Vigelands Lebenswerk alleine schon durch die enorme Vielzahl seiner Arbeiten ein hervorragender Stellenwert zukommt.

Im Sommer kann man den Besuch des Frogner Parks mit einer willkommenen Abwechslung verbinden, mit einem Abstecher ins Frognerbad, dem größten Freibad der Stadt, das in der Nordostecke der Parkanlage beim Stadion und den Tennisplätzen liegt.

Wir setzen unsere Tour durch den Südteil des Frogner Parks fort und erreichen kurz darauf das **Oslo Bymuseet**, Frognerveien 67, das Stadtmuseum (19) mit Sommerrestaurant beim See. Das Museum ist untergebracht im Frogner Hovedgård, einem ehemaligen Gutshof aus dem Jahre 1790. Ausgestellt ist umfangreiches Anschauungsmaterial über die 1000-jährige Geschichte Oslos, sowie eine Gemäldesammlung und interessante Einrichtungs- und Gebrauchsgegenstände aus verschiedenen Epochen der Stadt.

Man verläßt den Frogner Park am Südeingang an der Halvdan Svartes gate. Fast genau auf der anderen Straßenseite steht das Gebäude des **Vigeland Museums (19)**. Hier kann man sich einen ganz ausgezeichneten Überblick über die unzähligen Arbeiten des Bildhauers Gustav Vigeland verschaffen. Der größte Teil des Lebenswerks des Künstlers ist hier untergebracht. Darunter sind Tausende von Zeichnungen, Holzschnitten und Plastiken in Marmor, Granit oder Bronze.

Ist man mit öffentlichen Verkehrsmitteln unterwegs, geht man vom Vigeland Museum ein kurzes Stück nach Osten zurück bis an die Südecke des Frogner Parks am Frogner Plass (Taxistand) und nimmt die Straßenbahn 12 oder 15 zurück ins Stadtzentrum (Rathausplatz).

Je nach zur Verfügung stehender Zeit, kann man nun noch einen Ausflug zur Museumsinsel Bygdøy unternehmen oder aber man nimmt die Straßenbahn Linie 18 oder 19 oder Bus 34B, 45 oder 46 ins östliche Stadtgebiet zum Oslo Ladegård (siehe 4., Weitere interessante Sehenswürdigkeiten).

ROUTE 1: OSLO

3. BYGDØY

Bygdøy, die „**Museumsinsel Oslos**" erreicht man bequem mit dem Auto ab E18 (Oslo – Drammen). Parkmöglichkeiten am Folke Museum, am Wikinger-Schiffe-Museum und am Kon-Tiki-Museum. In der Sommerferienzeit gibt es gelegentlich Engpässe bei den Parkplätzen.

Man erreicht Bygdøy auch **mit öffentlichen Verkehrsmitteln**. Busse der Linie 30 verkehren ab Nationaltheater bis Bygdøynes. Oder man nimmt die Personenfähren Nr. 91 ab Rathauskai 3. Die Boote verkehren zwischen Mai und September regelmäßig über das Ausflugslokal „Dronningen" zur Anlegestelle beim Fram-Museum, von dort auf direktem Weg zurück.

DIE MUSEEN AUF BYGDØY

Folgende Museen sind auf Bygdøy zu finden: **Norsk Folkemuseum (20)**, **Wikingerschiffe-Museum (21)**, **Kon-Tiki-Museum (22)**, **Fram Museum (22)** und das **Norwegische Seefahrtsmuseum (22)**.

Die letzten drei genannten Museen liegen vom Wikinger-Schiffe-Museum ca. 15 Geh-Minuten entfernt. Und vom Wikinger-Schiffe-Museum zum Norsk Folkemuseum geht man nochmals gut 5 Minuten. Man kann aber auch den Bus 30 für Fahrten zwischen den Museen benutzen.

Außerdem liegt auf der Insel Bygdøy das **Schlößchen Oskarshall (23)**. Dieses Mitte des 19. Jh. von König Oskar I. erbaute Lustschloß kann allerdings nur von Ende Mai bis Ende September an Sonntagen zwischen 11 und 16 Uhr gegen Eintritt besichtigt werden.

☑ *Mein Tipp!* **Norsk Folkemuseum (20)**. Ein Gang durch dieses ausgedehnte Freilichtmuseum kommt einem Gang durch die Architektur-

Norsk Folkemuseum *** (20)
1.5. - 30.9. tgl. 10 - 18 Uhr. Übrige Zeit: Mo. - Fr. 11 - 15, Sa. + So. 11 - 16 Uhr. Eintritt, mit Oslo Karte frei. Restaurant, Cafeteria,

Setesdalgehöft im Norsk Folkemuseum, Bygdøy, Oslo

ROUTE 1: OSLO

NORSK FOLKEMUSEUM

1 Innenhof, Museum
2 Setesdalgehöfte
3 Numedalgehöfte
4 Glåmdalgehöfte
5 Stabkirche von Gol
6 Hovegehöfte
7 Oppdalgehöfte
9 Hordalandgehöfte
10 Lendegehöfte
11 Ostnorwegengehöfte
12 Hallingdalgehöfte
13 Telemarkgehöfte
14 „Die Altstadt"
15 Wikingerschiffe-Museum

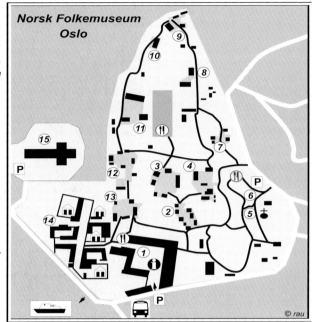

, Kunst- und Kulturgeschichte Norwegens vom Mittelalter bis in das 19. Jh. gleich. Der Besuch lohnt sehr und sollte nicht ausgelassen werden. Das Gezeigte ist so vielfältig, daß man sich für die Besichtigung viel Zeit nehmen sollte (mindestens einen halben Tag)!

Insgesamt sind hier 170 alte Gebäude, meist bäuerliche Anwesen, aus allen Teilen Norwegens zusammengetragen und mit größter Sorgfalt und bis ins Detail genau wieder aufgebaut worden. Die Gehöfte, Wohnhäuser, Stallungen, Scheunen, Speicher, Mühlen, Sennhütten, Badestuben etc. sind entsprechend ihrer Herkunftsregion zu Gruppen zusammengefaßt. Museumsführer, in Kostüme und Trachten der jeweiligen Landschaftsregion gekleidet, geben Auskünfte oder demonstrieren alte Arbeits- oder Herstellungsmethoden aus dem landwirtschaftlichen oder handwerklichen Bereich.

Geht man aus dem großen, von Verwaltungs- und Museumsgebäuden umgebenen Hof (Beschilderung) und wendet sich nach links, kommt man zunächst zu einem Häuserensemble aus dem *Setesdal*. Im wesentlichen besteht es aus einem Gehöft aus dem frühen 18. Jh., mit Wohnhaus und diversen Speichern, Scheunen und Ställen.

Unweit nördlich davon eine Gruppe von Gehöften aus der Region *Glåmdal/Osterdal*.

Wege, an denen alte Meilensteine zu sehen sind, führen durch einen Waldpark hinauf zur wieder aufgebauten **Stabkirche von Gol**. Sie stammt aus dem 12. Jh. und ist vom Fundament bis zum Giebel ein herrliches

Beispiel früher norwegischer Kirchenbaukunst. König Oskar II. ließ die Kirche 1885 von Gol im Hallingdal hierher bringen und neu errichten.

Beachten Sie u. a. das reich mit Schnitzereien versehene Portal und die tragenden Holzsäulen im Inneren, mit den kunstvoll gearbeiteten Verstrebungen oben. Kaum auszumachen sind im Dunkel unter dem Giebel die Köpfe am obersten Abschluß der Säulen. Chor und Apsis sind mit Malereien aus der Mitte des 17 Jh. ausgeschmückt.

Dem Kirchenportal gegenüber steht ein sehr schönes Bauernhaus, das aus der ersten Hälfte des 18. Jh. stammt und aus der Heddalgegend in der Telemark hierher gebracht wurde. Schauen Sie sich hier den großen Wohnraum an mit seiner Feuerstelle, den Wandbänken, Schränken, Pfostenbetten etc.

Gleich hinter diesem Telemarkhaus liegt das Restaurant.

Zurück zu den Setesdalhäusern und weiter zu den Gehöften aus dem Numedal. Hier steht u. a. eines der ältesten Holzhäuser des Landes (Haus Nr. 21). Es stammt aus dem 13. Jh.

das Osebergschiff im Winkingerschiffe-Museum auf Bygdøy

Ein Rundweg führt nun um den sog. Festplatz (mit Café). Folgt man ihm gegen den Uhrzeigersinn, sieht man Gebäude aus dem Gudbrandsdal, aus Nordfjord und Sunnfjord, aus Hordaland, Ostlandet, Hallingdal und schließlich aus der Telemark mit den markanten Speichern (z. B. Gebäude Nr. 133)

Es schließt sich die sog. „**Altstadt**" an. Hier sind einige Straßenzüge und Stadthäuser aus dem 17., 18. und 19. Jh. wieder aufgebaut worden.

In den **Museumsgebäuden** beiderseits des Hauptplatzes sieht man u. a. Kunsthandwerk, Trachten, Möbel aus städtisch-bürgerlichem und ländlich-bäuerlichem Milieu, des weiteren sakrale Kunstwerke und eine sehr interessante Ausstellung aus dem Kulturbereich der samischen Bevölkerung.

Vikingskiphuset (21). Hier sind u. a. drei Wikingerschiffe aus dem 9. und 10. Jh. ausgestellt, die – nach mühsamer und langwieriger Restaurierung – nun zu den schönsten Beispielen alter norwegischer Schiffsbaukunst zählen. Alle drei Schiffe, das **Osebergschiff**, das **Gokstadschiff** und das **Tuneschiff** wurden im Küstenbereich des Oslofjords gefunden. Die Schiffskörper, die als Gräber gedient hatten,

ROUTE 1: OSLO

Bygdøy Wikingerschiffe-Museum *** (21)
Apr. + Okt. tgl. 11 - 16 Uhr. 2.5. - 31.8. tgl. 9 - 18 Uhr. Sept. tgl. 11 - 17 Uhr. Sonst 11 - 15 Uhr. Eintritt, mit Oslo Karte frei. Bus 30 oder Boot 91 ab Pier 3 Rathausplatz und Fußweg.

wurden zwar von den Erdmassen, die sie bedeckten, völlig zerdrückt. Holz, Metallteile, Knochen und sogar Textilien aber waren dank der hermetisch luftdichten Abschottung durch die Erdlagen in recht gutem Zustand. In monatelangen Arbeiten wurden die oft in Tausende von Einzelteilen zerfallenen Schiffe und Grabbeigaben geborgen. Größtes Problem dabei war, die Funde permanent feucht zu halten. Andernfalls wären sie ausgetrocknet und unwiederbringlich zerbrochen. Nach einer akkuraten Katalogisierung aller Teile, wurden vor allem die empfindlichen Holzstücke in einer jahrelangen Prozedur mit Speziallösungen, die man auch erst erproben mußte, dauerhaft konserviert. Nun konnte mit dem Geduldspiel des Wiederzusammenfügens der Schiffe begonnen werden. Aus den Schiffen wurden noch einmal Meisterwerke, diesmal welche der erhaltenden Archäologie.

Schaut man sich nur die Bordbeplankung an, erahnt man schon – auch ohne einschlägiges Wissen – daß an diesen Wikingerschiffen vor fast tausend Jahren Meister ihres Handwerks tätig gewesen sein müssen. Die Ahnung wird zur Gewißheit, wenn man von den nautischen Qualitäten der Wikingerschiffe erfährt. Auf einem starken Kiel, der aus einem einzigen Stamm gearbeitet wurde, sind in genau überlegten Abständen Spanten aus Eichenholz befestigt. Sie bildeten das Rückgrat für die eichenen Bordplanken. Teils wurden 12 Bordplanken (Osebergschiff), bei Schiffen für größere und härtere Einsätze 16 Planken verwendet. Das Deck bildeten Laufplanken aus Kiefernholz. Der einzige, umlegbare Mast war mittschiffs im „Kielschwein", einem kräftigen Eichenklotz auf dem Schiffsboden, befestigt.

Alle Bauelemente waren durch Nägel und Taue so kunstvoll und vor allem so elastisch miteinander verbunden, daß Fachleute von der ganz erstaunlichen Seetüchtigkeit, die Wikingerschiffen eigen gewesen sein muß, heute noch begeistert sind. Mit originalgetreuen Nachbauten wurden ganz erstaunliche Resultate erzielt.

Decksaufbauten gab es gewöhnlich nicht. Die Besatzung saß auf ihren Seekisten, die gleichzeitig als Ruderbänke dienten. Man war Wind und Wetter ohne besonderen Schutz ausgesetzt. Lediglich auf Reiseschiffen standen wichtigen Personen zusammenlegbare Bordzelte und sogar Betten zur Verfügung.

Gleich nach dem Eingangsbereich des kreuzförmig angelegten Museumsgebäudes kommt man in die gewölbte Halle mit dem Osebergschiff, das schon durch seine Proportionen, die überaus elegante Linienführung des Rumpfes und die kühn geschwungenen Steven mit herrlichen Schnitzereien, auf Anhieb besticht.

Das **Osebergschiff** wurde 1904 ausgegraben. Es diente als Grabstätte einer hochgestellten weiblichen Person. Es wird angenommen, daß diese Frau Königin Asa war. Ganz besonders reich war der Fund an Grabbeigaben. Zu den Prachtstücken zählen ein überaus seltener **Wagen**, ein **Schlitten**, Truhen, Betten und allerlei Kleingerät. Diese Gegenstände sind im hinteren Raum zu sehen.

Im Flügel links ist das **Gokstadschiff** wieder aufgebaut worden, das man 1880 entdeckte. Vergleicht man das Osebergschiff mit dem Gokstadschiff, fällt der etwas gedrungene Schiffskörper auf und man stellt fest, daß die Bordwand beim Gokstadschiff um zwei Bordplanken höher

EIN SCHIFF EROBERT DIE EISMEERE
Nansen, Amundsen und die „Fram"

Seine erste Expedition mit der „Fram" unternahm *Fridtjof Nansen* im Sommer 1893. Kapitän war *Otto Neumann Sverdrup*. Es war geplant, soweit wie möglich Richtung Nordpol zu segeln, sich dort einfrieren zu lassen und mit der Eisdrift zum Nordpol zu gelangen. Langsam kam man auf einem verschlungenen Zickzackkurs tatsächlich in die Nähe des Nordpols. Am 16. Oktober 1895, fast zweieinhalb Jahre nach Beginn der Reise, hatte man die nördlichste Position von 85° 57' nördl. Breite erreicht. Nansen erkannte, daß die „Fram" nicht näher zum Pol driftete und verließ mit *Hjalmar Johansen* das Schiff. Beide machten sich mit Hunden und Schlitten auf den Weg zum Nordpol. Widrige Umstände veranlaßten die beiden zur vorzeitigen Umkehr und im August 1896 kamen Nansen und Johansen nach abenteuerlicher und dramatischer Überwinterung und Rückreise nach  Vardø, dem Ausgangspunkt der Expedition vor über drei Jahren, zurück.

Die „Fram" kam erst im August 1896 vom Polareis frei und lief am 20. August in Skjervøy in Nordnorwegen ein.

Die zweite große Expeditionsreise mit der „Fram" unternahm der polarmeererfahrene Kapitän Otto N. Sverdrup im Jahre 1898. Sverdrup wollte Grönland im Norden umrunden, was allerdings nicht gelang.

Sverdrup kartografierte aber ein großes, bis dahin unerforschtes Gebiet nordwestlich von Grönland.

Das Ergebnis einer weiteren, der dritten Expeditionsreise der „Fram" sollte zu einem Meilenstein in der norwegischen und internationalen Geschichte der Polarforschung werden.

Roald Amundsen verließ mit der „Fram" am 10. August 1910 Kristiansand mit „unbekanntem" Ziel, wie es anfangs hieß. Tatsächlich waren Amundsen und seine Mannschaft auf dem Weg zum Südpol. Die anfängliche Geheimniskrämerei hatte Gründe. Im Juni des gleichen Jahres nahm nämlich auch der Engländer Robert Falcon Scott Kurs auf den Südpol.

Amundsen erreichte mit der „Fram" auf dieser Reise den südlichsten Punkt, 78° 41' südl. Breite, den bis dahin kein Schiff je angesteuert hatte. Die „Fram" war nun das erste Schiff der Welt, das am weitesten nach Norden und nach Süden auf unserem Erdball vorgedrungen war.

Von der Walfischbucht im Rossmeer, unmittelbar an der Eisbarriere, machte sich Amundsen mit drei Begleitern, Schlitten und Hunden auf den Marsch zum Südpol, den die Gruppe am 11. Dezember 1911 glücklich erreichte. Amundsen hatte als erster den Südpol erreicht. Scott kam am 18. Januar 1912 am Südpol an. Er und seine Leute überlebten den Rückweg nicht.

Die „Fram" mit Amundsen, Kapitän Nilsen und seiner Mannschaft, kehrte am 16. Juli 1914 nach Norwegen zurück.

ROUTE 1: OSLO

Bygdøy

ist, was dem Schiff wohl eine bessere Eignung für Fahrten bei rauher See verlieh. Außerdem sind zwei kleine Beiboote zu sehen, die als Grabbeigaben dienten. Die Grabkammer ist wieder aufgebaut, die einst auf dem Schiff stand.

Im rechten Seitenflügel sind die Reste des **Tuneschiffs** zu besichtigen. Es sind leider nur noch Fragmente des Schiffsrumpfes vorhanden.

Fram Museum *** (22)
1.5. - 30.9. tgl. 10 - 16.45 Uhr, Sommer bis 18.45 Uhr. Übrige Zeit kürzer. Eintritt, mit Oslo Karte frei.

Fram Museum (22). Das Polarschiff „Fram" wurde nach speziellen Angaben des Polarforschers *Fridtjof Nansen* für extreme Bedingungen bei Fahrten in den Polarmeeren von Collin Archer erbaut und 1893 in Dienst gestellt. Das Schiff hat eine Wasserverdrängung von 800 Tonnen, eine Länge von 39 m, eine Breite von 11 m und einen Tiefgang von 5 m. Seine hervorragende Konstruktionsweise hat sich auf all seinen Fahrten bewährt.

Die Grundidee Nansens war es, ein Schiff zu bauen, das so stark und dessen Rumpf so geschickt geformt war, daß es, eingefroren im Packeis, nicht von den gigantischen Eismassen zerdrückt (Schicksal vieler früherer Polarschiffe), sondern aus dem Eis gehoben wurde und so „gefahrlos" mitdriften konnte.

Norwegisches Seefahrtmuseum **
15.5. - 30.9. tgl. 10 - 19 Uhr. 1.1. - 14.5. und 1.10.- 31.12. tgl. 10.30 - 16, Do. bis 19 Uhr. Eintritt, mit Oslo Karte frei.

Norwegisches Seefahrtmuseum (22). Die lange, erfolgreiche Seefahrertradition des Landes wird hier anhand von Modellen, Schiffsteilen, Booten, Schaukästen, Gemälden und vielen nautischen Gegenständen sehr anschaulich dokumentiert. Im Museumsgebäude befinden sich außerdem das *Restaurant Najaden*, sowie eine Cafeteria mit Fjordterrasse.

Kon-Tiki Museum ** (22)
1.4. - 31.5. + 1.9. - 30.9. tgl. 10.30 - 17 Uhr. 1.6. - 31.8. tgl. 9.30 - 17.45 Uhr. Übrige Zeit 10.30 - 16 Uhr. Eintritt, mit Oslo Karte frei.

Kon-Tiki Museum (22). Die bedeutendsten Exponate sind einmal Thor Heyerdahls weltberühmtes Balsafloß „Kon-Tiki" und zum anderen Heyerdahls Papyrusboot „Ra II".

Mit der „Kon-Tiki" fuhren Heyerdahl und fünf Kameraden 1947 8.000 km weit über den Pazifik von Peru bis Polynesien. Mit der „Ra II" segelte er 1970 über den Atlantik. Fotodokumentationen schildern Vorbereitungen und Durchführung der Reisen. Außerdem Ausstellungen von Kunst- und Kultgegenständen der Osterinseln.

4. WEITERE INTERESSANTE SEHENSWÜRDIGKEITEN

Munch-Museum ***
1.6. - 15.9. tgl. 10 - 18 Uhr. Übrige Zeit tgl. a. Mo. 10 - 16 Uhr. Eintritt, mit Oslo Karte frei. Bus 20 oder U-Bahn 1, 2, 3, 4, 5 bis Tøyen-Munchmuseet.

Edvard Munch Museum. Das Museum liegt im Osten der Stadt, gegenüber dem Botanischen Garten. Es ist mit Bus 20 ab Jernebanetorget oder mit der U-Bahn ab Stortinget bis Tøyen zu erreichen.

Das moderne Museumsgebäude beherbergt den größten Teil des Lebenswerks des Malers *Edvard Munch*. Insgesamt vermachte der Künstler der Stadt Oslo 1940 annähernd 24.000 Objekte, darunter Graphiken, Zeichnungen, Plastiken, Aquarelle und andere Gemälde. Im Museum finden Filmvorführungen, Konzerte und Vorträge statt.

Edvard Munch wurde am 18. Dezember 1863 geboren und starb im Alter von 81 Jahren im Januar 1944. Munch war Maler und Graphiker und gehörte mit zu den Begründern des Expressionismus. Themenmittelpunkt seiner Arbeit war stets der Mensch im Spannungsfeld der zwischenmenschlichen Beziehungen.

ROUTE 1: OSLO

Universitets Naturhistoriske Museer. Die Naturgeschichtlichen Museen liegen ganz in der Nähe des Munch Museums im Botanischen Garten im Osten der Stadt. Zu erreichen mit Bus 20 ab Jernebanetorget oder mit der U-Bahn, Linien 1, 2, 3, 4, 5 ab Stortinget bis Tøyen.

Auf dem Gelände des sehr ansprechend angelegten Botanischen Gartens mit seiner artenreichen Flora nördlicher Provenienz und Treibhäusern mit südlicher Pflanzenwelt, gibt es außerdem zu besichtigen das *Botanische Museum*, das *Zoologische Museum*, das *Mineralogische Museum* und das *Paleontologische Museum*. Freier Eintritt in Park und Museen.

Oslo Ladegård, St. Hallvards plass. Nicht sehr weit östlich vom Osloer Zentralbahnhof liegt, Ecke Bispegata (E18) und Oslo gate, dieses barocke Stadthaus aus dem frühen 18. Jh. Es wurde damals auf den Resten der alten Bischofsburg aus dem 12. Jh. als Bürgermeisterresidenz errichtet und beherbergt heute eine Ausstellung alter Stadtansichten Oslos. Vor der Zerstörung durch den Stadtbrand von 1624 bildete die Bischofsburg zusammen mit der historischen Hallvardskirche das große geistliche Zentrum im Süden Norwegens. Reste der ehemaligen Altstadt wurden im benachbarten Ruinenpark ausgegraben.

Ladegård
Mai - Mitte Sept.
Führungen So. 13 + Mi. 18 Uhr.
Eintritt, mit Oslo Karte frei. Bus 34, 45, 46, 70, 85 und Tram 18, 19 bis St. Hallvards plass.

Folgt man ab Ladegård der Oslo gate weiter nach Süden, kann man einen Abstecher (beschildert) zum Ruinenpark von Sørenga machen. Hier sind weitere Ruinen der Stadt aus der Zeit vor dem großen Brand, darunter Reste des Königshofes und der Marienkirche aus dem 11. Jh., zu sehen.

Von der Straße, die hinauf zum Campingplatz Ekeberg führt, hat man vom Aussichtspunkt an der Kehre einen guten Blick auf den Ruinenpark und die Stadt.

Norsk Teknisk Museum, Kjelsåsveien 143. Das Technische Museum von Norwegen liegt weit im Norden der Stadt am Akerselva, unweit des Sees Maridalsvannet. Man erreicht das Museum mit der Bahn ab Nationaltheater bis Station Kjelsås, oder mit der Straßenbahn Linien 12 oder 15 ab Storgatan. Gezeigt wird die Entwicklung der Technik von der Frühzeit bis heute, von der Dampfeisenbahn bis zum Düsenjet und bis zur Computertechnik.

Bogstad Gård, Sørkedalsveien 826. Der Gutshof und Herrensitz aus der Mitte des 18. Jh. liegt gut 10 km außerhalb der Stadt in einem herrlichen Park. Das Anwesen kann von Mitte Mai bis Anfang Oktober dienstags bis samstags auf Führungen jeweils um 13 und 14 Uhr, sowie sonntags auf Führungen zwischen 12 und 16 Uhr gegen Eintritt besichtigt werden. Man gelangt mit Bussen der Linie 41 zum Bogstad Gård.

Das **Henie-Onstad Kunstzentrum** liegt in Høvikodden, rund 12 km westlich vom Stadtzentrum von Oslo. Dank der Initiative und Stiftung des Ehepaares Sonja Henie und Niels Onstad konnte 1968 dieses moderne Kunstzentrum eingeweiht werden. Sonja Henie war in den Zwanziger Jahren die Eislaufkönigin schlechthin, während Niels Onstad sportliche Meriten im Rudern errang.

Henie-Onstad Kunstzentrum
Di. - Do. 10 - 21, Fr. - Mo. 11 - 18 Uhr.

Zu sehen ist eine Sammlung moderner Malerei des 20. Jh. sowie ein Skulpturenpark. Zeitgenössische Kunst wird auch auf den Gebieten Lite-

ROUTE 1: OSLO

ratur, Musik, Tanz, Theater u. a. bei wechselnden Ausstellungen, Vorträgen, Ausstellungen und Veranstaltungen gezeigt. Ein Terrassencafé ist angeschlossen.

Mit öffentlichen Verkehrsmitteln erreicht man das Henie-Onstad Kunstzentrum ab Sentralstasjon (Hauptbahnhof) mit den Bussen der Linien 151, 161, 251, 252, 261.

Tryvannstårnet. Der Fernsehturm liegt nordwestlich der Stadt in über 500 m Höhe. Der Turm selbst ist fast 120 m hoch. Von der Aussichtsplattform hat man bei klarem Wetter einen prächtigen Rundblick.

Man erreicht den Turm per U-Bahn ab Station Nationaltheater (siehe auch Holmenkollen Schanze) bis Station Voksenkollen und hat von dort noch etwa 15 Min. zu gehen. Mit dem Auto folgt man zunächst der Beschilderung Holmenkollen, dann weiter bis Frognerseteren bzw. Tryvannstårnet.

Besonders bei schönem Wetter lohnt es sich, den Ausflug zum Aussichtsturm mit einem Abstecher zum nahen **Frognerseteren Höhenrestaurant** zu verbinden. Man hat von dort nicht nur einen weiteren schönen Blick auf Oslo, sondern es bieten sich auch viele Möglichkeiten zu Waldspaziergängen.

Ein weiterer Ausgangspunkt für Spaziergänge und Wanderungen in der Nähe Oslos liegt im Norden der Stadt am See **Sognsvannet**. Mit der Bahn Linie 3 fährt man ab U-Bahn Station Nationaltheater bis Endstation Sognsvann. Bademöglichkeit. Parkplätze.

Bei längerem Aufenthalt lohnt ein Ausflug (Ganztagestour) auf der E16 nach Nordwesten Richtung Hönefoss. Nach ca. 50 km erreicht man **Sundsvollen**. Dort nimmt man am SM-Markt den mit *Dronningveien* beschilderten Abzweig, der bergwärts führt und später unbefestigt und mautpflichtig ist. Am Ende der Straße führt vom Parkplatz ein etwa 25-minütiger Fußweg durch den Wald zum Aussichtspunkt **Kongens Utsikten**. Von dort genießt man einen weiten Ausblick nach Westen auf den verzweigten See Tyrifjorden.

Eine fast ebenso schöne Aussicht hat man schon von **Dronnings Utsikten** am Fahrweg, am Beginn des unbefestigten Wegstücks am Viehgatter.

Praktische Hinweise Oslo

☎ – **Norges Informasjonssenter**, Touristeninformationszentrum, Fridtjof Nansens Plass 5, Eingang Roald Amundsen Straße, N-0160 Oslo, Tel. 24 14 77 00, Fax 22 42 92 22. Geöffnet 1. Mai – 30. Juni Mo. – So. 9 – 18, im Juni So. nur bis 16 Uhr. 1. Juli – 31. Aug. Mo. – Sa. 9 – 20 Uhr. Übrige Zeit Mo. – Fr. 9 – 16 Uhr. E-mail: info@visitoslo.com. Internet: www. oslopro.no

– **Trafikanten**, Touristeninformation am Zentralbahnhof gibt Auskunft über die öffentlichen Verkehrsmittel in Oslo und Umgebung, außerdem Reservierung und Auskünfte über NSB-Dienste (Norwegische Staatsbahnen); Oslo Sentralstasjon, Jernebanetorget 1, N-0154 Oslo, Tel. 22 17 70 30. Telefondienst tgl. 7 – 23 Uhr. Publikumsverkehr Mo. - Fr. 7 - 20, Sa. + So. 8 - 18 Uhr.

– **Akershus Reiselivsråd**, Informationen über die Provinz Akershus und über die Kommunen von Oslo, Schweigaardsgate 4, N-0185 Oslo, Tel. 22 05 58 75, Fax 22 05 58 99. Internet: www.akershus.com

Information für Behinderte

Norges hadikapforbund Oslo, Folke Bernadottes vei 2, N-0862 Oslo, Tel. 22 17 02 55, Fax 22 17 61 77. Der Verband gibt ein Handbuch (norwegisch

ROUTE 1: OSLO

und englisch) über die Zugangsmöglichkeiten diverser Einrichtungen heraus.

NAF Alarmsentral (Autopannendienst) – (00 47) 81 00 05 05 (Tag und Nacht).
Notarzt – 113.
Polizei – 112.
Feuerwehr – 110.
Oslo Kommunale legevakt, Ärztlicher Bereitschaftsdienst, Unfallstation Notaufnahme: Tel. 22 11 80 80.
Nachtapotheke (24 Stunden Dienst): Jernebanetorgets Apotek, Tel. 22 41 24 82.
Zahnarztnotdienst: Tel. 22 67 30 00.

Notruf Nummern

Telefonnummern zum **Sperren verlorengegangener Kreditkarten**:
American Express Tel. 80 03 32 44 – **Diners Club** Tel. 23 00 10 00 – **Eurocard/Master** Tel. 80 03 02 50 – **Visa** Tel. 22 01 34 20, 800 30 25 0.

Kreditkarten

NAF Norwegischer Automobilverein, Storgata 2, 0105 Oslo, Tel. 22 34 14 00, Fax 22 33 13 72.
KNA Königlich Norwegischer Automobilclub, Drammensveien 20 c, 0255 Oslo, Tel. 22 56 19 00.

Automobilclubs

Oslos neuer internationaler **Flughafen Oslo Lufthavn Gardermoen** liegt rund 50 km nordöstlich Stadt. Am schnellsten erreicht man den Flughafen mit der Flughafen-Zubringerbahn **Flytog** ab Oslo Sentralstasjon, Flytogterminalen. Der Zug verkehrt alle 10 Minuten, Fahrzeit 20 Minuten.
Ein **Flughafenbus** des SAS Transportservice verkehrt sechs mal pro Stunde ab Radisson SAS Scandinavia Hotel, Fahrzeit rund 45 Minuten.
Außerdem verkehren die **SL-Linienbusse der Linie 344** von Radisson SAS Scandinavia Hotel via Jernebanetorget, Helsfyr und Furuset drei mal pro Stunde zum Flughafen, Fahrzeit ca. 50 Minuten.
Die **Buslinie 332** verkehrt ein mal pro Stunde ab Busterminal Galleri Oslo via Gjerdrum zum Flughafen.
Natürlich kann man auch mit dem Taxi zum Flughafen gelangen, **Oslo Taxi** Tel. 23 23 23 23.

Flughafen

Oslo Sentralstasjon (Hauptbahnhof), Jernebanetorget 1, 0154 Oslo, Tel. 22 36 80 00. – Internationaler Zugverkehr, sowie alle Züge Richtung Kristiansand und Stavanger, Bergen, Trondheim, Bodø, Åndalsnes.
Ein anderer wichtiger Zentralbahnhof in Oslo ist der Bahnhof **Nationaltheater**. Internet: www.nsb.no

Bahnhof

H.M. Kristiansens, Hegdehaugsvn. 4, 0167 Oslo, Tel. 22 20 82 06. Internet: www.hmk.no. Mehrere 3-stündige Stadtrundfahrten täglich, zu den großen Sehenswürdigkeiten der Stadt. Hotel-Abholung oder ab Rathaus Seeseite 10 und 13.30 Uhr.
Båtservice Sightseeing, Rathausplatz, Rådhusbryggen Pier 3, 0116 Oslo 1, Tel. 22 20 07 15. Internet: www.boatsightseeing.com. Einstündige Hafenrundfahrten sowie zwei bis dreistündige Fjordrundfahrten. Große Ganztagestour mit Bus und Boot. Und weitere Angebote.

Stadtrundfahrten

❖ **Feste, Folklore: Holmenkollen Skishow**, Folklore und Shows während der Skisprung- und Langlaufwettbewerbe auf dem Holmenkollen, Ende Februar bis Mitte März.
Anlässlich des **Nationalfeiertages** am 17. Mai finden diverse Veranstaltungen und ein großer Umzug über die Karl Johans gate zum Schloß statt.
Jazzfestival, Anfang August.
Oslo Kammermusikfestival, Konzertwoche in der ersten Augusthälfte.

Feste, Folklore

✂ Restaurants: **Restaurant Bagatelle**, Bygdøy allé 3, Tel. 22 12 14 40, gepflegtes Speiselokal, exquisite Küche, vorzügliche Weinkarte, Fischgerich-

Restaurants

49

ROUTE 1: OSLO

Restaurants

te, Wildspezialitäten, teuer. Zählt zu den besten Restaurants im Lande. Sonntags geschlossen. Tischreservierung empfehlenswert.

Blom - Kunstnernes Restaurant, Paleet, Karl Johans gate 41b, Tel. 22 47 73 00; speisen im Ambiente einer Galerie, Kunst, Gemälde, Portraits an den Wänden und kulinarische Spezialitäten wie Lachs- oder Rentiergerichte auf dem Teller, große Weinkarte, gehobene Preisklasse. Sonntag Ruhetag.

Restaurant Engebret Café, Bankplassen, Tel. 22 33 66 94, beim Kunstmuseum, traditionsreiches Lokal, in dem schon Henrik Ibsen speiste, die Küche wird gelobt, auch Fischgerichte und norwegische Spezialitäten; hübsche Terrasse; gehobene Preisklasse. Sonntags geschlossen.

Lofoten Fiskerestaurant, Stranden 75, Aker Brygge, Tel. 22 83 08 08, gerne besuchtes Fischlokal.

Najaden Restaurant, Bygdøynesveien 37, Tel. 22 43 81 80; im Seefahrtmuseum auf der Insel Bygdøy, traditionsreiches Restaurant, bekannt für seine norwegischen Spezialitäten,

Theatercaféen, Stortingsgata 24, Hotel Continental; stadtbekannte Adresse im Wiener Kaffeehausstil der Jahrhundertwende, gehobene Preisklasse. – Und andere Restaurants.

Hotels

☐ Hotels: Von den zahlreichen Hotels im Großraum Oslo sind nur einige der zentral gelegenen Häuser erwähnt. Alle aufgeführten Hotels bieten auch Nichtraucherzimmer an.

Mein Tipp! Von Mitte Juni bis Ende August bieten viel Hotels sog. „Sommerpreise" an, die in aller Regel erheblich unter den Normalpreisen liegen. Fragen Sie danach!

Anker, 230 Betten, Storgata 55, Tel. 22 99 75 00, Fax 22 99 75 20, Parkplatz. Internet: www.anker.oslo.no

Astoria Tulip Inn Rainbow, 170 Betten, Dronningens gata 21, Tel. 22 42 00 10, Fax 22 42 57 65.

Bondeheimen Best Western, 136 Betten, Rosenkrantz gata 8, Tel. 23 21 41 00, Fax 23 21 41 01, Cafeteria, Sauna, Solarium.

Bristol, 225 Betten, Kristian IV's gt. 7, Tel. 22 82 60 00, Fax 22 82 60 01, Restaurant, Garage. Internet: www.bristol.no

Carlton, 82 Betten, Parkvn. 78, Tel. 23 27 40 00, Fax 23 27 40 01, Restaurant.

Cecil Tulip Inn Rainbow 196 Betten, Stortingsgt. 8, Tel. 23 31 48 00, Fax 23 31 48 50, zeitgemäßes, zentral gelegenes Mittelklassehotel, Restaurant, Garage.

City, 90 Betten, Skippergt. 19, Tel. 22 41 36 10, Fax 22 42 24 29.

Continental, 290 Betten, Stortingsgt. 24 - 26, Tel. 22 82 40 00, Fax 22 42 96 89, zentral Nähe Nationaltheater gelegen, traditionsreiches, alteingesessenes Haus, Restaurant, Garage.

Fønix, 99 Betten, Dronningens gt. 19, Tel. 22 42 59 57, Fax 22 33 12 10, Restaurant.

Grand, 275 Zi., Karl Johans gt. 31, Tel. 22 42 93 90, Fax 22 42 12 25, luxuriöses, traditionsreiches, zentral gelegenes Haus, Restaurants, u. a. das exquisite „Etoile", „Grand Café", Sauna, Solarium, Schwimmbad, Garage.

Munch Tulip Inn Rainbow, 225 Betten, Munchs gt. 5, Tel. 23 21 96 00, Fax 23 21 96 01.

Norrøna Tulip Inn Rainbow, 104 Betten, Grensen 19, Tel. 22 42 64 00, Fax 22 33 25 65, Cafeteria.

Scandic Hotel KNA, 320 Betten, Parkveien 68, Tel. 23 15 57 00, Fax 23 15 57 10, gepflegtes Firstclass Hotel, Restaurant, Solarium, Sauna, Garage.

Stefan Golden Tulip Rainbow, 200 Betten, Rosenkrantz gt. 1, Tel. 23 31 55 00, Fax 23 31 55 55, Restaurant.

ROUTE 1: OSLO

Blick vom Holmenkollen Park Hotel Rica auf Oslo und den Oslofjord

Vika Atrium Golden Tulip Rainbow, 170 Betten, Munkedamsvn. 45, Tel. 22 83 33 00, Fax 22 83 09 57, Restaurant, Solarium, Garage. – Und andere Hotels.

☑ *Mein Tipp!* **Holmenkollen Park Hotel Rica** ****, 195 Zi., Kongeveien 26, Tel. 22 92 20 00, Fax 22 14 61 92; nicht in der Innenstadt, sondern außerhalb unterhalb der Holmenkollenschanze hoch über Oslo gelegen, prächtiger Blick auf die Stadt und den Oslofjord, komfortables, renommiertes Firstclass Hotel, das Haupthaus mit dem Restaurant ist im traditionellen Holzbaustil gehalten.

Oslo Vandrerhjem Haraldsheim, Haraldsheimveien 4, 0409 Oslo, Tel. 22 22 29 65; Anf. Jan. – Ende Dez.; Straßenbahn Linie 1 ab Nationaltheater oder Storgatan. Internet: www.haraldsheim.oslo.no

Oslo Vandrerhjem LBM Ekeberg, Kongsveien 82, 1109 Oslo, Tel. 22 74 18 90, nur im Sommer von Anfang Juni bis Ende August geöffnet.

Albertine Hostel, Storgata 55, 0182 Oslo, Tel. 22 99 72 00; 10. Juni – 31. Aug., 400 Betten, Restaurant, Parkplatz. Weniger eine Jugendherberge, eher eine Pension. Internet: www.anker.oslo.no

Jugendherbergen

❏ – **Sjølyst Bobilpark**, Drammensveien 160, 0273 Oslo, Tel. 22 50 91 93, www.bobilparkering.no. Anfang Juni – 15. Sept.; ca. 3 km westlich Oslos, Zufahrt von der E18 (Oslo – Drammen). Stellplatz für etwa 250 Wohnmobile am Kai des Sjølyst Bootshafens an der Westseite von Bygdøy, Strom- u. Wasseranschluss, Toiletten, Chemicaltoilettenausguss, Radverleih. Busse 31, 32, 33 ins Zentrum. Geschäfte und Restaurant ca. 5 Gehminuten entfernt.

Wohnmobilstellplatz

▲ – **Camping & Turistsenter Bogstad** ****, Tel. 22 51 08 00; 1. Jan. – 31. Dez.; im nördl. Stadtgebiet, über E18 (Oslo – Drammen) beschildert, nahe Holmenkollenschanze; weitläufiges, teils abfallendes Wiesengelände mit Baumgruppen; im Sommer stark frequentiert; ca. 15 ha – 1.000 Stpl.; Standardausstattung; Laden, Restaurant; 36 Miethütten. Bus 32 ab/bis Nationaltheater
– **Camping Ekeberg** ***, Tel. 22 19 85 68; Ende Mai – 31. Aug.; im östl. Stadtbereich, über E6 beschildert; Wiesengelände oberhalb Oslos mit schönem Blick auf die Stadt, im Sommer oft drangvolle Enge; ca. 5 ha – 500 Stpl.; Standardausstattung; Laden, Restaurant. Busse 23 und 34 zur Stadtmitte.
– **Oslo Fjordcamping AS** **, Tel. 22 75 20 55; 1. Mai – 30. Sept.; ca. 10 km südl. Oslo, Abzweig von der E18; Waldgelände mit Felsrücken; ca. 2 ha – 100 Stpl.; Standardausstattung; Laden, Imbiß.

Camping

ROUTE 2: OSLO – KRISTIANSAND

SÜDNORWEGEN

2. OSLO – KRISTIANSAND

- **Entfernung:** Rund 330 km, ohne Abstecher.
- **Strecke:** Über die Straße E18 bis **Kristiansand**.
- **Reisedauer:** Mindestens ein Tag.
- **Höhepunkte:** Die Hafenstädtchen **Risør ****, **Tvedestrand ****, **Arendal ****, **Grimstad** und **Brekkestö **** – die **Fels- und Schärenküste **** bei **Risør** und nördlich von Kristiansand bei **Høvåg**.

Route 2
OSLO - KRISTIANSAND
0   30   60 km

ALTERNATIVROUTE

Alternativ zur Hauptroute, die über die E18 nach Kristiansand führt, kann man den Reiseweg durch Südnorwegen erheblich abkürzen, indem man sich gleich südwestlich von Oslo ab Drammen der Straße E134 bedient. Man folgt ihr über Hokksund, Kongsberg, Notodden (Heddal Stabkirche) und Seljord quer durch die Telemark bis Åmot.

Eine nähere Beschreibung des Weges zwischen Notodden und Åmot ist in Etappe 5 (Haukeligrend – Åmot) zu finden. In Åmot schließlich trifft man mit Etappe 6 (Åmot – Bergen) wieder auf unsere Hauptroute.

Eine nähere Beschreibung des Weges zwischen Notodden und Åmot ist in Etappe 5 (Haukeligrend – Notodden – Åmot) zu finden. In Åmot schließlich trifft man mit Etappe 6 (Åmot – Bergen) wieder auf unsere Hauptroute.

HAUPTROUTE

→ **Route:** Wir verlassen Oslo über die E18 in südwestlicher Richtung. Nach 41 km erreichen wir **Drammen**. •

ROUTE 2: OSLO – KRISTIANSAND

Drammen ist die Verwaltungshauptstadt der *Provinz Buskerud*. Die aus den Gemeinden Bragemes und Strømso am Ende des Drammenfjords entstandene Stadt kann zwar auf über 4.000 Jahre alte Siedlungsspuren verweisen, zu einem lebhaften Hafenort entwickelte sich Drammen aber erst Anfang des 17. Jh. und erhielt hundert Jahre später Stadtrecht.

Heute ist Drammen eine wichtige Industrie- und Hafenstadt und der fünftgrößte Industriestandort des Landes mit rund 50.000 Einwohnern. Wirtschaftsschwerpunkte sind neben dem Hafenbetrieb vor allem Metall- und Papierindustrie.

Von touristischem Interesse ist die sog. **Spiralstraße** (mautpflichtig), die am Westrand der Stadt von der E134 auf den Berg Bragerneasen führt.

Straßenunikum „Spiralstraße"

Dieses Unikum von Straße ist dem Bemühen, Landschaft zu schützen, zu verdanken. Anstatt einen Steinbruch an der Bergflanke anzulegen, der nicht nur das Landschaftsbild, sondern auch das Stadtpanorama beeinträchtigt hätte, holte man den Stein aus dem Berg. So entstand von 1953 an im Laufe von etwa 10 Jahren ein 1.650 m langer, spiralenförmiger Tunnel, der in sechs Kehren auf die Bergspitze zum **Aussichtspunkt Bragernes** führt. Oben bietet sich eine herrliche Aussicht.

Außerdem sehenswert in Drammen sind das **Freilichtmuseum** mit alten Gehöften aus der Region und die **Kirche** von 1667 im Stadtteil Strømsø.

Praktische Hinweise – Drammen

Drammen

Drammen Kommune Touristeninformation, Bragernes torg 7, 3008 Drammen, Tel. 32 80 62 10.
Buskerud Opplevelser, Dronninggt. 15, 3019 Drammen, Tel. 32 21 93 86, Fax 32 21 93 51. Internet: www.buskerud.com

🏨 Hotels: **Rica Park**, 190 Betten, Gamle Kirkepl. 3, Tel. 32 83 82 80, Fax 32 89 32 07, Restaurant, Parkmöglichkeit.
Tollboden Home, 127 Betten, Tollbugt. 43, Tel. 32 89 10 90, Fax 32 89 11 35, Restaurant, Sauna, Garage. – Und andere Hotels.

Hotels

▲ – **NAF-Camping Drammen** ***, Tel. 32 82 17 98; 1. Mai – Mitte Sept., Zufahrt von der E134 beschildert, ca. 4 km westl. der Stadt am Fluß Drammenselva; städtischer Platz; ca. 4 ha – 140 Stpl.; Kiosk; 20 Miethütten; Standardausstattung.

Camping

→ **Route:** Ab Drammen über die E18 südwärts. Nach etwa 40 km passiert man bei **Kopstad** den Abzweig nach **Horten** (Wohnmobilstellplatz beim Fähranleger; NAF-Camping Rørestrand, 1. Mai – 15. Sept., 135 Stpl., 25 Miethütten, Standardausstattung), einem Handelshafen und Marinestützpunkt am Oslofjord. Später erreicht man die Abzweige nach **Sandefjord** (Hotels, Walfangmuseum), **Larvik** (Hotels, Fährhafen, Industriestadt, Mineralquellen, Stadt- und Seefahrtsmuseum) und **Porsgrunn**.

Horten
Wohnmobilstellplatz
Camping

Wenn genügend Zeit zur Verfügung steht, sollte man zwischen Horten und Larvik die küstennahen Straßen 311 und 303 wählen. Sie führen näher an reizvollen Bade- und Hafenstädtchen wie **Åsgårdstrand** (Edvard Munchs ehemaliges Sommerhaus) vorbei. ●

53

ROUTE 2: OSLO – KRISTIANSAND

Tønsberg, der Hauptverwaltungsort der *Provinz Vestfold* mit fast 10.000 Einwohnern, liegt knapp 20 km südlich von Horten. Die im 9. Jh. gegründete Stadt gilt als die älteste Gemeinde in Norwegen.

Auch wenn Tønsberg heute nicht mehr wichtigster Handelshafen des Landes ist, sind Handel und seit dem späten 19. Jh. verstärkt auch Stahl- und Schiffbauindustrie die maßgeblichen Wirtschaftszweige der Stadt. Der Walfang hingegen, dem Tønsberg nach seinem Niedergang im 16. Jh. 300 Jahre später seinen neuen Aufschwung mit verdankt, spielt heute keine Rolle mehr.

Die lange Tradition der Handelsseefahrt und des Walfangs lebt in Tønsberg nur noch im **Vestfold Landesmuseum** weiter. Dem Museum ist eine Freilichtabteilung angeschlossen.

Weitere Sehenswürdigkeiten sind die **Festung Tunsberg** aus dem 13. Jh. auf der Anhöhe Slottsfjellet mit Aussichtsturm nordwestlich der Stadt und die **Hünengräber** von Mollebakken.

Nur wenige Kilometer nördlich von Tønsberg liegt **Oseberg**. Dort wurde das Osebergschiff, eines der schönsten bisher wiederentdeckten Wikingerschiffe, 1904 ausgegraben. Es steht heute im Wikingerschiffemuseum auf Bygdøy/Oslo.

Abstecher ans „Ende der Welt"

Lohnend ist ein Abstecher auf der Straße 308 nach Süden auf die **Insel Tjøme** (Hotels) bis **Verdens End** (Ende der Welt). Bootsausflug zur Leuchtturminsel Færder im Sommer.

Tønsberg

Praktische Hinweise – Tønsberg

Tønsberg Turistkontor, Storgt. 55, 3100 Tønsberg, Tel. 33 31 02 20.

Hotels

⌂ **Borge**, 41 Zi. Betten, in 3132 Husøy, Tel. 33 36 74 25, Parkmöglichkeit.
Grand, 52 Zi., øvre Langgt. 65, Tel. 33 31 22 03, Restaurant, Sauna, Garage.
Klubben, 103 Zi., Nedre Langgt. 49, Tel. 33 31 51 11, Restaurant, Garage.
Maritim, 54 Betten, Storgt. 17, Tel. 33 31 71 00, Restaurant, Parkmöglichkeit. – Und andere Hotels.

Camping

▲ – **Furustrand Camping** ****, Tel 33 32 44 03; 1. Jan. – 31. Dez.; ca. 5 km östlich von Tønsberg; Wiesengelände am Meer mit Badegelegenheit; ca. 4 ha – 200 Stpl.; Laden, Imbiß; Standardausstattung; 12 Miethütten ****, Motel.
Tjøme
– **MA-Camping Mostrand*****, Tel. 33 39 07 10; 1. Jan. – 31. Dez.; Straße 308 ca. 25 km südlich Tønsberg; ca. 1,5 ha – 100 Stpl.; 17 Miethütten.
– **Camping Rica Havna** ***, Tel. 33 39 08 02; Anf. Mai – Mitte Sept.; Straße 308 ca. 23 km südl. Tønsberg; ca. 20 ha; 8 Miethütten, Motel. – Und andere Campingplätze.

Viele der Campingplätze an der gesamten Küste bis Kristiansand und weiter bis Egersund oder Ogna, sind stark mit Dauercampern belegt!

Badestrände

An der Küste zwischen Sandefjord und Larvik gelten **Kjerringvik** und **Ula** als gute Badeorte mit Strand. Weitere **Badestrände** und **Campingplätze** findet man zwischen **Stavern** und **Helgeroa**.

Camping zwischen Stavern und Helgeroa

Stavern
▲ – **Camping Rakke** ***, Tel. 33 19 92 82; 1. Jan. – 31. Dez.; ca. 2 km südl. Stavern; Wiesengelände mit Baumbestand am Meer mit Badegelegenheit; ca. 5 ha – 300 Stpl.; Standardausstattung; Laden, Imbiß, 39 Miethütten.

ROUTE 2: OSLO – KRISTIANSAND

in Risør

– **NAF-Camping Kjærstranda** *** (Mai – Aug.), **Camping Anvikstranda** *** (Mai – Aug.) und **Camping Stolpestad** *** (Mai – Sept.) liegen ca. 7 km südwestl. von Stavern an einer Bucht. Wegen ihrer guten Bademöglichkeiten werden diese Plätze stark frequentiert!

Camping zwischen Stavern und Helgeroa

❑ – **Stavern Wohnmobilstellplatz**, gebührenpflichtig, allerdings ohne Einrichtungen, zentral am Bootshafen.

Wohnmobilstellplatz

Nevlunghavn
– **Camping Oddane Sand** ***, Tel. 33 18 82 70; Anf. Apr – Ende Sept.; ca. 13 km südwestl. von Stavern; Wiesengelände am Meer mit Badegelegenheit; ca. 12 ha – 500 Stpl.; Laden, Imbiß; 20 Miethütten ***.

Helgeroa
– **Camping Blokkebukta** ***, Tel. 33 18 80 94; Ende Mai – Ende Aug.; ca. 11 km westl. von Stavern; Wiesengelände mit Baumbestand am Meer mit Badegelegenheit; ca. 5 ha – 300 Stpl.; Standardausstattung; Laden, Imbiß; Miethütten.

Sehenswert zwischen Nevlunghavn und Helgeroa sind die „**Gravrøyser**", Gräber aus der Bronzezeit bei Mølen.

Bronzezeitgräber

→ **Route:** Auf der Weiterfahrt über die streckenweise mautpflichtige und mit zahlreichen Tunneln versehene E18 Richtung Kristiansand lohnen Abstecher an die Küste, z. B. nach **Risør**. Man verläßt die E18 bei **Akland**, kurz nach dem Sørlandsporten Tunnel und folgt der R416 14 km nach Osten. ●

Risør mit seinem reizvollen Hafen und den gepflegten alten Patrizierhäusern zählt zweifellos zu den einladendsten Küstenstädtchen in Sørland.

sehenswert, Risør, die „Weiße Stadt am Skagerrak"

Sehenswert ist neben dem Stadtkern mit seinen strahlend weißen Häusern, die **Heilig-Geist-Kirche** aus dem 17. Jh. mit barocker Innenausstattung.

55

ROUTE 2: OSLO – KRISTIANSAND

in Arendal

Praktische Hinweise – Risør

Info Sør für Risør und Tvedestrand, 4993 Sundbru, Tel., 72 41 11 65, 37 15 85 60.

◨ Hotels: **Risør Hotel**, 60 Betten, Tangengt. 16, Tel. 37 15 07 00, Fax 37 15 20 93, einladendes **Restaurant „Inger Johanne"**, Parkmöglichkeit.

Moen/Akland
▲ – **Camping Moen** ***, Tel. 37 15 50 91; 1. Apr. – 31. Okt.; ca. 12 km westl. Risør, in Moen an der Straße 416; ca. 1,5 ha – 60 Stpl.; Standardausstattung, 3 Miethütten *** - ****.

Sandnes
– **Camping Sørlandet og Fritidssenter ****,** Tel. 37 15 40 80; 15. Apr. – 15. Okt.; südl. von Risør am Südufer des Sandnesfjord, ab Båssvika über die R411 südwärts bis Laget und ostwärts ca. 6 km; abseits, dafür schön gelegenes, gestuftes, von Felsen durchsetztes Wiesengelände in waldreicher Umgebung am Fjord, mit Sandstrand und Felsküste; ca. 7 ha – 250 Stpl.; einfache Standardausstattung; Laden, Imbiß; 21 einladende Miethütten ** - *****; kleiner Bootshafen.

◻ – **Sandnes Wohnmobilstellplatz**, nördlich beim Busterminal.

Tvedestrand ist ein weiteres dieser anziehenden kleinen Sørlandstädtchen. Es liegt an einem steilen Hang oberhalb seines reizvollen Hafens, was eine recht winkelige Straßen- und Gassenführung bedingt. Das wiederum macht den Ort an manchen Ecken noch malerischer und führte zu kuriosen Hausformen, wie z. B. dem „Bügeleisenhaus" (Strykejernet). Es wird als „schmälstes Haus Norwegens" bezeichnet. Sehenswert ist auch das Rathaus. Zumindest bei längerem Aufenthalt lohnt eine Bootsfahrt durch die Schären und Inseln mit dem Ausflugsschiff „Søgne"

**Tvedestrand
Hotels, Camping**

Praktische Hinweise – Tvedestrand

◨ Hotels: **Tvedestrand Hotell**, 32 Betten, Brygga, Tel. 37 16 26 55, Restaurant, Parkmöglichkeit. – Und andere Hotels.

▲ – **Camping Holt** ***, Tel. 37 16 02 65; 1. Juni – 31. Aug.; ca. 5 km südwestl. von Tvedestrand, an der E18 bei Holt; ca. 2,5 ha – 100 Stpl.; Standardausstattung; 15 Miethütten **.

Arendal, ca. 12.000 Einwohner, ist die Hauptstadt der *Provinz Aust-Agder*. Als die Stadt vor rund 350 Jahren als Hafen und Stützpunkt für Seefahrer und die damals rasch expandierende Segelschiffahrt gegründet wurde, erstreckte sie sich über mehrere Inseln. Im Lauf der Jahre wurden die Kanäle zwischen den Inseln zugeschüttet und durch Straßen ersetzt. Die lange Seefahrertradition von Arendal wird in der renommierten Seemannsschule, eine der größten des Landes, fortgesetzt.

ROUTE 2: OSLO – KRISTIANSAND

Recht idyllisch wirken die Straßenzüge im **alten Stadtviertel Tyholmen** noch heute. Das Viertel liegt westlich vom zentralen Bootshafen „Pollen", hinter der **Dreifaltigkeitskirche** (Trefoldighetskirke) aus dem Jahre 1888. Die Kirche fällt durch ihren 86 m hohen Turm auf. Der neugotische Backsteinbau kann im Juli und August zwischen 10 und 14 Uhr besichtigt werden.

Am Südrand von Tyholmen liegt an der Uferpromenade das **Rathaus** aus dem frühen 19. Jh. Es wird als der zweitgrößte Holzbau des Landes bezeichnet.

Im Sommer werden Führungen durch Tyholmen mit Rathausbesuch veranstaltet. Näheres über Zeiten und Preise im Touristenbüro.

Zu den Sehenswürdigkeiten der Stadt zählt auch das **Aust-Agder Museum**. Es liegt nördlich der Stadt an der Ausfallstraße zur E18. Zu sehen sind kulturhistorische Sammlungen zur Geschichte der Stadt und der Region sowie eine Seefahrtsabteilung.

Galionsfigur am Restaurant „1711", Arendal, Tyholmen

Die Schönheit der Schärenküste offenbart sich erst richtig auf einer Bootsfahrt. Ab Arendal bieten sich mehrere Möglichkeiten dazu. Im Sommer verkehren ab Hafen Pollen, die „Pelle Pan" regelmäßig rund um die **Insel Hisøy**. Und mit einer Fähre gelangt man zu den **Inseln Merdø** (**Merdøgård Museum**, altes Schifferhaus aus dem 18. Jh., Mitte Juni – Mitte Aug. geöffnet) und **Hove**.

Montags, mittwochs und freitags (Tage und Uhrzeit können sich ändern) legt die „MS Søgne" um 12.30 Uhr ab zu einer dreieinhalbstündigen Fahrt durch die herrlichen Sørlandsschären nach **Lyngør/Gjeving**. Rückfahrt gewöhnlich mit Bussen.

Segeltörns werden mit dem alten englischen Segler *„Ekstrand"* angeboten. Auskunft im Touristenbüro.

Praktische Hinweise – Arendal

☎ **Arendals og Sørlands Turistkontoret**, Frihomsgata 1, 4801 Arendal, Tel. 37 00 55 44, Fax 37 02 52 12.

Aust-Agder Reiselivsråd, Fylkeshuset, 4800 Arendal, Tel. 37 01 73 76, Fax 37 01 73 65. Internet: www.sydnorge.no

✂ Restaurants: **Madame Reiersen**, Nedre Tyholmsvei 3, Tel. 37 02 19 00, bei schönem Sommerwetter sitzt man auf der Terrasse am Hafen besonders schön; teuer; Sonntag geschlossen.

Restaurant 1711, Nedre Tyholmsvei 9, Tel. 37 02 45 55, gemütliches „Wohnstuben"-Ambiente; teuer; Sonntag geschlossen. – Und andere Restaurants.

Arendal

Restaurants

ROUTE 2: OSLO – KRISTIANSAND

Arendal Hotels

🏨 Hotels: **Arendal**, 100 Betten, Vestregate 11, Tel. 37 02 53 00, Fax 37 02 55 51, Restaurant, Parkplatz.
E 18 Motorhotell, 68 Betten, Harebakken, Tel. 37 03 62 00, verkehrsgünstig an der Ausfahrt der E18 gelegen, Cafeteria, Sauna, Parkplatz.
Inter Nor Tyholmen Hotel, 120 Betten, Teaterplassen 2, Tel. 37 02 68 00, Fax 37 02 68 01, gepflegtes, komfortables Haus, schön am Fjord gelegen, Nähe Bootsanleger, Nichtraucherzimmer; renommiertes, aber teures **Restaurant „Bryggekanten"**, Sauna, Fahrradverleih, Garage.
Phønix Arendal, 155 Betten, Friergangen 1, Tel. 37 02 51 60, Fax 37 02 51 07, Nichtraucherzimmer, Restaurant, Sauna, Fahrradverleih, Garage. – U. a.

Wohnmobilstellplatz und Camping bei Arendal

🅿 – **Arendal Wohnmobilstellplatz**, knapp 2 km südwestlich von Arendal, Zufahrt von der Straße 420 (Vesterveien) Richtung Fevik zur Strømsbubukt, gebührenpflichtiger, geteerter Parkplatz zwischen Sportboothafen, Häusern und einem Felsriegel.
▲ – **Nidelv Brygge og Camping** ***, Tel. 37 02 94 25; Anf. Juni – Ende Aug.; ca. 5 km südwestl. Arendal an der R420 in Hisøy; ca. 2 ha – 100 Stpl.; Standardausstattung; Laden, Imbiß; 12 Miethütten ** - ***.

Grimstad (ca. 15.000 Einwohner), eine alte Handelsstadt, weist, wie viele andere Orte an der Sørlandsküste einige hübsche Straßenzüge im Stadtkern auf. Viele der herrschaftlichen Bürgerhäuser stammen aus dem Anfang des 19. Jh., als Grimstad Sitz reicher Schiffseigner, Werft- und Reedereibesitzer war.

Besonderer Erwähnung bedürfte Grimstad nicht unbedingt, hätte nicht **Henrik Ibsen** seine Jugendjahre in der Stadt verbracht. Ibsen (1828 – 1906), der große norwegische Dichter und Dramatiker, war einige Jahre lang Lehrgehilfe in der alten Stadtapotheke. Dort schrieb er auch sein erstes Drama „Catalina".

Ibsen in Grimstad

Später war Ibsen als Theaterdirektor tätig und lebte danach mehr als zwanzig Jahre in Italien und Deutschland, bevor er nach Norwegen zurückkehrte. Einige seiner gesellschaftskritischen Werke, mit denen Henrik Ibsen Weltgeltung als Dramatiker errang, waren „Peer Gynt", „Nora oder ein Puppenheim", „Hedda Gabler", „Gespenster" u. a.

Stadtmuseum

Im **Stadtmuseum** von Grimstad ist heute die Apotheke eingerichtet, in der Ibsen einst lernte. Außerdem ist hier sein Wohn- und Arbeitszimmer zu sehen. Angeschlossen sind landeskundliche Sammlungen.

Nördlich von Grimstad liegen zwischen **Vik** und Bie die mittelalterliche **Kirche von Fjære** mit dem obeliskartigen *Terje Vigens Bautastein*, sowie bronzezeitliche Gräber.

Grimstad

Praktische Hinweise – Grimstad

📞 **Grimstad Turistkontor**, Smith Petersenssgt., 4890 Grimstad, Tel. 37 04 40 41.

Hotels

🏨 Hotels: **Grimstad Hotell**, 74 Zi., Kirkegt. 3, Torvet, Tel. 37 04 47 44, Fax 37 04 47 33, zentral, Restaurant, Sauna, Garage.
Helmershus Hotell, 58 Betten, Vesterled 23, Tel. 37 04 10 22, Fax 37 04 11 03, Restaurant, Sauna, Solarium, Parkplatz. – Und andere Hotels.

Camping

▲ – **NAF-Camping Bie** ****, Tel. 37 04 03 96; Anf. Jan. – Ende Dez.; an der E18, knapp 2 km nordöstl. Grimstad; ca. 1 ha – 75 Stpl.; Standardausstattung; 29 Miethütten *** - ****.

ROUTE 2: OSLO – KRISTIANSAND

– **NAF-Camping Morvigsanden *****, Tel. 37 04 36 36; 1. Juni – 31. Aug.; ca. 6 km südl. Grimstad, nahe der E18; Wiesengelände mit Baumbestand an einer Meeresbucht mit Bademöglichkeit; ca. 1,5 ha – 70 Stpl.; Standardausstattung; Laden; 14 Miethütten ***.
– **KNA-Camping Marivold ******, Tel. 37 04 46 23; 15. Mai – 1. Sept.; ca. 4 km südl. von **Vik**; Wiesengelände an waldreicher Felsküste, abgeschieden, in sehr reizvoller Lage, gute Badegelegenheit; ca. 7 ha – 300 Stpl.; Standardausstattung; Laden, Imbiß; 5 Miethütten ***.
– **Familiecamping Moysand *****, Tel. 37 04 02 09; Mitte Juni – Mitte Aug.; ca. 6 km nordöstl. Grimstad, über R420; weitläufiges Wiesengelände zwischen teils dichtem Baumbestand, an der Küste mit guter Badegelegenheit; ca. 10 ha – 200 Stpl.; Standardausstattung; Laden, Imbiß. 2 Miethütten – Und andere Campingplätze.

Die Campinganlagen in der Region werden stark von Naherholern frequentiert!

Grimstad Camping

➔ **Route:** Weiterfahrt von Grimstad über die E18 nach Südwesten. •

In **Nörholm** kann der ehemalige Wohnsitz des Schriftstellers und Literaturnobelpreisträgers (1918) **Knut Hamsun** besichtigt werden. Im Haus ist heute ein Museum eingerichtet, das vor allem Erinnerungsgegenstände an Hamsun, aber auch Gemälde, alte Möbel etc. zeigt.

Hamsun-Museum

Die E18 umgeht **Lillesand**, eine kleine, hübsch gelegene Hafenstadt mit einigen reizvollen alten **Bürgerhäusern**. Lillesand ist dafür bekannt, daß es seine Industrie „versteckt". Gemeint ist, daß kleine Betriebe ihre Fabrikationsstätten äußerlich dem alten Baustil angleichen und somit das Stadtbild nicht stören. Im Carl-Knudsen-Haus aus dem 19. Jh. ist heute das **Stadtmuseum** eingerichtet.

Zwischen Lillesand und Kristiansand verkehrt im Sommer täglich um 14.15 Uhr das Ausflugsschiff „MS Øya" durch den vorgelagerten, herrlichen Schärengürtel. Rückfahrt mit Bus.

Praktische Hinweise – Lillesand

Lillesand

☎ **Lillesand Touristkontor**, Strandgate, 4790 Lillesand, Tel. 37 27 15 00, 37 27 23 77.

🏠 Hotels: **Gryten Motel**, 22 Betten, Nygårdsg. 34, Tel. 37 27 24 44, Restaurant, Parkplatz.
Høvåg Gjestehus, 50 Betten, Vestre Vallesverd, Tel. 37 27 53 35.
Norge Hotel, 45 Betten, Strandgt. 3, Tel. 37 27 01 44, Fax 37 27 30 70, Restaurant, Parkplatz. – Und andere Hotels.

Hotels

▲ – **NAF-Camping Tingsaker ******, Tel. 37 27 04 21; 1. Mai – 1. Sept.; östl. vom Zentrum Lillesand an der Schärenküste mit Bademöglichkeit; ca. 2,5 ha – 150 Stpl.; Standardausstattung; Laden; 16 Miethütten *** - ****.
Homborsund
– **Camping Breivik ****, Tel. 37 24 64 06; Anf. Mai – Ende Aug.; ca. 12 km nordöstl. von Lillesand, ab E18 noch ca. 4 km teils unbefestigt; zwei gestufte Wiesen, teils mit Baumbestand, teils mit Felsen, in schöner, abgeschiedener Lage an einer Fels- und Sandbucht, gute Bademöglichkeit; ca. 5 ha – 200 Stpl.; einfache Standardausstattung; Laden, Imbiß. – Und andere Campingplätze.

Camping

ROUTE 2: OSLO – KRISTIANSAND

Eine bezaubernd schöne, abgeschiedene Küstenszenerie erlebt man in dem kleinen Hafenort **Brekkestö**. Man zweigt dazu in Sangereid von der E18 nach Süden ab und erreicht nach knapp 8 km den Ort mit seinen idyllischen Seemannshäusern.

Brekkestö hatte seine große Zeit im 19. Jh., als die geschützten Gewässer hier als Winterhafen für einen Teil der norwegischen Kauffahrtseglerflotte diente.

Auf den letzten 25 km über die E18 bis Kristiansand – landschaftlich reizvoller, aber auch länger ist der südliche Umweg über die R401 – passiert man Norwegens größten Tier- und Freizeitpark **Dyreparken** (siehe auch Kristiansand) und kommt dann über die *Varoddbrua* in das Stadtgebiet von Kristiansand. Die fast 620 m lange Hängebrücke gilt als eine der längsten ihrer Art in Nordeuropa. 30 m über dem Wasser überwindet die Fahrbahn den Topdalsfjord, der hier die Grenze zwischen den *Provinzen Aust-Agder* und *Vest-Agder* bildet.

KRISTIANSAND

Kristiansand, die Hauptstadt der Provinz Vest-Agder, ist mit rund 62.000 Einwohnern Norwegens fünftgrößte Stadt. Kristiansands Fährhafen ist einer der bedeutendsten im Süden des Landes, mit Verbindungen nach Dänemark (Hirtshals) und nach Großbritannien (Newcastle). Die Zufahrtsstraßen nach Kristiansand sind mautpflichtig.

Gegründet wurde Kristiansand 1641 vom dänisch-norwegischen König Christian IV. an der Mündung des Otra-Flusses. Es sollte eine Festungsstadt zum Schutz der südnorwegischen Küste werden. Ihre große wirtschaftliche Blütezeit erlebte die Stadt im 19. Jh. durch die Aktivitäten ihrer bedeutenden Segelschiffflotte. Heute ist Kristiansand eine Handels- und Industriestadt von Bedeutung für ganz Südnorwegen (Metallverarbeitung, Schiffsbau).

Auffallend am Stadtbild ist die schachbrettartige Anlage der Straßenzüge im alten Stadtzentrum. Hier, in den sog. **Kvadraturen** mit ihren belebten Geschäftsstraßen, sind nur noch wenige der für die Sørlandküstenstädte so typischen Holzhäuser erhalten. Die meisten wurden bei einem großen Stadtbrand vor gut hundert Jahren ein Raub der Flammen.

Überragt wird das alte Stadtzentrum vom Turm der **Domkirche** am Markt, die nach dem großen Stadtbrand 1885 neu errichtet wurde.

Die **Festung Christiansholm** liegt am Osthafen. Sie wurde 1674 von König Frederik III. von Dänemark angelegt.

Bei längerem Aufenthalt lohnen Besuche der **Kirche von Oddernes**, mit Barockkanzel von 1704 und Runenstein, die ihren Ursprung im 11. Jh. hat, sowie des **Vest-Agder-Fylkemuseums**. Im Bezirksmuseum für Vest-Agder sind insgesamt 28 alte Gebäude zu sehen, darunter Bauernhöfe aus Vest-Agder, aus dem Setesdal und aus Kristiansand, sowie Möbel, Trachten, Kostüme und Gebrauchsgegenstände aus dem bäuerlichen und dem städtischen Alltag im 18. und 19. Jh. Sehenswert auch der Straßenzug mit alten Häusern aus dem Kvadraturen-Viertel im Zentrum von Kristiansand.

Freilichtmuseum Juni - Aug. 10 - 18 Uhr. So. 12 - 15 Uhr. Eintritt.

ROUTE 2: OSLO – KRISTIANSAND

in Brekkestø

Beide Sehenswürdigkeiten, Kirche und Freilichtmuseum, liegen nordöstlich des Stadtzentrums – Oddernes Kirche ca. 2 km, Fylkenmuseum ca. 4 km.

Ein historischer alter Herrensitz ist der **Gimle Gård**, Gimleveien 21, nördlich der Innenstadt, jenseits des Otra-Flusses. Das stattliche Haupthaus eines Gehöfts, das aus der Zeit um 1800 stammt, dient heute als kulturhistorisches Museum. Das eindrucksvolle Haupthaus, ein dreigeschossiges Holzgebäude im neoklassizistischen Stil errichtet, weist prächtig ausgestattete Räume und Salons auf, allen voran der Ballsaal im Empirestil und der Goldsaal. Das Anwesen wird umgeben von einem gepflegten Landschaftsgarten im englischen Stil.

sehenswerter **Herrensitz** **
Mitte Juni - Mitte Aug. Mo. - Sa. 12 - 16, So. 12 - 18 Uhr. Übrige Zeit nur So. 12 - 17 Uhr. Eintritt.

In unmittelbarer Nähe des Gimle Gård findet man das **Agder Naturmuseum** und den **Botanischen Garten**. Das Naturmuseum wurde schon 1828 gegründet und ist somit wohl eines der ältesten Museen in ganz Norwegen. Die norwegische Tier- und Pflanzenwelt, eine Mineraliensammlung, sowie die Entwicklung der südnorwegischen Natur von der Eiszeit bis zur Neuzeit, präsentiert mit moderner Ausstellungstechnik, sind einige der Themen des Naturmuseum.

Naturmuseum, Botanischer Garten
Mitte Juni - Mitte Aug. Di. - Fr. 10 - 18 Uhr, Sa., So. + Mo. 12 - 18 Uhr. Übrige Zeit bis 15 Uhr und Mo. + So. geschlossen. Eintritt.

Im **Naturpark Ravnedalen** nordwestlich der Stadt, zu erreichen über die Straße 9, bieten sich von den Aussichtspunkten sehr schöne Ausblicke auf die Stadt und die Schärenküste. Wanderwege und Badeseen.

Ca. 11 km östlich von Kristiansand liegt an der E18 der **Kristiansand Dyrepark**. Der Zoo und Freizeitpark wird als größter seiner Art in ganz Norwegen bezeichnet. Zum Freizeitpark gehört auch das Oldtimermuseum **Automuseum Monte Carlo**.

Norwegens größter Tier-Freizeitpark
tgl. 9 - 19 Uhr. Eintritt.

ROUTE 2: OSLO – KRISTIANSAND

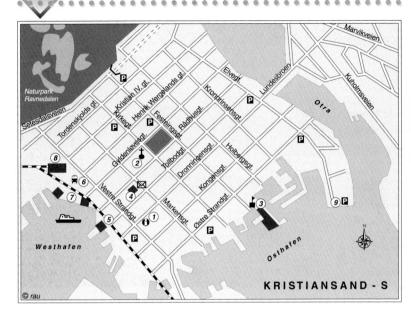

KRISTIANSAND – S – 1 Information – 2 Domkirche – 3 Festung Christiansholm – 4 Postamt – 5 Ausflugsboote – 6 Busbahnhof – 7 Fähren nach Dänemark – 8 Bahnhof – 9 Tangen, Wohnmobilstellplatz, Abwasserentsorgung

Kanonenmuseum
Anf. Juni - Ende Aug. tgl. 11 - 18 Uhr. Übrige Zeit Do. - So. 11 - 18 Uhr. Eintritt.

Eine Sehenswürdigkeit besonderer Art findet man an der Küste südlich der Stadt (Straße 457). Auf dem **Møvik Fort** ist eine gewaltige Bastion mit einem riesigen **Geschütz** aus dem Zweiten Weltkrieg erhalten. Das Monstrum wiegt 337 Tonnen und hat ein Kaliber von einmaligen 38 cm. Die Granaten, die aus dem 20 m langen Kanonenlauf abgefeuert wurden, wogen 800 Kilogramm und flogen auf der maximalen Reichweite von 55 km zwei Minuten lang. Das Geschütz gehörte zu einer Einheit von vier deutschen Geschützen auf norwegischer und vier Kanonen auf dänischer Seite. Im Sommer werden täglich Führungen durch die Anlage angeboten.

Kristiansand

Praktische Hinweise – Kristiansand

☎ **Destinasjon Sørlandet**, Vestre Torv, Vestre Strandgt. 32, 4601 Kristiansand S, Tel. 38 12 13 14, Fax 38 02 52 55. Internet: www.sorlandet.com

Zur besseren Unterscheidung der leicht zu verwechselnden Stadtnamen *Kristiansand* und *Kristiansund* (an der Westküste), wird den Stadtnamen gelegentlich ein S bei Kristiansand und ein N bei Kristiansund angefügt.

Stadtrundgänge

☑ **Geführte Stadtrundgänge** durch den Altstadtteil Posebyen im Zentrum mit der alten Holzhausbebauung und durch Murbuen, den anderen Altstadtteil, im Juli an jedem Montag, Mittwoch, Freitag und Sonntag jeweils um 20 Uhr durchgeführt. Treffpunkt ist Gjensidige, Markensgata/Tollbodgata

ROUTE 2: OSLO – KRISTIANSAND

die „Sørlandet" im Hafen von Kristiansand

❖ Feste, Folklore: **Internationale Kirchenfestspiele**, gewöhnlich Mitte Mai. Norwegische Künstler, Chöre und Orchester, Konzerte in der Domkirche, Theater, Kunstausstellungen.

Quart Festival, Anfang Juni, ein vier Tage dauerndes recht lautes und turbulentes Musikfestival für „Leute bis 35". Oft mit international renommierte Top-Künstlern.

✂ Restaurants: **Luihn**, Rådhusgata 15, Tel. 38 02 40 20, gute Küche, angenehmes Ambiente, obere Preisklasse. Sonntag geschlossen. – Und andere Restaurants.

Restaurants

🛏 Hotels: **Bondeheimen Best Western**, 30 Zi., Kirkegt. 15, Tel. 38 02 44 40, Fax 38 02 73 21, einfach, dafür zentral gelegen, Cafeteria, Parkplatz.
Clarion Ernst, 135 Zi., Rådhusgt. 2, Tel. 38 12 86 00, Fax 38 02 03 07, komfortables, traditionsreiches Haus mit Atmosphäre, zentrale Lage, Restaurant, Solarium, Garage.
Norge Golden Tulip Rainbow, 173 Zi., Dronningensgt. 5, Tel. 38 17 40 00, Fax 38 17 40 01, Cafeteria, Fahrradverleih, Parkplatz.
Radisson SAS Caledonien, 205 Zi., V. Strandgt. 7, Tel. 38 02 91 00, Fax 38 02 09 44, zeitgemäßes Firstclass Hotel, Restaurant, Solarium, Garage.
Rica Travel, 47 Zi., Dronningensgt. 66 – 68, Tel. 38 02 15 00, Fax 38 02 01 19, Restaurant, Garage.
Scandic Hotel Kristiansand, 112 Zi., Markensgt. 39, Tel. 21 61 42 00, Fax 21 61 42 11, Restaurant, Garage. – Und andere Hotels.

Hotels

Jugendherberge: **Kristiansand Vandrerhjem**, Tangen, Skansen 8, 4610 Kristiansand, Tel. 38 02 83 10; 15. Jan – 15. Dez.

Jugendherberge

▲ – **Tangen Bobilplassen,** Tel. 38 02 75 02, in der Stadt gut beschildert, parkplatzähnliches, sehr nüchtern wirkendes, geschottertes Gelände ohne Bewuchs für ca. 25 Wohnmobile, neben der Jugendherberge, auf der Tangen

Stellplätze Camping bei Kristiansand

ROUTE 2: OSLO – KRISTIANSAND

Camping bei Kristiansand

Halbinsel Nähe Stadtzentrum, zwischen Werkshallen und Hafenbecken. Anmeldung, Duschen und Toiletten in der Jugendherberge. Stromanschlüsse, Abwasserentsorgung.
– **Camping Roligheden ******, Tel. 38 09 67 22; 1. Juni – 15. Sept.; stadtnächster Platz, im östl. Stadtbereich beschilderter Abzweig von der E18, Zufahrt durch eine Bootswerft des Yachthafens; weitläufiges, felsdurchsetztes, hügeliges Gelände, für Wohnmobile wenig ebene Stellflächen; ca. 4 ha – 300 Stpl.; Standardausstattung, wenig gepflegte Sanitärs.
– **Camping Dvergsnestangen Senter ******, Tel. 38 04 71 55; Anf. Jan – Ende Dez.; südöstl. von Kristiansand bei Randesund, beschilderter Abzweig von der R401; stark gegliedertes Wiesengelände mit Baumbestand, an der Felsküste; ca. 10 ha – 300 Stpl.; Standardausstattung; Laden, Imbiß; 23 Miethütten ** - ****.

Hamresanden
– **Camping Hamresanden og Motell *****, Tel. 38 04 72 22; Mitte Mai – Ende Aug.; ca. 7 km nordöstl. Kristiansand, beschilderter Abzweig von der E18 Richtung Flughafen; Wiesengelände am öffentl. Badestrand; ca. 2 ha – 200 Stpl.; Laden, Imbiß; 21 Miethütten, Motel mit Sauna und Solarium.
–**Skottevig Maritime Senter *******, Tel. 38 07 46 00; Anf. Jan. – Ende Dez.; ca. 15 km südöstl. von Kristiansand, von der E18 Abzweig zur R401 Richtung Høvåg, beschildert; von Felsen umrahmte Wiesenmulden an schöner Schärenküste, abseits gelegen; ca. 25 ha – 350 Stpl.; Komfortausstattung; Laden, Imbiß; 31 Miethütten; zum Meer ca. 200 m.

Søgne
– **Åros Motellcamp ******, Tel. 38 16 64 11; 1. Jan. – 31. Dez.; ca. 18 km südwestl. von Kristiansand gelegen; Wiesen- und Waldgelände am Meer mit Bademöglichkeit; ca. 4 ha – 200 Stpl.; Komfortausstattung; Laden, Imbiß; 74 Miethütten ****. – Und andere Campingplätze.

AUSFLÜGE AB KRISTIANSAND

Schiffsausflug nach Lillesand **

Bei längerem Aufenthalt lohnt eine Bootstour durch die **Blindleia-Schären** nach **Lillesand**. Täglicher Betrieb von Ende Juni bis Anfang August. Abfahrten um 11 Uhr und 15.30 Uhr. Fahrzeit nach Lillesand ca. 2 ½ Stunden. Rückfahrt ab Lillesand um 14.30 Uhr und 19 Uhr.

Außerdem werden von Mitte Juni bis Mitte August täglich Hafenrundfahrten und Bootsausflüge zu nahen Stränden wie Hamresanden und Dvergsnestangen angeboten.

Fahrt mit der Veteranenbahn *
Juli Di. - Fr. 18 Uhr, So. 11.30 + 14 Uhr. Mitte bis Ende Juni und Anfang bis Ende August So. 11.30 und 14 Uhr.

Die **Setesdalbahn**, eine dampfbetriebene Veteranenbahn aus dem Jahre 1901, verkehrt ab **Grovane**, 20 km nördlich von Kristiansand an der R405, von Mitte Juni bis Ende August noch auf 7 km ihrer Schmalspurschienen. Die Setesdalbahn wurde 1896 in Betrieb genommen und verkehrte bis 1962 der 78 km langen Strecke von Kristiansand durch das Setesdal nach Byglandsfjord. Die heute zur Freude der Touristen wieder betriebene Strecke führt von Grovane in Vennesla nach Beihølen. Dabei meistert der Dampfzug scharfe Kurven, sowie Brücken und Tunnels und bei gemütlicher Fahrt genießt man zudem eine sehr einladende Landschaft.

ROUTE 3: KRISTIANSAND – EGERSUND (– STAVANGER)

3. KRISTIANSAND – EGERSUND (– STAVANGER)

◉ **Entfernung:** Rund 260 km.
Abstecher nach Stavanger 80 km einfach.

➔ **Strecke:** Über die R456 bis **Höllen** – E39 über **Mandal** nach **Vigeland** – R460 bis **Kap Lindesnes** und zurück – E39 bis **Flekkefjord** – R44 bis **Egersund**.

⇔ **Abstecher nach Stavanger** über die R44 (Seite 72).

⇔ **Ausflüge** ab Stavanger (Seite 80) zum **Prekestolen**, nach **Lysebotn**, zum **Månafossen** und zum **Utstein Kloster**.

↩ **Alternativroute von Stavanger ins Setesdal** (Seite 83).

↩ **Alternativroute von Stavanger nach Røldal** (Seite 83).

⏱ **Reisedauer:** Mindestens ein Tag, mit Abstecher nach Stavanger besser zwei Tage (ohne Ausflüge ab Stavanger!).

⌘ **Höhepunkte:** Der **Sandstrand** bei Mandal * – **Kap Lindesnes** * – die **Felsküste** bei Flekkefjord ** – **Stavangers Altstadt** ** – das **Erdölmuseum** in Stavanger ** – die Aussicht vom **Prekestolen** *** – ein Ausflug **per Schiff durch den Lysefjord** *** – die Aussicht vom **Berggasthof Øygardstøl** *** – eine **Wanderung zum Kjerag** ***, dem König der Rogalandgipfel und die Aussicht von dort – eine Tour zum **Wasserfall Månafossen** ** – die Fahrt über die 28 Haarnadelkurven der Gebirgsstraße **Lysevegen** ** – das **Utstein Kloster**.

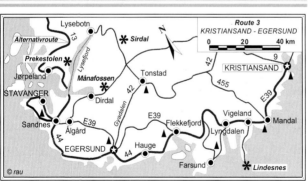

Eine abkürzende **Alternative zu unserer Hauptroute** ist der Weg über die Straße 9 nordwärts, über **Evje** und durch das **Setesdal** nach **Haukeligrend** (siehe auch Route 4, Egersund – Haukeligrend).

abkürzende Routenalternative

HAUPTROUTE

➔ **Hauptroute:** Weiterreise ab Kristiansand entlang der Südküste. Der Weg über die küstennahe R456 ist reizvoller als der schnellere Weg über die E39. ●

ROUTE 3: KRISTIANSAND – EGERSUND (– STAVANGER)

Ab **Höllen** (*Åros Motellcamp*, siehe bei Kristiansand) werden im Sommer Bootstouren zu dem unter Denkmalschutz stehenden Fischerort **Ny Hellesund** auf der Insel Monsøy angeboten.

Bevor man bei **Søgne** wieder die E39 erreicht, passiert man die „**Alte Søgne Kirche**" aus dem 16. Jh.

➔ **Hauptroute:** Nach weiteren 28 km erreicht man auf der E39 **Mandal**. ●

Mandal, die „südlichste Stadt Norwegens" mit heute knapp 13.000 Einwohnern, liegt an beiden Seiten der Mündung des Mandalselva. Die Anfänge Mandals können bis ins 15. Jh. zurückverfolgt werden, als der Handelshafen Spidsboe gegründet wurde, aus dem sich die Stadt Mandal entwickelte.

Es lohnt sich, einen Spaziergang durch den **alte Stadtkern** am Westufer des Mandalselva zu machen. Dort sind schöne alte Holzhäuser erhalten. Sie stammen zumeist aus dem 18. Jh., der Zeit, in der sich Mandal durch den aufblühenden Holzhandel vom Hafenort zur Stadt entwickelte.

Mandal hatte damals schon eine lange Tradition im Holzhandel. Vor allem die Holländer, die im 16. und 17 Jh. zur führenden Seefahrernation in Europa geworden waren, hatten einen enormen Bedarf an Bauholz. Kiefern- und Eichenholz wurde nicht nur im Schiffbau gebraucht, sondern auch dazu, um Deiche zu festigen und vor allem, um Pfahlgründungen für die Fundamente ihrer Bauwerke in Amsterdam zu schaffen.

Die Holländer kauften aber nicht nur Holz, sondern auch tonnenweise Lachs und Hummer. Und sie heuerten Seeleute für ihre stattliche Handelsflotte an. Zeitweise sollen über 7.000 norwegische Seeleute in holländischen Diensten gestanden haben.

Von diesen lebhaften Handelsbeziehungen profitierten Mandal und seine Bevölkerung aber nicht nur finanziell, sondern auch kulturell und sozial. Holländische Kaufleute und rückkehrende Seeleute und Dienstmädchen brachten viele neue Ansichten, Eindrücke und Erfahrungen mit. Und das heute in vielen Winkeln noch idyllische Mandal entwickelte sich schon damals zu einem relativ weltoffenen Hafenstädtchen.

Das erste Handelshaus gründete ausgangs des 16. Jh. Tørris Christensen Nedenes, damals als „König von Mandal" bekannt. In jener Zeit war Lachs aus dem Mandalfluß schon ein begehrter Exportartikel. Die drei Lachse im Stadtwappen erinnern daran.

Besuchenswert ist das **Stadtmuseum** in der Store Elvgate 5 – 6. Es ist im **Andorsengården** aus dem Jahre 1801 eingerichtet. Zu sehen sind heimatkundliche Sammlungen, eine Seefahrts- und Fischereiabteilung, sowie eine Gemäldesammlung mit Werken Mandaler Künstler, wie *Gustav Vigeland* und *Amaldus Nielsen*. Gustav Vigeland wurde 1869 im Haus Nr. 20 im Gustav Vigeland Vei geboren. Vigeland ließ sich von der Küstenlandschaft Sørlandets inspirieren und Zeit seines Lebens fühlte er sich eng mit seiner Heimat und mit der Natur um seine Sommervilla bei Tjøm verbunden. Näheres über Gustav Vigeland finden Sie unter Oslo, Frogner Park. Das Elternhaus Nielsens liegt in der Nordgata. Die Häuser sind auch heute noch in Privatbesitz und nicht zugänglich.

ROUTE 3: KRISTIANSAND – EGERSUND (– STAVANGER)

Andere historische Stadthäuser sind der *Wattnehof* aus dem Jahre 1780 (damals von Friedrich Giertzen, einem Enkel des „Königs von Mandal" errichtet), der heute als **Bondeheimsgården** bekannt ist und eine Cafeteria beherbergt; dann der *Skrivergården*, das alte Amtmannshaus von 1766; weiter der *Christensenhof* von 1759 und die **Tingstua**, die alte Gerichtsstube von 1784 im Stadtteil Sanden. In der Tingstua, auch als „Arresten" bekannt, war bis 1970 das Stadtgefängnis eingerichtet. Heute finden dort Ausstellungen statt. Und nach alter Tradition halten am 17. Mai, Norwegens Nationalfeiertag, die Abiturienten von der Treppe des Gebäudes herab ihre Reden.

Mandals Kirche wurde nach einem Stadtbrand 1810 neu errichtet. Es entstand ein großer Holzbau im Empirestil mit 1.800 Sitzplätzen. Es soll eine der größten Holzkirchen in Norwegen sein.

Die Hauptstraße des alten Stadtkerns von Mandal ist heute eine einladende Fußgängerzone (Gågade).

Ein besonders wichtiges Datum im Festkalender von Mandal ist das große **Schalentierfest** Mitte August. Weit über 50.000 Besucher kommen jedes Jahr zu diesem bedeutendsten Volksfest in Sørlandet, um nach Herzenslust Delikatessen aus dem Meer, Krabben, Garnelen und Fisch zu probieren, die auf riesenlangen Tischen in den Straßen aufgefahren werden.

Zu den größten touristischen Anziehungspunkten von Mandal zählt aber zweifellos der gut 800 m lange **Sandstrand Sjøsanden** südlich der Stadt. Er ist Norwegens bekanntester und bestimmt auch meist besuchter Badestrand.

Praktische Hinweise – Mandal

Mandal

☎ **Touristinfo Region Mandal**, A. Tidemandsgate 2, 4514 Mandal, Tel. 38 27 83 00, Fax 38 27 83 01.

❖ Feste: Jedes Jahr im August findet in Mandal das **Schalentierfestival** statt. Dann werden in der Stadt reichlich Krabben und Langusten serviert.

Feste, Folklore

◩ Hotels: **First Hotel Solborg**, 120 Betten, Neseveien 1, Tel. 38 26 66 66, Fax 38 26 48 22, Restaurant, Sauna, Schwimmbad.

Hotels
Jugendherberge

Jugendherberge: **Mandal Vandrerhjem**, Kjøbmandsgaarden, Store Elvegt. 57, 4500 Mandal, 90 Betten, Tel. 38 26 12 76, 1. Juni – 31. Aug.

▲ – **Camping Sjøsanden Feriesenter *****, Tel. 38 26 10 94; Anf. Juni – Mitte Aug.; ca. 1,5 km südl. Mandal; ausgedehntes, lichtes Föhrenwaldgelände, teils sandig, fast bis an den 800 m langen Sandstrand reichend; ca. 5 ha – 300 Stpl.; Mindestausstattung; Laden; 12 Miethütten *****. Stranddiskothek.

Camping
Stellplätze

Stellplätze für Wohnmobile findet man auf **Sandnes Naturcamp** an der Straße 445, ca. 2 km nördlich von Mandal.

AUSFLUG AB MANDAL

Marnardal og Opplands Folkemuseum, bei Øyslebø, ca. 20 km nördl. Mandal (R455). Freilichtmuseum, typisches mandalsches Gehöft mit drei alten Gebäuden – Wohnhaus, Vorratsspeicher und Stall. Sehens-

Freilichtmuseum
1.7. - 15.8. Mo. - Sa. 14 - 17 Uhr.

67

ROUTE 3: KRISTIANSAND – EGERSUND (– STAVANGER)

Leuchtturm am Kap Lindesnes, Norwegens Südkap, der südlichste Punkt des Landes

wert besonders die rustikale „gute Stube" **Mjålandsstova**. Im Obergeschoß sind Rosenmalereien, ein Himmelbett und Einrichtungsgegenstände aus der Zeit um 1800 zu sehen.

HAUPTROUTE

➔ **Hauptroute:** 12 km westlich von Mandal, an der Kreuzung mit der R460, liegt **Vigeland**. •

Vigeland ist ein kleiner Ort, in dem *Gustav Vigeland* einige Jahre seiner Kindheit verbrachte. Im Sommer ist im **Heimatmuseum** (Ende Juni – Anf. Aug. Mo. – Sa. 11 – 16, So. 13 – 17 Uhr) eine Gustav Vigeland Ausstellung mit annähernd 80 Arbeiten des Künstlers zu sehen.

Für Interessierte kann die **Valle Kirche** aus dem späten 18. Jh. einen Besuch lohnen. Neben der Kirche liegen die alten, denkmalgeschützten **Grabhügel Dronninghaug**.

Die **Lindesnes Turistinformasjon** in Vigeland, Tel. 38 25 80 68, ist nur im Sommer vom 15. Juni bis 15. August, montags bis samstags von 11 bis 17 Uhr und sonntags von 12 - 17 Uhr geöffnet.

➔ **Hauptroute:** Nach Norden führt die Straße 460 in das Audne-Tal. Nach Süden führt sie kurvenreich, aber gut ausgebaut entlang einer herrlichen Felsküste hinaus nach **Lindesnes** (28 km). Insgesamt eine sehr schöne Fahrt. •

Die Straße windet sich meist unmittelbar an der Küste entlang durch schöne felsdurchsetzte Landschaft und vorbei an der herrlichen Sandbadebucht **Njervesanden** hinaus zum **Kap Lindesnes,** dem südlichsten Festlandspunkt Norwegens auf 57° 58' 53" nördlicher Breite. Von hier sind es nicht weniger als 2.518 km bis zum Nordkap!

Norwegens Südkap *
Informationszentrum 15. 5. - 30. 9. tgl. 10 - 20 Uhr, 15. 6. - 15. 8. bis 21 Uhr. Eintritt

Ein Fußweg führt vom Parkplatz mit den **Informationszentrum** hinauf zum **Leuchtturm** auf Norwegens Südkap, das Teil einer zerrissenen Felsküste aus rosa Granit ist. Der heutige Leuchtturm wurde 1915 in Betrieb genommen und kann bestiegen werden. Aber auf Kap Lindesnes war bereits Mitte des 17 Jh. das erste Leuchtfeuer eingerichtet. Neben dem heutigen Leuchtturm sind die Fundamente des alten Turmes zu sehen, dessen Leuchtfeuer lange mit Holzkohle gespeist wurde. Außerdem sind Reste von Wehrmachtsbunkern aus dem 2. Weltkrieg übrig.

Camping zw. Vigeland und Kap Lindesnes

Vigeland
▲ **– Camping Solstrand ***,** Tel. 38 25 64 37; 1. Mai – 31. Aug.; in Vigeland beschilderter Abzweig von der E39; Platz in schöner Lage, ca. 3 ha – 100 Stpl.; Standardausstattung. Laden, Imbiss, 40 Miethütten ** - ****.
– Camping Furuholmen ****, Tel. 3 8 25 65 98; 1. Mai – 1. Okt.; in Vigeland Abzweig von der E39 (beschildert) südwärts auf die R460 und ca. 6 km Ufer-

ROUTE 3: KRISTIANSAND – EGERSUND (– STAVANGER)

straße; stark von Felsen durchsetztes, hügeliges Gelände an einer Bucht mit Bootshafen und Badegelegenheit, in schöner Lage; ca. 3 ha – 150 Stpl.; Standardausstattung; Laden. Sehr stark von Dauercampern belegt.

Lillehavn
– **Lindesnes Camping** ***, Tel. 38 25 88 74; 1. Mai – 30. Sept.; Zufahrt von der R460 ca. 3 km nördl. von Kap Lindesnes; kleiner, überschaubarer, ebener Wiesenplatz, zwischen Felsriegeln, zum Meer hin offen, sehr schön und ruhig gelegen, 7 befestigte Stellplätze für Wohnmobile; einfache Sanitärausstattung, 6 Hütten ****.

2.518 km bis zum Nordkap

→ **Hauptroute:** Von Kap Lindesnes zurück bis **Vigeland** und auf der E39 westwärts, über **Lyngdal** und **Kvinesdal** nach **Flekkefjord**.

Die Abkürzung von Spangereid nach Lyngdal auf teils einspuriger Straße ist zwar landschaftlich sehr reizvoll, aber zeitraubend. •

▲ – **Camping Rosfjord** ****, Tel. 38 34 37 00; 1. Jan. – 31. Dez.; ca. 2 km südwestl. Lyngdal; ausgedehntes Gelände, teils Kiefernwald, an einem langen, felsbegrenzten Sandstrand am Rosfjord; ca. 6 ha – 400 Stpl., zahlreiche Dauercamper, Standardausstattung; Laden, Imbiß, Tennis; 25 Miethütten, Motel.
– **NAF-Camping Kvavik** ***, Tel. 38 34 61 32; Pfingsten – Ende Aug.; ca. 2 km Richtung Farsund; ebenes Gelände, fast bis an den Lyngdalsfjord reichend; ca. 4 ha – 100 Stpl.; Standardausstattung; Laden, Imbiß; 21 Miethütten *** - ****; naher Sandstrand.

Lyngdal

→ **Hauptroute:** Die E39 führt ab Lyngdal entlang des wilden Møska-Flusses hinauf in eine schöne, seendurchsetzte Landschaft. Später hat man von der in Serpentinen talwärts führenden Straße vor Kvinesdal einen weiten Ausblick auf den Fedafjorden.

Man passiert **Kvinesdal** (am Aussichtspunkt oberhalb der E39 *Touristhotel Utsikten*, 25 Zi., Tel. 38 35 04 44, Restaurant, Sauna) und **Feda** (*NAF-Camping Svindland* **, 1. Juni. – 30. Sept., 16 Miethütten) und erreicht schließlich das hübsch gelegene Städtchen **Flekkefjord**. •

Flekkefjord mit annähernd 9.000 Einwohnern ist heute ein wichtiges Touristenzentrum zwischen Kristiansand und Stavanger.

Eine Blütezeit erlebte die Stadt im 17. und 18. Jh. durch einen regen Handel mit Holz und Granitgestein. Ähnlich wie in Mandal machten damals vor allem Schiffseigner und Kaufleute aus Holland das Geschäft. Seitdem lebt Flekkefjord mit dem Beinamen „Hollenderbyen", also „Holländerstädtchen". Es gibt ein Stadtviertel mit diesem Namen, in dem einige Holzhäuser aus dem 17. und 18. Jh. erhalten sind.

Im 19. Jh. wurde Flekkefjord zu einem wichtigen Exporthafen an der Sørlandsküste für Fisch und vor allem für Heringe. Und nachdem sich mit dem Aufkommen der Dampfschiffahrt der Hafenort leichter und schneller

ROUTE 3: KRISTIANSAND – EGERSUND (– STAVANGER)

Flekkefjord Museum
1.6. - 31.8. Mo. - Fr. 11 - 17, Sa. + So. 12 - 15 Uhr.

erreichen ließ, entwickelte sich langsam der Fremdenverkehr.

Zu den Sehenswürdigkeiten in den hübschen Gassen von Flekkefjord zählt das Stadtmuseum **Flekkefjord Museum,** das im ältesten Haus der Stadt aus dem frühen 18. Jh. untergebracht ist. Eingerichtet ist es wie das Haus einer wohlhabenden Bürgerfamilie im frühen 19. Jh.

Im Sommer (1. 6. – 31. 8.) ist auch das **Flekkefjord Electricitet Museum** zu besichtigen, das mittels multimedialer Präsentationen über die Geschichte der Stromversorgung berichtet.

Interessante Gebäude sind außerdem die achteckige **Kirche** von 1833, das **Rathaus,** die alte **Apotheke** und weitere historische Gebäude aus dem 18. Jh.

Flekkefjord

Praktische Hinweise – Flekkefjord

📞 **Flekkefjord Promotion as,** Elvegaten 15, 4400 Flekkefjord, Tel. 38 32 21 31, Fax 38 32 21 30.

Hotels

🛏 Hotels: **Hotel Bondeheimen,** 15 Zi., Elvegt. 7 - 9, Tel. 38 32 21 44, Fax 38 32 29 79, Cafeteria, Parkplatz.
First Hotel Maritim, 46 Zi., Sundegt., Tel. 38 32 33 33, Fax 38 32 43 12, in zentraler Lage, Restaurant, Schwimmbad, Tennis, Parkplatz.
Grand Hotel, 25 Zi., Anders Beersgt. 9, Tel. 38 32 23 55, Fax 38 32 11 67, Restaurant, Parkplatz.

Camping

▲ – **NAF-Camping Egenes, Ferie og Fritidssenter ****,** Tel. 38 32 01 48; Anf. Jan. – Ende Dez.; Wiesengelände; ca. 2,5 ha – 180 Stpl.; Standardausstattung; Laden, Imbiß, Badestrand, Bootsverleih, Fahrradverleih, 6 Miethütten. Motel.

☒ ☑ *Mein Tipp!* Für die Weiterreise von Flekkefjord nach Egersund sollte die Straße R44 „Nordsjøvegen" dem Weg über die E39 vorgezogen werden. Die R44 führt sehr kurvenreich durch eine überaus reizvolle, vielfach von rosarot schimmernden Felsen dominierte, abgeschiedene Landschaft mit zahlreichen dunklen Seen dazwischen.

Man passiert den in einem Hochtal verstreut gelegenen Flecken **Kvanvik** und bald darauf **Åna-Sira,** am gleichnamigen Fluß (großes Wasserkraftwerk). Åna-Sira liegt bereits in der *Provinz Rogaland,* die südlichste Provinz an der norwegischen Westküste, die vom weitverzweigten Boknafjord geprägt wird.

schöne Strecke über den Jössingfjord **

➔ **Hauptroute:** Die Straße 44 schraubt sich nach dem Ort Åna-Sira hinauf ins Vardefjell mit wuchtigen Felsmassiven, um anschließend hinunter zum **Jössingfjord** zu führen, mit dem wichtigsten Umschlaghafen für die weiter landeinwärts bei Titania abgebauten Mineralien. Ein Denkmal am Fjord erinnert an die „Altmark-Affäre" im Zweiten Weltkrieg, die erste Kriegshandlung auf norwegischem Boden.

Ab Jössingfjord beginnt eine imposante Paßfahrt. Die alte Trasse mit ihren kühnen Galerien an den senkrechten Felswänden, die einstmals den Puls des Autofahrers etwas ansteigen ließ, ist noch

ROUTE 3: KRISTIANSAND – EGERSUND (– STAVANGER)

zu erkennen, aber nicht mehr zu befahren. Sie wird durch ein modernes Tunnel und eine breite Straße umgangen.

Man erreicht **Hauge i Dalane** (*Bakkaåno Camping*, 1. Mai – 30. Sept., ca. 2,5 km von Hauge i Dalane entfernt, mehrere Platzteile, für Wohnmobile in einer Geländemulde, abgeschieden nahe eines Baches gelegen, gute Sanitärs, 3 Miethütten), mit der interessanten **Sogndal Kirche** und dem hübschen Sogndalstrand wenig südlich vom Ort. Nach weiteren 30 km kommt man nach **Egersund**. •

Camping bei Hauge i Dalane

Egersund ist ein Hafenstädtchen mit rund 14.000 Einwohnern. Vor allem der Heringsfang brachte Mitte des vergangenen Jahrhunderts einen gewissen Wohlstand in die Stadt. Zwar laufen auch heute noch Fischkutter den Hafen von Egersund an, wirtschaftlich bedeutender für die Stadt sind aber inzwischen holzverarbeitende Industrien und die Elektronikindustrie geworden.

Egersund mit seinen annähernd 8.000 Einwohnern ist das Zentrum des Bezirks Dalane. Der Stadtname kommt vom altnorwegischen „Eikundarsund", was soviel wie „Sund zwischen dem Festland und der Eicheninsel" bedeutet.

Während der Wikingerzeit trafen sich in Egersund verschiedene Handelswege, was der Landungsbrücke des Ortes zu einer gewissen Bedeutung verhalf. Dies geht auch daraus hervor, dass an dieser Landungsbrücke ein „Leidangsskip", ein Königsschiff, lag, das instand gehalten und zu „Wikingfahrten" bemannt und ausgerüstet werden mußte.

Egersund, das zwar schon 1607 urkundlich erwähnt wird, damals aber aus nicht viel mehr als vier oder fünf Häusern bestand, hat eine relativ alte **Kirche**, die aus dem frühen 17. Jh. stammt und im Stadtteil Eie eine wenig bekannte, aber sehenswertes **Fayencemuseum**, das einen schönen Querschnitt durch die 133-jährige Fayenceproduktion (Porzellan, Keramik, Steingut, Monumentalvasen, Puppengeschirr, Tassenausstellung u. v. a.) in Egersund zeigt. Egersunds Fayencefabrik war zwischen 1847 und 1979 tätig.

Egersunds Fayencemuseum Mitte Juni - Mitte Aug. Mo. - Sa. 11 - 17, So. 13 - 18 Uhr. Übrige Zeit So. 13 - 17 Uhr.

Das Fayencemuseum wird vom **Dalane Folkemuseum** betreut, zu dem auch die Hauptsammlung des **Regionalmuseums** über den Bezirk Dalane gehört, das sich beim ehemaligen Amtsrichterhof **Slettebø**, rund 3 km nördlich der Stadt an der Straße 42 befindet.

Regionalmuseum Mitte Juni - Mitte Aug. Mo. - Sa. 11 - 17, So. 13 - 18 Uhr.

Das 1910 eingerichtet Museum besteht mittlerweile aus acht Museumsgebäuden aus dem Dalanabezirk. Darunter sind das Haupthaus, diverse Werkstätten, landwirtschaftliche Gebäude, das Landschulhaus von Møgedal aus dem Jahre 1880, ein Verwalterhaus aus der Mitte des 19. Jh., ein Lusthaus und ein Wagenhaus, eine Remise, zu sehen.

Praktische Hinweise – Egersund

Egersund

☎ **Dalane & Sirdal Reiselivslag**, Jernbaneveien 2, 4370 Egersund, Tel. 51 49 08 19. Geöffnet Mitte Mai bis Ende August.

🏨 Hotels: **Grand Hotell**, 40 Zi., Johan Feyersgt. 3, Tel. 51 49 18 11, Fax 51 49 36 46, Restaurant, Parkplatz, Fahrradverleih.

Hotels

ROUTE 3: KRISTIANSAND – EGERSUND (– STAVANGER)

Egersund Hotell, 31 Zi., Årsdaddalen, Tel. 51 49 02 00, Fax 51 49 29 30, Restaurant, Parkplatz. Fahrradverleih.

Egersund Camping

▲ – **NAF-Camping Steinsnes** ***, Tel. 51 49 41 36; 1. Jan. – 31. Dez.; 3 km nördl. Egersund an der R44, in Tengs, ebenes Gelände zwischen Straße und Fluß; ca. 1,5 ha – 100 Stpl.; einfache Standardausstattung; 21 Miethütten.
– **Camping Hauen** ***, Tel. 51 49 23 79; kleinere Anlage südwestlich der Stadt, nur etwa 1 km vom Anleger der Fähren nach Dänemark entfernt, 5 Miethütten.

ABSTECHER NACH STAVANGER

⇔ **Abstecher:** Stavanger liegt rund 80 km nordwestlich von Egersund und ist über die E39 rasch zu erreichen. Der abwechslungsreichere Weg aber führt über die Küstenstraße R44. ●

Strände und Sehenswertes auf dem Wege nach Stavanger entlang des Nordsjøvegen

Auf der Küstenstraße 44 „Nordsjøvegen" sind vor allem die weiten Dünen und **Sandstrände bei Brusand** an der Ognabucht ein lohnendes Sommerziel.

Sehenswertes auf dem Weg Richtung Sandnes:
Die neue **Kirche von Ogna** wurde 1995 eingeweiht und ruht auf den Fundamenten eines spätmittelalterlichen Gotteshauses aus dem Jahre 1520. Die Kirche ist in den Monaten Juni Juli und August an Sonntagen auf Führungen zu besichtigen.

Wenige Kilometer nordwestlich von Brusand bietet sich die Möglichkeit zur Küste und zum **Leuchtturm Kvassheim fyr** abzuzweigen. In der Nähe des Leuchtturms das bronze- bzw. eisenzeitlichen **Grabfeld** von Kvassheim.

Bei **Varhaug** findet den **„Gamle Kirke gård",** einen alten Friedhof mit hübscher Kapelle. Man hat von dort einen schönen Blick aufs Meer. Zwischen Friedhof und Küste führte am Strand einstmals der alte Königsweg von Varhaug nach Grødaland vorbei.

Bei **Reime** liegt das eher bescheidene Freilichtmuseum **Grødaland Bygdetun Museum** mit einem Gehöft aus dem 18. Jh.

Schließlich kann man bei **Hå** dem **Gamle Prestegård,** einem restaurierten Pfarrhof aus dem Jahre 1637 einen Besuch abstatten. Der Hof ist für Besucher im Sommer von Dienstag bis Samstag von 11 bis 18 Uhr und am Sonntag zwischen 12 und 18 Uhr zugänglich. In der übrigen Jahreszeit nur Samstag und Sonntag geöffnet.

Ganz in der Nähe liegt der Leuchtturm **Oberstad fyr**, dort können Sie auch übernachten. Geöffnet für Besucher ist der Leuchtturm im Juli täglich außer Montag 12 - 17 Uhr, übrige Zeit nur Sonntag 12 - 17 Uhr.

Landmuseum
Sommer Mo. - Fr. 10 - 17, Sa. 12 - 16, So. 12 - 17 Uhr. Übrige Zeit tgl. a. Sa. bis 15 Uhr.

Schließlich gibt es noch das **Jærmuseet** zu besichtigen. Das Museum, das sich in erster Linie mit der Kultur des Landvolkes der Region befaßt, liegt bei **Nærbø** östlich der Straße 44. Zum Museum mit seiner umfangreichen Landmaschinenausstellung gehört auch ein hübsches Museumsgehöft. Durch das ausgedehnte Gelände, das sich dem Museum anschließt führt ein langer Lehrpfad zu diversen Sehenswürdigkeiten wie frühgeschichtlichen Grabhügeln, Tingsteinen, eisenzeitlichen Siedlungsspuren oder einem Kommandobunker aus dem Zweiten Weltkrieg.

ROUTE 3: KRISTIANSAND – EGERSUND (– STAVANGER)

Macht man weiter nördlich den Umweg über die Straße 507, passiert man die Sandbänke **Jærens rev** westlich von **Kleppe**.

in Stavanger

Varden/Ogna
▲ – **Ogna Camping** ***, Tel. 51 43 82 42, Ostern – 30. Sept.; ca. 25 km nordwestlich von Egersund zwischen Straße 44 und Küste; Wiesen und sandiges Gelände hinter einem langen Dünengürtel, davor langer Sandstrand; ca. 3 ha – 120 Stpl.; Standardausstattung; Laden, 19 Miethütten ** - *****.
Brusand
– **NAF-Camping Brusand** ****, Tel. 51 43 91 23, 1. Jan. – 31. Dez.; ca. 2 ha – 120 Stpl.; Standardausstattung; 8 Miethütten *** - ****, naher, langer Sandstrand

Camping zwischen Egersund und Stavanger

STAVANGER

Stavanger am Boknefjord zählt zu den alten Städten Norwegens. Schon früh einflußreicher Bischofsitz, erhielt die Stadt im 15. Jh. Handelsrechte und entwickelte sich, nicht zuletzt dank seines geschützten Hafens, zu einer Handelsstadt von Rang mit einer ansehnlichen Flotte. Später kamen rege Aktivitäten in der Hochseefischerei hinzu. Fischverarbeitende Industrie und Werften siedelten sich an.

Einen regelrechten Wirtschaftsboom erlebte Stavanger allerdings um 1970, als in der Nordsee Öl entdeckt wurde und Stavanger zum bedeutendsten Versorgungshafen für die norwegische Off-Shore-Industrie aufstieg. Mit rund 95.000 Einwohnern ist Stavanger heute die viertgrößte Stadt des Landes.

Tipps zur Stadtbesichtigung

Einen guten Gesamteindruck von der Stadt erhält der Erstbesucher bestimmt auf einer begleiteten **Stadtrundfahrt** mit dem Bus, Dauer 2

ROUTE 3: KRISTIANSAND – EGERSUND (– STAVANGER)

Nostalgie und Romantik, Stavangers hübsche Altstadt

Stunden. Stadtrundfahrten finden von 1. Juni bis 31. August täglich statt. Abfahrt um 14 Uhr an der Touristeninformation am Rosenkildetorget. Stationen der Stadtrundfahrt sind die Innenstadt, die historische Altstadt, Breidablikk, Harsfjord, „Schwerter im Fels", Ullandhaug-Turm und Dom von Stavanger.

Eine besondere Art, Stavanger kennen zu lernen ist die, sich einem geführten **Stadtspaziergang mit anschließender Hafenrundfahrt** anzuschließen. Man geht durch die historische Altstadt und besucht dort das Konservenmuseum. Danach geht es auf dem Veteranenboot M/S Skreddaren durch den Hafen zum Norwegischen Ölmuseum. Die Tour findet vom 15. Juni bis 15. August jeweils dienstags und donnerstags um 11 Uhr statt, beginnt am Touristeninformationsbüro am Rosenkildetorget und dauert 2 ½ Stunden.

Will man die Innenstadt auf **eigene Faust** erkunden, läßt sich das auf einem etwas ausgedehnteren Stadtspaziergang, der nachstehend skizziert ist, durchaus bewerkstelligen. Altstadt, Dom und Ölmuseum sind hier die wichtigsten Stationen. Um zu den anderen, etwas außerhalb des Zentrums gelegenen Sehenswürdigkeiten zu gelangen, wird man sich jedoch besser des eigenen Autos bedienen.

Gebührenpflichtige **Parkplätze** im Citybereich findet man am **Strandkaien** an der Ostseite der in die Innenstadt reichenden Hafenbucht Vågen, dann etwas weiter nördlich davon beim **Terminal** der Fähre nach Newcastle, dann beim alten Zollamt am **Skansenkaien** an der Ostseite der Hafenbucht und schließlich im Norden der Innenstadt am **Ryfylkekaien** mit dem Anleger der Fähren nach Bergen und Haugesund und beim **Ölmuseum** etwas weiter östlich.

SEHENSWERTES IN STAVANGER

Am besten beginnt man den Stadtrundgang an der Touristeninformation Destinasjon Stavanger am Roskildetorget am Südende des

ROUTE 3: KRISTIANSAND – EGERSUND (– STAVANGER)

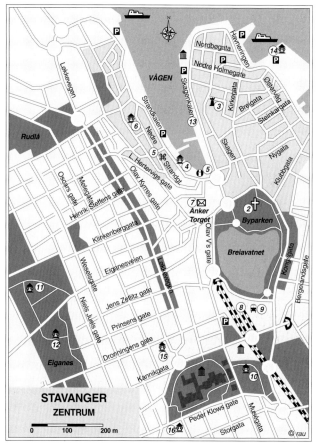

STAVANGER

1 Information
2 Dom
3 Valbergturm
4 Handels- u. Seefahrtmuseum
5 Alt Stavanger
6 Konservenmuseum
7 Postamt
8 Busbahnhof
9 Bahnhof
10 Stavanger Museum
11 Ledaal-Herrenhaus
12 Breidablikk-Herrenhaus
13 Clipper Boote
14 Norwegisches Ölmuseum
15 Telemuseum
16 Archäologisches Museum

Hafens. Von dort geht man am Strandkaien an der Ostseite des Hafenbeckens entlang. Man passiert das **Stavanger Sjøfartsmuseum**, das Handels- und Seefahrtmuseum, Nedre Strandgate 17 – 19. Hier gibt es neben umfangreichen Ausstellungen zu Stavangers 200jähriger Seefahrtgeschichte auch Einblick in die Handelstradition der Stadt (altes Kontor, Kaufmannswohnung, Lager u. a.).

Handels- u. Seefahrtmuseum
15. 6. - 15. 8. tgl. 11 - 16 Uhr. Übrige Zeit So. 11 - 16 Uhr. Eintritt.

Nordwestlich vom Handels- und Seefahrtmuseum erstreckt sich zwischen Hafen und Øvre Strandgate der Stadtteil **Gamle Stavanger** (Alt Stavanger). Ein Bummel durch die gepflasterten, ansteigenden Gassen, die gesäumt sind von meist schneeweiß gestrichenen Holzhäusern, lohnt sehr. Die meisten Häuser stammen aus dem späten 18., frühen 19. Jh. und sind sorgfältig restauriert. Besonders malerische Winkel findet man in den wenigen Quergassen, die hinab zum Hafen führen.

sehenswert, Stavangers Altstadt **

Den Spaziergang durch Gamle Stavanger kann man mit einem Besuch im **Norsk Hermetikkmuseum**, dem Norwegischen Konserven

ROUTE 3: KRISTIANSAND – EGERSUND (– STAVANGER)

Stavanger Konservenmuseum
15. 6. - 15. 8. tgl. 11 - 16 Uhr. Übrige Zeit So. 11 - 16 Uhr. Eintritt.

Museum, Øvre Strandgate 88A, verbinden. Hier ist eine fischverarbeitende Fabrikanlage, wie sie im 19. Jh. in Stavanger zu finden war, eingerichtet.

Durch eine der hübschen Quergassen am Ende der Øvre Strandgate, z. B. durch die Bildensolstrædet oder die Rosenbergbakken, gehen wir wieder hinunter zum Hafen und zurück zum Ausgangspunkt am Rosenkildetorget. Auf dem Weg dahin hat man einen schönen Blick über den Hafen auf die Häuserfront mit den schön restaurierten alten Speicherhäusern am gegenüberliegenden Skagenkaien mit dem Anleger der Ausflugsboote Clipper Boats und auf die dahinter leicht ansteigende Innenstadt.

Vom Rosenkildetorget gehen wir nun ostwärts über den Marktplatz zum Dom.

Stavangers Dom

Der Dom von Stavanger liegt nur wenige Gehminuten östlich vom Rosenkildetorget im Stadtpark Byparken an der Nordseite des großen Stadtsees Breivatnet.

Nachdem Sigurd Jorsalfar Stavanger im Jahre 1125 zum Bischofsitz erhoben hatte, ließ Bischof Reinald von Winchester noch im selben Jahrhundert den Grundstein zum Dom von Stavanger legen. Der Bau wurde im anglonormannischen Stil erreicht und dem Heiligen Svithun geweiht. Ein Arm des Heiligen ist die kostbarste Reliquie des Doms.

Aber die Domkirche blieb kaum ein Jahrhundert vom Feuer verschont. Schon 1272 wurden Schiff und Chor ein Raub der Flammen. Sie wurden um 1300 im gotischen Stil wieder aufgebaut. In dieser Form sieht der Besucher den Dom von Stavanger noch heute.

Unweit vom Dom entfernt liegt der **Kongsgård**, der bis Anfang des 19. Jh. als königliche und bischöfliche Residenz diente. Seit 1850 beherbergt das historische Gebäude ein Gymnasium.

Stadtblick vom alten Feuerwachturm Nachtwächtermuseum
Mo. - Fr. 10 - 16, Do. bis 18 Uhr, Sa. bis 14 Uhr. Eintritt.

Gehen Sie vom Dom die Haakon VII's Gate ein kurzes Stück nach Osten und folgen der Kirkegata nordwärts. Sie erreichen dann den linkerhand gelegenen **Valbergtårnet**, einen alten Feuerwachturm, der zwischen 1850 und 1853 gebaut worden ist. Von dort haben Sie einen schönen Blick über den Hafen zur Altstadt und über den Fjord. Im Turm ist das **Nachtwächtermuseum** eingerichtet, das u. a. eine Sammlung historischer Fahrzeuge und Ausstellungen aus über hundert Jahren Straßenbaugeschichte zeigt.

Vom Valbergtårnet zurück bis zur Kirkegata, der wir nun links, nordwärts folgen. Die Straße führt hinab zur Hafenanlage an der Nordseite der Innenstadt. Unweit rechts erkennt man das moderne Gebäude des Norwegischen Erdölmuseums direkt am Wasser am Kjeringholmen.

Norwegens Erdölmuseum **
1. 5. - 31. 8. tgl. 10 - 19 Uhr, übrige Zeit bis 17 Uhr. Eintritt.

Sehr sehenswert, informativ und interessant ist ein Besuch im erst 1999 eröffneten **Norsk Oljemuseum,** dem Norwegischen Erdölmuseum, Kjeringholmen, im nördlichen Bereich des Stadtzentrums. Der moderne Museumsbau liegt direkt am Wasser, ähnelt äußerlich einer Ölbohrplattform und birgt im Inneren eine Vielfalt von Ausstellungen und multimedialen Präsentationen, die einen ausgezeichneten Überblick über die Geschichte der Off-Shore-Ölgewinnung, die Techniken und die entsprechenden Industriezweige der Erdölexploration in der Nordsee geben. Parkplatz, Cafeteria, Bibliothek, Museumsladen.

ROUTE 3: KRISTIANSAND – EGERSUND (– STAVANGER)

Der kürzeste Weg wieder zurück zum Dom bzw. zum Rosenkildetorget ist der nun schon bekannte Weg über die Kirkegata.

Je nach Interesse bzw. je nach zur Verfügung stehender Zeit kann man den Stadtrundgang nun noch ausdehnen und zum Stavanger Museum gehen. Das Museum liegt aber ein gehöriges Stück weiter südlich. Noch südlicher als der Stadtsee Breiavatnet und der Bahnhof. Man kann an der Ostseite (Kongsgata und Golden Tulip Rainbow Hotel Maritim) oder an der Westseite des Sees (Olav V's gate und Radisson SAS Atlantic Hotel) vorbei gehen, passiert den Bahnhof (Parkplätze) und gelangt zum Theater südlich des Bahnhofs. Rechts (westlich) vom Theater und noch vor dem Rica Park Hotel gelangt man über die Muségata schließlich zum **Stavanger Museum**, Muségata 16. Neben kulturhistorischen Sammlungen aus Rogaland und Ausstellungen Stadtgeschichte gibt es auch zoologische Abteilungen (Fische, Vögel, Säugetiere).

Stavanger Museum
15. 6. - 15. 8. tgl. 11 - 16 Uhr. Übrige Zeit So. 11 - 16 Uhr. Eintritt.

WEITERE SEHENSWÜRDIGKEITEN

Im Norden der Stadt, ganz in der Nähe des Internationalen Kulturzentrums, Sandvigå 29, und Stavangers Konzerthaus im Bjergsted Park, ist das **Norsk Grafisk Museum**, das **Norwegische Grafische Museum**, Sandvigå 24, zu besichtigen. Zu sehen gibt es wechselnde Ausstellungen und alte grafische Handwerke.

Grafisches Museum
15. 5. - 15. 8. Mo., Mi., Fr. 11 - 15 Uhr. Übrige Zeit nur So. 11 - 16 Uhr.

Weiter im Süden des Stadtbereichs, westlich vom Bahnhof, findet man in der Dronningensgate 12 das **Norwegische Telemuseum**. Es gibt Einblick in die Geschichte des „Amerika-Telegraphen" und die Entwicklung der drahtlosen Kommunikation und der Telefongeschichte. Besucher können sich selbst an Morsegeräten, Bildtelefonen und an den neuesten elektronischen Medien versuchen.

Telemuseum
14. 6. - 13. 8. Mi. - So. 12 - 16 Uhr. Übrige Zeit nur So. 11 - 16 Uhr.

Noch ein Stück weiter westlich vom Bahnhof liegen im Stadtteil **Eiganes** am Eiganesveien zwei alte Stadtvillen, die von Interesse sind.

Ledaal, Eiganesveien 45, ist ein Patrizierhaus, das um 1800 für die Familie Kielland errichtet wurde. Es dient heute noch gelegentlich als Königliche Residenz, wenn der König Stavanger besucht. Das Haus ist im Stil des 19. Jh. möbliert und kann nach einer Phase umfassender Renovierung nun wieder besichtigt werden.

die Villen Ledaal und Breidablikk
15. 6. - 15. 8. tgl. 11 - 16 Uhr. Übrige Zeit So. 11 - 16 Uhr. Eintritt.

Nicht weit entfernt liegt die **Villa Breidablikk**, Eiganesveien 40A. Sie wurde 1880 für den Reeder Lars Berentsen gebaut und ist ebenfalls zu besichtigen.

Schließlich lohnt bei ausreichend zur Verfügung stehender Zeit und entsprechendem Interesse ein Besuch im **Arkeologisk Museum** dem **Archäologischen Museum**, Peder Klowsgata 30A, mit Ausstellungen zur Naturgeschichte der Region der letzten 15.000 Jahre und Funden aus der Frühgeschichte Rogalands, sowie im **Vegmuséet**, dem Straßenbaumuseum, Lagårdsveien 80. Dokumentiert werden hier hundert Jahre Straßenbaugeschichte, die durch die geologischen Gegebenheiten Norwegens besonders bewegt war. U. a. sieht man historische Fahrzeuge, Geräte und Werkzeuge. Das Museum ist mit Bussen der Linien 23 und 24 zu erreichen.

Archäolog. Museum
1. 6. - 31. 8. tgl. a. Mo. 10 - 17 Uhr. Übrige Zeit Di. - So. 11 - 15 Uhr, Do. bis 20 Uhr. Eintritt.

Straßenbaumuseum
Mo. - Fr. 8 - 15.30 Uhr.

ROUTE 3: KRISTIANSAND – EGERSUND (– STAVANGER)

ÖLEXPORTEUR NORWEGEN

An der norwegischen Südwestküste hat sich besonders Stavanger als Ausgangspunkt für die Exploration des norwegischen Festlandsockels nach Erdöl und Erdgas herausgebildet.

Ein ganz neuer Wirtschaftszweig, die Förderung von Gas und Öl in der Nordsee, wuchs seit etwa 1970 rasend schnell und riß einen großen Teil der Arbeitskräfte des Landes an sich. Die Gefahr, daß ein „Vakuum" an Beschäftigten in gewissen Branchen, etwa der Fischereiindustrie oder in der Landwirtschaft entstand, war gegeben.

Ölbohrplattform

Um aber auch nach dem "Ölzeitalter" noch auf allen Wirtschaftsgebieten wettbewerbsfähig oder zumindest handlungsfähig zu sein, wurde versucht, einen zu raschen Strukturwandel zu verhindern. Norwegen wollte kein „Kuweit des Nordens" werden, wollte nicht ausschließlich vom Öl abhängig sein. Wie recht man mit dieser Politik hatte, zeigte sich erstmals 1986, als das Preisgefüge auf dem Petromarkt verfiel und im Staatssäckel plötzlich Millionen von bereits verplanten Petro-Dollars fehlten.

Zu dem massiven Einstieg ins Ölgeschäft führte die Erkenntnis, daß in der gesamten Nordsee rund 16 Milliarden Tonnen Ölreserven und viele Billionen Kubikmeter Gas lagern.

Die Ausdehnung der Festlandsockel vor der Küste der Nordsee-Anrainerstaaten diente zur Festlegung der Hoheits- sprich Fördergebiete der einzelnen Staaten. Norwegen kam gut dabei weg. Nach Großbritannien ist es das zweitgrößte Förderland an der Nordsee. In der Weltrangliste der Off-Shore-Förderländer, das sind die Länder, die Erdgas- oder Erdölfelder in den Weltmeeren nutzen, steht das nordische Königreich gar an sechster Stelle, noch vor dem Iran und vor Nigeria.

Rund fünf Milliarden Dollar wurden investiert, bis 1971 das erste aus eigenen Bohrlöchern geförderte Öl an Land gebracht werden konnte. Etwa zehn Bohrinseln hat das Land bislang eingesetzt. Das Ekofisk-Feld alleine fördert mehr Öl, als Norwegen verbrauchen kann. Ein vorläufiger Höhepunkt der Gesamtförderkapazität war für 1995 erwartet worden – ca. 5 Mio. Barrels pro Tag (1 Barrel = 159 Liter).

Weitere geradezu gigantische finanzielle Aufwendungen werden nötig sein. Heute wird in die Ölindustrie für Forschung, Förderung und Transport fast soviel investiert, wie in alle anderen Wirtschaftszweigen zusammen.

Ein Riesenprojekt war für die zweite Hälfte der 90er Jahre vorgesehen. Mitten in der Nordsee entstand die fast 400 m hohe „Ölförderstadt" *Gullfaks C,* auf der zwischenzeitlich täglich für annähernd 6 Mio. Dollar Öl gefördert wird.

Trotz dieser Anstrengungen deckt Norwegen, das seit 1976 zu den Ölexportländern zählt, selbst in Zeiten der Spitzenförderleistung nur etwa 2% der Weltölproduktion bzw. nur etwa 7% des westeuropäischen Ölbedarfs.

Alles in allem sind die Aussichten im Ölgeschäft für das Land der Fjorde gut. Denn noch nicht einmal die Hälfte des Festlandsockels von Norwegen wurde bislang auf Öl- und Gaslager abgeklopft. „Es gibt viel zu tun,...".

ROUTE 3: KRISTIANSAND – EGERSUND (– STAVANGER)

SEHENSWERTES AUSSERHALB DER STADT

Das **Rogaland Kunstmuseum**, Tjensvoll 6, liegt südlich der Innenstadt in der Nähe des Sees Mosvatnet. Einen Schwerpunkt der umfangreichen Ausstellung, die sich vornehmlich mit norwegischer Kunst des 19. und 20. Jh. befassen, bildet die sehenswerte Sammlung von Lars Hertervig (1830 – 902). In einem separaten Pavillon findet der Besucher die Sammlung von Halvdan Hafsten. Sie umfaßt Arbeiten von acht norwegischen Künstlern aus der Zeit von 1918 bis etwa 1935. Das Museum ist mit Bussen der Linien 143 und 152 zu erreichen.

Kunstmuseum
Di. - So. 11 - 16 Uhr. Eintritt. Bus 143, 152.

Vom **Ullandhaugtårnet** im Stadtteil Ullandhaug, kann man schöne Ausblicke in die Umgebung von Stavanger genießen. Der 1964 erbaute Telekommunikationsturm liegt 135 m über dem Meeresspiegel und ist 64 m hoch. Der Turm ist mit Bussen der Linie 78 zu erreichen.

Ganz in der Nähe liegt Stavangers **Botanischer Garten** (Bus 78).

Der **Jernaldergården** am Ullandhaugveien ist eine rekonstruierte Hofanlage aus der älteren Eisenzeit, also etwa aus der Epoche zwischen 350 und 550 n. Chr. Die Anlage wurde an der Stelle errichtet, an der tatsächlich Funde aus jener Zeit gemacht wurden. Gezeigt werden alte Handwerkstechniken und experimentelle archäologische Forschungsvorhaben. Das Museum kann auch mit Bussen der Linie 78 erreicht werden.

Eisenzeitbauernhof
15. 6. 15.8. Mo. - Sa. 11 - 16 Uhr, So. ab 12 Uhr. Frühjahr und Herbst nur So. Bus 78.

Bemerkenswert ist ein Denkmal am Hafrsfjord, das als **„Sverd i Fjell"** als die drei „Schwerter im Fels" bekannt sind. Der historische Hintergrund dieses Monument ist die Einigung Norwegens zu einem Reich durch König Harald Schönhaar. Die letzte Schlacht in diesem Zusammenhang wurde 872 hier am Hafrsfjord geschlagen. Die drei Denkmalsmonolithe sind in ihrer Form den Griffen von Wikingerschwertern nachempfunden, die an verschiedenen Orten in Norwegen gefunden wurden. Die Kronen oben auf den Schwertern symbolisieren die Distrikte Norwegens, die sich damals an der historischen Schlacht beteiligt haben. Das Denkmal ist ein Werk von Fritz Røed. Es wurde 1983 vom damaligen König Olav enthüllt.

die drei „Schwerter im Fels"

Ein gutes Stück westlich der Stadt bei Kvernevik schließlich trifft man auf das **Alexander L. Kielland Denkmal.**

Praktische Hinweise – Stavanger

📞 Information: **Destinasjon Stavanger**, Rosenkildetorget 1, 4005 Stavanger, Tel. 51 85 92 00. 1. Juni – 31. Aug. tgl. 9 – 20 Uhr. Übrige Zeit bis 16 Uhr und sonntags geschlossen. Internet: www.destinasjon-stavanger.no

Stavanger

Stadtrundfahrten und **geführte Stadtrundgänge** werden von Juni bis August veranstaltet. Startpunkt ist die Touristeninformation am Rosenkildetorget (siehe auch weiter oben „Sehenswertes in Stavanger").

Clipper Fjord Sightseeing as, Skagenkaien 18, 4006 Stavanger, Tel. 5189 52 70. Internet: www.radne.no. Hafenrundfahrten, Schiffs-/Bustouren zum Prekestolen, Schiffsausflüge durch den Lysefjord bis Lysebotn.

Stadtrundfahrten
Bootsausflüge

🍴 Restaurants: **Skagen Sjøhus**, Skagen 16, Tel. 51 89 51 80, rustikales, maritimes Ambiente, eingerichtet in einem alten Speicherhaus, gute Küche, lokale Spezialitäten, mittlere Preislage.

Straen Fiskerestaurant, Nedre Strandgate 15, Tel. 51 84 37 00. – Und andere Restaurants.

Restaurants

ROUTE 3: KRISTIANSAND – EGERSUND (– STAVANGER)

Stavanger Hotels

Hotels: **Commandør**, 35 Zi., Valberggt. 9, Tel. 51 89 53 00, Fax 51 89 53 01, zentral gelegen, moderate Preise, Parkplatz.
Radisson SAS Royal, 202 Zi., Løkkeveien 26, Tel. 51 76 60 00, Fax 51 56 74 60, zentral gelegenes Firstclass Hotel, Restaurants, Sauna, Schwimmbad, Garage.
Skagen Brygge Hotell, 110 Zi., Skagenkaien 28 - 30, Tel. 51 85 00 00, Fax 51 85 00 01, Sauna, Garage.
Victoria, 107 Zi., Skansegt. 1, Tel. 51 89 54 00, Fax 51 89 54 10, traditionsreiches Haus, Restaurant, Garage, günstige Wochenendraten und Sommerpreise. – Und andere Hotels.

Jugendherberge

Jugendherberge: **Stavanger Vandrerhjem Mosvangen**, Henrik Ibsensgt. 21, 4021 Stavanger, Tel. 51 87 29 00. 64 Betten. Beim Campingplatz Mosvangen.

Camping bei Stavanger

▲ – **NAF-Camping Mosvangen**, Tel. 51 53 29 71; Mitte Mai – Mitte Sept.; am südl. Stadtrand von der E39 beschildert; unebene Wiesen, bis an den See Mosvatnet reichend; unterhalb der Jugendherberge; ca. 2 ha – 150 Stpl.; Standardausstattung; Laden; 19 Miethütten. Busverbindung ins Stadtzentrum.
Sandnes
– **Vøstad Skogen Camping**, Tel. 51 62 71 20; 1. Jan. – 31. Dez.; westlich von Sandnes, Campingmöglichkeit in einem lichten, naturbelassenen Waldgelände in ländlicher Umgebung, einige wenige geschotterte Stellflächen; wenig Sanitärs, Standardausstattung, schön ausgestattete Miethütten.
Solastrand bei **Ræge**
MA Sola Motel og Camping **, Tel. 51 65 43 28, 1. Jan. – 31. Dez., Kiosk, 20 Miethütten, Gästezimmer, Motel.
Weiter Campingplätze findet man bei **Ølberg** südwestlich Stavanger.

AUSFLÜGE AB STAVANGER

Kongeparken, 27 km südöstlich von Stavanger in **Ålgård** an der E39, einer der größten Freizeit- und Vergnügungsparks in Norwegen.

Ausflug zu Rogalands höchstem Wasserfall

Ab **Ålgård** bietet sich ein längerer **Ausflug zum Månafossen**, Rogalands höchstem Wasserfall, an. Man sollte sich dafür aber einen ganzen Tag Zeit nehmen können!

Ab Ålgård nimmt man die R45 bis **Dirdal** und weiter bis **Gilja, Frafjord** (Tunnel) und **Brådland**. Schließlich erreicht man den gebührenpflichtigen Parkplatz bei **Eikjeskog**. Von dort führt ein markierter, teils sehr steiler Wanderpfad zum 92 m hohen Månafossen. Gutes Schuhwerk ist sehr empfehlenswert. Und nehmen Sie sich etwas Proviant für den etwas anstrengenden Weg mit.

Der Ausflug läßt sich mit einem Abstecher (Schild bei Gilja, ca. 10 km) zum Hof **Byrkjedalstunet** (Kaffee, Kerzenzieherei) verbinden.

Ausflug zur Klosterinsel Mosterøy Kloster Utstein
Mai - 15 9. Di. - Sa. 10 - 16 Uhr, So. 12 - 17 Uhr. Im Juli tgl. geöffnet. Eintritt.

Bei längerem Aufenthalt lohnt ein Ausflug zur **Insel Mosterøy**. Die Insel liegt nordwestlich von Stavanger. Nach Mosterøy gelangt man über die Straße E39N und durch den 5,83 km langen und 223 Meter unter der Meeresoberfläche verlaufenden, unterseeischen Byfjordtunnel.

Am Westende der Insel Mosterøy, 6 km von der Hauptstraße E39N entfernt, liegt das **Utstein Kloster**, das auch schon als Königsresidenz und Landsitz weltlicher Herren gedient hat. Utstein gilt als der besterhaltene mittelalterliche Klosterbau in Norwegen. Heute Konferenzzentrum.

Noch ein Stück nordwestlich des Tunnels nach Mosterøy erhebt sich auf der Landspitze **Tungenes** ein **Leuchtturm** mit interessantem **Museum**.

ROUTE 3: KRISTIANSAND – EGERSUND (– STAVANGER)

AUSFLUG IN DEN LYSEFJORD

Einfahrt in den Lysefjord

☑ *Mein Tipp!* Empfehlenswert ist ein **Schiffsausflug durch den Lysefjord** bis ans Ende des Fjords bei **Lysebotn**, bei schönem Wetter eine herrliche und bequeme Art, den Fjord zwischen seinen gigantischen Granitbergen zu erleben. Restauration an Bord. Dauer des Ausflugs vier Stunden.

Die Schiffe verkehren ganzjährig mehrmals wöchentlich, von Mitte Juni bis Mitte August täglich, ab Fiskepiren in Stavanger und ab Lauvvik. Die eindrucksvolle Fahrt geht direkt unterhalb der senkrecht aus dem Wasser ragenden Felswand des **Prekestolen** (Nordwestseite) entlang und vorbei am majestätischen, 1.132 m hohen, ebenfalls senkrecht aus dem Meer aufsteigenden Gipfel **Kjerag** (Südostseite), der übrigens ein beliebter Startpunkt für Fallschirmspringer ist.

Es führt auch ein **Wanderpfad auf den Kjerag.** Er startet am rund 600 m hoch gelegenen **Berggasthof Øygardstøl** (Tel. 94 61 77 76, Parkplatz, Restaurant) der tatsächlich wie ein Adlerhorst an der Felskante klebt. Die Aussicht von der Terrasse auf den Lysefjord ist überwältigend.

Wanderung zum König der Rogalandgipfel ***
Aussicht vom Berggasthof Øygardstøl ***

Die Wanderung dauert vier bis sechs Stunden hin und zurück. Der Weg führt über schwieriges Gelände, ist ziemlich anstrengend und steil und sollte nur von geübten, trittsicheren Wanderern mit angemessener Ausrüstung begangen werden. Den Ausgangspunkt der Wanderung am Øygardstøl erreicht man einmal von Lysebotn aus, in dem man von dort hinauf zum Parkplatz fährt, oder man fährt den ganzen Weg mit dem Auto durch das Dirdalen und Hunnedalen (R45) und weiter bis Ådneram/Suleskar und dort westwärts Richtung Lysebotn bis zum Parkplatz.

Auf dem Fährschiff nach Lysebotn können auch Autos befördert werden. **Autopassagen** müssen aber vorher reserviert werden, was man

81

ROUTE 3: KRISTIANSAND – EGERSUND (– STAVANGER)

vor allem in der Ferienzeit sehr rechtzeitig tun sollte, und zwar bei Rogaland Trafikkselskap, Tel. 51 86 87 90. Fahrplanauskünfte gibt es unter Tel. 51 53 96 00.

Camping bei Lysebotn

Lysebotn
▲ – **NAF-Camping Lysebotn**, Tel. 51 70 34 03; Ende Mai – 30. Sept.; ca. 3 ha – 200 Stpl.; Standardausstattung, **Jugendherberge**.

reizvolle Strecke für die Weiterreise
***

Der Umstand, dass auf der Fähre nach Lysebotn auch Autos befördert werden, eröffnet natürlich eine reizvolle Strecke für die Weiterreise ab Stavanger.

Man fährt, wie geschildert, mit dem Fährschiff ab Stavanger (oder ab Lauvvik) bis Lysebotn und von dort über die imposante **Gebirgsstraße Lysevegen** mit ihren 28 Haarnadelkurven hinauf in die Bergwelt von Sirdalen. Von dort geht es ostwärts weiter über Suleskar und die Hochfläche Urevassheia ins Setesdal.

Steht kein Autoplatz auf der Fähre durch den Lysefjord zur Verfügung, ist der Landweg über **Ålgård** und auf der R45 durch das **Dirdalen** und das **Hunnedalen** eine Alternative (siehe auch weiter unten unter „Reizvolle Routenvariante ins Setesdal").

AUSFLUG ZUR „KANZEL" PREKESTOLEN

☑ *Mein Tipp!* Der **Prekestolen**, der Predigtstuhl, ist eine der größten Sehenswürdigkeiten in der Fjordwelt Südnorwegens. Diese Felskanzel mit ihrem flachen Plateau ragt senkrecht fast 600 m hoch aus dem Wasser des schmalen Lysefjords. Der Blick vom Prekestolen gehört zu den großen Erlebnissen auf einer Reise durch Norwegens südwestliche Provinz Rogaland.

Den Ausgangspunkt für Wanderungen zum Prekestolen, die **Prekestolhütte**, kann man im Sommer auf einer kombinierten Bus/Schiffsreise erreichen. In der Zeit von Mitte Juni bis Anfang September verkehrt ein **Bus ab Tau** zur Prekestolhütte. Der Bus verkehrt im Anschluß an die Fähren Stavanger – Tau, die um 8.20 und um 9.15 in Stavanger ablegen. Die Rückfahrt mit dem Bus startet ab Prekestolhütte um 16.15 Uhr.

Fährt man mit dem eigenen Auto zur Prekestolhütte, nimmt man entweder die Fähre nach Tau und fährt von dort zurück über Jørpeland und Jøssang oder man folgt ab Stavanger zunächst der E39 bis **Sandnes** und zweigt dort ostwärts auf die R13 und zum **Fährhafen Lauvvik**. Überfahrt nach **Oanes** (10 Min.) und weiter Richtung **Jørpeland**.

In Oanes (**Lysefjord Touristenzentrum**, Souvenirs, Panoramarestaurant, im Sommer Anlegestelle der Ausflugsschiffe von Clipper Fjord Sightseeing) bietet sich Gelegenheit, einen Abstecher über die neue, 640 m lange Brücke über den Lysefjord mit herrlichen Ausblicken in die wilde Fjordlandschaft nach **Forsand** und zum **Freilichtmuseum Landa** bei der Landschule von Fossamoen zu machen. Archäologen haben hier die Reste eines rund dreieinhalbtausend Jahre alten, prähistorischen Dorfes ausgegraben. Im Laufe der Zeit sollen 14 bronzezeitliche, strohgedeckte Häuser und Blockhütten rekonstruiert und der Versuch gemacht werden,

ROUTE 3: KRISTIANSAND – EGERSUND (– STAVANGER)

dem Besucher einen Eindruck von der Kultur und den Lebensumständen in jener frühgeschichtlichen Epoche zu vermitteln.

Ca. 20 km nordwestlich von Oanes zweigt in **Jøssang** die Straße zur **Prekestolhütte** ab. Schon kurz nach dem Abzweig passiert man den schön an der Straße gelegenen **Campingplatz Preikestolen** (Tel 5174 97 25, 1. Mai – 1. Okt., Wiesen, teils mit Hartstandplätzen, in erhöhter, ansprechender, ruhiger Lage; ca. 80 Stpl.; gute Standardausstattung; Laden, Imbiß).

Die Wanderung zum Prekestolen beginnt an der **Prekestolhütte** (Tel. 51 84 02 00, geöffnet vom 1. 6. bis 3. 9., 56 Betten, Bewirtschaftung, gebührenpflichtiger Parkplatz, auch für Wohnmobile). Prekestolhütte

Nach einer gut zweistündigen, ziemlich anstrengenden, Kondition fordernden Wanderung erreicht man schließlich die Felskanzel des **Prekestolen** (auch Preikestolen). Wer unter Höhenangst leidet, dem wird schon beim Anblick der auf dem Bauch liegend nach unten schauenden Besucher schwindelig. Die Wanderung zum Prekestolen, die teils über holperige Steinfelder führt, sollten Sie nur mit festem Schuhwerk antreten.

Blick von der „Kanzel" ***

REIZVOLLE ROUTENVARIANTE INS SETESDAL **

Eine andere, nicht minder reizvolle Variante, um von Stavanger weiter zu reisen, ist der Weg durch das Hunnedalen und über die Urevassheia in das weiter nordöstlich gelegene Setesdal.

Alternativstrecke von Stavanger ins Setesdal **

Man verläßt Stavanger auf der E39 südwärts und fährt über **Sandnes** bis **Ålgård**. Dort zweigt man ostwärts ab auf die R45 nach **Dirdal** (Abstecher zum Wasserfall Månafossen, Näheres darüber siehe weiter oben) und nach **Byrkjedal.**

Ab Byrkjedal beginnt eine schöne Fahrt durch das reizvolle **Hunnedalen**, das sich weit nach Nordosten zieht. Ab **Sinnes** geht es dann über **Fidjeland** (Skigebiet, Berghotel) hinauf in den Wintersportort **Ådneram** in rund 1.000 m Höhe auf dem „Dach Südwestnorwegens". Von dort geht es ostwärts und über die über 1.000 hohe, seendurchsetzte **Hochfläche Urevassheia** mit einem ausgedehnten Wanderwegenetz hinab ins bezaubernde Setesdal. Dort trifft man in **Nomeland** auf die Straße R9 und auf unsere Route 4, Egersund – Haukeligrend (siehe dort). Diese Strecke ist nur im Sommer befahrbar!

SCHÖNE ROUTENALTERNATIVE NACH RØLDAL

Eine sehr schöne **Alternative zur Weiterreise** ab Stavanger ist der Weg über die R13 „Ryfylkevegen" nordwärts durch die Region Ryfylke nach Røldal.

83

ROUTE 3: KRISTIANSAND – EGERSUND (– STAVANGER)

lohnende Alternativstrecke von Stavanger auf dem „Ryfylkevegen" bis nach Røldal **

↪ **Alternativroute:** Man fährt von Stavanger über die E39 südwärts bis **Sandnes**. In Sandnes beginnt die Reichsstraße R13. Ihr folgen wir zunächst ostwärts bis **Lauvvik**, nehmen dort die Fähre nach **Oanes** und fahren weiter am hellgrünen Wasser des Idsefjord entlang über **Jøssang** (Abzweig zur Prekestolhütte), **Jørpeland** und **Tau** (Autofähren nach Stavanger) nach **Hjelmeland**. Die Strecke bis Jøssang entspricht dem Ausflug zum Prekestolen, siehe weiter oben. Unterwegs hat man von der R13 aus immer wieder schöne Ausblicke. ●

Bei **Solbakk**, einige Kilometer westlich von Jørpeland, bietet sich die Gelegenheit, zu den **Felszeichnungen „Helerystning"** aus der Bronzezeit abzuzweigen. Auf den glatten Felsen am hübschen Fjordufer sind bei genauerem Hinsehen Wikingerboote, Spiralen und Kreise zu erkennen.

↪ **Alternativroute:** In **Tveit** wendet sich die Straße 313 nach Westen und erreicht nach wenigen Kilometern den Ort **Årdal**. ●

sehenswert, die alte Kirche von Årdal

Wer Interesse an alter, naiver Kirchenmalerei hat, sollte in **Årdal** einen Stop einlegen und sich die aus dem frühen 17. Jh. stammende, schöne **Gamle Kirka**, die Alte Kirche von Årdal anschauen. Das Kircheninnere ist komplett ausgemalt mit Engeln, Heiligen und Darstellungen der Tugenden.

Camping zwischen Jørpeland und Hjelmeland

Jørpeland
▲ – **Solvik Camping ******, Tel. 51 74 77 12; 1. Jan. – 31. Dez.; ca. 3 km westlich von Jørpeland, Wiesenterrassen am Idsefjord unterhalb der R13; ca. 1,5 ha – 80 Stpl.; gute Standardausstattung, 2 Miethütten.

Björheimsund
– **Wathne Camping**, Wiesen unterhalb der R13 an einem Flüßchen nahe des Tysdalsvatnet. Der See liegt in einem herrlichen, von steilen Felswänden gesäumten Tal.
– **Tysdal Camping ****, Tel. 51 75 24 34; 1. Juni – 1. Sept.; Wiesen unterhalb der R13 schön am Ostende des Sees Tysdalsvatnet gelegen. Kiosk, Miethütten.

Stellplätze
Årdal
– **Høiland Gard**, Tel. 51 75 26 08, **Stellplätze für Wohnmobile** beim Bauernhof, in ansprechender Lage, Sanitäranlagen, Gästezimmer, Frühstück in der Scheune.

Fister
– **Fister Camp**, Tel. 51 75 22 02, in Hetland Abzweig von der R13 und westwärts bis an den Fjord; leicht zum Fisterfjord abfallende Wiesen unterhalb eines bewaldeten Berghangs; **Stellplätze für Wohnmobile** und Campingmöglichkeit, Stromanschlüsse, Kiosk, Gästezimmer, kleiner Strand, Bootsverleih.
– **Solvåg Fjordferie**, Tel. 51 75 22 63; in Hetland Abzweig von der R13 und zunächst westwärts bis Fister, dort südwärts, **Stellplätze für Wohnmobile**, teils auf einem schmalen, ebenen Geländestreifen direkt am Fjord, Gästezimmer, Bade- und Angelmöglichkeit.

ROUTE 3: KRISTIANSAND – EGERSUND (– STAVANGER)

Hjelmeland
– **Hjelmeland Camping** **, Tel. 51 75 02 30; 1. Jan. – 31. Dez.; kleines Wiesengelände bei der **Nøklings Gjestgiveri**, Zeltmöglichkeit und einige wenige **Stellplätze für Wohnmobile**, Laden, 9 Miethütten. Pension mit Fremdenzimmern.

🔎 **Alternativroute:** In **Hjelmeland** nimmt man die **Fähre** über den Jösenfjord nach **Nesvik**. ●

Es folgt eine landschaftlich sehr reizvolle Fahrt, zunächst an den steilen Felswänden am Jösenfjord entlang und später über die Berge des **Ryfylke** bis **Sand** (*Ryfylke Turisthotel*, Tel. 52 79 72 07, 47 Zi.)

Wer viel Zeit mitbringt, sollte in **Lovraed** die Gelegenheit nutzen und einen Abstecher südwestwärts über die R517 zum Küstenort **Jelsa** unternehmen. In dem recht idyllisch gelegenen Dorf gibt es einiges zu besichtigen, darunter die im Renaissancestil dekorierte **Holzkirche** aus dem Jahre 1647, sowie ein Schul- und ein Hofmuseum.

In **Sand** muss man sich entscheiden, ob man weiter auf der R13 nach Røldal bleiben oder einen Umweg über Ropeid und Sauda (R520) machen will. Breiten Wohnmobilen und Gespannen sei der Weg über die R13 eher empfohlen. Achten Sie auch auf die Beschilderung, die auf eine max. Fahrzeugbreite von 2 m hinweist.

Die Strecke von **Sand** mit der Fähre nach **Ropeid** (10 Min.) und weiter auf der R 520 **Sauda** nach **Røldal** ist landschaftlich überaus reizvoll. Allerdings wird das streckenweise einspurige Wegstück (mit Ausweichen) zwischen Sauda und Horda vom Norwegischen Straßenbauamt als „nur für geübte Wohnwagenfahrer" eingestuft! Außerdem ist der letzte Teil von Årtun bis Horda gewöhnlich zwischen Oktober und Mai wegen Schnee gesperrt. Noch im Juni fährt man hier stellenweise an meterhohen Schneewänden vorbei. Motorradfahrer aber dürften Ihre Freude an dieser Strecke haben.

🏨 Hotels: **Sauda Fjord Hotel**, 35 Zi., Tel. 52 78 12 11, Fax 52 78 15 58, Restaurant.
▲ – **Camping Sauda**, Tel. 52 78 12 57; !. Jan. – 31. Dez.; 3 km westl. von Sauda in Saudasjøen, ebene Wiesen zwischen Dorfstraße und Fjord, ca. 30 Stpl., einfache Sanitärausstattung, Imbiss, 20 Miethütten ** – ****.

Hotels und Camping bei Sauda

🔎 **Alternativroute:** Bleibt man in Sand auf der R13, geht die Fahrt am Fluß Suldalslågen und am See Suldalsvatn entlang und führt durch das Brattlandsdalen weiter bis **Røldal** an der Straße E134. Dort trifft man auf unsere Hauptroute 6 nach Bergen. ●

85

ROUTE 4: (STAVANGER –) EGERSUND – HAUKELIGREND

4. (STAVANGER –) EGERSUND – HAUKELIGREND

- ◉ **Entfernung:** Rund 340 km.
- ➔ **Strecke:** Über die R42 und über **Tonstad** und **Eiken** bis **Evje** – R9 bis **Haukeligrend**.
- ◷ **Reisedauer:** Mindestens ein Tag.
- ✂ **Höhepunkte:** Die Landschaften im **Setesdal** ** – die Stromschnellen am **Syrtveitfossen** * – Wandern auf den **Hochebenen** ***.

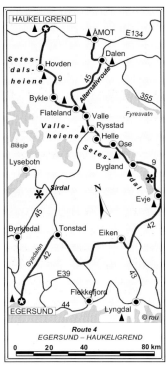

Route 4
EGERSUND – HAUKELIGREND
0   20   40   80 km

➔ **Route:** Ab Egersund über die Straße 42 nordwärts zur E39. 4 km östlich, in **Helleland**, verlassen wir die Europastraße und folgen wieder der Straße 42, nun Richtung **Tonstad**. •

Es beginnt eine sehr schöne Fahrt, zwar auf relativ schmaler, kurvenreicher, aber guter Straße durch das sehr wilde **Gyadalen**. Das Tal wird gesäumt von mächtigen Bergstöcken. Oft steigen die Felswände fast senkrecht aus dem Tal des Wildbaches Gya. Besonders nach regenreichen Tagen stürzen unzählige Wasserfälle von den Hängen. Die Straße führt stetig aufwärts und passiert schließlich ein bewaldetes Hochtal bei **Björnestad** (Wintersport-gebiet).

11 km weiter erreicht man **Tonstad**, am Nordende des langen, schmalen Sees Sirdalsvatn. In die Berge bei Tonstad wurde eines der größten Wasserkraftwerke Norwegens gebaut.

Die 700-Seelen-Gemeinde Tonstad ist Zentrum der umliegenden Skigebiete und Ausgangspunkt für einen Abstecher nach Norden über die R468 ins **Obere Sirdal** und weiter über die Hochmoore bei Suleskar (zahlreiche Wandermöglichkeiten) bis Lysebotn (siehe Abstecher ab Stavanger).

Wandern im Oberen Sirdal

➔ **Route:** Die Straße 42 führt ab Tonstad zunächst am Sirdalsvatn entlang südwärts, wendet sich dann nach Osten und quert zahlrei-

ROUTE 4: (STAVANGER –) EGERSUND – HAUKELIGREND

che in Nord-Südrichtung verlaufende waldreiche Täler und Höhenzüge, bis nach 105 km **Evje** erreicht wird. •

Unterwegs passiert man **Kvinlog**. Gut 30 km nördlich des Ortes liegen bei **Knaben** drei stillgelegte Gruben, aus denen bis vor etwa 30 Jahren Eisenerz gefördert wurde. Heute beginnen bei Knaben zahlreiche Wanderwege in die seendurchsetzte Hochebene von Åseral.
Eiken liegt hübsch am Lygne See. Kirche aus dem frühen 19. Jh.

Eiken

Hotels: **Eiken Hotell og Feriesenter *****, 48 Zi., Tel. 38 34 82 00, Fax 38 34 84 03, Restaurant, Sauna, Schwimmbad, Miethütten.

Eiken Hotel

Wer an Kirchenbaukunst und Kirchenmalerei interessiert ist, zweigt in **Håland** nach Süden auf die R460 ab. Nach 4 km kommt man zur **Kirche von Grindheim**, die aus dem späten 18. Jh. stammt und innen mit Rosenmalerei aus jener Zeit geschmückt ist.
Bei **Sveindal** kann ein **Freilichtmuseum** (alter Bauernhof) besichtigt werden. Westlich von Sveindal ist man wieder in der Provinz Aust-Agder.

Evje, knapp 1.500 Einwohner, eine Kleinstadt am Otra Fluß und am Kreuzungspunkt der Straßen 42 und 9, gilt als Zentrum seltener Mineralien, die als Schmucksteine verarbeitet werden.
Zu den wenigen Sehenswürdigkeiten zählen das **Freilichtmuseum Fennefoss** und die oktogonale **Kirche von Horness** aus dem Jahre 1828, unweit südlich von Evje gelegen. Außerdem kann man in Horness den **Mineralpark** besichtigen.

Praktische Hinweise – Evje

Evje

Hotels: **Dølen**, 28 Betten, Tel. 37 93 02 00, Restaurant.

▲ – **NAF-Camping Odden *****, Tel. 37 93 06 03; 1. Jan. – 31. Dez.; am südl. Ortsbeginn Einfahrt an der TEXACO-Tankstelle an der Straße 9; von Bäumen unterteilte Wiese oberhalb des Otra-Flusses; ca. 4 ha – 160 Stpl.; Standardausstattung; Laden, Imbiß; 8 Miethütten ** - ****.
– **NAF-Camping Horness ***, Tel. 37 93 08 85; 15. Mai – 15. Sept.; an der Straße 9 ca. 3 km südl. Evje; kleine wellige Wiese zwischen Straße und Wohnhäusern; ca. 1,5 ha – 50 Stpl.; Standardausstattung.

Camping

Etwa 8 km nördlich von Evje liegt westlich der Straße der wilde **Syrtveitfossen**. Auf einer Steinmole kann man weit an den tobenden Katarakt heran und fast bis in die Mitte des Otra-Flusses gehen. An der Straße Rastplatz.

Das Dorf **Byglandsfjord** liegt am Südende des Årdalsfjord, dem südlichen Teil des schmalen, viele Kilometer langen Byglandsfjord. Bis 1962 war hier Endstation für die inzwischen stillgelegten Setesdalbahn aus Grovane, nördl. von Kristiansand.

Praktische Hinweise – Byglandsfjord

Hotels: **Revsnes Hotell Best Western**, 104 Betten, Tel. 37 93 43 00, Fax 37 93 41 27, Restaurant, Fahrradverleih, Sauna, Parkplatz.

ROUTE 4: (STAVANGER –) EGERSUND – HAUKELIGREND

Byglandsfjord Camping

▲ – **Camping Neset** ****, Tel. 37 93 42 55; 1. Jan. – 31. Dez.; ca. 3 km nördl. Byglandsfjord an der Straße 9; teils hügeliges Wiesengelände auf einer Halbinsel im Byglandsfjord, schöne Lage; ca. 5 ha – 150 Stpl.; gute Standardausstattung; Laden, Imbiß; Fahrradverleih, Bootsrampe, Bootsverleih, Bademöglichkeit, 21 Hütten ** - *****.

schöne Fahrt durchs Setesdal **

Es beginnt nun eine herrliche Fahrt durch das **Setesdal**. Dieses lange Zeit fast vergessene Gebirgstal (erst um 1880 wurde eine richtige Straße angelegt) zählt zu den schönsten Tälern in Südnorwegen. Die überwältigende Landschaftsszenerie wird geprägt vom Otra-Fluß, der immer wieder Stromschnellen, Wasserfälle und Seen bildet, und von steilen Hängen und Felsflanken, die für ein abwechslungsreiches Panorama sorgen.

Auf der Weiterfahrt passiert man hinter **Grendi** die oktogonale **Kirche von Årdal** aus dem 19. Jh. (Runenstein und nahebei die fast 900 Jahre alte Eiche „Landeeike").

Camping Longerak

Man kommt durch **Longerak** (*Camping Longerak* **, Tel. 37 93 49 30, 1. Juni – 1. Sept.; 10 Stellplätze, 15 Miethütten).

Wenig später passiert man, immer noch dicht am Ostufer des Byglandsfords fahrend, ein kurzes Tunnel, das den Bergzug Fånefjell durchsticht und erreicht schließlich den Ort **Bygland** (Hotel, Camping), mit einer Kirche aus der Mitte des 19. Jh. und dem **Freilicht-Museumshof Bygland**. Einige Gebäude des Gehöfts stammen aus dem 17. Jh.

Wenige Kilometer weiter nördlich wird der Byglandsfjord mit dem nördlich weiterführenden Sandnesfjord durch den Wasserarm **Storstraumen** verbunden (Camping). Der Storstraumen, über den noch die alte Steinbrücke führt, wurde um 1870 durch eine Schleuse schiffbar gemacht.

Auch die Straße 9 überquert den Storstraumen und führt am Westufer des Sandnesfjords weiter.

Am Nordende des Sees, der hier Åraksfjord heißt, stürzt von der westlichen Bergflanke der **Wasserfall Reiårsfoss** zu Tal.

Ose liegt nahe der Mündung des Otra-Flusses in den Åraksfjord. Im Ort stehen noch schöne alte **Speicherhäuser** (Stabburer).

Camping bei Ose

▲ – **NAF-Camping Støylehommen** ***, Tel. 37 93 58 74; 1. Mai – 1. Okt.; ebene Wiese unterhalb der Straße 9 in schöner Lage am See; ca. 2,8 ha – 100 Stpl.; Standardausstattung; Laden, 2 Miethütten.

Die Straße 9 wird begleitet von Seen, Wäldern und vom breiten Otra-Fluß. Man passiert **Helle**, einen kleinen Ort mit langer Silberschmiedetradition, dann **Rysstad** mit einer **Kirche** aus dem 19. Jh. und dem Museumshof **Heimgard** und dem **Setesdalmuseum** daneben und erreicht bald darauf **Valle**, das malerisch in einem weiten Talkessel des Setesdales liegt. Das Setesdal ist bekannt für seine Silberschmiedekunst. Eines der Zentren ist Valle. Alteingesessene Silberschmiedewerkstätten findet man auch weiter südlich in Rysstad und in Helle.

Auf der von unzähligen Seen durchsetzten **Hochebene Valleheiene** westlich von Valle, erstreckt sich ein schier unendliches Netz von Wanderwegen. Wanderhütten sind vorhanden.

ROUTE 4: (STAVANGER –) EGERSUND – HAUKELIGREND

Vorschlag zu einer mehrtägigen Wanderung:

Südlich von Valle westwärts hinauf nach **Berg**. Von dort zur **Stavskarhytta** (unbewirtschaftet, 4 Betten), Gehzeit etwa 3 Stunden.

Weiter am 1.377 m hohen Svararnuten vorbei zur **Bosbuhytta** (Selbstverpflegung, 18 Betten) am Bosbuvatnet, Gehzeit ca. 3 Stunden.

Von hier kann man nordwärts nach **Bykle** an der Straße 9 gehen (Gehzeit ca. 9 Stunden), oder südwärts über Auguntjørnstølen zur **Svartenuthytta** (Selbstverpflegung, 24 Betten), Gehzeit ca. 3 Stunden.

Weiter zur **Øyuvsbuhytta** (Selbstverpflegung, 40 Betten), Gehzeit ca. 5 Stunden. Auf halbem Wege kann man den Heibergveien (wird zur Straße ausgebaut) zurück nach **Nomeland** an der Straße 9 nehmen (Gehzeit ca. 7 Stunden).

Oder man geht von der Øyuvsbuhytta südostwärts zur **Stakkedalshytta** (unbewirtschaftet, 10 Betten), Gehzeit ca. 9 Stunden, und von dort zurück an die Straße 9 bei **Langeid** (Gehzeit ca. 2 Stunden). Auf dem letzten Wegstück schöner Blick ins Setesdal.

Riverrafting am Syrtveitfossen

Wandervorschlag über die Hochebene Valleheiene

Flateland

▲ – **Camping Flateland **,** Tel. 37 93 68 37; 1. Mai – 1. Okt.; ca. 10 km nördl. Valle, am Abzweig der R45; ebene Wiese auf einer Halbinsel am Otra-Fluß, ansprechende Lage; ca. 1,5 ha – 100 Stpl.; 18 Miethütten.

Camping bei Valle

➔ **Route:** Wer die in der nächsten Etappe 5 (Haukeligrend – Notodden – Åmot) beschriebene, sehr lohnende **Rundfahrt durch die Telemark** unternehmen möchte, zweigt in **Flatelan**d auf die Straße 45 ab, folgt ihr 52 km weit bis **Dalen** und nimmt dort die Straße 38 nach **Åmot**. ●

sehr empfehlenswerter Umweg durch die Telemark ***

89

ROUTE 4: (STAVANGER –) EGERSUND – HAUKELIGREND

sehenswertes Setesdalmuseum

Einen Besuch lohnt das etwas nördlich von **Flateland** an der Straße 9 gelegene **Setesdal-Freilichtmuseum** mit dem beachtenswerten Rygnestadloftet, einem Speicher aus dem 16. Jh.

➔ **Route:** Der weitere Verlauf unseres Reiseweges nach Haukeligrend folgt weiter der Straße 9 nordwärts. •

Etwa 18 km weiter weist bei **Moen** ein Hinweisschild auf den alten Saumpfad **Byklestigen** hin, der, bevor die Straße ausgangs des 19. Jh. durch das Setesdal gebaut wurde, ein Teil des alten Weges durch das Tal war. Abwechslungsreicher Spaziergang, ca. 1 km.

Bykle, ein kleiner Gebirgsort, hat eine **Kirche** aus dem frühen 19. Jh. mit Rosenmalerei und ein **Heimatmuseum** im Huldreheimen.

Campingmöglichkeiten bei Bykle

▲ – **Hoslemo Camping ****, Anf. Juni – Mitte Sept., 12 km nördl. von Bykle; 10 Miethütten;
– **Byklestøylane Camping ****, 1. Jun. – 31. Aug., ca. 6 km nördlich von Bykle. 14 Miethütten.

Wandergebiet Setesdalsheiene

Hovden ist das Zentrum des Ferien- und Wandergebiets in der **Hochebene Setesdalsheiene**. Vielbesuchter Ausgangspunkt für Wandertouren, z. B. zur **Sloaroshytta** (Selbstverpflegung, 14 Betten) am Langevatnet, Gehzeit 5 Stunden, oder über Breiva und Væringsstöl zur **Bleskestadmoenhytta** (Selbstverpflegung, 14 Betten), Gehzeit 9 Stunden.

Hovden

Praktische Hinweise – Hovden

🛏 Hotels: **Hovden Høyfjellshotell**, 170 Betten, Tel. 37 93 96 00, Fax 37 93 96 11, Restaurant, Sauna, Schwimmbad, Miethütten.
Hovdestøylen Hotell, 143 Betten, Tel. 37 93 95 52, Fax 37 93 95 55, Restaurant, Sauna, Schwimmbad, Miethütten. – Und andere Hotels.

▲ – **NAF-Camping Hovden Fjellstoge ******, Tel. 37 93 95 43; 1. Jan. – 31. Dez.; ca. 3 km nördl. von Hovden an der Straße 9; ca. 2,5 ha – 80 Stpl.; Standardausstattung; 20 Miethütten.

➔ **Route:** Der höchste Punkt der Straße wird nach **Bjåen** (Ausgangspunkt für Wanderungen) am See **Sessvatn** in 917 m Höhe erreicht. Schließlich führt die Straße 9 in vielen Kehren steil hinab nach **Haukeligrend** an der E134 in der *Provinz Telemark*. •

Haukeligrend

Praktische Hinweise – Haukeligrend

🛏 Hotels: Alle Hotels liegen rund 10 km westlich von Haukeligrend beim Wintersportort **Vågslid**.
Botn Skysstasjon, 54 Betten, Tel. 35 07 05 35, Fax 35 07 05 83, Cafeteria.
Vågslid Høgfjellshotel, 138 Betten, Tel. 35 07 05 85, Fax 35 07 05 72, Sauna. Geschlossen: 22. 4. bis 15. 5. und 1. 10. bis 31.12.

Camping bei Edland/ Haukeligrend

▲ – **Camping Tallaksbru ****, Tel. 35 07 01 72; Anf. Juni – Ende Sept.; an der Straße 9, Abzweig von der E134; kleiner, ebener Platz an der Flußbrücke; ca. 1 ha – 50 Stpl.; einfache Standardausstattung; 10 Miethütten ***.
– **NAF-Camping Velemoen ****, Tel. 35 07 01 09; 18. Mai. – 15. Sept.; ca. 3 km östl. Haukeligrend an der E134; ca. 2,5 ha – 150 Stpl.; Standardausstattung, 15 Miethütten *** - ****.
– **Edland Camping**, ca. 2 km östlich von Haukeligrend, abseits der E134.

ROUTE 5: HAUKELIGREND – NOTODDEN – ÅMOT

DURCH DIE TELEMARK ZUR FJORDKÜSTE

5. HAUKELIGREND – NOTODDEN – ÅMOT

☉ **Entfernung:** Rund 410 km.

➔ **Strecke:** Über die E134 und über **Morgedal, Seljord** und **Notodden** bis **Kongsberg** – E134 zurück bis **Notodden** – R360 bis **Gvarv** – R36 bis **Skien** und zurück bis **Ulefoss** – R359 bis **Bø** – R36 bis **Seljord** – E134 bis **Brunkeberg** – R41 bis **Vrådal** – R38 über **Dalen** bis **Åmot**.

🕐 **Reisedauer:** Empfehlenswert sind zwei Tage.

⌘ **Höhepunkte:** Das **Skimuseum** ** in Morgedal – die **Heddal Stabkirche** *** bei Notodden – das **Silberbergwerk** in Kongsberg – der **Telemarkkanal** ** bei Ulefoss – die **Eidsborg Stabkirche** ** – das **Hotel Dalen** ***.

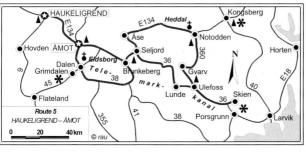

Im Interesse des Reiseerlebnisses empfiehlt es sich, für die folgende **Rundreise durch die Telemark** mindestens zwei Tage vorzusehen.

Die **Provinz Telemark**, ca. 162.000 Einwohner, weist auf ca. 15.300 qkm ein überaus abwechslungsreiches Landschaftsbild auf. Es reicht von der Schärenküste bei Kragerø, über Seen, bewaldete Höhen und Flußtäler bis zur kahlen Hochebene Hardangervidda im Nordwesten der Provinz. Verwaltungshauptort ist **Skien** (siehe weiter hinten). Eine große Sommerattraktion der Telemark ist eine Bootstour mit Ausflugsschiffen oder dem eigenen Boot oder Kanu auf dem **Telemarkkanal** zwischen Skien und Dalen (Details unter „Skien").

➔ **Route:** Auf der Straße E134, der wichtigsten Ost-West-Verbindung in Südnorwegen, ostwärts über **Åmot** nach **Morgedal**. ●

Die Telemark gilt als die *„Wiege des Skisports"*. Und in **Morgedal** sollen die ersten Schritte auf Schneebrettern zu sportlichen Zwecken gemacht worden sein. Wer erinnert sich noch an „Telemarkschwung" und

Telemark, „Wiege des Skisports"

ROUTE 5: HAUKELIGREND – NOTODDEN – ÅMOT

an den eleganten „Christian-Bogen"? Wedeln oder Jetschwung wären mit den ungeschlachten Holzbrettern mit Riemenbindung und dem langen Holzstock, der auch als Bremse diente, ja auch schwerlich möglich gewesen.

Die Bauern der Telemark machten sich einstmals einen Spaß daraus, sich an den langen, düsteren Wintertagen die Zeit mit Slalomläufen und Sprungwettkämpfen zu vertreiben. Bald wurde diese Art der Freizeitbeschäftigung im Schnee eine der beliebtesten Volkssportarten. Wesentlich mit zu dieser Entwicklung hat sicher die waghalsige Reise Fridtjof Nansens beigetragen, der 1888 erstmals Grönland auf Skiern durchquerte.

In der Nähe von Morgedal wurde 1825 *Sondre Norheim* geboren, der als Pionier des modernen Skisports gilt. Ebenfalls aus der Gegend stammte *Olav Bjåland*, der an Roald Amundsens Südpolexpedition teilnahm. Vor dem „Norsk Skieventur Museum" (ehemals Bjålandmuseum) steht ein Denkmal für Sondre Norheim, der mit seiner neuen Abfahrtstechnik „Slalom" die Neuzeit in der Geschichte des Skisports einläutete. „Slalom" soll sich von einem Telemark Dialektwort ableiten. Es heißt, daß Zuschauer bei den ersten Skispielen, die hier Mitte des 19. Jh. abgehalten worden sind, den Skifahrern zuriefen „sla lom" (mach' 'ne Kurve), wenn die Läufer in „beängstigend schneller" Fahrt einen Hang hinabschossen.

Trotz dieser langen Skigeschichte wurden die ersten Olympischen Winterspiele 1924 nicht in Norwegen, sondern in Chamonix durchgeführt. Erst 1952 wurden sie in Oslo ausgetragen. 1994 fanden in Lillehammer die XVII. Olympische Winterspiele statt.

Norwegisches Skimuseum **
1. 5. - 15. 9. tgl. 11 - 17 Uhr. 16. 6. - 15. 8. tgl. 9 - 19 Uhr. Eintritt.

Im **Norsk Skieventur Museum** in Morgedal wird die 4000-jährige Geschichte des Skilaufens dokumentiert. In dem anläßlich der Winterolympiade 1994 modernisierten und ausgebauten Museum wird u. a. eine Reise in Bildern durch die Skigeschichte gezeigt inkl. einer Multivisionsschau mit Skiaction und einem Film über Sondre Norheim, der als Vater des Skisports gilt.

Spezielle Ausstellungen befassen sich z. B. mit Olav Bjåland, Skipionier und Expeditionsteilnehmer an Roald Amundsens Südpolfahrt im Jahre 1911 und mit Cato Zahl Pedersens Tour zum Südpol 1994.

Morgedal

Hotels

Camping

Praktische Hinweise – Morgedal

🏠 **Kviteseid Turistkontor**, 3840 Morgedal, Tel. 35 05 41 73

🏨 Hotels: **Morgedal Turisthotell *****, 130 Betten, Tel. 35 05 41 44, Fax 35 05 42 88, Restaurant, Sauna, Schwimmbad, Tennis.
Kviteseid Vandrerhjem, Bræk's Motel, 40 Betten, Tel. 35 05 32 61, 1. Mai – 31. Aug.; Sauna, Bademöglichkeit. – Und andere Hotels.

▲ – **NAF-Camping Morgedal ****, Tel. 35 05 41 52; 15. Mai – 15. Sept.; beschilderter Abzweig von der Straße E134, beim Turisthotell; schön beim See Morgedalsvannet gelegen; ca. 1,5 ha – 60 Stpl.; Standardausstattung; 5 Miethütten **.

➔ **Route:** Weiterreise auf der E134 über **Brunkeberg, Seljord** und **Sauland** bis **Notodden**. ●

ROUTE 5: HAUKELIGREND – NOTODDEN – ÅMOT

5 km westlich von **Notodden** liegt etwas abseits der Straße die **Heddal Stabkirche**. Sie gilt als die größte Stabkirche Norwegens, stammt aus dem Jahre 1148 und wurde 1954 restauriert. Beachtung verdient u. a. das Schnitzwerk an den Portalen. In einer alten norwegischen Saga heißt es, daß am mächtigen Kirchenbau der Riese Fin, eine Gestalt, die an unsere Sagenfigur Rübezahl erinnert, mitgewirkt habe. Niemand anders als er selbst soll die gewaltigen, tragenden Holzsäulen des Kirchenschiffs hierher getragen und aufgerichtet haben.

Neben der Stabkirche findet man ein neues Versorgungsgebäude mit Ticketkasse, Café, einem kleinen Museum und einem Souvenirladen.

Unweit der Heddal Stabkirche liegt an der alten Straße Richtung Notodden das **Heimat- und Freilichtmuseum Heddal Bygdetun**. Alte Bauernhäuser aus der Umgebung mit historischem Inventar, Speicher und Scheunen und eine mit Bauernmalerei ausgeschmückte Gästestube sind zu sehen.

Norwegens größte Stabkirche, die Heddal Stabkirche

Notodden selbst ist eine wenig anziehende Industriestadt (u. a. Plastikproduktion und Herstellung hochwertiger Metalle). Vor der Stadtkirche steht die von der norwegischen Bildhauerin Anne Grimdalen (siehe auch unter Grimdalen bei Dalen) geschaffene Skulptur „Andacht".

Praktische Hinweise – Notodden

☎ **Turistkontoret for Øst-Telemark**, Jernebanestasjonen, 3670 Notodden, Tel. 35 01 26 33.

🏠 Hotels: **Bolkesjø Hotel** *****, 330 Betten, Bolkesjø, Tel. 35 01 86 00, Fax 35 01 87 14, Restaurant, Sauna, Schwimmbad, Parkplatz.
Grand Hotell Bolkesjø, 160 Betten, Bolkesjø, Tel. 35 01 86 40, Restaurant, Sauna, Schwimmbad, Garage.
Telemark Hotel ***, 130 Betten, Torget 8, Tel. 35 01 20 88, Fax 35 01 40 60, Restaurant, Sauna, Parkplatz. – Und andere Hotels.

▲ – **NAF-Camping Notodden** **,Tel. 35 01 33 10; 15. Mai – 10. Aug.; ca. 3 km westl. Notodden Abzweig von der Straße E134; fast eben, beim Sportflugplatz; ca. 3 ha – 150 Stpl.; Standardausstattung; 16 Miethütten.

Notodden

Hotels

Camping

➔ **Routen:** Weiterreise von Notodden über die E134 nordostwärts nach **Kongsberg**, 32 km. ●

ROUTE 5: HAUKELIGREND – NOTODDEN – ÅMOT

Wohnmobil-stellplatz

Die Bergwerkstadt **Kongsberg** (Wohnmobilstellplatz „Sommer Camping" an der Schwimmhalle) wurde 1624 von König Christian IV. gegründet. Der Abbau von Silbererzen war bis 1957 wichtigster Wirtschaftszweig in Kongsberg.

Sehenswert in der Stadt sind die aus dem 18. Jh. stammende **Kirche** mit Barockausstattung und das **Bergwerkmuseum**.

Vor allem aber lohnt eine Besichtigung der alten **Silbermine „Sølvegruvene"** (auch Königsgrube). Beschilderter Abzweig von der Straße E134 westlich Kongsberg.

Die Grube war im Besitz des Königshauses und stellte nach über 300jähriger Tätigkeit 1957 den Betrieb wegen zu geringer Ergiebigkeit ein. Über 36 Jahre wurde alleine am Ausbau des Bergwerks gearbeitet, bis mit der Silberförderung begonnen werden konnte. Lange mußten die Stollen ohne Dynamit, nur mit Hilfe von Feuer, gehauen werden. Bis zur Einführung von Förderkörben und Aufzügen sahen sich die Arbeiter gezwungen, über ein System von über 100 Leitern zu ihren Arbeitsplätzen im Schacht hinabzusteigen – pro Weg eineinhalb Stunden!

Heute wird der Besucher per Grubenbahn in 10 Minuten ca. 2,3 km weit in den Berg gefahren. Dort werden Schächte, Aufzüge und technische Installationen besichtigt. Gesamtdauer der Tour 1 Stunde 15 Minuten. Und nehmen Sie einen dicken Pullover mit. In der Grube ist es auch im Sommer empfindlich kalt!

➔ **Routen:** Der weitere Weg unserer Telemarkrundfahrt führt von Notodden auf der R360 südwärts, am See Heddalvatnet entlang durch eine liebliche Landschaft mit großen Bauernhöfen, nach **Gvarv** am Bøelva. ●

Unterwegs passiert man nördlich von **Sauherad** den Felsen **Bratningsborg** von dem die Sage geht, daß in grauer Vorzeit hier ein Kleinkönig namens Bratning herrschte, dem sein Goldschatz geraubt worden war. Der Räuber aber schmolz den Schatz um zu einem goldenen Götzenkalb und versenkte es im nahen See. Unentwegte versuchen gelegentlich heute noch, den Schatz ausfindig zu machen.

Die **Kirche** von Sauherad stammt aus dem 12. Jh. Interessante Renaissance-Altartafel und bemerkenswerte Dekoration im Chorgewölbe.

Camping zwischen Notodden und Gvarv

Holsås
▲ – **NAF-Camping Vollveit** **, Tel 32 95 97 70; Mitte Juni – Ende Aug.; ca. 15 km südl. Notodden, kleinere Anlage zwischen R860 und Heddalsvatnet; ca. 1 ha – 50 Stpl.; 2 Miethütten.

Akkerhaugen
– **Camping Norsjø Ferieland** ****, Tel. 35 95 84 30; Mitte Juni – Ende Sept.; ca. 4 km östl. Gvarv Abzweig von der R360 und noch 2 km; in schöner Lage am Nordende des Norsjø, teils eben, teils Terrassen; Badestrand, Bootssteg; ca. 4 ha – 150 Stpl.; Komfortausstattung; 30 Miethütten.

Gvarv
– **Teksten Familiecamping** ***, Tel. 32 95 55 96; 1. Juni – 1. Sept.; fast ebene Wiese mit Baumgruppen an einem Flußknie; ca. 1,5 ha – 100 Stpl.; gute Standardausstattung; 3 Miethütten.

Ulefoss liegt 16 km weiter südlich am Westufer des Norsjøn. In Ulefoss beginnt der 1892 eröffnete **Bandakkanal**, der als Teil des

ROUTE 5: HAUKELIGREND – NOTODDEN – ÅMOT

Telemarkkanalsystems den Norsjø mit dem weiter westlich gelegenen See Flavatn verbindet. Auf diesem Kanalstück müssen die Schiffe 14 Schleusen überwinden. Die Hebewerke überbrücken einen Höhenunterschied von 57 m. Die ersten Schleusen liegen westlich Ulefoss an der Straße nach Lunde. Drei Schleusenkammern heben die Schiffe 11 m den Ulefoss hinauf.

Skien, ca. 30.000 Einwohner, ist Ausgangspunkt der Telemarkkanalschifffahrt.

Die Stadt entstand im 12. Jh. als Handelsplatz in der Nähe eines Klosters auf der Insel Gimsøy. Die überaus günstige geographische Lage des Handelsplatzes, mit Verbindungen zum Meer und relativ leichtem Zugang über die Seen ins waldreiche Hinterland, ließ vor allem den Holzhandel blühen. 1358 wurden Skien vom König Stadtprivilegien verliehen. Bis heute sind Holzhandel, Holzverarbeitung und Papierindustrie die wichtigsten Arbeitgeber geblieben.

Mehrfach wurde das Gesicht der Stadt durch Feuersbrünste verändert. Letztmals fiel 1886 die gesamte Innenstadt einem Großbrand zum Opfer.

Zu den Sehenswürdigkeiten der Stadt zählen das Regionalmuseum „**Fylkesmuseum for Telemark og Grenland**" im Brekkepark. Zu besichtigen sind das Herrenhaus *Søndre Brekke* aus dem 18. Jh., mit kulturhistorischen Sammlungen, des weiteren ein Arbeitszimmer, ein Schlafzimmer und ein Salon, die *Henrik Ibsen* bewohnte. In anderen Gebäuden sind Sammlungen zur Stadtgeschichte, eine Seefahrtabteilung und eine Apotheke zu sehen.

Freilicht- und Heimatmuseum *
Mitte Mai - Ende Aug. tgl. 10 - 18 Uhr. Eintritt.

Außerdem sind im Park alte Bauernhäuser aus der Telemark, sowie heimatkundliche Sammlungen mit Volkstrachten, Bauernmöbeln, Silberschmuck ausgestellt.

Rund 5 km nördlich der Stadt liegt **Venstøp**, das Elternhaus des Dramatikers *Henrik Ibsen*, einem der bedeutendsten, sicher aber bekanntesten Söhne der Stadt Skien. Ibsen wurde in Skien 1828 geboren und verbrachte acht Jahre seiner Kindheit (1835 – 1843) in Venstøp, bevor er nach Grimstad ging (siehe dort) und dort während seiner Lehrzeit als Apothekergehilfe mit dem Schreiben begann.

Ibsens Elternhaus

Ab **Løveid**, westlich von Skien, verkehren die Telemarkschiffe. In den Sommermonaten verkehrt zwischen Ende Mai und Anfang September die 1882 in Dienst gestellte „**MS Victoria**" abwechselnd mit der „**MS Henrik Ibsen**" viermal wöchentlich (Mo., Mi., Fr., Sa.) und von Mitte Juni bis Anfang August täglich ab 9.00 Uhr über **Ulefoss** (10.30 Uhr), **Vrangfoss** (11.50 Uhr), **Lunde** (13.15 Uhr), **Kjeldal** (13.45 Uhr), **Hogga** (14 Uhr) **Kviteseid** (16.45 Uhr) nach **Dalen** (an 19.20 Uhr). Fahrzeit ca. 11 Stunden. Rückfahrt ab Dalen 8 Uhr, an Skien 17.50 Uhr. Die Schiffe sind bewirtschaftet. Der Fahrplan kann sich ändern.

Telemarkschiffe

Praktische Hinweise – Skien

Skien

☎ **Skien Turistkontor**, Nedre Hjellegata. 18, 3701 Skien, Tel. 35 58 19 10.
Telemarkreiser AL, P. O. Box 2813 Kjørbekk, 3702 Skien, Tel. 35 90 00 20.
Internet: www.telemarkreiser.no

ROUTE 5: HAUKELIGREND – NOTODDEN – ÅMOT

Skien
Hotels, Camping

Hotels: **Dag Bondeheim** **, 60 Betten, Prinsessegt. 7, Tel. 35 52 00 30, Fax 35 52 00 31, Cafeteria, Parkplatz.
Rainbow Høyers ***, 120 Betten, Kongensgt. 6, Tel. 35 52 05 40, Fax 35 52 26 08, Restaurant, Parkplatz.
Rica Ibsen ****, 236 Betten, Kongensgt. 33, Tel. 35 52 49 90, Fax 35 52 61 86, Restaurant, Sauna, Schwimmbad, Garage. – Und andere Hotels.

▲ – **Gåsodden Camping** **, Tel. 35 54 50 07; 1. Juni – 31. Aug.; ca. 7 km westl. der Stadt zwischen Straße 36 und Norsjø; 3 Miethütten

Es lohnt sich, dem **Bandakkanal** (Teil des Telemarkkanals) ab Ulefoss ein Stück westwärts auf der Straße nach Lunde etwa bis **Hogga** zu folgen. Die Flußlandschaft ist hier sehr lieblich.

Wenige Kilometer westlich von Ulefoss sollte man bei **Eidsbygda** nordwärts abzweigen und erreicht dann nach kurzer Fahrt beim mächtigen Katarakt **Vrangfoss** die größte Schleusenanlage am Bandakkanal. Richten Sie es so ein, daß Sie gegen 11.45 Uhr (sonntags 12.20 Uhr) oder 13.30 Uhr (sonntags 13.45 Uhr) dort sind, dann können Sie beobachten, wie die Ausflugsschiffe „MS Victoria" oder „MS Henrik Ibsen" in sechs Schleusenkammern 15 m bergwärts (bzw. talwärts) gehievt werden. Während des Schleusenbaus von 1887 bis 1892 wurde daneben ein 32 m hoher Staudamm angelegt.

Westlich von **Lunde** liegen die **Schleusen von Kjeldal** (Schiffsdurchfahrt ca. 13.40 Uhr) mit einem seltenen, aus senkrecht im Wasser stehenden Holzstämmen gefügten Damm zur Wasserregulierung und die **Hoggaschleusen** mit zwei Kammern.

Folgt man der Straße weiter, erreicht man nach der Brücke am Nordufer des Sees Flåvatn den Campingplatz *Omnes Caravan*.

→ **Route:** Wir kehren zurück nach Lunde und folgen der R359 durch sehr reizvolle Hügellandschaft bis **Bø**. ●

Schon von weitem erkennt man die auf der Anhöhe Gvalahaugen markante **Kirche von Bø**. Neben der neueren Holzkirche steht eine alte Steinkirche aus dem 12. Jh. Weitere Sehenswürdigkeiten der 4.500-Seelen-Gemeinde Bø sind das **Heimatmuseum** bei **Oterholt**, wenige Kilometer nördlich der Stadt und der **Østerli Museumshof**. Ebenfalls nördlich der Stadt liegt der **Vergnügungspark Sommerland**.

Bø

Praktische Hinweise – Bø

☎ **Bø Turistkontor**, Bø Zentrum, 3800 Bø, Tel. 35 95 18 80.

Hotels

Hotels: **Bø Hotell** ***, 180 Betten, Tel. 35 95 01 11, Fax 35 95 07 07, Restaurant, Sauna, Schwimmbad, Parkplatz.
Lifjell Hotell ****, 150 Betten, Tel. 35 95 33 00, Fax 35 95 33 00, Restaurant, Sauna, Schwimmbad, Parkplatz.

Camping

▲ – **Bø Camping** ****, Tel. 35 95 20 12; 1. Jan. – 31. Dez.; nördl. des Ortes bei Lifjell; ca. 6 ha – 300 Stpl.; Standardausstattung; 11 Miethütten *****.

→ **Route:** Weiterreise von Bø über die R36 nach **Seljord**. ●

Oslo, Frognerpark

Oslo, Blick über den Hafen zum Rathaus ⇨   Gehöft im Folkemuseum, Oslo ⇨⇨

Oslo, Osebergschiff

Brekkestø

⇦ *der Geirangerfjord*

die Paßstraße Trollstigveien

ROUTE 5: HAUKELIGREND – NOTODDEN – ÅMOT

WASSERSTRASSEN IN DER TELEMARK

Skien ist seit dem 19. Jh. die Drehscheibe im Verkehr auf dem **Telemarkkanal**. Genaugenommen setzt sich das Kanalsystem aus zwei Wasserstraßen zusammen, dem **Skien-Norsjøkanal** und dem **Norsjø-Bandakkanal**.

1854 wurde mit dem Bau des Skien-Norsjøkanals begonnen. In siebenjähriger Bauzeit wurde eine Wasserstraße größtenteils aus dem Fels gesprengt, die das Hafenbecken Hjellevannet in Skien mit dem Frierfjord verband und damit Anschluß an das offene Meer des Skagerrak herstellte.

die MS "Victoria" in den Schleusen von Vrangfoss

1887 liefen die Bauarbeiten zum weiterführenden Norsjø-Bandakkanal an, der die Seen Norsjø, Nomevatn, Flåvatn, Kviteseidvatn und Bandak, sowie verbindende Wasserläufe nutzt und so einen 105 km langen Wasserweg schuf, der bis Dalen weit im Innern der Telemark reicht.

Die größte Schwierigkeit bereiteten die beträchtlichen Höhenunterschiede zwischen Skien und dem Flåvatn bei Hogga. 18 Schleusen mußten angelegt werden, um einen Höhenunterschied von 72 m zu überwinden.

Das schwierigste kanalbautechnische Problem stellte neben dem Ulefoss der gewaltige Katarakt des Vrangfoss dar. In der größten Schleusenanlage des gesamten Kanalsystems werden am Vrangfoss die Schiffe mittels sechs Hebewerken insgesamt 23 m gehoben.

Jede der 31,4 m langen, 6,5 m breiten und 3 m tiefen Schleusenkammern ist akkurat aus behauenen Steinquadern gebaut. Die Schleusentore werden wie in alter Zeit nach wie vor über Zahnstangen, Hebel und Kurbeln von Hand betätigt.

Alleine die Passage der sechs Schleusen von Vrangfoss nimmt eine Stunde in Anspruch. Und auf den 17 km zwischen Ulefoss und Hogga sind 14 Schleusen zu überwinden.

Am 1. Juli 1892 konnte der Norsjø-Bandakkanal nach fünfjähriger Bauzeit feierlich eingeweiht werden. Mehrere Dampfer, teils komfortabel mit erster Klasse und Restaurant ausgestattet, hielten den Schiffsverkehr bis 1957 im Sommer wie im Winter aufrecht. Um die Jahrhundertwende konnte der Schnelldampfer „Inland" die Strecke Skien-Dalen-Skien gar an nur einem Tag zurücklegen.

Nach 1957 war der Personen- und Warentransport mit Autos schneller zu bewerkstelligen. Der Linienschiffsverkehr wurde eingestellt. Seit 1963 versehen die 1882 gebaute „MS Victoria" (180 Passagiere), die „Königin des Kanals", und die 1907 in Schweden gebaute „MS Henrik Ibsen" (220 Passagiere) wieder einen Sommerdienst für Touristen zwischen Skien und Dalen. Abfahrtszeiten siehe unter Skien.

ROUTE 5: HAUKELIGREND – NOTODDEN – ÅMOT

In **Seljord**, das in schöner hügelreicher Telemarklandschaft am Seljordsee liegt, kann man die **Kirche** aus dem 12. Jh. mit dem legendären Stein des starken Nils besichtigen.

Seljord

Praktische Hinweise – Seljord

☎ Seljord Turistkontor, 3840 Seljord, Tel. 35 05 10 06, 35 05 06 18.

Camping

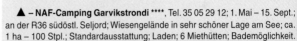

▲ – **NAF-Camping Garvikstrondi** ****, Tel. 35 05 29 12; 1. Mai – 15. Sept.; an der R36 südöstl. Seljord; Wiesengelände in sehr schöner Lage am See; ca. 1 ha – 100 Stpl.; Standardausstattung; Laden; 6 Miethütten; Bademöglichkeit.
– **NAF-Camping Seljord** ****, Tel. 35 05 04 71; 1. Jan. – 31. Dez.; ebene Wiese und Terrassen am See, am östl. Ortsrand von Seljord an der R36; ca. 2 ha – 130 Stpl.; öffentlicher Badestrand; Laden, 10 Miethütten.
– **Camping Telnessanden** ****, Tel. 35 05 29 90; 1. Jan. – 31. Dez.; 12 km östl. Seljord Richtung Bø; Wiesengelände; ca. 2 ha – 100 Stpl.; Standardausstattung; Laden, 2 Miethütten, Badestrand. – Und andere Campingplätze.

➔ **Route:** Ab Seljord folgen wir der Straße E134 bis **Brunkeberg**. In Brunkeberg wäre – wenn nicht schon zu Beginn dieser Etappe besichtigt – nochmals ein Abstecher nach **Morgedal**, der „Wiege des Skisports" möglich.
In Brunkeberg verlassen wir die Straße E134 und folgen der R41 südwärts über **Kviteseid** (Anlegestelle des Kanaldampfers „MS Victoria") und über den Wasserarm Straumane hinweg nach **Smeodden**. ●

Kurz hinter **Kviteseid** kann man zum **Kviteseid Freilichtmuseum** abzweigen. Zu sehen ist ein typischer West-Telemark-Hof aus dem 16. Jh. Das Haupthaus „Flekstveitstova" hat mit Rosenmalerei dekorierte Stuben. Sehr schön sind auch die beiden kunstvoll mit Schnitzereien versehenen Scheunen auf dem Hofplatz. Gleich hinter dem Hof steht eine alte **Steinkirche** aus dem 13. Jh., die zu den ältesten in der Telemark gezählt wird.

➔ **Route:** Weiterfahrt bis **Vrådal**, dort Abzweig auf die R38 und westwärts nach **Dalen**. Die Fahrt führt lange am schön gelegenen, langgestreckten See Vråvatn entlang. ●

An der Einmündung der R38 in die R45 kann man einen kurzen Abstecher auf der R45 nach Südwesten zum **Grimdalen Skulpturmuseum** machen. Hier ist beim elterlichen Bauernhof der Bildhauerin *Anne Grimdalen* (1899 – 1961) ein moderner Museumsbau mit Werken Anne Grimdalens zu besichtigen. Die Künstlerin wurde vor allem durch ihre Tierplastiken (Bären) bekannt. Anne Grimdalen schuf auch Werke für das Osloer Rathaus. Auf dem Hofgelände sind auch schön verzierte alte Holzhäuser und Schober zu sehen.

In zahlreichen Serpentinen (prächtige Aussicht) führt die R38 recht steil hinab nach **Dalen** am Westende des Bandak Sees. Die kleine Gemeinde war zu Zeiten des Telemarkschiffsverkehrs ein bedeutender „Touristenort". Denn um die Jahrhundertwende war es für vornehme Rei-

ROUTE 5: HAUKELIGREND – NOTODDEN – ÅMOT

für die Telemark typische Speicherhäuser im Freilichtmuseum Kviteseid

sende eine stilvolle Sommerreise, sich mit den Kanalschiffen nach Dalen bringen zu lassen und von hier mit Pferd und Kutsche über die westlichen Höhen des Haukelifjell an die Westküste weiterzureisen.

Einzelne schöne alte Holzhäuser aus jener Zeit, die damals als Gästehäuser und Hotels dienten, sind noch erhalten.

Praktische Hinweise – Dalen

☎ **Dalen Turistkontor**, 3880 Dalen, Tel. 35 07 70 65.

☑ *Mein Tipp!* **Viking Dalen Hotel** ***, 52 Betten, Tel. 35 07 70 00, Fax 35 07 70 11; komfortables, gepflegtes Traditionshotel der oberen Preisklasse, in einem schönen, historischen, über 100 Jahre alten Holzgebäude untergebracht, schon früher ein renommiertes Domizil der Sommergäste, die über den Telemarkkanal und den Bandaksee nach Dalen reisten. Herrlicher Hotelgarten und Restaurantterrasse.

▲ – **Dalen Ungdomsherberge og Camping**; Tel. 35 07 71 91; Anf. Juni – Mitte Aug.; einfacher Platz am Ortsrand bei der Jugendherberge.

Dalen

Hotels

Camping

Lohnend ist ein **Abstecher** über die steil und in engen Kehren aufwärts führende R45 nach **Eidsborg**. Unterwegs hat man schöne Ausblicke hinab nach Dalen und auf den Bandaksee.

Die **Stabkirche von Eidsborg** ist eine der beiden letzten in der Telemark erhaltenen Stabkirchen, von einstmals 30 dieser für Norwegen so typischen Kirchenbauten. Die andere erhaltene Kirche ist die Heddal Stabkirche bei Notodden.

Erbaut wurde die Eidsborg Stabkirche um 1200. Der ursprünglich fast quadratische Kirchenraum zwischen den vier tragenden Holzpfeilern

99

ROUTE 5: HAUKELIGREND – NOTODDEN – ÅMOT

Eidsborg Stabkirche **
1. 6. - 31. 8. tgl.
11.30 - 17.30 Uhr.
Eintritt. Führungen auch in Deutsch.

(Stäbe – Stabkirche) wird von einem spitzen Satteldach mit Türmchen überragt. Drei Seiten der Außenfassade umläuft ein überdachter, von kleinen Säulen gestützter Umgang. Hier mußten die einstigen Kirchenbesucher ihre Waffen ablegen und es war der Platz für aussätzige Gläubige, die dem Gottesdienst beiwohnen wollten.

Das vielfach gegliederte Dach, die Außenwände und die Außensäulen sind mit Holzschindeln gedeckt und verkleidet. Zweimal, 1826 und 1845, mußte der Kirchenraum nach Osten erweitert werden.

Im Inneren sind die Wände mit einfachen, teils schon verblaßten Malereien geschmückt. Die an der linken Nordseite stammen von 1604 und stellen die Drei Könige, Mutter Maria und Christus sowie die Hochzeit von Kanaan dar. Rechts an der Südwand weltliche Gestalten, gemalt Mitte des 17 Jh. Man erkennt Mädchenköpfe (die klugen und die törichten Jungfrauen) und das Gesicht eines Edelmannes, möglicherweise eines Königs.

Über dem Durchgang zum Chorraum sieht man ein kleines geschnitztes Kreuz, das aus der Entstehungszeit der Kirche, also aus dem frühen 13. Jh. stammt. Ursprünglich hatte der Kirchenraum eine Galerie und keine Fenster, nur kleine runde Löcher im Oberteil der Seitenwände. Eines kann man noch rechts hinten, oben im Eck erkennen.

Die Stabkirche von Eidsborg war dem Schutzpatron der Seefahrer und Reisenden St. Nikolas von Bari geweiht. Eine schlichte Statue des Heiligen (Kopie, Original in Oslo) steht links vom Eingang. Zum Johannisfest wurde die Skulptur früher von der Kirchengemeinde in einer feierlichen Prozession durch eine hohe, schmale Tür (heute vernagelt) an der rechten Seite zum See unterhalb der Kirche getragen und dort, als symbolische Reinigung von allen Sünden, ins Wasser getaucht.

Im Sommer finden in der Kirche täglich, etwa im Stundenintervall, Führungen statt.

Lårdal Volkskundemuseum *

Von der wunderschön proportionierten Stabkirche führt ein Fußweg zum rund 100 m entfernten **Volkskunde- und Freilichtmuseum Lårdal Bygdemuseum**. Im Ausstellungsgebäude wird Kunsthandwerk und Volkskunst aus dem 18. und 19. Jh. gezeigt.

Im Raum links vom Eingang sieht man u. a. schöne Bauerntruhen, eine Messersammlung, eine herrliche Ausstellung kunstvoll gearbeiteter HardangerfidelN, eine Silberschmiedewerkstatt, Volkstrachten aus der Telemark, hölzernes Hausgerät u. a.

Im Raum rechts vom Eingang werden Webstühle, diverse Werkzeuge, Gemälde von Einar O. Bakkane, prähistorische Wetzsteine und eine mit repräsentativen Bauernmöbeln (Rosenmalerei) ausgestatteter Raum gezeigt.

Die bedeutendsten Gebäude im Freilichtmuseum mit seinen Gehöften, Speichern und Wirtschaftsgebäuden, sind das zweistöckige Bauernhaus **Tveitenstua** (rechts vom Museumsbau), das 1780 im benachbarten Høydalsmo errichtet worden war und das Bauernhaus **Djuvestua** von 1799.

➔ **Route:** Man kann ab Eidsborg entweder über die R45 ostwärts nach **Høydalsmo** und von dort über die Straße E134 nach **Åmot**

ROUTE 5: HAUKELIGREND – NOTODDEN – ÅMOT

die Eidsborg Stabkirche

weiterreisen oder nach **Dalen** zurückkehren und dort der R38 durch das **Tal des Tokke** nach Åmot gelangen. ●

Auf dem Weg über Dalen durchs Tokketal passiert man die **Schlucht Ravnjuvet**. Hier herrschen meist ungewöhnlich heftige Aufwinde aus dem Talgrund, die zu einer bescheidenen Touristenattraktion geworden sind.

Åmot am Kreuzungspunkt von Straße E134, R38 und R37 ist Hauptverwaltungsort der Großgemeinde Ytre Vinje (insgesamt 3.900 Einwohner, ca. 3.120 qkm).

Praktische Hinweise – Ytre Vinje

☎ **Vinje Turistkontor**, 3890 Ytre Vinje, Tel. 35 07 13 00.

🛏 Hotels: **Vinje Hotel Park** ***, 107 Betten, Tel. 35 07 13 00, Fax 35 07 15 85, Restaurant, Sauna, Schwimmbad, Parkplatz.

▲ – **NAF-Camping Groven** ***, Tel. 35 07 14 21; 15. Mai – 1. Okt.; in Åmot auf die R37 Richtung Rauland und rechts; Wiesen und Geländestufen in schöner Lage, naher Wasserfall, waldreiche Umgebung; ca. 5 ha – 60 Stpl.; Komfortausstattung; 20 Miethütten ** - *****; Badesee.
 – **Camping Hyllandsfoss** **, Tel. 35 07 12 49; 1. Jan. – 31. Dez.; ca. 2,5 km nördl. Åmot an der R37 Richtung Rauland; kleinere Anlage mit einfacher Ausstattung, 10 Miethütten **.

Ytre Vinje

Hotels

Camping

ROUTE 6: ÅMOT – BERGEN

6. ÅMOT – BERGEN

◉ **Entfernung:** Rund 280 km, + 2 Fähren

➔ **Strecke – Hauptroute:** Über die E134 und die R48 über **Røldal** und **Skarsmo** bis **Skånevik** – Fähre nach **Utåker** – R48 über **Rosendal** bis **Löfallstrand** – Fähre nach **Gjermundshamn** – R48 bis **Tysse** – R7 bis **Trengereid** – E16/E39 bis **Bergen**.

⇗ **Alternativroute** (ab Seite 107): E134 und R48 (wie Hauptroute) über **Røldal** bis **Skarsmo** – ab Skarsmo nun aber die R13 (Ostseite) oder die R550 (Westseite) am **Sörfjord** entlang bis **Kinsarvik** bzw. bis **Utne** – Fähre **Kinsarvik – Utne – Kvanndal** – R7 über **Norheimsund** bis Trengereid – E16/E39 bis **Bergen**.

⏱ **Reisedauer:** Mindestens ein Tag.

✣ **Höhepunkte:** Die Fahrt über das **Haukelifjell** * – Wandern auf der **Hardangervidda** ** – die **Røldal Stabkirche** * – der Wasserfall **Langfoss** *** – der Wasserfall **Låtefoss** *** bei Skarsmo – die Fahrt am **Hardangerfjord** entlang, besonders im Frühjahr, etwa Ende Mai ** – alternativ die Fahrt entlang des Sörfjord bis Utne – Baronie und Park in **Rosendal** **.

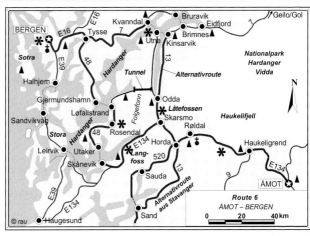

Umweg über Rauland

Zur Weiterreise von Åmot Richtung Edland und Haukeligrend bietet sich als Alternative zur E134 ein nördlicher **Umweg über Rauland** an (Sommer- und Winterferiengebiet mit Berghotels und Campingplätzen) und weiter über die Straße 362 am Nordufer des **Totak Sees** entlang. Man trifft in Edland (Haukeligrend) wieder auf die E134.

ROUTE 6: ÅMOT – BERGEN

HAUPTROUTE

➔ **Hauptroute:** Ab Haukeligrend über die E134 nach Nordwesten. •

Hinter Haukeligrend beginnt die Straße langsam anzusteigen, hinauf nach **Vågslid**, einem etwa 900 m hoch gelegenen Wintersportgebiet, mitten in einem seenreichen Hochplateau. Die Landschaft hier auf dem **Haukelifjell** nimmt gebirgsähnlichen Charakter an.

Bei der **Prestegård Turisthytte** passiert man den gut 1,5 km langen Prestegård Tunnel. Wenig später kommt man an der **Haukeliseter Hall** und an der **Haukeliseter Fjellstue** am Ståvatnet vorbei.

Diese Hotels bzw. bewirtschafteten Gebirgshütten sind Ausgangspunkte für ausgedehnte **Wandertouren** in die südlich gelegene **Setesdalsheiene** oder in die riesige, sich nach Norden erstreckende **Hardangervidda**. Diese Hochebene soll die größte ihrer Art in ganz Europa sein. Große Teile (3.430 qkm) wurden 1981 zum **Nationalpark** erklärt. So um die 1.000 Höhenmeter zieht sich die schier endlos erscheinende, sehr vegetationsarme und von zahllosen Seen zwischen Granitbuckeln durchsetzte Hochfläche weit nach Norden bis in die Nähe des Gletschers Hardangerjökulen.

Die gesamte Hardangervidda ist ein ganz hervorragendes, im Sommer auch stark frequentiertes, Gebiet für mehrtägige Wandertouren. Zahlreiche Hütten stehen zur Verfügung, die von verschiedenen Wandervereinen betreut werden. Einer der Vereine ist *Den Norske Turistforening* in Oslo.

Eine der vielen möglichen Touren wäre eine Durchquerung der Hardangervidda in Nordsüdrichtung, von **Haukeliseter** nach **Haugastøl** an der Straße 7, ca. 22 km westlich von Geilo. Die Tour dauert mindestens sechs Tage!

Wander auf der Hardangervidda **
Tourenvorschlag

1. Tag: Haukeliseter – Hellevassbu, 7 Stunden, Hütte in 1.160 m, Selbstbedienung, 26 Betten.

2. Tag: Hellevassbu – Litlos, 5 Stunden, bewirtschaftete Hütte in 1.180 m, 52 Betten.

3. Tag: Litlos – Sandhaug, 7 Stunden, bewirtschaftete Hütte in 1.250 m, 80 Betten.

4. Tag: Sandhaug – Bjoreidalshytta, 6 Stunden (kürzere Etappen mit Übernachtungen in den Privathütten **Hellehalsen** oder **Trondsbu** nach telefonischer Absprache möglich), privat bewirtschaftete Hütte.

5. Tag: Bjoreidalshytta – Krækkja, 5 Stunden, bewirtschaftete Hütte in 1.162 m, 66 Betten.

6. Tag: Krækkjahytta – Haugastøl, 5 Stunden, privat geführtes Berghotel, Bahnstation.

➔ **Hauptroute:** Nach weiteren sieben Kilometern Fahrt durch die überaus eindrucksvolle Berglandschaft des Haukelifjell erreicht man das Ostportal des Haukelitunnels. •

Direkt vor dem Tunneleingang zweigt rechts ein kleines Sträßchen ab. Die alte Straßentrasse (befestigt, aber schmal) führt über den 1.148

Haukelifjell und Dyrskar-Paß *

103

ROUTE 6: ÅMOT – BERGEN

m hohen **Dyrskar-Paß** mit prächtigem Panoramablick und erreicht nach etwa 6 km wieder die E134. Diese vor allem bei schönem Wetter überaus lohnende Fahrt scheint allerdings für Wohnwagengespanne ungeeignet. Sie sollten lieber den bequemen Weg durch das fast 6 km lange Haukelitunnel nehmen. Der Weg über den Dyrskar-Paß kann bis weit in den Juni hinein wegen Schnee gesperrt sein!

Bleibt man dagegen auf der Hauptstraße E134 passiert man den Haukelitunnel, später den etwa 1 km langen Svandalsflonatunnel und den Austmannli Abstieg. Seit dem Bau der 180-Grad-Tunnels ist die Talfahrt völlig entschärft und problemlos und die Straße das ganze Jahr über zu befahren. Leider ist sie nun nicht mehr so spektakulär, wie vor dem Bau des Tunnels.

Wer steile und enge Paßstraßen liebt, kann der alten Trasse des Austmannli Abstiegs teilweise noch zu Fuß folgen. In sieben Kehren führt sie manchmal fast schwindelerregend mit starkem Gefälle hinab nach Nyastöl. Für den Autoverkehr heute ungeeignet!

Seit dem Haukelitunnel befinden wir uns in der *Provinz Hordaland* mit Bergen als Provinzhauptstadt. Hordalands wild zerklüftete Küste wird von den großen Fjorden Hardanger, Bjørna und Bømla maßgeblich geprägt.

Bald taucht unterhalb der E134 **Røldal** auf. Die kleine, von hohen Bergen umgebene Gemeinde am Nordende des langgezogenen Sees Røldalsvatnet war lange Zeit nicht mehr als ein kleiner Weiler, der seit dem Mittelalter aus einem Markt am Kreuzungspunkt von Handelswegen entstanden war. In erster Linie wurden Waren zwischen den Dörfern an der Fjordküste und den Bergdörfern ausgetauscht. Ansonsten lebte man von der Land- und Viehwirtschaft. Vor allem die Ziegenzucht wurde in größerem Stil betrieben. Und aus der fetten Ziegenmilch wurde und wird noch heute ein ausgezeichneter Ziegenkäse (Geitost) gemacht, für den Røldal weit über seine Talgrenzen hinaus bekannt ist. Erst später, mit dem Bau der ganzjährig befahrbaren Straße über das Haukelifjell, siedelten sich in Røldal auch andere Betriebe an.

Røldals sehenswerte Stabkirche *
Sommer tgl. 10 - 17 Uhr.

Sehenswert ist neben dem kleinen Dorfmuseum die **Stabkirche** von Røldal aus dem frühen 13. Jh. Im Inneren sieht man u. a. eine schön gearbeitete Kanzel und ein wundertätiges Pilgerkreuz über dem Chor. Lange Zeit pilgerten die Gläubigen zum Kreuz von Røldal, um Heilung und Linderung von ihren Leiden zu erbitten. Und nach altem Volksglauben heißt es, dass die Jesusfigur am Kreuz am Tag der Sommersonnenwende schwitzt.

Bei der Kirche liegen Reste eisenzeitlicher Hünengräber.

Røldal

Camping

Praktische Hinweise – Røldal

☎ **Røldal Turistinformasjon**, 5760 Røldal, Tel. 53 64 72 59.

▲ – **NAF-Camping Skysstasjonen ******, Tel. 53 64 73 85; 1. Jan. – 31. Dez.; ca. 30 Stellplätze für Caravans und Wohnmobile, Nähe Stabkirche, Sanitärs, Fahrradverleih, Imbiß, 5 Miethütten.
– **Seim Camping *****, Tel. 53 64 73 71; 1. Jan. – 31. Dez.; kleines Campinggelände im Ort bei der Stabkirche; 4 Miethütten.

ROUTE 6: ÅMOT – BERGEN

– **Røldal Turistcenter Saltvold Camping** **, Tel. 53 64 72 45; 1. Jan. – 31. Dez.; im Ort Nähe Stabkirche; ca. 2 ha – 100 Stpl.; einfache Standardausstattung; 9 Miethütten ** - *****.

➔ **Hauptroute:** Nach Røldal folgt die E134 ein Stück dem See Røldalsvatnet, um dann in Serpentinen über die **Hordalia Bergstraße** hinauf ins Røldalsfjellet zu führen. Es bieten sich sehr schöne Ausblicke. Durch zwei Tunnels, 5 km und 2,5 km lang, gelangt man hinab ins Hochtal von **Seljestad**. •

schöne Ausblicke von der Hordalia Bergstraße

Auch auf diesem Wegstück bietet sich Gelegenheit, die beiden Tunnels auf der alten, sehr steilen und engen Trasse zu umgehen. Allerdings kann die alte Trasse bis weit in den Juni hinein wegen Schnee gesperrt sein!

Nach **Seljestad** (Motel und Miethütten) passiert man das Wintersportgebiet bei **Solfonn** (Camping, Motel) und erreicht kurz darauf den Abzweig der Straße 13 bei **Skarsmo**.

ROUTENALTERNATIVEN FÜR DIE WEITERREISE

Zwei Routenalternativen bieten sich nun zur Weiterreise Richtung Bergen an, die in der weiteren Beschreibung als **Hauptroute** und als **Alternativroute** bezeichnet werden.

Alternativrouten

In Skarsmo muss man sich entscheiden, welcher Route man folgen will – der Hauptroute über Skånevik und Rosendal oder der Alternativroute über Odda, Utne und Norheimsund.

Seit Oktober 2000 bietet sich Gelegenheit, beide Routen zu kombinieren. Man folgt nördlich von Odda dem neuen, 11,1 km langen **Folgefonntunnel**, der ab der Straße R550 westwärts unter dem Folgefonn Gletschermassiv hindurch nach Austrapollen/Eikenes (*NAF-Camping Sundal* ***, Tel. 53 48 41 86, 1,5 ha – 50 Stpl.; 9 Miethütten, Ausgangspunkt für Touren zum Folgefonn Gletscher und in das reizvolle Bondhus Tal) führt. Von dort südwestwärts bis zur Fährstation Löfallstrand bei Rosendal (R48).

interessante Routenkombination durch den Tunnel unter dem Folgefonngletscher Camping

HAUPTROUTE

➔ **Hauptroute:** Bei Skarsmo wendet sich die E134 nach Südwesten und folgt nun (mit Engstellen) durch das **Sördalen** und am **Åkrafjord** entlang rund 43 km nach Südwesten. •

reizvolle Fahrt am Åkrafjord *

Es ist eine sehr reizvolle Fahrt durch das **Sördalen** entlang eines wilden Gebirgsbaches, der immer wieder durch tosende Wasserfälle auf sich aufmerksam macht. Ab **Fjæra** zieht die stellenweise schmale Straße durch etliche Tunnels hoch über dem herrlichen **Åkrafjord** entlang.

Einige Kilometern südwestlich von Fjæra stürzt von der linken Bergflanke unübersehbar und unüberhörbar der gewaltige **Langfoss** hinab zum Fjord. Insgesamt toben die Wasser des Falls in wilden Schleiern und Kaskaden über 600 m tief zu Tal. Nach längeren Regenfällen ist der Anblick besonders imposant.

ROUTE 6: ÅMOT – BERGEN

Bei Tjelmeland kann man hinab nach **Kyrping** abzweigen, das sehr schön am Åkrafjord liegt.

Kyrping
Camping

▲ – **NAF-Camping Kyrping ******, Tel. 53 75 44 86; 1. Jan. – 31. Dez.; durch die wellige Geländeform mehrfach unterteilte Wiesen in reizvoller Lage am Åkrafjord, mit kleinen idyllischen Buchten zwischen Felsen; ca. 3 ha – 150 Stpl.; Standardausstattung; Laden, Imbiß; 31 Miethütten *** - *****

Bei ausreichend zur Verfügung stehender Zeit und bei besonderem Interesse für die Frühgeschichte Norwegens kann man etwa 1 km weiter südlich von der Hauptstraße N134 auf eine schmale, einspurige Straße zum Weiler **Frette** abzweigen und weiter am See Størdalsvatnet entlang bis ans Ende der Straße bei einem Bauernhof fahren. Ein nicht beschilderter Weg führt an einem Bach entlang hinauf zu einem Felsen mit **frühgeschichtlichen Felszeichnungen**. Die Sehenswürdigkeit ist aber eher bescheiden. Und den etwas beschwerlichen Weg werden sich wohl nur speziell Interessierte antun.

die Steinritzungen bei Frette

➔ Hauptroute: Wenige Kilometer weiter zweigt von der E134 nach Westen die R48 ab. Ihr folgen wir und erreichen nach 14 km kurvenreicher Fahrt den **Fährhafen Skånevik** am gleichnamigen Fjord. Von hier verkehren Fähren nach Matre und nach **Utåker**. •

Praktische Hinweise – Skånevik

☐ Hotels: **Skånevik Fjordhotel**, 110 Betten, Tel. 53 75 55 00, Fax 53 75 52 55, Restaurant, Schwimmbad. Parkplatz. – Und andere Hotels.

Camping

▲ – **MA-Camping Toflebrekko *****, Tel. 53 75 52 87; 1. Mai – 31. Sept.; westl. des Ortes; Wiesengelände am Fjord; ca. 1,5 ha – 60 Stpl.; einfache Standardausstattung; 10 Miethütten.

Autofähre
Skånevik –
Utåker

➔ Hauptroute: Wir nehmen die **Fähre nach Utåker**. Sie verkehrt täglich zwischen ca. 7 und 22 Uhr bis zu 15 mal, Fahrtdauer rund 20 Minuten.
Weiter ab Utåker auf der Straße 48 über **Sunde**, **Uskedal** und **Rosendal** zum Fährhafen **Løfallstrand**. •

Park und Schloß
Baroniet **
Ende Apr. - Mitte
Sept. 12 - 16 Uhr.
Eintritt. Führungen
zu jeder Stunde.
Sommerkonzerte

Sehenswert in **Rosendal** ist – neben der turmlosen **Kvinnherad Kirche** aus dem 13. Jh. – das **Renaissanceschloß „Baroniet"**. Der Adelssitz aus dem 17. Jh., dessen vier Gebäudeflügel sich um einen Innenhof gruppieren, liegt mitten in einem herrlichen, sehr gepflegten Park mit alten Bäumen und romantischen Wasserläufen. *Ludwig Rosenkrantz* hatte sich dieses Schlößchen 1665 errichten lassen.

Der Zugang zum Innenhof führt durch eine schönes Renaissanceportal mit Steinarbeiten. Im Inneren gibt es Ausstellungen zu besichtigen. Der einstige Weinkeller ist in eine Kunstgalerie umgewandelt und einer der Gebäudeflügel zum Konzertsaal restauriert worden. Schönes Café mit Gartenterrasse, in dem Selbstgebackenes aus der Schloßküche angeboten wird. Außerdem gehört zu dem Anwesen ein Gutshof mit einem Gestüt für Norwegerpferde.

ROUTE 6: ÅMOT – BERGEN

In Rosendal, das Teil der Großgemeinde Kvinnherad ist, lief übrigens die legendäre **„Gjøa"** von Stapel, mit der Amundsen und Sverdrup ausgangs des 19. Jh. auf Polarexpedition gingen. Das Schiff ist heute im Seefahrtmuseum in Oslo zu sehen. Die lange Schiffbautradition wird im **Schiffbaumuseum** am Kai von Rosendal dokumentiert. Diashow. Geöffnet Mitte Juni bis August 12 bis 17 Uhr.

> **Praktische Hinweise – Rosendal**
>
> 📞 **Rosendal Turistinformasjon**, 5470 Rosendal, Tel. 53 48 13 11.
>
> 🏨 Hotels: **Rosendal Fjordhotel,** 120 Betten, Tel. 53 48 15 11, Fax 53 48 16 00, Restaurant, Sauna, Parkplatz.
> **Rosendal Gjestgiveri,** Tel. 53 47 36 66, Fax 53 48 19 86, zentral gelegen, Restaurant, Pub.
>
> **Uskedal**
> ▲ – **Camping Rabben** ***, Tel 53 48 61 50; 1. Jan. – 31. Dez.; bei der weißen Kirche, zwei ebene Wiesen am Storsundet; einfache Standardausstattung; 18 Miethütten.

Rosendal

Hotels

Camping bei Rosendal

Herrlich ist die Landschaft am **Hardangerfjord** im Frühling, wenn etwa Ende Mai die Obstbäume weiß und rosa blühen und die leuchtend grünen Wiesenhänge übersät sind mit gelbem Hahnenfuß und Löwenzahn. In eigentümlichem Kontrast stehen dann die noch schneebedeckten Bergkuppen, die sich im tiefblauen, klaren Wasser des Fjordes spiegeln. Unzählige Wasserfälle stürzen, weißen Schleiern gleich, von den Bergen. Nahezu 170 km weit erstreckt sich der Hardangerfjord mit seinen vielen Verzweigungen in das Land.

➔ **Hauptroute:** In Løfallstrand nehmen wir die **Fähre nach Gjermundshamn**. Sie verkehrt täglich zwischen ca. 6 und 22 Uhr bis zu 13 mal, Fahrtdauer rund 25 Minuten. ●

☑ *Mein Tipp!* **Gespannfahrer** sollten für die Weiterreise ab Gjermundshamn den Weg über die R49 nach **Våge** in Betracht ziehen, um von dort die **Fähre nach Halhjem** (unbedingt in Gjermundshamn nach neuesten Abfahrtszeiten erkundigen) zu nehmen und über die E39 nach Bergen weiterzureisen. Grund für diese Überlegung ist das letzte Stück der R48 zwischen **Eikelandsosen** und **Tysse** an der E16. Die Straße ist besonders auf diesem Teilstück oft sehr schmal und nur einspurig, was gelegentliches Zurücksetzen zu Ausweichstellen nötig machen kann.

besonderer Tipp für Gespannfahrer

➔ **Hauptroute:** Ab Tysse erreicht man über die gut ausgebaute E16 (einige Tunnels, mautpflichtig) und über **Ytre Arna** rasch die Stadt **Bergen** (50 km). ●

ALTERNATIVROUTE ÜBER ODDA UND KVANNDAL

➯ **Alternativroute:** Hat man sich für die nachfolgende „Alternativroute" entschlossen, an der übrigens auch mehr

ROUTE 6: ÅMOT – BERGEN

Übernachtungsmöglichkeiten (Hotels, Campingplätze) zu finden sind, folgt man ab **Skarsmo** der R13 nordwärts über **Odda, Tyssedal** und **Lofthus** bis zum **Fährhafen Kinsarvik**. •

imposant, der Låtefossen

Auch diese Fahrt geizt mit landschaftlichen Reizen keinesfalls. Schon wenige Kilometer hinter Skarsmo stürzen rechts von den Höhen die Zwillingswasserfälle **Låtefossen** fast 170 m tief donnernd zu Tal. Besonders im Frühjahr oder nach Regenfällen ein prächtiges Schauspiel.

schöner Blick zum Gletscher Buarbreen

Kurz vor Odda dann hat man einen sehr schönen Blick über den See Sandvinvatnet nach Westen zum Gletscherausläufer **Buarbreen** des Folgefonn-Gletscherfeldes, dem drittgrößten Gletscher in Norwegen.

Odda

Praktische Hinweise – Odda

☎ **Odda Turistinformasjon**, Postboks 114, 5751 Odda, Tel. 53 64 12 97. Ganzjährig Montag bis Freitag 8.30 – 16 Uhr.

Hotels, Jugendherberge

⌂ Hotels: **Hardanger Hotel**, Eitrheimsvegen 13, Tel. 53651400, Fax 53 65 14 09.

Jugendherberge **Odda Vandrerhjem**, Bustetungate 2, Tel. 53 65 14 10, Fax 53 65 14 19.

Tyssedal
Tyssedal Hotel, 25 Zi., Tyssedal, Gamle Oddaveg, Tel. 53 64 69 07, Fax 53 64 69 55, Restaurant, Bar, Konferenzeinrichtungen.

Camping

▲ – **MA Camping Odda**, kleiner Wiesenplatz an der Straße nach Buer südwestlich von Odda. Sehr einfache Ausstattung.

Wanderung zum Buarbreen

Ab Odda kann man einen **Ausflug zum Buarbreen** machen. Die Straße führt ab Odda zunächst südwärts an der Westseite des Sandvinvatnet entlang, um sich dann hinauf in die Berge zu winden. Die rund 8 km lange Stichstraß zum Parkplatz am Beginn des Wanderwegs zum Buarbreen ist teils einspurig und auf den letzten 5 km unbefestigt. Vom Parkplatz hat man noch einen Fußmarsch von annähernd einein- halb Stunden (eine Wegstrecke) vor sich.

Tyssedal – Zu den **Sehenswürdigkeiten** in Tyssedal am Sörfjord, das übrigens in der Zeit der Wanderarbeiter zu Beginn des 19. Jh. ent-

Kunstausstellung und Wasserkraft- museum in Tyssedal

stand, zählt neben der **Kunstsammlung im Tyssedal Hotel** das **Nor- wegische Wasserkraft- und Industriemuseum**. Deutlich sind am Berg- hang die Druckrohrleitungen zu erkennen, die den Turbinen des Kraft- werks das Wasser zuleiten. Der Bau der Rohrleitung, die lange die größ- te ihrer Art weltweit war, war zu Beginn des 20. Jh. eine Pioniertat im Wasserkraftwerksbau. Informativ sind das audiovisuelle Programm „Das Industrieabenteuer" und die anschließenden Führungen durch das Turbi- nenhaus aus dem Jahre 1908. Start der Führungen im Tyssedal Hotel von 10 bis 15 Uhr, Dauer ca. zwei Stunden. Eintritt.

landschaftlich reizvoll, ein Abstecher ins Wandergebiet im Skeggedal **

Ab Tyssedal lohnt ein Abstecher ostwärts auf unklassifizierter Land- straße hinauf ins **Skjeggedal** zum Kraftwerk am Ringedalsvatn mit ei- nem Steindamm aus der Zeit um 1915. Neueren Datums ist das Wasserkraftmonument „Elektra" aus dem Jahre 2000.

Im Skjeggedal führt die **Mågelibanen**, eine Loren- oder Stand- seilbahn, hinauf ins Wandergebiet am Westrand der Hardangervidda und

ROUTE 6: ÅMOT – BERGEN

erschließt ein schier endloses Wanderwegenetz. Ein schöne Wanderung führt z. B. zur **Trollzunge** (sieben Stunden hin und zurück).

Die Gegend um **Ullensvang** und Lofthus wird auch **Norwegens Obstgarten** genannt. Tatsächlich sind hier die Hänge über dem Sörfjord übersät mit Obstplantagen, die vor allem zur **Baumblüte** meist Ende Mai ein wunderschönes Bild bieten. Wie man liest, soll der Anbau von Obstkulturen schon im 13. Jh. mit Mönchen des Zisterzienserordens hierher an den Sörfjord, einem der vielen Nebenarme des weitverzweigten Hardangerfjords, gekommen sein.

Südlich von **Lofthus** liegt im Garten des Hotels Ullensvang Edvard Griegs ehemalige Komponistenhütte. Hier soll er einige seiner bekanntesten Werke komponiert haben heißt es.

Zwischen Obstgärten und Wasserfällen kann man im **Elvedalen,** z. B. über die Mönchstreppe, von Lofthus nach Nosi (950 m ü. M.) hinauf zur Hardangervidda wandern.

Obstbaumblüte am Sörfjord/ Hardangerfjord bei Kinsarvik

Praktische Hinweise – Lofthus/Ullensvang/Kinsarvik

Lofthus/ Ullensvang/ Kinsarvik

📞 **Lofthus Turistinformasjon**, Postboks 53, 5787 Lofthus, Tel. 53 66 11 90, ganzjährig Montag bis Freitag 9 – 15, Sa. 10 - 14 Uhr. Im Sommer bis 17/ 19 Uhr.

Hotels

🛏 Hotels: **Hotel Ullensvang,** 157 Zi., 5787 Lofthus, Tel. 5366 11 00, Fax 53 66 15 20, modernes, traditionsreiches Haus der gehobenen Preiskategorie, direkt am Fjord gelegen, Schwimmbad, Sauna, Fitnesseinrichtungen.
Ullensvang Gjesteheim, Tel. 53 66 12 36, einfachere Pension mit 8 Doppel- und 5 Einzelzimmern. Man serviert für Hausgäste Frühstück, Mittag- und Abendessen.

ROUTE 6: ÅMOT – BERGEN

Camping

> **Kinsarvik**
> **Kinsarvik Fjord Hotel Best Western**, 70 Zi., Tel. 53 66 31 00, Fax 53 66 33 74, zeitgemäßes Haus der gehobenen Mittelklasse, Café in der Hauptsaison
>
> **Lofthus**
> ▲ – **NAF-Camping Lofthus** ****, Tel. 53 66 13 64; 1. Mai – 15. Sept.; von Obstplantagen umgebene Wiesen, ansprechend gelegen, teils mit Aussicht auf den Fjord und zum Folgefonn; ca. 2 ha – 75 Stpl., Standardausstattung. 27 Miethütten ** - *****.
> **Kinsarvik**
> – **Hardangertun Camping** *****, Tel. 53 67 13 13; 1. Jan. – 31. Dez.; ca. 2 ha – 70 Stpl.; 26 Miethütten. – Und andere Campingplätze.

Ein gutes Stück östlich von **Kinsarvik** findet man die einladende Tallandschaft des **Husedalen** mit einem Wanderweg (ca. 3 Stunden) zu zahlreichen Wasserfällen.

ROUTENABKÜRZUNGEN

Eine **abkürzende Alternativroute** führt von Kinsarvik über die Fährstation **Brimnes**, weiter über **Eidfjord** (Camping, **Hardangervidda Naturzentrum**) und auf der Straße R7 hinauf auf die Hochebene der Hardangervidda, vorbei am **Vöringsfossen** und schließlich über **Geilo** nach **Gol** im Hallingdal. Näheres siehe unter Route 14, Flåm – Otta unter der Rubrik „Lohnender Abstecher von Geilo nach Eidfjord".

Besteht die Notwendigkeit, die Reise auf den südlichen Teil Norwegens zu beschränken, reist man entweder von Geilo über die Straße 40 über Kongsberg und Drammen oder ab Gol über die Straße 7 und über Hönefoss zurück nach Oslo. Die detaillierte Beschreibung dieser Rückreisevarianten finden sie in der Route 14, Flåm – Otta unter der Rubrik „Rückreisevarianten"

Eine andere **Variante der Weiterreise** ist die, von Kinsarvik auf der Straße 13 weiter bis zum 19 km entfernten **Fährhafen Brimnes** zu fahren, dort über den Eidfjord nach **Bruravik** überzusetzen, und ab Bruravik entweder über den Ferienort **Ulvik** oder durch den **Vallavik** Tunnel (Straße 13) und über **Granvin** nach **Voss** weiterzureisen (siehe Route 8, Bergen – Voss). Man hat dann von Voss aus die Möglichkeit auf der gut ausgebauten E16 einen Abstecher nach Bergen zu unternehmen.

ALTERNATIVROUTE

Fähre nach Utne und Kvanndal

Ab **Kinsarvik** verkehren ganzjährig **Fähren nach Utne** und nach **Kvanndal**. Kvanndal war übrigens bis 1945 ganz ohne Straßenanbindung. Die Fähren verkehren ab Kinsarvik täglich zwischen 07.45 Uhr und 19.45 Uhr etwa alle zwei Stunden. Montag bis Freitag zusätzliche Abfahrten um 6.35 Uhr und 21.35 Uhr. Fahrzeit von Kinsarvik nach Kvanndal 50 Minuten. Fahrzeit nach Utne 30 Minuten. Fahrzeit von Utne nach Kvanndal 20 Minuten.

Bei ausreichend zur Verfügung stehender Zeit lohnt es sich, in Utne einen Stop einzulegen und das **Hardanger Folkemuseum** zu besuchen, das ganz in der Nähe oberhalb des Fährenlegers liegt.

Das besuchenswerte Volks- und Heimatmuseum besteht aus einer

ROUTE 6: ÅMOT – BERGEN

Utne am Hardangerfjord

umfangreichen Sammlung im **Museumsgebäude** und einer anschließenden **Freilichtabteilung** mit einer ganzen Reihe hübscher alter Holzhäuser und landwirtschaftlicher Gebäude aus der Hardangerregion.

Im Museum sieht man u. a. eine schöne Trachtensammlung, dann Holzschnitzarbeiten des Kunsthandwerkers Lars Kinsarvik, eine Instrumentensammlung und eine Geigenbauerwerkstatt, sowie Ausstellungen zu den Themen „Arbeitsjahr der Frauen", „Der Brautzug in Hardanger", „Tanzen und Volksmusik in Hardanger".

Hardanger Folkemuseum *
Mo. - Fr. 10 - 15, Do. bis 18 Uhr. So. 12 - 16 Uhr. Im Juli tgl. 10 - 18 Uhr. Eintritt.

⌂ Hotels: **Utne Hotell**, 24 Zi., Tel. 53 66 69 83, Fax 53 66 69 50, kleines, gepflegtes, traditionsreiches Fjordhotel in einem hübschen, weißen Holzhaus aus dem 18. Jh. eingerichtet, recht familiäres Ambiente. Gilt als Norwegens ältestes Hotel. Restaurant.

Utne Hotel Norwegens ältestes Hotel

▲ – **NAF-Camping Lothe ****, Tel. 53 66 66 50; 15. Mai – 15. Sept.; ca. 5 km westlich des Fähranlegers in Utne an der R550, Wiesen am Fjord, von Obstgärten umgeben; ca. 1 ha – 30 Stpl.; einfache Standardausstattung; 3 Miethütten.

Camping

⇨ **Alternativroute:** Weiterreise ab Kvanndal auf der Straße 7 westwärts und über **Ålvik** und **Norheimsund** bis **Trengereid** (72 km) und dort auf der E16 über **Ytre Arna** nach **Bergen** (31 km). Näheres über diese Strecke steht unter Route 8, Bergen – Voss. ●

☑ *Mein Tipp!* Folgt man dem eben beschriebenen Weg unserer „Alternativroute" nach Bergen, empfiehlt es sich, später bei der Weiterreise ab Bergen anstatt die ganze Strecke zurück bis Kvanndal zu fahren, den schnelleren Weg über die E16 nach Voss zu wählen, um dort wieder in unsere Route 8, Bergen – Voss, einzusteigen.

ROUTE 7: BERGEN

7. BERGEN

🕒 **Reisedauer:** Mindestens ein Tag, besser zwei Tage.

⌘ **Höhepunkte:** Stadtspaziergang und Bummel durch das **Hanseviertel Bryggen** *** – **Gamle Bergen** *** – Fahrt (bei schönem Wetter) mit der Standseilbahn auf den Hausberg **Fløyen** und **Stadtblick** ** von dort – **Edvard Grieg Haus** * – **Fantoft Stabkirche** *.

Bergen, die große alte Handels- und Hafenstadt an der norwegischen Westküste, zählt zu den reizvollsten und besuchenswertesten Städten Norwegens. Alleine schon die von Fjorden und Bergzügen geprägte Lage der Stadt machen sie zu einem anziehenden Reiseziel.

Bergens Stadtgeschichte

Bergen kann auf eine lange Geschichte zurückblicken, die seit eh und je von Seefahrt und Handel geprägt wird.

Schon 1070 legte hier König Olav Kyrre einen Hafen an. Bergen ist somit eine der ältesten Stadtgründungen Norwegens. Die günstige Lage des Hafens ließ ihn rasch an Bedeutung gewinnen und machte ihn schon früh zu einem einflußreichen Seehandelszentrum. Wie bedeutend Bergen damals schon war zeigt die Tatsache, daß die Stadt vom 12. bis ins 13. Jh. 200 Jahre lang Norwegens Hauptstadt war.

Im 14. Jh. nutzten hanseatische Kaufleute die günstige Lage der Stadt und trugen maßgeblich mit dazu bei, aus Bergen das größte Hafen- und Handelszentrum Skandinaviens zu machen. Längs des Hafens **Vågen** stehen an den Bryggen heute noch die spitzgiebeligen Handelshäuser aus der Hansezeit, die das Hafenviertel prägen. Das große Geld machten die hanseatischen „Pfeffersäcke" mit Salz, das sie mit ihren Koggen aus deutschen Landen anlandeten und dafür Fisch (Stockfisch), das traditionelle Freitagsessen gutgläubiger Christenmenschen, mit in die Hansestädte nahmen.

Zwar wurde Bergen 1702 von einer verheerenden Feuersbrunst fast vollständig zerstört, dennoch war die Stadt um 1800 nach wie vor die wohlhabendste und einflußreichste des Landes. Ein weiterer großer Stadtbrand veränderte 1916 abermals das Gesicht Bergens.

Heute ist Bergen immer noch bedeutende Handels- und Hafenstadt mit zunehmenden Aufgaben im Versorgungsbereich der norwegischen Off-Shore-Ölförderung. Es ist mit rund 227.000 Einwohnern die zweitgrößte Stadt Norwegens und es ist, mit viermal mehr Regen als im Landesdurchschnitt, die regenreichste Stadt des Landes.

Bergen ist aber auch eine Stadt mit einer lebendigen, langjährigen Kulturtradition. *Ole Bull*, der große Violinvirtuose, gründete hier das erste *Theater* Norwegens. Das städtische *Symphonieorchester* kann auf eine über 200jährige Geschichte zurückblicken. Einen Ruf, der über die Grenzen der Stadt hinaus reicht, hat das ehrwürdige, bereits 1765 gegründete *Bergen Filharmoniske Orkester*. Und längst haben die *Bergen Festspiele*, die jedes Jahr im Mai/Juni stattfinden, internationale Anerkennung gefunden.

ROUTE 7: BERGEN

Pkw-Touristen wird interessieren, daß ihnen mit dem **Parkhaus Bygarasien,** Vestre Strømkai, Tel. 55 56 88 70, beim Busbahnhof und in Bahnhofsnähe ein Tag und Nacht geöffnetes Großparkhaus in Zentrumsnähe (ca. 5 Min. bis Torget) zur Verfügung steht (gebührenpflichtig).

Blick über die Hafenbucht auf Bergens historisches Stadtviertel Bryggen

Weitere große Parkhäuser sind das **Parkeringshuset** in der Rosenkrantzgate 4 in der Altstadt Bryggen und das Parkhaus City Park, Markeveien 7, beim Tinghuset.

Parken in der Innenstadt auf Parkplätzen entlang der Straßen ist auch in Bergen nicht ohne Probleme möglich. Parkmöglichkeiten (meist mit Parkgebührautomaten) findet man in begrenztem Maße gewöhnlich am **Festplassen** zwischen Christies gate und der Westseite des Stadtsees Lille Lungegårdsvann, dann bei der Talstation der Fløibanen und um die Korskirken.

Die Zufahrten in den Innenstadtbereich von Bergen, der übrigens durch ein Tunnelsystem unter dem Fløyen komplett umgangen werden kann, sind **mautpflichtig!** Mautpflicht besteht Montag bis Freitag von 6 Uhr bis 22 Uhr.

Bergen ist mautpflichtig!

STADTSPAZIERGANG

Wir beginnen unseren **Stadtrundgang** im Zentrum Bergens an der Südostseite des Torget (1) am **Touristeninformationsbüro (4),** Vågsallmenningen 1.

Das Büro ist in einem beachtenswerten, repräsentativen Gebäude im Renaissancestil, der ehemaligen Bergener Börse, die auch den Beinamen **Fresko-Halle** trägt, untergebracht. Der Bau stammt aus der Mitte das 19. Jh. und ist im Inneren mit Fresken von Axel Revold (1887 – 1962) ausgemalt. Man erkennt drei Hauptmotive.

sehenswert, die Wandmalereien in der Fresko-Halle

113

ROUTE 7: BERGEN

Stadtspaziergang

Die **Nordland-Wand** mit großen Bildtafeln über die Lofotfischerei, das Trocknen und Verarbeiten des Kabeljaus, sowie den Transport nach Bergen, dem traditionellen Umschlagplatz des getrockneten Stockfischs.

Die **Bergen-Wand** zeigt die Ankunft der schwer beladenen Nordlandboote, die Verladung auf große Segelschiff, das Löschen von Getreide und Szenen auf Schiffswerften.

Die dritte Wand ist die sog. **Welt-Wand** mit Motiven zum Thema Mensch und Maschinen, Landwirtschaft und Urwald.

Wenn Sie vorhaben, viele Museen zu besichtigen und auf Ihrer Stadtbesichtigung ausgiebig die öffentlichen Verkehrsmittel benutzen wollen, sollten Sie über die Vorteile der **Bergen Karte** nachdenken. Man kann die Karte u. a. in der Tourist Information kaufen. Näheres über die Bergen Karte steht weiter unten unter „Praktische Informationen – Bergen".

Neben der Tourist Information ist ein Haltepunkt des Flughafenbusses.

Zwei Straßenzüge weiter östlich der Touristeninformation findet man übrigens Bergens **Hauptpostamt (20)**, geöffnet Montag bis Freitag 8 bis 18, Samstag 9 bis 15 Uhr. Und das moderne **Einkaufszentrum Galleriet (13)** mit annähernd 70 Geschäften (geöffnet bis 20 Uhr) liegt in der Torgallmenningen unweit südlich des Touristeninformationsbüros.

Bergens neue Einkaufszentren

Weitere große Einkaufszentren sind das **Kløverhuset** in der Strandgaten etwas westlich vom Torget und **Bergens Storsenter** am Busbahnhof im östlichen Innenstadtbereich.

Westlich der Tourist Information liegt Bergens zentraler Marktplatz **Torget (1)** mit dem Seefahrtdenkmal von Dyre Vaa am Ostende des Hafenbeckens Vågen.

Auf dem Torget findet werktags von 8 bis 15 Uhr ein lebhafter Markt statt. U. a. werden fangfrischer Fisch und Krabben, aber auch Gemüse, Obst und Blumen angeboten. Der einstmals schöne Blick vom Torget auf die historische Häuserfront der Bryggen ist durch den jüngsten Bau an der Zacharias Brücke leider etwas verstellt.

Die **Bryggen (2)**, früher auch Tyske Bryggen (Deutsche Brücke), an der Nordseite des Hafenbeckens Vågen, waren das Zentrum der Handelskontore der hanseatischen Kaufleute. Am östlichen Ende von Bryggen hat das Sightseeingbähnchen „Bergen-Expressen" seinen Haltepunkt.

Typisch für das Stadtbild Bergens sind die **Giebelfassaden der Holzhäuser** im Bryggenviertel. Viele der Gebäude stammen noch aus dem frühen 18. Jh. Hier lag das Zentrum des Warenumschlags, mit Speichern, Geschäften und den Zentralen der großen Handelshäuser. Schlendern Sie durch die schmalen Gassen, in denen sich heute kleine Boutiquen, Geschäfte und Restaurants (z. B. „Tractuersted" oder „Enhjørningen") angesiedelt haben.

Hanseatisches Museum ** (3)
1.6. - 31.8. tgl. 9 - 17 Uhr, sonst tgl. 11 - 14 Uhr.
Eintritt, gilt auch für Schøtstuene.

Wenn Sie mehr über die Zeit der Hanse und ihre Kaufmannsgilden in Bergen erfahren wollen, sollten Sie nicht versäumen, das **Hanseatische Museum (3)** zu besuchen. Das Museum ist am Ostende der Bryggen im „Finnegården", einem der am besten erhaltenen Holzgebäude der Stadt, untergebracht und im Stil eines Kaufmannskontors des 16. Jh. eingerichtet.

Wir gehen die Bryggen entlang, vorbei an den malerischen Häuserfronten, nach Nordwesten. Ein gutes Stück weiter erhebt sich die **Fe-**

ROUTE 7: BERGEN

BERGEN, Zentrum – 1 Torget, Marktplatz, Fischmarkt – 2 Bryggen – 3 Hanseatisches Museum – 4 Touristeninformation – 5 Bergenhus Festung – 6 Håkonshalle, Rosenkrantzturm – 7 Fischereimuseum – 8 Bryggenmuseum u. Schøtstuene – 9 Marienkirche – 10 Standseilbahn auf den Fløyen – 11 Domkirche – 12 Lepramuseum – 13 Galleriet – 14 Kunstgewerbemuseum – 15 Städtisches Kunstmuseum, Bergener Kunstverein, Rasmus Meyers Sammlung – 16 Kultur- u. Kunsthistorische Museen, Schiffahrtsmuseum, Botanischer Garten – 17 Aquarium – 18 Klosteret, Platz und alte Gassen – 19 Theater – 20 Post – 21 Hurtigruten Schiffe – 22 Hochgeschwindigkeitskatamarane – 23 Lille Lungegårdsvann – 24 Busbahnhof, Bergens Storsenter, Großparkhaus – 25 Bahnhof – 26 Wohnmobilstellplatz – 27 Rathaus

stung Bergenhus (5). Die Ursprünge dieser befestigten Königsresidenz gehen zurück ins frühe 12. Jh., als König Øystein Magnusson (1103 – 1122), ein Enkel des Stadtgründers Olav Kyrre, die Bedeutung des Handelsortes erkannte und seinen Lebensnerv, den Hafen, durch eine Festung sichern ließ. Später wurde Bergenhus unter König Håkon Håkonsson Zug um Zug in eine befestigte, aus Stein errichtete Residenz verwandelt. Damals um 1250 entstand auch die **Håkonshalle (6)**, eine große Repräsentationshalle des mittelalterlichen norwegischen Königshauses, die 1261 anläßlich der Hochzeit und Krönung von König Magnus Håkonsson eingeweiht wurde.

Gravierende Umbauten erfuhr die gesamte Anlage Anfang des 16. Jh., als durch die Einführung neuer Waffen Geschützbastionen nötig wurden.

Schließlich erhielt Bergenhus um 1560 unter dem Schloßhauptmann Erik Rosenkrantz eine ansprechende Fassade. Der ehemals schlichte **Rosenkrantzturm** an der Südostseite der Burganlage wurde in einen repräsentativen Wohnturm mit etwas freundlicherer Renaissancefassade umgebaut. Håkonshalle und Rosenkrantzturm wurden im 2. Weltkrieg

Håkonshalle, Rosenkrantzturm * (6)
15. 5. - 31. 8. tgl. 10 - 16 Uhr. Übrige Zeit So. 12 - 15 Uhr. Stündlich Führungen, Start in der Håkonshalle. Eintritt, gratis mit Bergen Karte.

ROUTE 7: BERGEN

an den Bryggen in Bergen

Norwegisches Fischereimuseum
1. 6. - 31. 8. Mo. - Fr. 10 - 18, Sa. + So. 12 - 16 Uhr, übrige Zeit bis 16 Uhr. Eintritt, gratis mit Bergen Karte.

Schøtstuene (8)
1. 6. - 31. 8. tgl. 10 - 17 Uhr, Mai + Sept. tgl. 11 - 14 Uhr. Übrige zeit So. 11 - 14 Uhr. Eintritt, gilt auch für Hanseatisches Museum.

Bryggens Museum ** (8)
1.5. - 31.8. tgl. 10 - 17 Uhr. Übrige Zeit 11 - 15 Uhr. Eintritt, gratis mit Bergen Karte.

durch Explosionen stark zerstört, bis 1961 bzw. 1965 aber wieder völlig restauriert.

Noch ein Stück weiter stadtauswärts kommt man zum **Norges Fiskerimuseum (7)**, dem Norwegischen Fischereimuseum, am Kai von Bontelabo an der Bucht Skutviken. Das Museum gibt Einblick in die lange Geschichte der norwegischen Fischerei und Fischindustrie. Ausstellungen zum Seerecht, über Forschung, Technik und ökologisches Management sowie über die Entwicklung von Fangschiffen, über den kommerziellen Wal- und Robbenfang u. a.

Von Bergenhus gehen wir wieder stadteinwärts, vorbei am Hotel Dreggen, und die Straße Dreggs Almenningen am Hotel Radisson SAS Royal nordwärts (links).

Hinter dem Hotel liegen in der Øvregaten 50 die **„Schøtstuene" (8)** mit alten Gesellschaftsräume und Festsälen aus der Hansezeit. Die hanseatischen Kaufleute kamen hier nicht nur zu offiziellen gesellschaftlichen Anlässen oder zu privaten Feiern zusammen, sondern in der Schøtstuene wurden auch die Lehrlinge unterrichtet und hier wurde zu Gericht gesessen.

Bei der Schøtstuene findet man auch das sehenswerte **Bryggens Museum (8)**, das sich mit der kulturhistorischen und archäologischen Seite des Bryggenviertels befaßt. Sehenswerte Keramiksammlung. Runenschriften. Ausstellungen zu Handel, Schiffahrt und Handwerk im Spätmittelalter.

In unmittelbarer Nähe erheben sich die viereckigen Doppeltürme der **Marienkirche (9)**. Die dreischiffige Basilika wurde im 12. Jh. im romanischen Stil errichtet und ist in großen Teilen aus jener Zeit nahezu unver-

ROUTE 7: BERGEN

ändert erhalten geblieben. Die Marienkirche zählt zu den ältesten Bauwerken in Bergen. Außen ist das Erscheinungsbild der Kirche eher schlicht. Lediglich das romanische Südportal verdient Aufmerksamkeit. Das Innere der lange im Besitz der Hansekaufleute stehenden Kirche ist vor allem interessant wegen des dreiflügeligen **Altars**. Er stammt aus dem späten 15. Jh. und wird einem Handwerker aus Lübeck zugeschrieben. Im Mittelteil des Altars sieht man Mutter Maria mit dem Christuskind. Neben ihr Heilige mit ihren Attributen. Auf den Seitenflügeln sind die zwölf Apostel (allerdings ohne Judas, dafür aber mit dem Apostel Paulus) dargestellt.

Gasse in Bergens Bryggen-Viertel

Von größtem kunstgeschichtlichen Wert ist die **Barockkanzel** der Kirche. Sie besteht aus einem turmhohen, reich gegliederten Baldachin und der eigentlichen Kanzel. Dort sind in acht säulenbegrenzten Feldern die acht christlichen Kardinaltugenden, symbolisiert durch Frauengestalten mit Attributen, dargestellt. Zu ihnen zählen Glaube (mit Buch und Kreuz), Hoffnung (Taube und Anker) und Liebe (zwei Kinder).

Auf dem Boden der Kirche liegen alte Grabsteine aus dem 15. bis 17. Jh. von wohlhabenden deutschen Kaufleuten, Reedern und Kirchenmännern. Außerdem sind an den Wänden der Seitenschiffe Epitaphe (Erinnerungstafeln) an namhafte und verdiente Bürger der Stadt zu sehen.

Das große Triumphkreuz über dem Mauerbogen zum Chor wurde um 1550 von Mitgliedern der hanseatischen Kaufmannsgilde gestiftet.

Gehen Sie von Ecke Bryggen/Torget über die Vetrlidsalmenningen nordwärts bis zur Øvregaten, dann stoßen Sie auf die Talstation der **Standseilbahn Fløibanen (10),** die auf den 320 m hohen **Fløyen** führt. Besonders bei klarem Wetter ist die Aussicht auf Stadt, Hafen und Umgebung den Abstecher wert. Auf dem Fløyen gibt es ein Restaurant und

Stadtblick vom Fløyen **

ROUTE 7: BERGEN

Stadtspaziergang

Spazierwege über die waldreichen Höhen. Die Bahn verkehrt ab ca. 7 Uhr bis 23 Uhr, im Sommer bis 24 Uhr; jede halbe Stunde. Fahrzeit ca. 10 Minuten. Inhaber der Bergen Karte können die Fløibanen gratis benutzen.

Weiter südöstlich von der Talstation liegt in der Lille Øvregate die **Domkirche (11)**, die Kathedrale von Bergen. Die ältesten Partien des Baus gehen zurück bis ins 12. Jh. Chor und Turm dagegen stammen aus dem 13. Jh. und sind im gotischen Stil errichtet. An- und Umbauten brachten weitere Stilelemente hinzu.

Lepramuseum (12)
Ende Mai - Ende Aug. 11 - 15 Uhr. Eintritt, gratis mit Bergen Karte.

Noch etwas weiter östlich, Richtung Bahnhof, findet man im St. Jørgens Hospital in der Kong Oscars Gate 59 das **Lepramuseum (12)**. Es ist untergebracht in einem ehemaligen Hospital für Leprakranke. Das Museum befaßt sich mit norwegischen Pionieren im Kampf gegen die Leprakrankheit, wie z. B. dem Arzt *Armauer Hansen*.

Man kann nun über die Kong Oscars Gate zurück zum Torget gehen und passiert auf diesem Wege die **Korskirken** (Kreuzkirche), ein Renaissancebau aus dem 17. Jh.

Wir halten uns links, gehen über den berühmten **Fischmarkt** am Torget (1) südwärts und passieren das Kaufhaus Galleriet (13). Man kann nach dem Kaufhaus links durch die Rådhusgaten gehen und erreicht gleich darauf die Olav Kyrres Gate, der wir weiter südwärts folgen.

Kunstgewerbemuseum * (14)
16.5. - 15.9. Di. - So. 11 - 16 Uhr. Winterhalbjahr 12 - 15 Uhr. Eintritt.

Schräg gegenüber vom Hotel Norge liegt das **Kunstgewerbemuseum (14)**, Nordahl Brunsgt. 9. Das Museum gibt Einblick in norwegisches und skandinavisches Kunsthandwerk, darunter Keramiken und Goldschmiedearbeiten. Man sieht aber auch schöne Antiquitäten aus Europa und Übersee. Sehenswert auch die Abteilung über chinesische Kunst.

Wenn Sie vom Kunstgewerbemuseum weiter nach Osten gehen und die Christies Gate überqueren, gelangen Sie in die Rasmus Meyers Alleé.

Kunstmuseum ** (15)
tgl. 11 - 17 Uhr. Von 15. 9. bis 14. Mai montags geschlossen. Eintritt, gratis mit Bergen Karte.

Dort finden Sie eines der interessantesten Museen der Stadt, das **Städtische Kunstmuseum „Bergen Billedgalleri" (15)** mit der **Stenersens Sammlung**. Gezeigt wird u. a. europäische Kunst vom 13. Jh. bis in die Gegenwart. Vor allem die Stenersens Sammlung zeigt moderne Künstler wie Edvard Munch, Paul Klee (Nordeuropas größte Paul Klee Sammlung!) oder Pablo Picasso.

Neben der städtischen Kunstgalerie liegt das Haus des **Bergener Kunstvereins** (wechselnde Ausstellungen zeitgenössischer Kunst).

Und ein kurzes Stück weiter ist die **Rasmus Meyers Sammlung** (norwegische Maler und Künstler aus dem 18. Jh. und bis um 1915) untergebracht. Breiten Raum nimmt eine Sammlung mit Werken von Edvard Munch ein. Außerdem sieht man Werke J. C. Dahl, Tidemand, Gude, Chr. Krogh oder Harriet Backer.

In unmittelbarer Nachbarschaft findet man die moderne **Grieghalle**, Bergens Konzert- und Opernhaus.

Wenn Sie gerne Museen besuchen, kommen Sie ein kurzes Stück weiter südlich nochmals auf Ihre Kosten. Im südlichen Stadtteil Sydneshaugen findet man am Haakon Sheteligs plass auf dem Universitätsgelände neben dem **Botanischen Garten** noch drei Museen:

ROUTE 7: BERGEN

– **Das Bergen Museum** (16; geöffnet 15.5. - 31.8. Di. - Sa. 10 - 15, So. 11 - 16 Uhr. Winterhalbjahr Di. - Sa. 11 - 14, So. 11 - 15 Uhr. Eintritt, gilt für beide Museen, gratis mit Bergen Karte), das Kulturhistorische Museum der Stadt, Haakon Sheteligs plass 10, zeigt Sammlungen aus Westnorwegen, aus dem Altertum, dem Mittelalter und der Neuzeit, außerdem archäologische Funde, eine kostbare Ikonensammlung, eine Textilausstellung, Sammlungen zur Stadtgeschichte und zur Wikingerzeit u. a.

– **Das Naturhistorische Museum** präsentiert botanische, geologische und zoologische Sammlungen.

– **Das Sjøfartsmuseet** (geöffnet 1. 6. - 31. 8. tgl. 11 - 15 Uhr, übrige Zeit tgl. a. Sa. 11 - 14 Uhr. Eintritt, gratis mit Bergen Karte), Haakon Sheteligs plass 15, das Schiffahrtsmuseum dokumentiert die Entwicklung der langen Seefahrtgeschichte Bergens, von den Anfängen der Stadt bis heute.

in Gamle Bergen

Auf der Landzunge **Nordnes**, am Nordwestrand der Stadt, liegt das **Bergen Aquarium (17)**. Man erreicht es auch mit Bussen der Linie 4 ab Stadtzentrum. Zu Fuß gehen Sie ab Stadtmitte etwa 20 Minuten. Und in der Zeit zwischen Mai und September verkehrt ab Fischmarkt/Torget eine Fähre zum Museum.

Bergen Aquarium * (17) 1.5. - 30.9. tgl. 9 - 20 Uhr, übrige Zeit 12 - 16 Uhr. Eintritt.

Das Aquarium zählt zu den modernsten und größten seiner Art in Nordeuropa. Im Freigelände findet man z. B. einen Seehund- und Pinguinteich. Neueren Datums ist die Rekonstruktion eines Vogelfelsens.

Egal ob Sie mit dem Auto oder zu Fuß zum Aquarium gekommen sind, nehmen Sie für den Rückweg in die Stadt auf jeden Fall die Straße Haugeveien. Man passiert dann die **Fredriksberg Festung** und erreicht bald darauf den **Klosteret** (Klosterberg – 18 –), einen überaus hübschen kleinen Platz, der umgeben ist von schönen alten Häusern. Einige der schmalen Gassen, die hinunter zur Sundts gate am Hafen führen, haben idyllische Winkel.

Lohnend ist ein Besuch in **Gamle Bergen**, einem Freilichtmuseum, das im Stadtteil **Sandviken**, nordwestlich vom Zentrum liegt. Benutzt man

119

ROUTE 7: BERGEN

Alt Bergen ***
Mitte. Mai - Anf.
Sept. tgl. 10 - 17
Uhr. Führungen
stündlich. Eintritt,
gratis mit Bergen
Karte.

öffentliche Verkehrsmittel, bedient man sich der Stadtbusse der Linie 1 oder 9 ab Stadtmitte (Postamt) bis zum Museum.

In „Alt Bergen" mit seinen urigen Pflasterstraßen wurden etwa 40 alte, für das alte Stadtbild Bergens typische Holzhäuser wieder aufgebaut und im Stil des 18. und 19. Jh. eingerichtet. U. a. sieht man Stadtwohnungen des gehobenen Bürgertums, Läden und Werkstätten. Das Innere der Häuser kann nur auf Führungen besichtigt werden. Es gibt ein Restaurant.

AUSFLÜGE AB BERGEN

Neben einem Ausflug auf den Ulriken (siehe unten) oder einer Tageskreuzfahrt durch die Fjorde lohnen Abstecher zur Stabkirche von Fantoft, zum Grieg Haus oder noch weiter südlich zum Lysekloster.

**Fantoft
Stabkirche** *
15.5. - 15.9. tgl.
10.30 - 13.30, 14 -
17.30 Uhr. Eintritt,
gratis mit Bergen
Karte.

Die **Fantoft Stabkirche** stammte ursprünglich aus der Mitte des 12. Jh. Sie war eine der wenigen noch komplett erhaltenen Kirchen dieser Art in Norwegen. Erbaut worden war sie um 1150 in Fortun am Sognefjord. 1880 wurde sie durch die Initiative eines Privatmannes vor dem Ruin dadurch bewahrt, daß sie hierher nach Fantoft versetzt wurde. Viele Jahrzehnte zählte die Stabkirche zu den großen Sehenswürdigkeiten um Bergen. In der Nacht vom 5. zum 6. Juni 1992 passierte dann die Katastrophe. Die wunderschöne alte Stabkirche brannte bis auf die Grundmauern ab. Zwischenzeitlich ist sie aber nach alten Plänen und unter Verwendung historischer Materialien wieder originalgetreu rekonstruiert worden. Und seit 1997 ist die Fantoft Stabkirche wieder zu besichtigen.

Die Zufahrt mit dem Auto war bei unserem letzten Besuch noch etwas schwierig zu finden. Fahren Sie auf der E39 südwärts, etwa 5 km bis Paradis und zweigen Sie bei der zweiten Fußgängerbrücke links ab. Folgen Sie dem Schild „Fantoft Studentby". Die Stabkirche liegt beim Parkplatz des Chr. Michelsens Institut. Vom Parkplatz ca. 5 Minuten Fußweg.

Per Bus kommt man in die Nähe der Fantoft Stabkirche mit Bussen, die ab Bergen Busbahnhof ab Bahnsteig 19, 20 und 21 alle 15 bis 20 Minuten Abfahren. Fahrzeit ca. 10 Minuten bis Haltestelle „Fantoft". Von dort über die Straße und einen ansteigenden Weg wenige Minuten bis zur Stabkirche.

Auf der Weiterfahrt nach Troldhaugen kann **Gamlehaugen**, die Residenz des norwegischen Königs bei seinen Besuchen in Bergen, besichtigt werden. Das Anwesen ist während Besuchen des Königs geschlossen. Geöffnet Juni, Juli und August montags bis freitags 10 – 13 Uhr. Eintritt. Der Park der Residenz ist ganzjährig und unentgeltlich zugänglich.

**Griegs Wohnhaus
Troldhaugen**
Mitte Apr. - Ende
Sept. tgl. 9 - 18
Uhr. Winterhalbjahr (außer Dez.)
Mo. - Fr. 10 - 14,
Sa. 12 - 16, So. 10
- 16 Uhr. Dez. +
Jan. geschlossen.
Eintritt, ermäßigt
mit Bergen Karte.

Troldhaugen, ehemaliger Wohnsitz des Komponisten *Edvard Grieg*, liegt etwa 10 km südlich vom Stadtzentrum. Man verläßt die E39 Richtung Nestun und zweigt bei Hop nach Troldhaugen ab. Vom Parkplatz 5 Minuten Fußweg zum Grieghaus.

Mit Bussen ab Bergen Busbahnhof Bahnsteige 19, 20 und 21 bis Haltestelle „Hopsbroen" und noch gut 20 Minuten zu Fuß.

Edvard Grieg (1843 – 1907) ist Norwegens weltberühmter Komponist. Seine oft von Volksweisen inspirierten Kompositionen, sein Klavierkonzert in a-moll, Opus 16, das einzige Klavierkonzert übrigens das Grieg

ROUTE 7: BERGEN

Edvard Griegs Wohnhaus Troldhaugen

schrieb, und natürlich die Musik zu Ibsens Peer Gynt, zeugen nicht nur von seinem musikalischen Genie, sondern auch von einer innigen Verbundenheit mit der norwegischen Landschaft.

Grieg ließ sich Troldhaugen 1885 bauen und wohnte dort mit seiner Frau 22 Jahre lang bis zu seinem Tod. Das kleine gemütliche Holzhaus liegt mitten in einem wunderschönen Park oberhalb des Fjords. Das Innere des Hauses ist mit altem Mobiliar ausgestattet. Im Park sind Edvard Grieg und seine Frau Nina beigesetzt.

1985 wurde neben dem alten Wohnhaus der Kammermusiksaal Troldsalen eingeweiht. U. a. finden hier während der Bergen Festspiele Konzerte statt. 1995 kam ein neues Edvard Grieg Museum mit Ausstellungen und Multimedia-Raum hinzu.

☑ *Mein Tipp!* Kaufen Sie sich in Troldhaugen eine Musikkassette (zwischenzeitlich gibt es auch CD's) mit Werken von Grieg, etwa das Klavierkonzert a-moll mit der Peer Gynt Suite auf der Rückseite und stecken Sie die Kassette, wenn Sie wieder einmal durch eines der unvergleichlichen Fjordtäler fahren, in Ihr Autokassettengerät. Und schnell werden Sie feststellen, daß es kaum einem anderen Komponisten so einfühlsam gelungen ist, norwegische Landschaftseindrücke in Musik umzusetzen.

Mit einer Schwebeseilbahn ist der 642 m hohe **Ulriken** zu erreichen. Die Talstation der Ulrikenbahn liegt südöstlich der Stadt, beschilderter Abzweig von der E39, die Bergstation in 607 m Höhe.

mit der Kabinenseilbahn auf den Ulriken **

Von 15. Mai bis 15. Sept. verkehren zwischen 9.15 Uhr und 20.45 Uhr alle 30 Minuten Doppeldecker-Rundfahrtbusse ab dem Touristeninformationsbüro im Zentrum. Die Seilbahn auf den Ulriken verkehrt im Sommer regelmäßig zwischen 9 und 21 Uhr, im Winter bis Sonnenuntergang.

ROUTE 7: BERGEN

Auf dem Ulriken bieten sich neben herrlichen Ausblicken auf die Fjorde bei Bergen auch gute Wandermöglichkeiten. Es gibt ein ganzjährig geöffnetes Café.

Landsitz Damsgård *
Ende Mai – Ende Aug. tgl. a. Mo. 11 – 17 Uhr. Führungen obligatorisch. Eintritt, gratis mit Bergen Karte.

Westlich der Bergener Innenstadt liegt im **Stadtteil Laksevåg** (Strasse 582) das herrschaftliche Anwesen **Damsgård**. Der noble Landsitz den sich ein wohlhabender „Generalkrigskommisær" namens Gyldenkrantz hatte erbauen lassen, stammt aus der zweiten Hälfte des 18. Jh. Ausgangs des Jahrhunderts kaufte der wohlhabende Bergener Kaufmann H. D. Janson den Besitz, der bis 1983 in Händen der Familie blieb. 1983 erwarben der Staat und die Stadt Bergen Damsgård.

Die Räume des Landsitzes sind alle noch im Stil des 18. und 19. Jh. original möbliert und schon alleine deshalb einen Besuch wert. Stündlich Führungen. Schöner Garten. Cafeteria. Man kann das Anwesen auch mit Bussen der Linien 19, 70 und 71 erreichen.

Siljustøl
Ende Mai - Ende Aug. Mi. - Fr. + So. 11 - 16 Uhr. Eintritt, gratis mit Bergen Karte.

In **Rå**, etwa 12 km außerhalb von Bergen an der Straße 553 (Flyplassvegen) findet man **Siljustøl**, den ehemaligen Wohnsitz des norwegischen Komponisten *Harald Sæverud* (1897 – 1992). Sæverud, der die norwegische Musikszene im 20. Jh. maßgeblich mit prägte, ließ sich dieses Haus um 1939 in der traditionsreichen norwegischen Bauweise unter Verwendung von Naturstein und viel Holz errichten. Das Anwesen wurde 1997 als Museum eröffnet.

Siljustøl erreicht man ab dem Busbahnhof in Bergen mit Bussen der Linie 555 ab Bahnsteig 20.

Gut 30 km südlich von Bergen (Straße E39, Nesttun, Fana und R553) liegen bei **Lysekloster** die Ruinen einer alten Zisterzienserabtei, die schon 1146 gegründet worden war und bis zur Reformation Norwegens bedeutendstes Kloster war.

Etwas weiter südwestlich ist die **Insel Lysøyen** vorgelagert. Ab Buena-Kai setzt man mit dem Fährboot „Ole Bull" über zur Insel. Die Boote verkehren während der Öffnungszeiten der Bull Villa jeweils zur vollen Stunde um 12, 13, 14 und 15 Uhr. Letzte Rückfahrt werktags um 16.10 Uhr, sonntags um 17 Uhr.

Ole Bull Villa *
Ende Mai - Ende Aug. Mo. - Sa. 12 - 16, So. 11 - 17 Uhr. Sept. So. 12 - 16 Uhr. Eintritt, gratis mit Bergen Karte.

Auf Lysøyen kann die **Ole Bull Villa**, das Sommerhaus des norwegischen Geigenvirtuosen und Nationalhelden *Ole Bull* (1810 – 1880) besichtigt werden. Das Landhaus war vor allem in den 70er Jahren des vergangenen Jahrhunderts ein geschätzter Treffpunkt gehobener Kreise aus Kunst und Kultur. Fähre „Ole Bull" ab Sørestraumen. Die Insel ist Naturschutzgebiet. Bademöglichkeit.

Im Sommer werden **Bootsausflüge** mittwochs und sonntags ab Strandkaien in Bergen zur Insel Lysøyen mit Führungen durch die Bull Villa und Rückfahrt mit Bussen angeboten.

Linienbusse der Lysefjordlinie verkehren ab dem Busbahnhof, Bahnsteig 19 und 20 nach Buena-Kai, Fahrzeit rund 50 Minuten. Ab Buena-Kai mit dem Fährboot nach Lysøyen.

Ausflug nach Telavåg Nordseefahrtmuseum
im Sommer tgl. a. Sa. 11 - 16 Uhr, übrige Zeit So. 12 - 17 Uhr. Eintritt.

Eine knappe Autostunde westlich von Bergen liegt an der Westküste der Insel Store Sotra der Ort **Telavåg** (gut 40 km auf der Straße 555, oder Busse ab Busbahnhof, ca. 60 Min.). Der Hafenort, der an einer wilden Felsküste liegt, war im Zweiten Weltkrieg eine sehr aktive Basis der norwegischen Widerstandskämpfer und ein Zentrum des Flüchtlings- und

ROUTE 7: BERGEN

Agentenverkehrs nach Großbritannien, der sog. „Nordseefahrt". Wegen des Widerstands gegen die Wehrmacht und die Besatzung wurde Telavåg damals in Schutt und Asche gelegt und alle Bewohner deportiert.

Seit 1998 erinnert das Widerstandsmuseum **Nordsjøfahrtmuseet,** Nordseefahrtmuseum, an die tragischen Ereignisse der 40er Jahren des vergangenen Jahrhunderts. Stündlich Videofilme. Cafeteria.

Praktische Hinweise – Bergen

☎ Information: **Bergen Tourist Information,** Vågsallmenningen 1, N-5014 Bergen, Tel. 55 55 20 00, Fax 55 55 20 01; Mai – Sept. tgl. 9 – 20 Uhr, Juni, Juli + Aug. bis 22 Uhr. Übrige Jahreszeit Montag – Samstag 9 – 16 Uhr. Internet: www.visitBergen.com, www.bergen-travel.com

Auskünfte über Bus-, Schiffs- und Fährverbindungen in Hordaland erhält man unter der zentralen **Auskunfts-Telefonnummer 117**, und zwar von Montag bis Samstag von 7 bis 23 Uhr und Sonntag von 8 bis 23 Uhr. — Fahrplanauskunft

Notrufe: **Polizei** 112;
Feuer 110;
Ambulanz 113.
NAF-Pannendienst 55 17 55 59, 81 00 05 05. — Notruf

Bergens Hauptbahnhof Jernebanestasjon liegt im östlichen Innenstadtbereich in der Strømgaten 8, Tel. 55 96 69 00. Nah- und Regionalverkehr sowie Tages- und Nachtverbindungen nach Oslo. Gepäckaufbewahrung. — Bahnhof

Der **zentrale Busbahnhof** liegt ganz in der Nähe des Hauptbahnhofs im östlichen Innenstadtbereich in der Strømgaten 8, Fahrplanauskunft Tel. 177. Das Busterminal ist Endstation für alle Buslinien aus der Umgebung von Bergen und aus der Hardangerfjord Region. Nahezu alle Stadtbusse stoppen am Busbahnhof. Expressbusse. Flughafenbusse. Einkaufszentrum Bergen Storsenter. Gepäckaufbewahrung. — Busbahnhof

Alle Busse ab Busbahnhof zur Stadtmitte und zum Hauptpostamt können gratis benutzt werden.

Bergens Flughafen liegt ca. 20 km südwestlich der Stadt, bei **Flesland**. Buszubringer verkehren zwischen Flughafen und Radisson SAS Royal Hotel, Radisson SAS Hotel Norge und Busbahnhof. Wechselnde Abfahrtszeiten. Auskunft über SAS, Tel. 55 11 43 00. — Flughafen

Mit der **Bergen Karte** erhalten Sie Vergünstigungen bei diversen Einrichtungen Bergens während Ihres Stadtbesuches. Die Karte ist für einen Gültigkeitszeitraum von 24 oder 48 Stunden zu haben. Sie kostete zuletzt 165 NOK (24 Std.) bzw. 245 NOK (48 Std.) pro Erwachsenen. Wer viele Museen besuchen will und auf seiner Stadtbesichtigung viel mit öffentlichen Verkehrsmitteln unterwegs sein wird, für den kann die Bergen Karte durchaus vorteilhaft sein. — Bergen Karte

Mit der Bergen Karte können Sie die öffentlichen Verkehrsmittel, die städtischen Parkplätze und die Fløibahn gratis benutzen. Freien Eintritt hat man mit der Karte in vielen Museen und in der Fantoft Stabkirche.

Und Ermäßigungen unterschiedlicher Höhe werden z. B. auf gewissen Stadt- und Hafenrundfahrten und im Edvard Grieg Haus Troldhaugen gewährt.

Die Bergen Karte kann man bei der Tourist Information in Bergen, im Bahnhof, im Hauptpostamt, in der Montana Jugendherberge und bei den meisten Campingplätzen und Hotels kaufen.

Stadtrundfahrten – Etwa zwischen Anfang Mai und Mitte Oktober werden von verschiedenen Unternehmen täglich Stadtrundfahrten mit Führungen an- — Stadtrundfahrten

ROUTE 7: BERGEN

geboten. Zwischen Mitte Juni und Mitte August erweitertes Angebot. Die Rundfahrten reichen von der einstündigen Kurztour über die dreistündige große Stadtrundfahrt, die auch Griegs Haus Troldhaugen und die Fantoft Stabkirche einschließen, bis zur ganztägigen Bus- und Bootstour. Außerdem werden Fjordfahrten und einstündige Hafenrundfahrten angeboten. Die neuesten Abfahrtszeiten, Preise und Fahrkarten gibt es im Touristeninformationsbüro.

Bergbahnen

Eine **Standseilbahn** fährt täglich regelmäßig auf den 320 m hohen Hausberg **Fløyen** (siehe auch unter Stadtrundgang).

Mit einer **Schwebeseilbahn** ist der 642 m hohe **Ulriken** zu erreichen. Die Talstation der Ulrikenbahn liegt südöstlich der Stadt, beschilderter Abzweig von der E39, die Bergstation in 607 m Höhe. Von 15. Mai bis 15. Sept. verkehren zwischen 9.15 Uhr und 20.45 Uhr alle 30 Minuten Rundfahrtbusse ab dem Touristenbüro. Die Seilbahn verkehrt im Sommer regelmäßig zwischen 9 und 21 Uhr, im Winter bis Sonnenuntergang.

Fjordfähren

Ab Bergen verkehren zahlreiche Fähren in die Fjorde Westnorwegens, in die umliegende Inselwelt und bis Nordnorwegen. Ab **Strandkaiterminalen** (Tel. 55 23 87 80) verkehren **Hochgeschwindigkeitskatamarane** nach **Stavanger, Haugesund**, in den **Hardangerfjord** und in den **Sognefjord**, den **Nordfjord** und den **Sunnfjord**.

Die Postschiffe der **Hurtigruten** verkehren täglich ab Frieleneskaien bis Nordnorwegen (siehe auch unter „Reisen im Lande – Hurtigruten").

Einkaufszentren

Sollten Sie an einem Regentag lieber einen Einkaufsbummel machen wollen, versuchen Sie es mal im modernen **Kaufhaus Galleriet** mit annähernd 70 Geschäften, darunter ein Lebensmittelsupermarkt, geöffnet bis 20 Uhr, samstags bis 18 Uhr. Es liegt mitten in Bergen in der Fußgängerzone Torgalmenningen unweit südlich des Touristeninformationsbüros.

Weitere große Einkaufszentren sind das **Kløverhuset** in der Strandgaten etwas westlich vom Torget und **Bergens Storsenter** am Busbahnhof im östlichen Innenstadtbereich.

Feste, Folklore

❖ Feste, Folklore: **Internationale Festspiele Bergen**, Ende Mai bis Anfang Juni, 12 Tage mit Konzerten, Theater, Ballett und Folklore.

Bergen Folklore, folkloristische Volkstänze werden vom Mitte Juni bis Ende August jeweils dienstags und donnerstags um 21 Uhr im Bryggens Museum dargeboten. Dauer eine Stunde. Eintrittskarten im Touristeninformationsbüro. Ermäßigung mit Bergen Karte.

Ein dreieinhalbstündiges Programm bietet **Fana Folklore** in **Fana**, an der Straße 553 südlich von Bergen. Von Anfang Juni bis Ende August, montags, dienstags, donnerstags und freitags jeweils um 19 Uhr „Norwegisches Festessen" mit Folkloretänzen, Nationaltrachten, Fiedlern und Volksmusik. Auskunft bei Fana Folklore, Tel. 55 91 52 40 oder im Touristeninformationsbüro. Ermäßigung mit Bergen Karte.

Restaurants

✄ Restaurants: **Bryggen Tracteursted**, das „älteste Wirtshaus Norwegens", in einem historischen Hansehaus in Bryggen, rustikales Ambiente, gute norwegische Küche, teuer, stark frequentiert; geöffnet 1. Mai – 1. Sept., Tel. 55 31 40 46.

Bryggeloftet, Bryggen, Tel. 55 31 06 30; gemütliches Ambiente, Blick auf den Hafen, gute Küche, Fischspezialitäten, teuer.

Enhjørningen Restauranthaus, Bryggen, Tel. 55 32 79 19; in einem im Stil eines Hansehauses des 17. Jh. rekonstruierten Gebäude im Altstadtviertel Bryggen, gepflegtes Fischrestaurant, teuer, im Sommer täglich ab 12 Uhr kaltes Fischbüfett.

ROUTE 7: BERGEN

Finnegaardsstuene, Rosenkrantzgate 5, Tel. 55 55 03 00, teuer, elegant.
Fiskekrogen, Zachariasbryggen auf dem Fischmarkt, Tel. 55 55 96 40, renommiertes Fischrestaurant, auch Wildspezialitäten, teuer.
Wessel Stuen, Engen 14, Tel. 55 90 08 20, gemütliches, alteingesessenes Restaurant, teuer, serviert auch herzhafte norwegische Spezialitäten. – Und zahlreiche andere Restaurants.

Blick zum 320 m hohen Fløyen hinter Bergens Innenstadt

□ Hotels: **Admiral Clarion,** 190 Betten, C. Sundtsgt. 9, Tel. 55 32 47 30, traditionsreiches Haus der Luxuspreisklasse, zentral am Hafen Nähe Fischmarkt, Fischspezialitätenrestaurant „Emily" mit schönem Stadtblick, Parkmöglichkeit.
Ambassadeur, 30 Zi., Vestre Torvgt. 9, Tel. 55 90 08 90, Fax 55 90 05 84. Kleineres Haus der Mittelklasse, etwa auf halbem Wege zwischen Torget und Botanischem Garten gelegen. Pub, Diskothek.
Augustin, 90 Betten, C. Sundtsgt. 22–24, Tel. 55 23 00 25 Fax 55 30 40 10; mittlere Preisklasse, zentral, Restaurant, Parkmöglichkeit.
Bergen Hotel Best Western, 166 Zimmer, Håkonsgt. 2, Tel. 55 90 90 80, Fax 55 23 49 20, zentrale Lage, gehobene Preisklasse, **Restaurant „Nicola's".**
Bryggen Orion Tulip Inn Rainbow, 400 Betten, Bradbenken 3, Tel. 55 30 87 00, Fax 55 32 94 14, gehobene Preisklasse, beim Rosenkrantzturm gelegen, **Restaurant „Gallionen",** Nachtclub, Parkplätze.
Dreggen, 31 Zi., Sundbrugaten 3, Tel. 55 31 61 55, Fax 55 31 54 23, Restaurant. Zwischen Bryggen und Rosenkrantzturm gelegen.
First Hotel Marin, 122 Zi., Rosenkrantzgaten 8, Tel. 53 05 15 00, Fax 53 05 15 01, zeitgemäßes Geschäfts- und Tagungshotel neueren Datums mitten im Stadtteil Bryggen, gehobene Preisklasse, Konferenz- und Fitnesseinrichtungen, Restaurant, Kaffeebar.
Grand Hotel Terminus, 220 Betten, Zander Kaaesgate 6, Tel. 55 21 25 00, Fax 55 21 25 01, gehobene Preislage, Bahnhofsnähe, Restaurant, Sauna, Garage.

Hotels

ROUTE 7: BERGEN

Hotels

Hordaheimen Best Western, 107 Betten, C. Sundtsgt. 18, Tel. 55 23 23 20, Fax 55 23 49 50, gehobene Preisklasse, zentral, Cafeteria.
Neptun Hotel Rica, 200 Betten, Walckendorffsgt. 8, Tel. 55 30 68 00, Fax 55 30 68 50, Stadthotel in zentraler Lage, teils mit Gemälden norwegischer Künstler ausgestattet, Restaurant, Garage.
Kalmar Inn, 130 Betten, Jon Smørsgt. 11, Tel. 55 23 18 06.
Rosenkrantz Golden Tulip Rainbow, 205 Betten, Rosenkrantzgt. 7, Tel. 55 30 14 00, mitten im Stadtteil Bryggen, Luxuspreisklasse, Restaurant, Garage.
Radisson SAS Royal, 500 Betten, Bryggen, Tel. 55 54 30 00, Luxuspreisklasse, zentral, im Stil der alten Handelshäuser erbaut, Restaurant, Sauna, Schwimmbad, Garage.
Radisson SAS Hotel Norge, 347 Zi., Ole Bulls plass 4, Tel. 55 21 01 00, Fax 55 21 02 99; zeitgemäßes Firstclasshotel in zentraler Lage, teuer, mehrere Restaurants, u. a. das exklusive „Grillen", Bar, Pub „Bull's Eye", Nachtclub, Konferenzeinrichtungen, Schwimmbad, Sauna, Solarium, Garage.
Victoria Best Western, 43 Zi., Kong Oscarsgt. 29, Tel. 55 31 50 30, Fax 55 32 81 78; mittlere Preisklasse, **Restaurant „Schubert"**, Garage. – Und andere Hotels.

Jugendherbergen

Jugendherbergen: **YMCA Vandrerhjem Bergen**, N. Korskirkealm. 4, Tel. 55 31 72 52, sehr zentral gelegenes Hostel für Budget Traveller. In unmittelbarer Nähe zum Torget und zur Tourist Information.
Montana Youth and Family Hostel, 5030 Landås, Johan Blydtsveien 30, Tel. 55 20 89 70. Bus 31 ab Bergen. Ganzjährig geöffnet. 276 Betten in 1- bis 2- und in 4-Bettzimmern. Schlafsaal von 1. Mai bis 30. Sept. Parkplatz.

Wohnmobilstellplatz und Camping bei Bergen

▲ – **Bergen Bobil-Senter**. In **Sanden** bei „Gamle Bergen", Sandviksboder 1, Tel. 55 56 88 50, ca. 1 km nördl. von Bryggen; geöffnet Juni, Juli + Aug.; betoniertes **Stellplatzareal für Wohnmobile**. Duschen, Toiletten, Stromanschlüsse, Chemikaltoiletten-Entsorgungsstelle. Der Weiterbestand des Stellplatzes ist fraglich!
– **Bergen Campingpark**, Travparkveien 65, 5093 Breistein, Tel. 55 24 88 08, Haukås in Åsane, ca. 15 km nordöstlich der Innenstadt, Zufahrt von der E39; ca. 250 Stpl.; Standardausstattung; 29 Hütten; Motel mit 16 Zi.; Kiosk, Cafeteria.
Haukeland
– **Camping Bratland** ***, Tel. 55 10 13 38, 15. Juni – 10. Sept.; ca. 16 km östl. Bergen an der Straße 580; kleinere Anlage, 26 Miethütten.
– **Camping Lone** ***, Tel. 55 39 29 69; 1. Jan. – 31. Dez.; ca. 20 km östl. Bergen an der Straße 580; hügelige Wiesen zwischen Straße und See, in ansprechender Lage; ca. 4 ha – 200 Stpl.; Standardausstattung; 18 Miethütten ** - ****. Größter Platz östl. von Bergen, stark frequentiert. – Und andere Campingplätze.

Detail an einem der historischen Häuser im Bryggen-Viertel

8. BERGEN – VOSS

◉ **Entfernung:** Rund 160 km, ohne Abstecher.

➔ **Strecke:** Über die E16 bis **Trengereid** – R7 bis **Granvin** – R13 bis **Voss**.

🕐 **Reisedauer:** Mindestens ein Tag. Direkter Weg auf der E16 und über Dale höchstens ein halber Tag.

✣ **Höhepunkte:** Der **Steinsdalsfossen** * in Fossatun – die Fahrt am **Hardangerfjord** ** – Ausflug mit der **Flåmbahn** *.

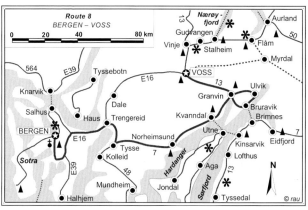

➔ **Route:** Auf der E39/R585 über **Paradis** (Fantoft Stabkirche) und **Hop** (Abzweig zum Grieg Haus) und **Nesttun** verlassen wir Bergen in südlicher Richtung.

Ab Nesttun auf der R580 nordwärts über **Haukeland** und **Espeland** bis zur E16. Ihr folgen wir nur ein kurzes Stück ostwärts bis **Trengereid** und nehmen dort die Straße 7, die weiter ostwärts über **Norheimsund, Ålvik** und **Kvanndal** bis **Granvin** führt. •

Alternativ zum Weg südlich über Nesttun und Haukeland kann man Bergen über die Schnellstraße E16/E39 zunächst in nördlicher Richtung verlassen und gelangt dann über **Ytre Arna**, **Garnes** (Jernebanemuseum, **Eisenbahnmuseum und Veteranenzug** auf der alten Bahnstrecke nach Voss, ca. 18 km zwischen Garnes und Midttun, im Sommer Abfahrten sonntags um 11.30 und 14.30 Uhr) und **Indre Arna** nach **Trengereid**. Ab dort folgt man der E16 über **Dale** nach **Voss**. Die bestens ausgebaute Straße führt durch reizvolle Landschaft, besonders zwischen Dale und Voss. Durch die zahlreichen Tunnels ist die Strecke zwar relativ rasch zu bewältigen (reine Fahrzeit eine gute Stunde bis Voss), dafür sieht man aber von der Landschaft weniger.

schnelle Alternativroute nach Voss

ROUTE 8: BERGEN – VOSS

Hauptroute

Unsere **Hauptroute** folgt ab Trengereid der Straße 7, die ab **Tysse** die Fjordküste verläßt und durch ein enger werdendes Tal und durch Tunnels hinauf auf das **Hochplateau Kvamskogen** (Ski- und Wandergebiet mit Hütten und Liften) führt. Es ist eine sehr reizvolle Fahrt. Weiter westlich, vor dem Abstieg in die **Schlucht Tokagjelet**, bieten sich schöne Ausblicke nach Südosten zum Gletscher Hardangerjökulen.

Kvamskogen Camping

Zwischen Kvamskogen und Tokagjelet liegt der relativ kleine, ganzjährig geöffnete Campingplatz *NAF-Camping Kvamskogen,* 10 Miethütten.

Der einstmals rasante, etwa 3 km lange Toka-Abstieg ist durch vier Tunnels entschärft und unproblematisch.

Im Tal sollte man in **Fossatun** links der Straße auf den wilden Wasserfall **Steinsdalsfossen** achten. Ein Fußweg führt unter dem Wasservorhang hindurch. Nahebei ein Café.

Norheimsunds Museumswerft
Ende Mai - Anf. Sept. 11 - 17 Uhr.

Zu den bescheidenen Sehenswürdigkeiten in **Norheimsund**, das seit Mitte des 19. Jh. als Handelshafen von einiger Bedeutung am Hardangerfjord fungiert, zählt neben der Stadtkirche aus dem Jahre 1989 mit einem bemerkenswerten Altarbild von Audun Storås, das **Hardanger Fartøyvernsenter**. In dieser Museumswerft werden Holzboote fachgerecht restauriert. Sammlung alter Boote. Diaschau, Café.

Schiffsausflug in den Fyksesund

Von Anfang Juli bis Anfang August verkehrt dienstags, mittwochs und donnerstags jeweils vormittags das **Ausflugsschiff M/S Turnus** auf einer schönen Fjordtour von Norheimsund über Øystese und Porsmyr durch den engen Fyksesund nach Botnen. Dort Bauernhofbesuch mit Kaffee und Imbiss. Info bei *Fyksesund Fjordruter*, 5610 Øystese, Tel. 56 55 57 44.

Norheimsund

Praktische Hinweise – Norheimsund

☎ **Kvam Turist Informasjon**, 5600 Norheimsund, Tel. 56 55 38 70. Geöffnet von Ende Juni bis Ende August. Web: www.hardangerfjord.com

Hotels

◫ Hotels: **Norheimsund Fjord Hotell**, Tel. 56 55 15 22.
Sandven Hotel, 70 Betten, Tel. 56 55 20 88, Fax 56 55 26 88, traditionsreiches Haus im Fjordhausstil, Restaurant. – Und andere Hotels.

Camping

▲ – **Mo Camping**, Tel. 56 55 17 27, kleiner, hübsch gelegener Platz an der R7, Wiesen am See Movatnet, Fremdenzimmer, Bootsverleih.

➔ **Route:** In **Norheimsund** stößt die Straße wieder auf den Hardangerfjord, an dem sich die R7 kurvenreich und teils recht schmal entlang schlängelt. Über **Ålvik** erreicht man die **Fährstation Kvanndal**. •

Autofähren nach Utne und Kinsarvik

Ab **Kvanndal**, bis 1945 war der Ort ohne Straßenverbindung, verkehren Fähren nach **Utne** (siehe auch Route 6, Alternativroute) und nach **Kinsarvik**. Abfahrten zwischen ca. 7 und 22 Uhr bis zu 25 mal nach Utne und bis zu 10 mal nach Kinsarvik. Fahrzeit nach Utne 20 Minuten, nach Kinsarvik 50 Minuten.

➔ **Route:** Weiter auf der R7 bis **Granvin**. •

ROUTE 8: BERGEN – VOSS

In **Granvin** (im Sommer geöffnetes **Freilichtmuseum**, Granvin Touristkontor, Tel. 56 52 52 85, Ende Juni bis Anf. Aug. tgl. 11 bis 16 Uhr geöffnet) kann man ostwärts abzweigen, und gelangt dann durch das 7,5 km lange **Vallavik Tunnel** zur **Fährstation Bruravik**.

schöne Alternativroute ab Granvin

Ab Bruravik kann man mit der Fähre übersetzen nach **Brimnes** und von dort auf der R7 über **Eidfjord (Hardangervidda Natursenter)** hinauf auf die Hardangervidda zum spektakulären **Wasserfall Vöringsfoss** machen. Sehr schöne Fahrt. Siehe auch Route 14, Flåm – Otta, Alternative ab Geilo!

Will man nicht mit der Fähre und über Geilo weiterreisen, sollte man zumindest bis **Bruravik** fahren, um dort nordwärts nach **Ulvik** zu gelangen, einem viel besuchten und hübsch am Ulvikfjord gelegenen Sommerferienort.

Sommerferienort Ulvik

Ab Ulvik bietet sich ein **Abstecher nordostwärts nach Osa** am Nordende des reizvollen Osafjords an. Besichtigen kann man das **Stream Nest**, eine eigenwillige Skulptur von Takamasa Kuniyasu mit Musik von Geir Løvold. Diese sog. Olympia-Skulptur wurde nach den Olympischen Winterspielen von 1994 in Lillehammer hier wieder aufbaut. Das moderne, spiralförmige Kunstwerk soll aus 23.000 Mauersteinen und 3.000 Stangen und Stöcken zusammengefügt sein.

Andere Skulpturen hier sind „**Rambukk**" von Allan Christensen und „**Die Trolle**" von Johannes Hjelmeland.

Etwa 15 Minuten zu Fuß vom Stream Nest und der Hjadlane Galerie entfernt kommt man zum **Røykjafossen**. Allerdings ist der Wasserfall reguliert. Und es ist durchaus möglich, dass sie ihn in einer gebremsten Magerversion erleben.

Nördlich und östlich von Osa erstreckt sich ein riesiges **Wandergebiet,** das sich u. a. bis zum Gletscher **Hardangerjökulen** im Osten erstreckt. Am besten zugänglich ist der Gletscher von **Finse** (Bahnstation, Finsehytta, Rallarmuseum über den Bau der Bergbahn Ende des 19. Jh.) nördlich des Gletschers aus.

Wer herausfordernde **Wander- und Radtouren** sucht, für den kann der **Rallarvegen** ein interessantes Erlebnis sein. Der Weg führt über insgesamt 92 km von Haugestøl über Finse, Hallingskeid und Myrdal bis hinab nach Flåm immer entlang der Bergbahn, die zwischen 1895 und 1902 gebaut worden ist und als höchstgelegene Bahnstrecke Nordeuropas gilt.

Wander- und Fahrradweg ***

Praktische Hinweise – Ulvik

Ulvik

☎ **Ulvik Turist Informasjon,** 5730 Ulvik, Tel. 56 52 63 60, geöffnet Montag bis Freitag 8.30 bis 13.30 Uhr, im Sommer bis 17 Uhr und auch Samstag und Sonntag.

🛏 Hotels: **Rica Brakanes,** 143 Zi., Tel. 56 52 61 05, Fax 56 52 64 10, Restaurant, Sauna, Schwimmbad, Tennis, Parkplatz, hoteleigenes Ausflugsschiff.

Hotels

Rica Strand Fjordhotel, 50 Zi., Tel. 56 52 63 05, Fax 56 52 64 10, Restaurant, Sauna, Schwimmbad, Parkplatz.

Rica Ulvik Hotel, 55 Zi., Tel. 56 52 62 00, Fax 56 52 66 41, Restaurant, Sauna, Parkplatz.

ROUTE 8: BERGEN – VOSS

Camping

Ulvik Fjord Pensjonat, 40 Betten, Tel. 56 52 61 70, Sauna. Geschlossen 1.1. – 30.4. und 21.9. – 31.12.

▲ – **Ulvik Fjordcamping,** Tel. 56 52 65 77, Ende Mai – Ende Aug.; über R572, ca. 500 m außerhalb; Wiese zwischen Straße und Fjord, kleiner, einfacher Platz mit 40 Stpl.; 10 Miethütten.

schöner Fjordblick auf der Weiterreise

➔ **Route:** Auf der Weiterfahrt von Ulvik über die R572 und durch das Hochtal Espelandsdalen zurück zur R13 bei **Granvin**, hat man von den oberen Straßenkehren einen sehr schönen Blick zurück auf Ulvik und den Fjord. •

Camping bei Granvin

▲ – **NAF-Camping Granvin ***,** Tel. 56 52 52 82; Anf. Jan. – Ende Dez.; kleinere Anlage neben der weißen Granvin Kirche; ca. 0,5 ha – 30 Stpl.; Standardausstattung; Laden; 15 Miethütten ** - ****.
– **NAF-Camping Seim **,** Tel. 56 52 57 30; 1. Jan. – 31. Dez.; nördl. Granvin Abzweig von der R13 Richtung Seim/Nesheim; ebene Wiesen; ca. 1 ha – 50 Stpl.; Standardausstattung; 7 Miethütten.
– **NAF-Camping Espelandsdalen ***,** Tel. 56 52 51 67; 1. Mai – 30. Sept.; von der R13 Abzweig auf die R572, ca. 7 km Richtung Ulvik; kleinerer Platz am See Espelandsvatnet; 10 Miethütten.
– **Camping Flatlandsmo **,** Tel. 56 51 78 08; Ende März – Ende Okt.; an der R13, etwa auf halbem Wege zwischen Granvin und Voss; Wiesen an einem See; ca. 2,5 ha – 80 Stpl.; Standardausstattung; 12 Miethütten ** - ***, Gästehaus.

➔ **Route:** Im weiteren Verlauf unserer Route nach Voss führt die Straße 13 am Ostufer des dunklen Granvinvatnet vorbei. **Granvin Kirche** aus dem 18. Jh.

Wenige Kilometer weiter beginnt eine sehr **schöne Paßfahrt**, die in engen, übereinander liegenden Serpentinen angesichts des tosenden Wasserfalls Skjervefossen bergan führt. Der weiteste Blick zurück und hinab ins Tal gelingt vom ganz oben gelegenen Parkplatz. •

VOSS in der *Provinz Hordaland*, eine Kleinstadt mit rund 6.000 Einwohnern, ist wichtiger Verkehrsknotenpunkt an der E16, mit Bahnanschluß (Bergen – Myrdal – Oslo) und Anbindung an die Fernbuslinien.

Dank seiner günstigen Lage zwischen dem Hardangerfjord im Süden und dem Sognefjord im Norden hat sich Voss zu einem wichtigen Fremdenverkehrsort und bedeutenden Wintersportgebiet entwickelt. Die Stadt bietet sich als günstiger Ausgangspunkt für Ausflüge zum Nærøyfjord und zur berühmten Flåmbahn an.

Voss ist aber auch Sitz der Ole Bull Akademie, die als wichtiges Zentrum für Volksmusik in Norwegen fungiert.

Voss ist eine vergleichsweise alte Siedlung, die im 2. Weltkrieg durch Bombenangriffe allerdings stark in Mitleidenschaft gezogen worden ist, so daß das Straßenbild heute von modernen Bauten geprägt wird. Die **Kirche von Voss** in der Stadtmitte ist allerdings aus dem 13. Jh. unversehrt und nahezu unverändert erhalten geblieben. Im Inneren sind Stilelemente der Renaissance (Kanzel) zu sehen.

ROUTE 8: BERGEN – VOSS

Empfehlenswert ist ein Besuch des **Museumshofs Mølstertunet**. Das Freilichtmuseum liegt nördlich der Stadt in schöner Hanglage. Mølstertunet besteht aus 16 alten Gebäuden. Die ältesten stammen aus dem 16. Jh. Der Hof war bis 1927 bewirtschaftet.

Im westlichen Stadtbereich liegt nördlich der Straße E16/R13 **Finnesloftet** (geöffnet Ende Juni - 15. Aug. tgl. 10 - 16 Uhr. Eintritt), ein beeindruckendes altes Holzgebäude, das 1250 als Gildehaus oder adeliger Bankettsaal errichtet wurde und aus jener Zeit unverändert erhalten geblieben ist. Es zählt zu den größten nicht sakralen Holzbauten in Norwegen.

Einen ausgezeichneten Blick auf die Landschaft um Voss genießt man vom 660 m hohen Aussichtspunkt auf dem **Hangursfjell** (Restaurant). Von der Talstation nordwestlich vom Stadtzentrum bringt Sie eine Kabinenseilbahn in nur vier Minuten hinauf zum Aussichtspunkt. Die Bahn verkehrt im Sommer täglich zwischen 10 und 16 Uhr alle 15 Minuten. Im Juli verkehrt ein Sessellift weiter bis in 800 m Höhe.

Oben auf dem Hangursfjell bieten sich vielfältige Wandermöglichkeiten. Wanderkarten gibt es in den Sportgeschäften in Voss.

Etwa 16 km nördlich von Voss liegt am Ostufer des Sees Lønavatnet **Nesheimtunet**, ein weiterer vom Volksmuseum Voss betreuter Museumshof. Hier ist ein für diese Region typisches Gehöft mit 12 alten Holzhäusern zu sehen. Die ältesten stammen aus dem ausgehenden 17. Jh. Nesheimtunet ist nur von Mitte Juni bis Ende Juli samstags und sonntags geöffnet.

Volkstanz im Freilichtmuseum von Voss
Freilichtmuseum *
Mai + Sept. tgl. 10 - 17 Uhr. Juni - Aug. tgl. 10 - 19 Uhr. Sonst werktags bis 15 Uhr. Eintritt.

Praktische Hinweise – Voss

☎ **Voss Reiselivslag**, Voss Tinghus, Uttrågate, Boks 57, 5700 Voss, Tel. 56 52 08 00. Geöffnet im Juni, Juli u. August Mo. bis Sa. 9 bis 19, So. 14 bis 19 Uhr. Übrige Jahreszeit werktags 9 bis 16 Uhr.

Voss

ROUTE 8: BERGEN – VOSS

Voss
Hotels

Hotels: **Fleischer's**, 85 Zi., Evangerveien 13, Tel. 56 51 11 55, Fax 56 51 22 89; komfortables, traditionsreiches Firstclass Hotel, Haupthaus in einem historischen Gebäude aus dem 19. Jh., Restaurant, Sauna, Schwimmbad, Fahrradverleih.
Jarl, 144 Betten, Tel. 56 51 19 33, Fax 56 51 37 69; gutes Mittelklassehotel, zentrumsnah, Restaurant, Pub, Sauna, Schwimmbad.
Park Hotel Vossevangen, 198 Betten, Tel. 56 51 13 22, Fax 56 51 00 39; gepflegtes, komfortables Firstclass Hotel mit entsprechenden Preisen, das größte Haus am Platz, zentral gelegen, gutes **Restaurant „Elysée"** (teuer), Café, Pub, Diskothek, Piano-Bar, Parkplatz.
Rondo Sportell, 54 Betten, Tel. 56 51 07 00; **Restaurant „Vinstuen"**, Sauna.

Jugendherberge

Voss Turistheim, 94 Betten, Tel. 56 51 15 77. Und andere Hotels, sowie diverse Pensionen.
Jugendherberge: **Voss Vandrerhjem**, westlich der Stadt, über E16 Richtung Dale, 40 Zi. mit Dusche u. WC. Tel. 56 51 20 17, Fax 56 51 08 37. Fahrradverleih.

Camping

▲ – **NAF-Camping Voss** ***, Tel. 56 51 15 97; 1. Jan. – 31. Dez.; im Ort von der E16 (Voss – Dale) beschilderter Abzweig; teils Wiesen am See Vangsvatnet mit Kiesstrand und öffentlichem Badestrand, teils im Föhrenwald; schöne Lage mit Blick auf See und Berge; ca. 2 ha – 200 Stpl.; Standardausstattung; Laden; Miethütten; beheiztes Freibad nebenan. Fahrradverleih, Bootsverleih.

☑ *Mein Tipp!* Der Campingplatz von Voss wird stark frequentiert, besonders in den Ferienmonaten! Wem das Gedränge hier dann zu groß wird, kann auf kleinere, etwas einfachere, aber mindestens genau so schön gelegene Plätze an der Straße E16 nach Gudvangen ausweichen (z.B. Camping Saue, Camping Tvinde, Camping Taulen).
Wohnmobilfahrern stehen in **Bavallen**, unweit nördlich von Voss (E16/R13) Stellplätze zur Verfügung. Ob der Weiterbestand des Stellplatzareals auch künftig gesichert ist, war bis Drucklegung nicht zu erfahren.

AUSFLÜGE ZUM NÆRØYFJORD UND ZUR FLÅMBAHN

Einer der schönsten Ausflüge im westlichen Norwegen kann gut von Voss aus unternommen werden, falls Sie die einzelnen Ausflugsstationen nicht in den weiteren Verlauf der Route einplanen wollen (siehe auch nächste Route 9, Voss – Loen). Auf unserer Hauptroute wird die Region Aurland – Flåm – Myrdal auf der Etappe 13, Gjerde – Flåm passiert!

Ausflüge zum Nærøyfjord und zur Flåmbahn

Der Ausflug durch den **Nærøyfjord** und zur berühmten **Flåmbahn** kann auf eigene Faust genauso gut unternommen werden, wie auf einem organisierten Ausflug (Anmeldung und Tickets bei der Touristen Information, Tel. 56 52 08 00), was die Sache bequemer macht. Auf dem begleiteten Ausflug lernt man auch die Serpentinenstraße Stalheimskleiva kennen. Informationen über die neuesten Abfahrtszeiten und Preise gibt es ebenfalls in der Touristen Information in Voss.

Man fährt morgens (erste Abfahrt 10 Uhr) mit dem Bus ab Voss durch die Stalheimschlucht hinab nach **Gudvangen** (Fahrzeit 1 Stunde und 25 Minuten). Dort besteigt man das Ausflugsschiff durch den Nærøyfjord, einen der schmalsten Fjorde Norwegens. Die Fähre (erste Abfahrt um 11.30 Uhr nehmen!) bringt Sie über Aurland nach **Flåm** (Fahrzeit 2 Stunden und 10 Minuten). Dort vertraut man sich um 14.35 Uhr der berühm-

ROUTE 8: BERGEN – VOSS

ten **Flåmbahn** an, die über eine unglaublich kühne Trasse, durch viele lange Tunnels und überbaute Galerien hinauf nach **Myrdal** fährt. Stops unterwegs, z. B. am Kjos-Wasserfall, zum Fotografieren. In Myrdal, das 865 m hoch über dem Meer liegt, kommt man nach einer Fahrt von knapp einer Stunde um 15.34 Uhr an.

Wer viel Zeit mitbringt kann sich etwas in Flåm aufhalten, eine spätere Abfahrt der Flåmbahn nach Myrdal wählen und ab Myrdal mit dem Regionalzug nach Bergen (im Sommer um 19.51 Uhr ab Myrdal) durch das schöne Rauntal zurück nach Voss fahren.

die Flåmbahn am alten Bahnhof von Flåm

Will man nicht auf den Regionalzug warten, muss man mit der Flåmbahn um 15.45 Uhr zurück nach Flåm fahren, um dort den Bergen-Bus um 17.30 Uhr (täglich außer Samstag!) zurück nach Voss zu erreichen. Ankunft in Voss 20.35 Uhr.

Diese Verbindung war bislang im Sommer zwischen Mitte Juni und Mitte September möglich. Fahrplanänderungen sind aber nicht auszuschließen! Erkundigen Sie sich also unbedingt vor ihrer Abreise in Voss nach den neuesten Fahrplänen, wenn Sie den Ausflug mit öffentlichen Verkehrsmitteln planen!

Rascher und unabhängiger läßt sich der Ausflug zur Flåmbahn mit dem eigenen Auto bewerkstelligen, zumal seit einigen Jahren Flåm ab Gudvangen direkt durch den 11,4 km langen **Gudvangentunnel** (Straße 50) bequem und schnell zu erreichen ist. Das Erlebnis einer Schifffahrt durch den Nærøyfjord entgeht Ihnen dann allerdings.

Man kann die Fährfahrt durch den Nærøyfjord aber in die Weiterreise ab Voss einbauen, siehe nächste Route 9, Voss – Loen.

RADWANDERUNG AUF DEM RALLARVEGEN

Von Voss aus bietet sich vor allem im Sommer Gelegenheit, zu einer ausgedehnten Radwanderung auf dem konditionell teilweise anspruchsvollen **Rallarvegen** zu starten.

Man nimmt zunächst den im Sommer verkehrenden Fahrradzug Voss – Oslo durch das Raundalen hinauf bis Myrdal oder weiter bis Haugastøl. Dort kann man auf dem Rallarvegen, einem alten Weg der Bahnarbeiter aus der Zeit um 1900, zu einer ausgedehnten Radtour starten. Der Weg ist insgesamt rund 80 km lang, startet in Haugastøl, geht über Finse, Hallingskeid und Myrdal und endet in Flåm. Näheres über den Weg finden Sie am Ende der Etappe 13, Gjerde – Flåm.

133

ROUTE 9: VOSS – LOEN

9. VOSS – LOEN

⊙ **Entfernung:** Rund 265 km (ohne Abstecher) + 1 Fähre.
Abstecher ans Westkap, ab Byrkjelo ca. 150 km einfach.
Abstecher nach Briksdal, ab Loen ca. 30 km einfach.

➔ **Strecke:** Über R13 bis **Vangsnes** – Fähre nach **Dragsvik** – R13 bis **Moskog** – E39/R5 bis **Skei** – E39 bis **Byrkjelo** – **Abstecher ans Westkap** – R60 bis **Loen.**

⇔ **Abstecher** nach **Gudvangen** (Seite 135).

⇗ **Alternativroute** durch den **Nærøyfjord** (Seite 136).

⇔ **Abstecher** an Norwegens **Westkap** (Seite 143).

🕒 **Reisedauer:** Mindestens ein Tag. Für die Abstecher zum Westkap und zum Briksdalgletscher sollte man zusätzlich jeweils mindestens einen halben Tag einplanen!

⌘ **Höhepunkte:** Die Serpentinenstraße **Stalheimskleiva** * – eine Schiffahrt durch den **Nærøyfjord** *** – das **Norsk Bremuseum** * bei Fjærland – eine Fahrt mit der **Flåmbahn** ** – Fahrt über das **Vikafjell** *– die **Hopperstad Stabkirche** ** bei Vik – das **Sunnfjord Freilichtmuseum** ** bei Moskog – Abstecher und Wanderung zum **Briksdalgletscher** ***.

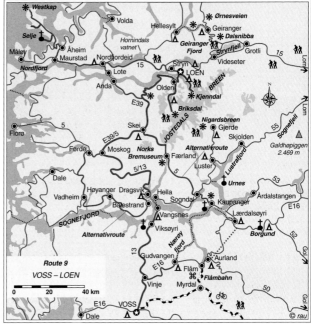

Route 9
VOSS – LOEN

ROUTE 9: VOSS – LOEN

➔ **Hauptroute:** Über die E16/R13 nordwärts Richtung **Gudvangen.** •

Nach etwa 8 km liegt rechts, etwas abseits der Straße der Campingplatz Saue. Nur wenige Kilometer weiter sieht man linkerhand den **Tvinnefoss** (Camping) rund 150 m tief zu Tal stürzen (Parkplatz, Kiosk). Direkt unterhalb des Wasserfalls liegt der Campingplatz Tvinde.

ABSTECHER NACH GUDVANGEN UND ALTERNATIVROUTE

↔ **Abstecher:** In **Vinje** *(Vinje Turisthotel)* trennen sich E16 und R13. Wir bleiben auf der E16, die nach Nordosten abzweigt und nach 26 km den **Fährhafen Gudvangen** erreicht. •

Von Vinje über Stalheim und durch das Nærøytal nach Gudvangen führte früher die alte **Poststraße** bzw. der sog. **„Königswegs"** von Oslo nach Bergen. Die heutige Straße E16 folgt bei Oppheim noch der alten Trasse. Auch die Serpentinen von Stalheim waren Teil des „Königswegs". Teilstücke der alten Straße existieren noch und laden zu Wanderungen ein, z. B. zwischen Vinje Hotel und Oppheim Hotel, oder zwischen Haugsvik am Westende des Sees Oppheimsvatnet und dem Stalheim Hotel.

Wandern auf dem alten „Königsweg"

Später passiert man **Oppheim** (alter **Museums-Pfarrhof**, Besichtigung nach Absprache. **Wintersportgebiet** mit Liftanlagen. **Hotel** (s. u. Gudvangen).

Nach weiteren 13 km kann man von der E16 zum **Hotel Stalheim** (Details s. u. Gudvangen) abzweigen. Das Berghotel liegt sehr schön. Ihm ist ein **Freilichtmuseum** angeschlossen, das nach Absprache mit dem Hotel besichtigt werden kann.

Die Weiterfahrt vom Hotel über die enge, steile **Stalheimskleiva-Straße**, die in 13 Haarnadelkurven mit bis zu 18% Gefälle, begleitet vom Sivlefoss, talwärts führt, sollte nicht mit Wohnwagen unternommen werden! Man umfährt Stalheim dann besser auf der gut ausgebauten E16, die hier durch zwei längere Tunnels führt.

spektakuläre Straßentrasse Stalheimskleiva **

Man kann auch von der Talseite der Stalheimskleiva-Straße bis zur 3. Serpentine hinaufwandern. Von dort hat man den schönsten Blick auf den Sivlefall. Die Trassenführung der alten Stalheimstraße ist an sich schon eine Sehenswürdigkeit und ein wirklich bemerkenswertes Beispiel kühner Straßenbaukunst.

Gudvangen (Provinz Sogn og Fjordane) liegt in einem von steilen Bergwänden eingefaßten Tal am Ende des Nærøyfjords, einem Ausläufer des Sognefjords, und vielleicht einer der schönsten Fjorde in Norwegen. Besonders während der Schneeschmelze schwillt der **Kielsfoss** an der Ostseite des Tals zu einem gewaltigen Wasserfall an.

Praktische Hinweise – Gudvangen

Hotels bei Gudvangen

⌂ Hotels: **Gudvangen Fjord Hotell**, 50 Betten, Tel. 57 63 39 29, Restaurant. Geschlossen 1. 1. – 15. 3.
Oppheim Hotel, 95 Betten, Tel. 56 52 25 00, Fax 56 52 26 06, in **Oppheim** an der E16 schön am Oppheimsvatnet gelegen, Restaurant, Sauna, Schwimmbad.

ROUTE 9: VOSS – LOEN

Hotels bei Gudvangen

Vossestølen Hotel, Tel. 56 52 23 50, Fax 56 52 23 08, etwas westlich von **Oppheim** an der E16 schön am Oppheimsvatnet gelegen, Restaurant.
Hotel Stalheim, 220 Betten, Tel. 56 52 01 22, Fax 56 52 00 56, schön gelegenes Berghotel, Restaurant. Geschlossen 1. 1. – 9. 5. und 26. 9. – 31. 12.

Camping

▲ – **NAF-Camping Vang **,** Tel. 57 63 39 26; 15. Mai – 10. Sept.; an der E16 kurz vor Gudvangen; ebene Wiesen; ca. 1 ha – 30 Stpl.; einfache Standardausstattung; 10 Miethütten.
– **Gudvangen Camping,** Tel 57 53 19 34; 15. Mai – 30. Okt., an der E16 kurz vor Gudvangen; ebene Wiese; ca. 1,5 ha – 40 Stpl.; einfache Standardausstattung; 15 Miethütten.

Autofähren nach Kaupanger und Lærdal

Ab Gudvangen verkehren **Autofähren über Kaupanger nach Lærdal (Lærdalsøyri).** Besonders in der Hauptreisezeit im Juli ist die Strecke stark frequentiert und Autoplätze sind dann knapp, was zu längeren Wartezeiten führen kann! Die Fähren verkehren ganzjährig. Abfahrten zwischen 15. Mai und 20. September ab Gudvangen vier mal täglich, um 8 Uhr, 12 Uhr, 14.45 Uhr und 18.15 Uhr. Die Zeiten können sich ändern! Die Überfahrt nach Kaupanger dauert zwei Stunden, nach Lærdal rund drei Stunden.

EMPFEHLENSWERTE ALTERNATIVROUTE DURCH DEN NÆRØYFJORD UND ÜBER SOGNDAL

Fahrt durch den Nærøyfjord **

Eine **sehr empfehlenswerte Routenalternative** – wegen der langen Fährpassage und der hohen Tunnelmaut zwischen Sogndal und Fjærland leider auch eine etwas teure Alternative – ist der Weg mit der Fähre durch den engen, imposanten **Nærøyfjord,** den anschließenden **Aurlandsfjord** und durch den **Sognefjord** nach **Kaupanger** (Fährzeiten zwei Stunden). Der Sognefjord ist mit einer Länge von 204 km der längste Fjord er Welt – und einer der schönsten.

Die Schiffstour wird übrigens zu den **schönsten Fjordfahrten** in Norwegen gezählt! Wie erwähnt, beträgt die Fahrzeit von Gudvangen bis Kaupanger rund zwei Stunden, genügend Zeit also, die prächtige Fjordlandschaft zu genießen.

Stabkirche von Kaupanger **
Anf. Juni - Ende Aug. 9.30 - 17.30 Uhr. Eintritt.
Sogn Fjordmuseum
Anf. Juni - Ende Aug. 10 - 18 Uhr. Eintritt.

In **Kaupanger,** einem altem Handelsort am Sogndalsfjord, liegt eine der ältesten **Stabkirchen** Norwegens. Sie stammt aus der Zeit um 1190 und ist die größte ihrer Art in der Provinz Sogn og Fjordane.

Besichtigen kann man außerdem das **Sogn Fjordmuseum,** dessen Ausstellungen sich vornehmlich mit dem Bootsverkehr auf dem Fjord, der Fischerei und dem Bootsbau in früheren Zeiten befaßt. Bootsbauwerkstatt. Das Museum liegt rund 6 km südöstlich von Sogndal bei Hovland.

↘ **Alternativroute:** Weiterreise ab Kaupanger auf der R5 nordwestwärts über **Sogndal** und **Fjærland** bis **Skei** an der E39. In Skei trifft man dann wieder auf die im Weiteren beschriebene Hauptroute. ●

Sogndal

Praktische Hinweise – Sogndal

Sogn og Fjordane Reiselivsråd, Postboks 299, 6852 Sogndal, Tel. 57 67 23 00. Internet: www.sfr.no

ROUTE 9: VOSS – LOEN

im Nærøyfjord

🏠 Hotels: **Quality Sogndal Hotel**, 108 Zi., Tel. 57 67 23 11, Fax 57672665.
Hofslund Fjord Hotel, 54 Zi., Tel. 57 67 10 22, Fax 57 67 16 30, hübsches Haus im alten Stil. – Und andere Hotels.

Jugendherberge: **Sogndal Vandrerhjem**, 83 Betten, 6856 Sogndal, Tel. 57 67 20 33, geöffnet Mitte Juni bis Mitte August.

Hotels, Jugendherberge

▲ – **NAF Kjørnes Camping** **, Tel. 57 67 45 80; 1. Juni – 31. Aug.; rund 3 km östlich von Sogndal unterhalb der Straße 5 am Sogndalfjorden; ca. 2 ha – 100 Stpl.; Standardausstattung. 8 Miethütten.
– **Stedje Camping** ****, Tel. 57 67 10 12, 15. Mai – 31. Aug.; etwa 1 km südwestlich über die R55; Wiesen in einem Obstgarten; ca. 2 ha – 80 Stpl.; 14 Miethütten, Motel.

Camping

Die Straße R5 zwischen Sogndal und Skei führt durch mehrere Tunnels, wie den 6.750 m langen **Frudalstunnel** (Maut 135 Kronen), den 2.590 m langen **Bergstunnel** und den 6.390 m langen **Fjærlandstunnel**.

In **Fjærland** am Nordende des gleichnamigen Fjords, kann man das moderne **Norsk Bremuseum** besichtigen. Das sehenswerte und sehr informative Gletschermuseum zeigt in zeitgemäßen, gar nicht museumshaften und sehr anschaulichen Präsentationen interessante Ausstellungen über die Entwicklung der Gletscher in Norwegen und den Einfluß der Gletscher auf das Klima. Von Professor Olav Orheim vom Norwegischen Gletschermuseum stammt der Satz: „Wir sind die erste Generation, die das Klima beeinflußt, und die letzte, die noch nicht die Konsequenzen zu spüren bekommt." Und wenn Ihre Kinder fragen, warum das Eis blau ist, wie die Fjorde entstanden sind oder ob Mammute Vegetarier waren, kommen Sie um einen Besuch im Norwegischen Gletschermuseum nicht herum. Viele Experimente, die der Besucher selbst betätigen kann, machen die Erklärungen noch anschaulicher.

Fjærland
Gletschermuseum *
Apr. - Okt. tgl. 10 - 16 Uhr. Juni - Aug. tgl. 9 - 19 Uhr. Eintritt.

ROUTE 9: VOSS – LOEN

Phantastische Breitwandbilder erleben Sie im Museum in einem sehenswerten **Panoramafilm** über den Jostedalsbreen, den größten Festlandsgletscher Europas.

Fjærland
Hotels,
Jugendherberge,
Camping

Praktische Hinweise – Fjærland

🏠 Hotels: **Hotel Mundal**, 35 Zi., 6848 Fjærland, Tel. 57 69 31 01, Fax 57 69 31 71, einladendes, traditionsreiches Haus, geöffnet von 15. Mai bis 15. September.

▲ – **Bøyum Camping ******, Tel. 57 69 32 52; 1. Mai – 1. Okt.; Zufahrt über R5; neuere Anlage mit zeitgemäßer Ausstattung, in ansprechender Lage; ca. 2 ha – 100 Stpl.; Standardausstattung; Laden, Fahrradverleih, Bootsverleih, 7 Miethütten. **Jugendherberge**.

Auf der Weiterfahrt von Fjærland auf der R5 passiert man einige Kilometer weiter nördlich, kurz vor dem östlichen Portal des Fjærlandstunnels, die Eiszunge des **Bøyabreen**, einen Ausläufer des Jostedalgletschers.. Eine schmale Stichstraße führt zum **Aussichtspunkt an der Brevasshyta** mit herrlichem Blick zum nahen Gletscher.

Schließlich trifft man in **Skei** wieder auf unsere im Weiteren beschriebene Hauptroute.

HAUPTROUTE

➔ **Hauptroute:** Folgt man nicht dem Wasserweg durch den Nærøyford und den Sognefjord nach Kaupanger, sondern unserer **Hauptroute**, fährt man von **Gudvangen** zurück bis **Vinje** und nimmt dort die R13 über **Viksøyri** nach **Vangsnes**. •

herrliche
Bergfahrt über
das Vikafjell *

Die stellenweise etwas schmale Straße R13 (gesperrt von Oktober bis Mai, je nach Schneelage) führt durch das **Myrkedalen** (Camping) und über **Helgatun** (*Vossestrand Hotel*, 31 Zi., 56 52 27 68) in einer wunderschönen Fahrt hinauf ins **Vikafjell**.

Bei **Hola** beginnt die Straße in zahlreichen Serpentinen einen Steilhang zu erklimmen. Die Kehren und Steigungen sind aber problemlos zu befahren, wobei die Strecke zwischen Vinje und der Paßhöhe auf dem Vikafjell vom norwegischen Straßenbauamt allerdings nur geübten Wohnwagenfahrern empfohlen wird!

Auf den Höhen nimmt die Landschaft Hochgebirgscharakter an. Der höchste Punkt der Straße wird in 986 m Höhe erreicht. Es bieten sich immer wieder wunderschöne **Ausblicke** in die umliegenden Gebirge, zum Beispiel über das **Fossfjellet** nach Nordwesten bis zum Gletscher **Fresvikbreen** (1.660 m).

Diese Landschaft liegt bereits in der *Provinz Sogn og Fjordane*, die mit Superlativen aufzuwarten hat – dem größten Gletscherfeld Europas, dem **Jostedalsbreen**, und dem „König der Fjorde", dem gut 204 km langen und bei Nordeide 1.308 m tiefen Sognefjord.

Auf der anschließenden Talfahrt gelingt einem von der letzten Haarnadelkurve ein schöner Blick auf Vik (Viksøyri) am Sognefjord.

In **Vik** (auch Viksøyri) sollte man die **Hopperstad Stabkirche** besichtigen. Sie zählt zweifellos zu den interessantesten Stabkirchen Norwegens.

ROUTE 9: VOSS – LOEN

FJORDE AM „NORDWEG"

Die großartige und wilde Landschaft der Fjorde, die ja eine Fortsetzung der zum Meer laufenden Gebirgstäler darstellen, ist ein Ergebnis der Eiszeit. *Fjord* bedeutet übrigens soviel wie *Fahrwasser* oder *Förde*.

Eismassen gruben auf dem Weg zum Meer tiefe Täler. Interessant dabei ist, daß die größte Tiefe dieser Täler nicht etwa an der Mündung ins Meer, sondern weiter im Landesinneren liegt. Das wandernde Eis schob gewaltige Massen an Fels vor sich her, die vor der Küste als Schären und Inseln stehenblieben. Das geschützte Fahrwasser zwischen Festland und Inseln erlaubte später auch bei schwerer See die Aufrechterhaltung des Schiffsverkehrs nach Norden. Es entstand der Begriff *„Nordweg"*, der dem Land *„Norwegen"* seinen Namen gab.

Der **Sognefjord**, der längste und mit 1.308 m auch der tiefste Fjord Norwegens, reicht mit seinen Armen rund 204 km weit ins Landesinnere.

Zu seinen schönsten Seitenarmen zählen der nach Südwesten reichende **Nærøyfjord** und der benachbarte **Aurlandsfjord**.

Noch weiter landeinwärts teilt sich der Sognefjord nochmals in drei Arme. Einer endet in Lærdalsøyri, von wo es nicht mehr weit bis zur Borgund-Stabkirche ist, einer Sehenswürdigkeit für sich. Der andere Fjordarm, der **Årdalsfjord**, endet bei Årdalstangen. Von dort führen Wege ins Jotunheimen oder zum 1.073 m hoch gelegenen Tyin-See. Der dritte Arm schließlich ist der **Lustrafjord**, der bis Skjolden reicht. Von hier führt eine Straße in steilen Serpentinen hinauf ins Jotunheimen-Gebirge und endet in Otta an der E6. Und jeder dieser Fjordarme ist ein lohnendes Reiseziel.

im Geirangerfjord

ROUTE 9: VOSS – LOEN

ein Kleinod, die Hopperstad Stabkirche

Errichtet um 1130, diente die Hopperstad Stabkirche über 700 Jahre lang als Gotteshaus und überstand nahezu unversehrt alle Wirrnisse der Zeit. 1875 sollte sie durch einen größeren Steinbau ersetzt werden. Nur dem engagierten Einsatz des Architekten Peter Blix ist es zu verdanken, daß dieses einmalige Baudenkmal erhalten und in den heutigen, schön restaurierten Zustand versetzt werden konnte.

Das gewaltige Dach des nahezu quadratischen Kirchenraumes wird von den für diese Kirchenart charakteristischen Holzsäulen (staver – Stäbe), die auf einem starken Bohlenrahmen-Fundament ruhen, getragen (siehe auch unter „Stabkirche" bei Borgund, Route 14, Flåm – Otta). Alleine schon die kunstvolle Dachkonstruktion verdient Bewunderung. Nach Osten schließen sich Chorraum und Altarapsis an. Eine Seltenheit in Stabkirchen stellt der mit Schnitzereien reich geschmückte Holzbaldachin über dem linken Seitenaltar dar.

Bemerkenswert das runde Türmchen über der Altarapsis und die Dachreiter mit den Drachenköpfen an den Giebeln. Besondere Aufmerksamkeit verdienen die wunderbaren *Schnitzereien am Westportal*. Obwohl teilweise schon etwas verwittert, erkennt man gut die verwirrend verschlungenen Leiber von Drachen und Fabeltieren. Der gesamte Kirchenraum ist von einem überdachten Umgang, dem „svalgang" umschlossen.

Ein anderes Konstruktionsmerkmal der Stabkirchen ist gut zu erkennen. Man sieht an manchen Stellen deutlich, wie die aus senkrecht stehenden Holzbohlen gefügten Außenwände mit Nut und Feder ineinander greifen.

Eine weitere Sehenswürdigkeit von Vik ist die **Steinkirche zu Hove**. Der schlichte romanische Bau entstand ausgangs des 12. Jh. Schöne Portale.

Vik
Hotel, Camping

Praktische Hinweise – Vik

⌂ Hotels: **Hopstock Hotell og Motell**, 61 Zi., Tel. 57 69 51 02, Fax 57 69 57 51, Restaurant, Sauna, Schwimmbad, Parkplatz.

▲ – **Camping Vik ****, Tel. 57 69 51 25; 1. Mai – 1. Okt.; im westlichen Ortsbereich; Wiesen am Sognefjord; ca. 1,5 ha – 50 Stpl.; Standardausstattung; 8 Miethütten.

ROUTE 9: VOSS – LOEN

→ **Hauptroute:** Weiterfahrt auf der R13 nordwärts bis **Vangsnes**, 12 km, und **Fähre nach Dragsvik**. •

Vangsnes, ein kleiner Fährhafen am Sognefjord, war der Sage nach Wohnsitz des Wikingerkönigs und Sagenhelden *Fridtjov*. In einem kleinen Park etwas östlich der Fährstation und oberhalb des Campingplatzes steht ein Denkmal zu seinen Ehren. Auch sein Grab ist dort zu finden.

Autofähren verkehren täglich zwischen ca. 6 und 23 Uhr nach **Dragsvik** (bis zu 16 Abfahrten, Fahrzeit ca. 15 Min.) und nach **Hella** (bis zu 20 Abfahrten, Fahrzeit ca. 15 Min.).

Autofähren nach Dragsvik und Hella

Praktische Hinweise – Vangsnes, Dragsvik

Vangsnes, Dragsvik Hotels

Hotels: **Vangsnes Pensjonat**, 10 Zi., Tel. 57 69 67 22, einfaches, ganzjährig geöffnetes Haus.

Vangsnes
▲ – **NAF-Camping Solvang** **, Tel. 57 69 66 20; 1. Jan. – 31. Dez.; kleineres Wiesengelände unweit östl. des Fährhafens; ca. 0,5 ha – 30 Stpl.; Standardausstattung; 5 Miethütten; Motel.
– **NAF-Camping Djuvik** **, Tel. 57 69 67 44; 1. Mai – 15. Sept.; kleiner Platz ca. 5 km südl. Vangsnes an der R13; ca. 0,5 ha – 30 Stpl.; Standardausstattung; 24 Miethütten.
Dragsvik
▲ – **NAF-Camping Veganeset** ***, Tel. 57 69 16 12; Ende Mai – 15. Sept.; gleich nach der Fährstation links unterhalb der Straße 13; kleiner Platz in einem Waldgebiet an einer wunderschönen Bucht des Sognefjords; ca. 1 ha – 35 Stpl.; Standardausstattung, Laden, Imbiss, 8 Miethütten.

Camping

Südlich von Dragsvik liegt **Balestrand**, ein viel besuchter Sommerferienort am Sognefjord. Es gibt dort eine ganze Reihe guter Hotels.

Praktische Hinweise –Balestrand

Balestrand

Hotels: **Dragsvik Fjordhotell**, 25 Zi., Tel. 57 69 12 93, Fax 57 69 13 83, Restaurant, Schwimmbad, Parkplatz, Miethütten.
Kvikne's Hotel Balholm, 200 Zi., Tel. 57 69 11 01, Fax 57 69 15 02; 1. Mai – 30 Sept., traditionsreiches Haus in einem großen, alten Holzgebäude im „Zuckerbäckerstil" aus dem 19. Jh., die Mehrzahl der Gästezimmer liegt allerdings in einem modernen, unscheinbaren Neubau. Stark von Reisegruppen frequentiert. Restaurant, Sauna, Schwimmbad. – Und andere Hotels.

Hotels

Kringsjå Vandrerhjem, 20 Zi., Tel. 57 69 13 03, Fax 57 69 16 70, Ende Juni – Mitte Aug.; Restaurant.

▲ – **Sjøtun Camping** **, Tel. 57 69 12 23; 1. Juni – 15. Sept.; kleinere Campingmöglichkeit am Sognefjord, ca. 1 ha – 30 Stpl.; Laden, Badegelegenheit; 11 Miethütten **.

Camping

MÖGLICHE ROUTENALTERNATIVE FÜR GESPANNFAHRER

Für Gespannfahrer und diejenigen, die Paßfahrten vermeiden wollen, empfiehlt sich der Weg über **Balestrand**, die R55 und durch eines der längsten Tunnels Nordeuropas, das fast 7,5 km lange Høyangertunnel, nach **Vadheim** und von dort über die E39 nach **Førde** und **Moskog**.

ROUTE 9: VOSS – LOEN

HAUPTROUTE

➔ **Hauptroute:** Ab Dragsvik führt die Straße R13 durch das liebliche Bårdalen hinauf in das **Gaularfjell**. •

Paß zum Gaularfjell *

Die **Paßstraße ins Gaularfjell** (Wintersperre) zieht in neun kühnen Serpentinen von Meereshöhe bei Mel hinauf auf über 700 m. Vom großen Parkplatz auf der Anhöhe hat man einen herrlichen **Ausblick** auf die waghalsige Trasse und auf die umliegenden Gebirgsketten. Der höchste Punkt der Straße wird auf 745 m bei der Berghütte Nystølen erreicht. Die Paßstraße ist gewöhnlich zwischen Oktober und Mai gesperrt.

Stellplätze bei Eldalsosen

Auf der Talfahrt über **Eldalsosen** hinab zum See Viksdalvatnet passiert man den hübsch an einem kleinen See im Wald gelegenen *Hov Hyttegrend* mit 23 Miethütten und Stellplätzen für Wohnmobile, geöffnet 1. April bis 1. Oktober.

Camping bei Viksdalen

➔ **Hauptroute:** Die Straße 13 führt nun ostwärts über Viksdalen (*Viksdalen Camping* **, Mai – Sept., 9 Miethütten) und am See Haukedalsvatn entlang, überwindet – nun in westlicher Richtung verlaufend – abermals einen Gebirgsrücken und erreicht nach 8 km bei **Moskog** schließlich die E39/R5. •

Museumshof *
Juni - Aug. 11 - 18 Uhr. Eintritt.

Ca. 2 km westlich von **Moskog** liegt an der E35/R5 das **Sunnfjord Freilichtmuseum**. Das Distriktmuseum zeigt eine Reihe von typischen Bauernhäusern aus der Sunnfjordregion. Insgesamt 17 Holzbauten, Höfe, Speicher, Scheunen, eine Schule, etc. sind zu sehen. Das älteste Haus stammt aus dem 16. Jh. Im angeschlossenen Museumsgebäude wird anhand von Fotografien, Kunst- und Gebrauchsgegenständen das bäuerliche Leben auf einem Hof des 18. Jh. dokumentiert.

➔ **Hauptroute:** Ab Moskog folgen wir der E39/R5, die lange am Westufer des Sees Jølstravatnet entlangführt (Blick zum Gletscher Grovebreen, 1.636 m, im Osten), über **Vassenden** und **Skei** bis **Byrkjelo**. •

Umweg am Ostufer des Jølstravatnet entlang

Ab **Vassenden** (*Jølstra Museum*, privates Freilichtmuseum, Ende Juni bis Ende August) bietet sich die Möglichkeit, über die Landstraße am Südostufer des als sehr fischreich bekannten Sees Jølstravatnet nach **Skei**, einem wenig beeindruckenden Marktflecken im Bezirk Jølster zu fahren. Man passiert dabei bei **Sanddal** einige sehr alte Gehöfte wie *Midttunet* oder *Astruptunet*.

ABSTECHER NACH FJÆRLAND

In Skei zweigt die R5 nach Südosten ab. Sie führt durch zwei Tunnels und erreicht nach 32 km **Fjærland**. Am südöstlichen Tunnelausgang liegt linkerhand in unmittelbarer Nähe die Eiszunge des **Bøyabreen**, ein Ausläufer des Jostedalgletschers. Kaum an einer anderen Stelle gelingt es, so bequem mit dem Auto so nahe an einen Gletscher zu gelangen. Eine Stichstraße führt von der R5 zur **Brevasshytta** mit Gletscherblick.

Besuchenswert ist das Gletschermuseum **Norsk Bremuseum** bei Fjærland (siehe dort).

ROUTE 9: VOSS – LOEN

Eine genauere Beschreibung des Weges über die R5 von Kaupanger über Sogndal und Fjærland nach Skei finden Sie weiter oben in dieser Route unter „Empfehlenswerte Alternativroute durch den Nærøyfjord und über Sogndal".

Ca. 5 km nördlich von Skei bietet sich erneut Gelegenheit zu einem Abstecher, diesmal nach Osten in das malerische **Stardalen** (*Camping Høyset*, siehe unten). Die Straße endet nach 14 km in **Fonn** angesichts der Gletscherhauben des Jostedalsbreen.

schönes Seitental * mit Wandermöglichkeiten
Camping

Ab Fonn, das in einem von mächtigen Bergen gesäumten weiten Talkessel liegt, kann man durch das Fonndalen nach Süden zum Jostedalsbreen (ca. 2 Std.) und nach Nordosten nach Briksdal (ca. 5 Std.) weiterwandern.

Praktische Hinweise – Skei

Skei

Jølster Turist Informasjon, 6841 Skei i Jølster, Tel. 57 72 85 88, Fax 57 72 84 18, ganzjährig. Internet: www.jwd.no/joslster

⌂ Hotels: **Skei Hotel**, 105 Zi., Tel. 57 72 81 01, Fax 57 72 84 23, Restaurant, Sauna, Schwimmbad, Tennis, Miethütten.

▲ – **Høyseth Turiststasjon og Camping** **, Tel. 57 72 89 63; 1. Mai – 1. Sept.; im **Fonndalen** rund 20 km nordöstlich von Skei und etwa 11 km nach dem Abzweig von der Hauptstraße E39. Guter Ausgangspunkt für Wanderungen zum Jostedalsbreen. In herrlicher, ruhiger Lage in der Nähe eines Wasserfalls am Ende des Tales; ca. 0,5 ha – 20 Stpl.; Standardausstattung; 8 Miethütten.

Camping zwischen Moskog und Byrkjelo

Vassenden
– **Camping Jølstraholmen** ****, Tel. 57 72 71 35; 1. Jan. – 31. Dez.; ca. 2 km westl. Vassenden; an der E39/R5 bei der NOROL-Tankstelle; fast ebene Wiesen zwischen Straße und Wildbach; ca. 2 ha – 80 Stpl.; Standardausstattung; Laden, Cafeteria; 21 Miethütten; Spielplatz.

Skei
– **Camping Haugen** **, Tel. 57 72 83 85; 15. Juni – 31. Aug.; ca. 1 km westl. Skei; kleiner Platz beiderseits der Straße und am See; ca. 1 ha – 40 Stpl.; einfache Standardausstattung; 11 Miethütten.

Byrkjelo
– **NAF-Camping Byrkjelo** **, Tel. 57 86 74 30; Mitte Mai – 1. Sept.; am südl. Ortsrand an der E39, ca. 1 ha – 50 Stpl.; einfache Standardausstattung; 14 Miethütten.

ABSTECHER AN NORWEGENS WESTKAP

An einem schönen, klaren Tag lohnt sich ein Abstecher hinaus an Norwegens Westküste zum **Westkap** und auf die Halbinsel Stadlandet. Der Küstenstrich dort ist bekannt für sein „typisch westnorwegisches Waschküchenwetter". Für den Ausflug sollten Sie sich aber mindestens einen halben, besser einen ganzen Tag Zeit nehmen können.

⇔ **Abstecher:** Man bleibt ab **Byrkjelo** auf der E39 und folgt ihr über **Sandane** bis **Nordfjordeid** (ca. 40 km). Auf dem Weg von Sandane nach Nordfjordeid muss zwischen Anda und Lote eine Fähre benutzt werden. Ab Nordfjordeid nimmt man die Straße R5 westwärts bis **Maurstad** (32 km), folgt ab dort der R61 nach **Åheim**

143

ROUTE 9: VOSS – LOEN

(14 km), um schließlich über die R620 auf die Halbinsel Stadlandet in der Region Selje und zum **Westkap** zu gelangen (44 km). •

Nordfjord Heimatmuseum
Anf. Juni - Mitte Aug. tgl. 11 - 16 Uhr. Mitte Aug. - Mitte Sept. Mo. - Fr. 11 - 16 Uhr. Eintritt.

Sandane im Bezirk Gloppen ist ein bedeutendes Zentrum der Lachsfischerei. Viele der Lachsplätze haben englische Namen. Die Tradition stammt aus dem 19. Jh. als die besten Lachsgewässer an englische „Lachslords" verpachtet waren. Einer der größten Lachse wurde vor einiger Zeit am 33 m hohen **Eidsfossen** südöstlich von Sandane gefangen. Das Prachtexemplar brachte stolze 26 Kilo auf die Waage. Am Eidsfossen findet man auch eine der höchsten Lachstreppen. Sie ist 230 m lang.

Das **Nordfjord Folkemuseum** zählt zu den ansonsten eher bescheidenen Sehenswürdigkeiten von Sandane. In dem Heimat- und Freilichtmuseum wurden 40 historische Holzhäuser aus der Region wieder aufgebaut und ihrer Zeit gemäß eingerichtet. Die meisten der Gebäude stammen aus dem 18. und 19. Jh. In einem Museumsgebäude neueren Datums ist eine kulturhistorische Ausstellung untergebracht.

Ebenfalls zum Nordfjord Folkemuseum gehört der rund 20 m lange **Rahsegler „Holvikjekta"**, ein historischer Frachter, wie sie im 19. Jh. die Fjorde und Küstengewässer befuhren. Das Schiff liegt etwas außerhalb des Stadtzentrums an der E39.

Sandane Hotels

Praktische Hinweise – Sandane

🛏 Hotels: **Gloppen Hotel**, 30 Zi., Tel. 57 86 53 33, Fax 57 86 60 02, ein nach Originalplänen aus dem Jahre 1866 restauriertes und im Stil des 19. Jh. eingerichtetes Haus, Restaurant.

Sandane Camping

▲ – **Gloppen Camping** ****, Tel. 57 86 62 14; 1. Juni – 1. Sept.; ca. 3 km westlich Sandane Zufahrt von der R615; Wiesen, teils mit Baumbestand am Gloppenfjord; ca. 2,5 ha – 60 Stpl.; gute Standardausstattung; Laden, Cafeteria, Tennis, Bootsverleih; 23 Miethütten ** - ****.

Aussicht auf den Gloppenfjord *

Einen sehr schönen **Panoramablick** auf Sandane und den Gloppenfjord hat man 360 m hohen **Utsikten** aus. Eine Privatstraße führt nordwestlich von Sandane von der E39 hinauf zum Aussichtspunkt.

Autofähre nach Lote

Die Autofähre von Anda nach Lote über den Ufjord verkehrt zwischen 6 Uhr (Mo. - Fr.) bzw. 8.50 Uhr (tgl.) bis ca. 22 Uhr etwa alle 30 Minuten. Fahrzeit 10 Minuten.

Durch das 3 km lange **Lote-Tunnel** geht es hinab nach **Nordfjordeid**.

Nordfjordeid, eine kleine Gemeinde mit knapp 6.000 Einwohnern, liegt am Ostende des Eidsfjord. Im Zentrum des Städtchens sind einige hübsche Holzhäuser aus dem 19. Jh. erhalten, so z. B. in der Tverrgata oder in der Eidsgata, der Haupteinkaufsstraße.

Das Wappen der Großgemeinde Eid ziert ein Pferdekopf, ein Hinweis darauf, dass Nordfjordeid ein bedeutendes Zentrum für die Zucht des **Norwegischen Fjordpferdes** ist. In Stadtbeschreibungen liest man, dass den stämmigen, robusten und gutmütigen Fjordpferde in den vergangenen Jahrhunderten eine unverzichtbare Rolle bei der Erschließung und Kultivierung Westnorwegens zugekommen ist. Ein Ereignis für Pferdezüchter aus dem In- und Ausland ist die alljährliche Staatliche Hengstschau am ersten Maiwochenende.

ROUTE 9: VOSS – LOEN

Praktische Hinweise – Nordfjordeid

Nordfjordeid Turist Informasjon, Eidsgata, im Kulturhuset Gmalebanken, Tel. 57 86 13 75, geöffnet von Mitte Juni bis Mitte August.

Nordfjordeid

Hotels: **Hoddeviks Hotel**, 32 Zi., Kaivegen 1, Tel. 57 86 06 22, Fax 57 86 06 55, Restaurant.
Nordfjord Hotel Rica, 55 Zi., Tel. 57 86 04 33, Fax 57 86 06 80, zeitgemäßes Mittelklassehotel im Stadtbereich, Restaurant. – Und andere Hotels.

Hotels

▲ – **Camping Eidatunet** ***, Tel. 57 86 01 45; Mai – Sept.; hinter der ESSO-Tankstelle, Zufahrt von der E39 beschildert; ebene Wiese am Fjord, gute Standardausstattung. Restaurant „Expeditionen".
– **NAF-Camping Nesjartun** **, Tel. 57 86 27 32; 1. Mai – 1. Okt.; liegt bei **Nes**, gut 12 km östlich von Nordfjordeid an der E15 am Südwestufer des Sees Hornindalsvatn; kleiner Wiesenplatz; ca. 1 ha – 30 Stpl; Standardausstattung; 11 Miethütten. Bootsverleih.

Camping

Ab **Maurstad** führt die Straße 61 kurvenreich hinauf nach **Åheim**. Unterwegs hat man einen herrlichen Blick zum Vanylvsfjord und auf Åheim.

Ab Åheim umrundet die relativ schmale, teils einspurige Straße 620 das hübsche Südende des Vanylvsfjord.

In **Leikanger** gabelt sich die Straße. Der eine Weg führt weiter nordwärts zum **Westkap**, der andere Weg zweigt westwärts ab nach **Hoddevika**.

Wir folgen zunächst dem Weg nach **Hoddevika**, der in eine ebenso abgeschiedene wie historische Ecke Norwegens führt. Die Straße geht hinauf auf eine Anhöhe. Oben passiert man ein monumentales **Steinkreuz** mit vier kleineren Steinen. Das Kreuz wurde 1913 zur Erinnerung an **Olav Trygvasson** errichtet. Die vier Steine symbolisieren die vier Bezirke in Dragseidet, die Olav Trygvasson christianisierte. Im Jahre 997 hielt König Olav Trygvasson auf dieser Anhöhe, die den Wikingern durch die Portagen ihrer Schiffe damals wohlbekannt war, einen historischen Kongress zur Christianisierung seines Reiches ab. 1997 wurde hier das 1000jährige Jubiläum der Christianisierung Norwegens in Anwesenheit von König Harald V. gefeiert.

Über diese 170 m hohe Anhöhe zwischen Dragseidet und Leikanger zogen die Wikinger in alten Tagen ihre Schiffe, wenn das Wetter in den Gewässern des Stadhavet am Westkap zu stürmisch war. Dass der Transport harte Knochenarbeit gewesen sein muss, kann man sich unschwer vorstellen. Und dass die wahrlich seeerprobten Wikinger diese Anstrengung einer stürmischen Seefahrt um das Westkap vorzogen, läßt erahnen, dass eine Fahrt durch das Stadhavet damals eine sehr riskante Angelegenheit gewesen sein muß. Auch heute noch kennen Segler die See dort als ein Gewässer mit schwierigen Verhältnissen.

der historische Weg von Dragseidet nach Leikanger *

Noch bis 1917 gab es an beiden Enden des Weges Kutschenstationen. Viele Reisenden überquerten die Halbinsel lieber mit der Kutsche, die meisten taten es aber zu Fuß, als eine Seefahrt um das Westkap zu wagen.

1889 wurde die jetzige Straße angelegt. Der alte historische Weg wird noch als Wanderweg benutzt und als historisches Monument erhal-

145

ROUTE 9: VOSS – LOEN

ten. Sehr wahrscheinlich hat Dragseidet seinen Namen von der Tatsache, dass die Schiffe über die Halbinsel gezogen wurden (dregne = ziehen). Und entlang des alten Weges sind noch Wegsteine zu sehen, wie sie die alten Reichswege in Sogne og Fjordane markieren.

Schon Snorre Sturlasson, der isländische Sagaschreiber und Chronist, berichtete übrigens von diesem Weg und über die Schiffstransporte.

An dieser historischen, durch das Steinkreuz markierten Stelle finden im Mai die **Dragseidspelet** statt. In den Freilichtspielen werden Szenen der historischen Ereignisse, die sich hier vor über tausend Jahren abspielten, wiederbelebt.

Man kann von der Anhöhe weiter nach Nordwesten bis in den abgelegenen Weiler **Drage** und noch weiter nach Indre Fure fahren, das eng zusammengebaut zwischen Berghang und Meeresufer am Ende des schmalen Weges wie am Ende der Welt liegt.

schöner Panoramablick vom Westkap *

Fahren Sie zurück bis **Leikanger** und nehmen Sie dort die Straße nordwestwärts Richtung Honningsvåg. Nach gut 12 km passiert man den Abzweig zum Vestkapp (Westkap), eine einspurige, stark ansteigende Straße mit weit auseinander liegenden Ausweichstellen.

Vestkapp Camping, einfacher Zeltplatz, liegt an der Vestkappstraße.

Das Westkap ist Norwegens westlichster Aussichtspunkt mit Festlandsverbindung. Er liegt 496 m über dem Meer und bei klarem Wetter ist die Aussicht in alle Himmelsrichtungen phantastisch. Das **Vestkapphuset** ist im Sommer bewirtschaftet.

Schiffsausflug zur Klosterinsel Selja *

Auf dem Weg zurück über Leikanger nach Åheim besteht die Möglichkeit, in Sandvik einen Abstecher auf kurvenreicher Straße über einen Bergrücken westwärts nach **Selje** am Skårfjord zu machen.

An einem schönen Sommertag ist ein Schiffsausflug auf die unweit der Küste vorgelagerte **Insel Selja** mit ihren historischen Klosterruinen eine erlebnisreiche Abwechslung.

Die Ausflugsschiffe verkehren vom Hafen in Selje von Ende Mai bis Ende August um 13 Uhr, in der Saison von Ende Juni bis Anfang August zusätzlich um 10.15 Uhr und um 15.30 Uhr. Der Ausflug mit Führung auf der Klosterinsel dauert zwei Stunden.

Die Bootsfahrt führt durch den Ersholmsund in den Skårsfjord, umrundet die Insel und landet schließlich in der Bucht Klostervågen. Dort geht man an Land und zum **Selje Kloster**.

Das Kloster Selja, das bis auf den gut erhaltenen Klosterturm längst verfallen ist, wurde zu Beginn des 12. Jh. von Mönchen des Benediktinerordens gegründet.

In der Klostergeschichte gingen die dramatischen Ereignisse um die **heilige Sunniva** ein, die hier den Märtyrertod erlitt. Neben den norwegischen Schutzheiligen St. Olav und St. Hallvard wurde St. Sunniva zur einzigen weiblichen Schutzheiligen des Landes und zur Patronin Westnorwegens.

Die Legende berichtet, dass Sunniva, Tochter eines irischen Großkönigs, an die Küste Westnorwegens floh, nachdem ihr Land von Heiden erobert worden war und der neue heidnische König sie heiraten wollte. Die später heilig gesprochene Königstochter soll in der Höhle St. Sunnivahola beigesetzt sein. Dort sind auch Reste einer frühen Kirche entdeckt worden, die dem Erzengel Michael geweiht war.

ROUTE 9: VOSS – LOEN

Weitere Ruinen deuten auf die erste Gemeindekirche hin, die später auf das Festland transportiert und dort wieder aufgebaut worden sein soll. Andere Gebäudereste stammen von der St. Sunniva Kirche. Sie steht an der Stelle, an der Olav Trygvasson eine der ersten Kirchen im Lande gegründet haben soll. Außerdem sind Fragmente einer Klosterkirche vorhanden, die dem englischen Heiligen St. Albanus geweiht war.

Selje, Stadlandet

An der Südseite der Insel Selja liegt „Heimen". Dort pflegten die Mönche im Mittelalter einen Heilkräutergarten und hier kultivierten sie auch Hopfen zum Bierbrauen. Dort fand man auch mehrere Wikingergräber und Spuren eines Langhauses aus der Eisenzeit.

Selje

Praktische Hinweise – Selje

Selje Turist Informasjon, 6740 Selje, im Zentrum gegenüber dem Selje Pastorat, Tel. 57 85 66 06, geöffnet von Ende Mai bis Ende August.

Hotels

⌂ Hotels: **Selje Hotel,** 49 Zi., Tel 57 85 61 07, Fax 57 85 62 72, Internet: www.seljehotel.no. Hübsch am Fjord gelegen, Restaurant, Schwimmbad, Fitnesseinrichtungen.

Hammersvik Gjestehus of Hytter, Tel. 57 85 62 63, kleine Frühstückspension mit drei Fremdenzimmern und 4 Miethütten. – Und andere Hotels.

Camping

▲ – **Selje Camping og Hyttesenter **,** Tel. 57 85 62 43; 1. Jan. – 31. Dez.; kleine, einfache Campingmöglichkeit, Kiosk, 8 Miethütten.

→ **Alternativroute:** Ab Selje, bzw. ab Leikanger, zurück über **Åheim** und **Maurstad** bis **Nordfjordeid** und Weiterfahrt auf der R15 ostwärts bis **Stryn**. In Stryn trifft man wieder auf unsere Hauptroute 10, Loen – Åndalsnes. •

HAUPTROUTE

→ **Hauptroute:** Ab **Byrkjelo** folgen wir der R60 Richtung **Stryn**. Zunächst wird das Utvikfjell (630 m, Skigebiet) überquert. Vor der Talfahrt hat man vom Berggasthof „Karistova" einen schönen,

ROUTE 9: VOSS – LOEN

Innvik Gasthof, Camping

weiten Blick hinab zum **Innvikfjord**, dessen Südostufer wir über **Innvik** (NAF-*Camping Viking* **, ganzjährig, Terrassenplatz oberhalb der R60, 14 Miethütten, Gasthof mit 32 Betten) und **Olden** (Hotels und Camping) auf teils schmaler Straße bis **Loen** folgen. ●

Loen, ca. 600 Einwohner, ist ein Zentrum des Fremdenverkehrs im inneren Nordfjordgebiet. Das Städtchen liegt am Ostende des Innvikfjords, einem der vielen Arme des gut 100 km langen Nordfjords. Zu den wenigen Sehenswürdigkeiten des Ortes selbst zählt die achteckige **Kirche** aus dem 19. Jh. Sie liegt etwas abseits der Straße zum Lovatn.

Loen ist umgeben von Bergzügen, die wiederum von zahlreichen, herrlichen Tälern und Seen durchschnitten werden. Jedes dieser meist zu den Gletschern des Jostedalsbreen hin ausgerichteten Täler bietet Möglichkeiten zu unvergeßlichen Ausflügen durch eine wunderschöne Landschaft mit Hochgebirgscharakter.

WANDERMÖGLICHKEITEN BEI LOEN

Zudem bieten sich zahlreiche Möglichkeiten für **Wandertouren** auf markierten Wegen zu den Höhen und Almen (Seter) ringsum.

Wandertouren bei Loen

Eine der schönsten **Touren für geübte und bergerfahrene Wanderer** ist der Weg auf den 1.848 m hohen **Skåla**. Auf dem schneebedeckten Gipfel ist ein Steinturm errichtet, der als Schutzhütte dient. Der Weg dauert etwa 8 Stunden und sollte nur mit passender Ausrüstung angetreten werden! Bergunerfahrenen Wanderern wird für den Gipfelgang ein Bergführer empfohlen (Infos im Turistkontoret).

Man kann auch nur das erste Teilstück des Weges bis **Tjugen Seter** gehen (2 Stunden) oder bis zum **Skålasee** (ca. 6 Std.).

Eine andere sehr schöne Bergwanderung ist der Weg zur Alm **Bødal Seter**. Man fährt bis Bødal am Nordostufer des Loenvatnet (auch Lovatn) und kann von dort in etwa 3 bis 4 Stunden bis zur Almhütte gehen, die inmitten von Bergen, Gletschern und Wasserfällen liegt. Die Wanderung kann bis zum Bødalsgletscher ausgedehnt werden (ca. zweieinhalb Stunden). Knapp 5 Kilometer Richtung Bødal Seter sind für Autos erlaubt (Mautstraße).

Weitere schöne Wanderwege auf Waldwegen führen unweit südlich von Loen ab der **Sætenbrücke** am Südufer des Lovatn entlang, etwa 4 Stunden.

Einfachere, ausgedehnte Spaziergänge sind westlich von Loen bei **Rake** von der Straße 60 hinauf zu den Gehöften von **Oppheim** möglich (auch per Auto zugänglich). Gehzeit rund 3 Stunden. Herrliche Aussicht auf Loen, Innvikfjord und die Berge und Gletscher im Osten.

In Oppheim kann man weiter zur **Rake Seter** gehen, ca. 2 Stunden. Der Weg ist auch für den „normalen" Wanderer geeignet. Wer Zeit mit bringt, kann in Oppheim zu einer ausgedehnten Wanderung von rund 8 Stunden über Hoven, das **Lofjellet** (1.379 m) und Lohøgeseter zur Nordseite des Tales starten.

Noch viele weitere Wanderungen zu umliegenden Almen sind möglich. Siehe auch unten unter „Ausflug nach Kjenndal" und „Ausflug zum Briksdalgletscher".

ROUTE 9: VOSS – LOEN

Gryta Camping, Oldedalen

Praktische Hinweise – Loen

⌂ Hotels: **Alexandra Hotel,** ganzjährig geöffnet, 193 Zi., Tel. 57 87 50 50, Fax 57 87 50 51, gutes **Restaurant „Charlotte",** Sauna, Schwimmbad, Tennis, Garage.
Loenfjord Hotel, geöffnet 1. April – 31. Okt., 122 Zi., Tel. 57 87 50 50, Fax 57 87 57 51, Restaurant, Parkplatz. – Und andere Hotels und Pensionen.
Olden
Olden Fjordhotell, geöffnet 1. Mai – 30. Sept., 60 Zi., Tel. 57 87 34 00, Fax 57 87 33 81, Restaurant, Schwimmbad.
Olden Krotel, geöffnet 1. Mai – 30. Sept., 13 Zi., Tel. 57 87 34 55, Fax 57 87 30 20.

Loen, Hotels

▲ – **NAF-Camping Lo-Vik** ****, Tel. 57 87 76 19; 1. Apr. – 30. Sept.; am westl. Ortsrand an der R60; ebene Wiesen am Fjordende; ca. 3 ha – 150 Stpl.; Komfortausstattung; Laden, Imbiß; Freibad; 22 Miethütten *** - ****, Fremdenzimmer.
– **Camping Tjugen** ***, Tel. 57 87 76 17; Mitte Mai – Ende Sept.; ca. 2 km östl. Loen, oberhalb des Bergbaches Lovatn; ansteigende Wiesen; ca. 1 ha – 40 Stpl.; Standardausstattung; 6 Miethütten *** - ****.

✍ *Mein Tipp!* – **Camping Sande** ****, Tel. 57 87 45 90; 1. Jan. – 31. Dez.; ca. 6 km südöstl. Loen; hügelige Wiesen und Terrassen am Lovatn, in ausgesprochen schöner Lage mit Blick über den See bis zu den Gletscherkuppen des Kjenndalsbreen; ca. 2 ha – 100 Stpl.; Komfortausstattung; Laden. 16 Miethütten ** - *****, 4 Aparttements; Sauna, Fahrradverleih, Bootsverleih. Das Restaurant des Platzes ist seit Jahren bekannt für sein ausgezeichnetes „Norwegisches Frühstück" (nur auf Vorbestellung für mindestens 4 Personen!). – Und andere Campingplätze.
Olden
– **Oldevatn Camping,** ca. 10 km südl. Olden, Wiesen an der Brücke am Oldevatn in herrlicher Lage.

Camping bei Loen

ROUTE 9: VOSS – LOEN

– **NAF-Camping Gryta** ***, Tel. 57 87 59 36; 15. Mai – 15. Sept.; ca. 13 km südl. Olden; zwischen der Straße zum Briksdalgletscher und dem grünen Oldevatn gelegen, breite Wiesenterrassen, in herrlicher Berglandschaft mit Gletscherblick; ca. 2,5 ha – 100 Stpl.; zeitgemäße Sanitärs; Laden, 3 Miethütten ***

– **NAF-Camping Olden Gytri** ***, Tel. 57 87 59 34, 1. Mai – 15. Sept.; ca. 13 km südlich von Olden an der Straße zum Briksdalgletscher, kleiner Terrassenplatz in herrlicher Lage am See, mit Gletscherblick; ca. 1 ha – 40 Stpl.; Standardausstattung; 3 Miethütten **.

Camping Nähe Briksdalgletscher

Briksdalsbre

– **NAF-Camping Melkvoll Bretun** ***, Tel. 57 87 38 47; 1. Jan. – 31. Dez.; kleiner Platz fast am Ende der Straße von Olden nach Briksdal, in eindrucksvoller Berglandschaft, ganz in der Nähe der **Briksdalsbre Fjellstove** (10 Gästezimmer; teils mit Dusche/WC); ca. 1,5 ha – 70 Stpl.; 7 Miethütten *** - *****. Cafeteria in der Fjellstova (Berghütte). Fußweg zum Briksdalgletscher etwa 1 Stunde.

AUSFLÜGE AB LOEN

Zwei sehr empfehlenswerte **Ausflüge** führen einmal am Lovatn entlang nach **Kjenndal** und zum andern über Olden zum **Briksdalgletscher**.

AUSFLUG NACH KJENNDAL

Die Straße ins Lodalen zweigt beim Hotel Alexandra ab und führt meist einspurig (Ausweichstellen) am Nordostufer des Lovatn entlang.

Ab **Sæta** verkehrt im Sommer das Ausflugsboot „M/B Kjenndal" über den Lovatn bis Kjenndalssanden.

Nach rund 15 km endet die geteerte Straße und führt als unbefestigte, gebührenpflichtige Privatstraße weiter bis **Kjenndal**. Wandermöglichkeit zum Kjenndalsbreen.

Vor Beginn der Privatstraße sieht man an der Bergseite eine Gedenktafel. Sie erinnert an verheerende Erdrutsche die hier niedergingen. Am 15. Januar 1905 wurden hier durch gefrierendes Schmelzwasser in Felsspalten gewaltige Gesteinsmassen losgelöst. Die Erd- und Gesteinslawine stürzte in den See und löste eine riesige Flutwelle aus, die 61 Menschen das Leben kostete, mehrere Bauernhöfe hinweg fegte und die Fähre 400 m weit an Land schleuderte.

Eine ähnliche Katastrophe wiederholte sich im Herbst 1913. Damals verloren 74 Menschen ihr Leben.

Zuletzt stürzte im Sommer 1950 eine gigantische Erdlawine in den See, ohne aber Menschen oder Gehöfte zu gefährden.

In der Nähe der Gedenktafel liegt **Bødal**, Ausgangspunkt des Wanderweges zur **Bødalsseter** (siehe weiter oben unter „Wanderungen").

AUSFLUG ZUM BRIKSDALGLETSCHER

Um zum **Briksdalgletscher** zu gelangen, fährt man von Loen auf der R60 6 km südwärts bis Olden und zweigt dort auf die Straße durchs Oldedalen ab. Dieses wunderschöne Gebirgstal erstreckt sich rund 20 km nach Süden, ist von langen, türkisgrünen Seen unterbrochen und wird von bis zu 1.700 m hohen Bergen gesäumt. Bei klarem Wetter erkennt

ROUTE 9: VOSS – LOEN

man schon von weitem die Hauben der umliegenden Gletscher und am Südende des Tals das bläuliche Weiß des Melkevollbreen.

Die Straße endet unterhalb des Berggasthofs *Briksdalsbre Fjellstove* (Restaurant, Zimmer, gebührenpflichtiger Parkplatz. *Melkvoll Bretun Camping*, siehe oben).

☑ *Mein Tipp!* **Wanderung zum Briksdalgletscher.** Beim Gasthof beginnt der Karrenweg, der erst 1927 angelegt worden ist und hinauf führt zur Gletscherzunge des Briksdalsbreen. Es ist eine wunderschöne Wanderung, an einem Wildbach entlang, vorbei an einem mächtigen Wasserfall und durch die eindrucksvolle Gebirgslandschaft, hinauf bis zum Gletscher. Eine gute Stunde wird man zu Fuß unterwegs sein. Gutes Schuhwerk ist zu empfehlen!

schöne
Wanderung zum
Briksdalgletscher
***

Wer den Gletscher vielleicht von früheren Jahren her kennt, wird erstaunt sein. Der See, der sich einstmals unterhalb der Gletscherzunge ausdehnte, ist nämlich verschwunden. Das Eis reicht heute viel weiter ins Tal. Die Eismassen des Briksdalsbreen haben in den vergangenen Jahren ein erstaunliches Anwachsen erlebt. Zwischen 1992 und 1999 hat sich das Eis sage und schreibe 370 m talwärts verschoben. Wie es heißt, ist ein so starkes Anwachsen seit der „kleinen Eiszeit" bei keinem anderen Gletscher beobachtet worden. Siehe auch unter „Gletscher" bei Route 12, Otta – Gjerde.

Wer nicht zu Fuß zum Gletscher gehen will, kann auch mit zweirädrigen Pferdekutschen, die „stolkjerre" genannt werden und von stämmigen Nordfjordpferden („fjordinge") gezogen werden, zum Gletscher gelangen oder zumindest in seine unmittelbare Nähe gelangen. Die Fahrt ist allerdings nicht ganz billig (zuletzt ca. 200 NOK pro Person).

auf dem Weg zum Briksdalgletscher

ROUTE 10: LOEN – ÅNDALSNES

10. LOEN – ÅNDALSNES

⊙ **Entfernung:** Rund 190 km + 2 Fähren.
Abstecher von Åndalsnes nach Ålesund 125 km einfach.

➔ **Strecke:** Über R60 und über **Stryn** bis **Hellesylt** – Autofähre bis **Geiranger** – Abstecher auf der R63 zur **Djupvasshytta** – R63 ab Geiranger bis **Eidsdal** – Autofähre nach **Linge** – R63 über **Trollstigen** bis **Åndalsnes.**

↯ **Routenalternative „Weg A"** (Seite 154).

↯ **Routenalternative „Weg B"** (Seite 162).

⇔ **Abstecher nach Ålesund und zur Insel Runde** (S. 162).

↯ **Alternativrouten über Molde u. Kristiansund** (S. 167).

⏱ **Reisedauer:** Mindestens ein Tag, besser zwei Tage. Jeweils ein separater Reisetag zusätzlich für die Abstecher nach Ålesund, nach Runde oder nach Molde.

✻ **Höhepunkte:** Mit der Fähre durch den **Geirangerfjord** *** – Fahrt hinauf Richtung **Djupvasshytta** (Dalsnibba) *** – die Paßstraße **Ørneveien** ** – die Serpentinenstraße **Trollstigen** *** – **der Stadtblick auf Ålesund *** – eine Wanderung zu den **Vogelfelsen auf Runde ****.

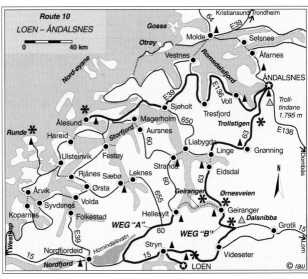

Route mit landschaftlichen Höhepunkten *

Die folgende Route führt durch **unvergleichliche Berg- und Fjordlandschaften**, die mit Fug und Recht zu den schönsten in Norwegen gezählt werden. Entsprechend groß ist das Interesse und der An-

ROUTE 10: LOEN – ÅNDALSNES

drang der Besucher, besonders im Ferienmonat Juli. Auf Campingplätzen, in den Hotels und an den Fährstationen sollte dann mit Engpässen bzw. Wartezeiten gerechnet werden!

ROUTENALTERNATIVEN – „WEG A" UND „WEG B"

Mehrere Routenalternativen stehen zur Wahl, um nach Åndalsnes bzw. nach Ålesund zu gelangen. Jede der Routen bietet so überaus reizvolle Landschaften, daß keine vernachlässigt werden sollte.

Einmal bietet sich der hier als **„Weg A"** bezeichnete Weg an – die Route ab **Stryn** nach **Hellesylt** (R60), von dort mit der **Fähre durch den Geirangerfjord** nach Geiranger. Keinesfalls versäumen sollte man auf diesem Weg (zumindest bei klarem Wetter) einen Abstecher von Geiranger südwärts über die Paßstraße hinauf nach **Dalsnibba**, wenigstens bis zur **Djupvasshytta** (16 km). Die **Ausblicke** von der Straße auf den Geirangerfjord sind nicht anders als grandios zu bezeichnen.

Die zweite Möglichkeit, die hier als **„Weg B"** bezeichnete Route, wäre der Weg ab **Stryn** vorbei am Strynsvatn Richtung **Grotli** (zwei Möglichkeiten) und über die **Djupvasshytta** (Dalsnibba) hinab nach **Geiranger**. Auf diesem Weg versäumt man allerdings die Schifffahrt durch den Geirangerfjord, die aber ab Geiranger als „Seitensprung" (ohne Auto) nach Hellesylt und zurück angefügt werden kann.

„Weg A" und „Weg B" treffen sich in Geiranger. Die Reise geht ab Geiranger weiter über die Serpentinenstraße **Ørneveien** und über die spektakuläre Paßstraße **Trollstigveien** nach **Åndalsnes**.

Ab Åndalsnes kann ein **Abstecher nach Ålesund** unternommen werden. Näheres darüber siehe weiter unten.

Lediglich **Reisenden mit Wohnwagengespannen** bleibt keine große Wahl. Denn für sie ist die gesamte Strecke (R63) von der Djupvasshytta (Dalsnibba) über Geiranger, Ørneveien und Trollstigveien vom norwegischen Straßenbauamt als „grundsätzlich abzuraten" eingestuft!

Routenalternative nach Ålesund für Wohnwagenfahrer

Wohnwagenfahrern wäre also zu empfehlen, ab **Stryn** nach **Hellesylt** zu fahren, den Caravan am Fährhafen zu parken, mit der Fähre (Fahrzeit einfach ca. 1 Stunde 10 Min., siehe auch „Weg A") solo nach Geiranger zu reisen und dort mit dem Auto die Abstecher auf die Paßstraßen **Ørneveien** im Norden und **Dalsnibba** im Süden zu unternehmen. Zurück in Hellesylt, fährt man weiter auf der R60 über **Stranda** (*Hotel Stranda*, 92 Betten, Tel. 70 26 00 00, Restaurant, Sauna, Schwimmbad. *MA-Camping Osen* **, 1. Jan. – 31. Dez., 9 Miethütten) nach **Sykkylven** (*Hotell Loen,* 25 Betten, Tel. 70 25 11 00, Restaurant. *Camping Sjøbakken* **, Tel. 70 25 18 15; Anf. Jan. – Ende Dez.; 10 Miethütten), nimmt ab dem benachbarten **Aursnes** die **Fähre nach Magerholm** (tgl. zwischen 6 und 24 Uhr bis zu 50 Abfahrten, Fahrzeit 15 Min.) und erreicht kurz darauf **Ålesund** (siehe auch „Abstecher ab Åndalsnes" weiter hinten). Ab Ålesund reist man dann über die E136 nach **Åndalsnes** und unternimmt von dort aus, wieder solo, den Abstecher auf den Paß Trollstigveien.

Hotels, Camping in Stranda und Sykkylven

Der eben erwähnte Weg für Wohnwagenfahrer über Stranda und Ålesund kommt generell auch dann in Betracht, wenn die Pässe der R63 von Geiranger über Trollstigen nach Åndalsnes wegen Schnee gesperrt

ROUTE 10: LOEN – ÅNDALSNES

sind, was gewöhnlich zwischen Oktober und Ende Mai (gelegentlich bis in den Juni hinein) der Fall ist.

abkürzende Alternativroute

Ist eine **Abkürzung der Hauptroute** gewünscht, nimmt man ab **Stryn** die R15 ostwärts über die Tunnelstrecke nach **Grotli** und weiter über **Lom** (siehe Route 12, Otta – Gjerde) nach **Otta** an der E6. Ab Otta Weiterreise über Route 16 (Otta – Trondheim) oder zurück nach Oslo (Route 15, Otto – Oslo).

ROUTENALTERNATIVE „WEG A"

Stryn, ca. 3.000 Einwohner, liegt an der Mündung des Strynsvatn in den Innvikfjord. Die Stadt ist wichtiger Verkehrsknotenpunkt an der Zusammenführung der R60 und R15 und hat eine traditionsreiche Vergangenheit als Fremdenverkehrsort in der Nordfjordregion.

Zu den bescheidenen Sehenswürdigkeiten zählt das Gebäude des *Gasthofs Walhalla* im südlichen Stadtgebiet. Das denkmalgeschützte Anwesen diente früher als Kaufmannssitz, das auch Reisende und Gäste aufnahm.

Östlich von Stryn liegt der See Strynsvatn. Dort findet man an der Straße 15 bei Oppstryn das **Jostedalsbreen Nasjonalparksenter**, siehe Routenalternative „Weg B"

Noch etwas weiter östlich findet man das **Sommerskigebiet Videseter** (*Hotel*).

Stryn

Hotels, Jugendherberge

Camping

Praktische Hinweise – Stryn

☎ Stryn Reiselivslag, **Postboks 18, 6880 Stryn, Tel. 57 87 40 40.** Ganzjährig geöffnet.

Hotels: **Hjelle Hotel,** 35 Zi., Tel. 57 87 52 50, Fax 57 87 53 50, geöffnet 1. 5. – 30. 9., Restaurant, Sauna.
Stryn Hotel, 62 Zi., Tel. 57 87 11 66, Fax 57 87 18 02. – Und andere Hotels.

Jugendherberge: **Stryn Vandrerhjem,** 6883 Stryn, Tel. 57 87 11 06; 1. 6. – 1. 9.; 54 Betten.

▲ – **NAF-Camping Stryn** ****, Tel. 57 87 11 36; Anf. Jan. – Ende Dez.; Zufahrt von der Straße 15 am nordöstl. Stadtrand; ca. 2 ha. – 160 Stpl.; Standardausstattung; 24 Miethütten ** - ****.
– **NAF-Camping Kleivenes** ***, Tel. 57 87 75 13; 1. Mai – 15. Okt.; an der R15, ca. 7 km östl. Stryn, am Westende des Strynsvatn; ca. 1 ha – 50 Stpl.; 10 Miethütten ** - ****.
– **Camping Mindresunde** ***, Tel. 57 87 75 32; Anf. Jan. – Ende Dez.; über R15 ca. 10 km östl. Stryn; Wiesen am See; ca. 1 ha – 50 Stpl.; Standardausstattung; 10 Miethütten ** - ****.

Weitere Campinganlagen liegen an der Straße 15 weiter östlich.

tiefster See Europas

↯ **Routenalternative Weg „A":** Weiterreise ab Stryn über die R15/60 westwärts bis **Kjøs** am **Hornindalsvatn**. Der fischreiche See zählt zu den größten in Westnorwegen. Mit einer Tiefe von 604 m ist er außerdem der tiefste See in Europa. ●

ROUTE 10: LOEN – ÅNDALSNES

Schon 7 km westlich von Stryn kann man von der Hauptstraße nach Südwesten auf die R613 abzweigen. Die Straße führt hoch an der Nordseite des Innvikfjords entlang über die Orte **Blakset** (Blaksæter) und **Ulvedal** bis nach **Rangdalbygd** und **Hopland,** wo die Straße nach 22 km endet. Von der bis 550 m über dem Fjord verlaufende Straße bieten sich immer wieder schöne Ausblicke, vor allem von der **Nordsida Kirche**, von Nos und von Hogjen aus, nach Süden über den Fjord zu den Höhen des Jostedalsbreen.

Panoramastraße

➯ **Routenalternative Weg „A":** Ab Kjøs führt die R60 über **Grodas** (Hotel) und durch das Hornindal zur **Fährstation Hellesylt** am Südende des Sunnylvsfjords in der Provinz Møre og Romsdal. In der Nähe der Fährstation sieht man den herrlichen Hellesyltfoss in den Fjord stürzen. •

Praktische Hinweise – Hellesylt

Hellesylt

⌂ Hotels: **Grand Hotel,** 29 Zi., Tel. 70 26 51 00 Fax 70 26 52 22, geöffnet 1. 5. – 30. 9.; Restaurant, Schwimmbad.
Jugendherberge: **Hellesylt Vandrerhjem,** Tel. 70 26 51 28; geöffnet 1. 6. – 1. 9.

▲ – **NAF Hellesylt Camping **,** Tel. 70 26 51 88; 15. Mai – 15. Sept.; Zufahrt von der R60; ca. 1 ha – 50 Stpl.; Standardausstattung. Café, Restaurant, Einkaufsmöglichkeit ca. 200 m.
– **Camping Stadheimfossen og Hytter ***,** Tel. 70 26 50 79; 1. Mai – 30. Sept.; ca. 2 km östlich von Hellesylt, ca. 1 ha – 40 Stpl.; 10 Miethütten ** - *****.

Camping

Ab **Hellesylt** verkehren regelmäßig **Autofähren nach Geiranger** und zwar im Sommer täglich um 9.00, 11.45, 14.45, 17.30 und 20.10 Uhr. Fahrzeit ca. 1 Stunde. Übrige Zeit weniger häufige Abfahrten. Die Zeiten können sich ändern!

Autofähren nach Geiranger

Die **Schifffahrt durch den Gelrangerfjord** gehört zu den großen Attraktionen einer Norwegenreise. Entsprechend ist der Andrang im Sommer. Wartezeiten an den Fährstationen einplanen!

Geirangerfjord ***

In der Tat ist es ein eindrucksvolles Erlebnis, durch den schmalen, langgezogenen Fjord, mit seinem ruhigen, tiefen Wasser, gesäumt von hoch und steil aufragenden Bergwänden zu fahren, von denen zahlreiche Wasserfälle stürzen. Berühmt sind die Wasserfälle „*Brudesløret*" (Brautschleier, linkerhand, Nordseite) „*Friaren*" (Freier, rechterhand, Südseite) und natürlich „*De Syv Søstre*" (die sieben Schwestern, linkerhand, Nordseite), dessen sieben Wasserschleier gut 250 m tief fast im freien Fall in den Fjord stürzen.

Wenn man die steilen, kargen Hänge am Fjord sieht ist man überrascht, daß selbst kleinste Grasflächen landwirtschaftlich genutzt wurden, was kleine Gehöfte, die sich an die Bergflanken klammern, beweisen. Man erzählt sich, dass die Bauern dort oben früher ihre Kühe und auch die kleinen Kinder anseilen mußten, damit sie nicht über die Felshänge in den Fjord stürzten. Und natürlich wird auch die Geschichte von dem schlauen Bauern erzählt, der immer dann die einzige Leiter, die zu seinem Hof führte, einzog, wenn er den Steuereintreiber kommen sah.

ROUTE 10: LOEN – ÅNDALSNES

der Geirangerfjord

Der Alltag auf einem Hof über dem Geiranger wird aber wohl noch um einiges härter gewesen sein. Man denke nur an Not- oder Krankheitsfälle, in denen man rasch einen Arzt oder die Hebamme brauchte.

Vor allem im Winter waren die Gehöfte von der ohnehin sehr spärlichen Zivilisation in den umliegenden Tälern so gut wie abgeschnitten und wenn überhaupt, dann nur vom Wasser her zugänglich und über eine anstrengende und auch nicht ungefährliche Kletterei zu erreichen. So mancher Hof lag an lawinengefährdeten Hängen. So wie der Hof Westerås, der sich über Generationen hinweg auf einem Landvorsprung oberhalb von Geiranger in 400 m Höhe unterhalb des steilen Laushorns behauptete. Wie es heißt, suchten hier Jahrhunderte lang Menschen durch Landwirtschaft ihr Auskommen. Wie viele von ihnen im Laufe der Zeit durch Lawinen ums Leben kamen, ist gar nicht genau bekannt. Immer wieder verlegten die Bauern ihre Häuser und Ställe. Einen wirklich sicheren Platz aber fanden die Leute von Westerås nicht. Zuletzt kamen im Winter 1907 hier oben 9 Menschen durch Lawinen ums Leben. Nach diesem Unglück wurde der Winterbetrieb auf dem Hof Westerås für immer eingestellt. Zwischenzeitlich sind alle Höfe am Geiranger, wie *Skageflå* oder *Knivsfl*å, schon lange verlassen. Der letzte Gehöft wurde 1961 aufgegeben.

Zwischen Hellesylt und Geiranger wird den Passagieren auf der Fähre durch den Geirangerfjord ein besonderer Service geboten. In verschiedenen Sprachen werden sie über alles Sehenswerte im Fjord über Bordansagen informiert.

Der Geirangerfjord ist ein beliebtes Ziel auf Nordlandkreuzfahrten. Fotografen freuen sich daher um so mehr, wenn sie den Geirangerfjord mit ankernden Kreuzfahrtschiffen ablichten können.

Geiranger selbst ist ein kleiner, enger Ort, der im Sommer voll und ganz vom Fremdenverkehr beherrscht wird.

ROUTE 10: LOEN – ÅNDALSNES

Praktische Hinweise – Geiranger

☎ **Geiranger Turist Informasjon,** 6216 Geiranger, Tel. 70 26 30 99, Fax 70 26 31 41; nur im Sommer geöffnet.

◫ Hotels: **Geiranger,** geöffnet 1. Mai – 30. Sept., 151 Zi., Tel. 70 26 30 05, Fax 70 26 31 70, Restaurant, Schwimmbad.
Grande Fjord Hotell, geöffnet 1. Mai – 30. Sept.; 48 Zi., Tel. 70 26 30 90, Fax 70 26 31 77, Restaurant.
Union, 155 Zi., Tel. 70 26 30 00, Fax 70 26 31 61, Restaurant, Sauna, Schwimmbad.
Utsikten Bellevue, geöffnet 1. Juni – 1. Sept., 31 Zi., Tel. 70 26 30 03, Fax 70 26 30 18, Restaurant. – Und andere Hotels.

▲ – **NAF-Camping Geiranger** ***, Tel. 70 26 31 20; Ende Mai – Mitte Sept.; westl. vom Fährhafen; ebene Wiesen am Fjord; ca. 1,5 ha – 100 Stpl.; gute Standardausstattung. Ansprechende Lage.

Wasserfall „Die Sieben Schwestern" im Geirangerfjord

– **NAF-Camping Grande** **, Tel. 70 26 30 68; 1. Mai – 30. Sept.; unterhalb der R63 knapp 2 km nördl. Geiranger; Terrassenplatz am Fjord in prächtiger Lage, ca. 1 ha – 50 Stpl.; Standardausstattung; 11 Miethütten ** - ****.
– **NAF-Camping Vinje** ***, Tel. 70 26 30 17; 1. Juni – 10. Sept.; an der Straße 63 etwa 2 km südl. Geiranger Richtung Dalsnibba; recht schräge Wiesen bei einem Wasserfall, schöne Lage oberhalb des Ortes; ca. 1,5 ha – 80 Stpl.; Standardausstattung. 7 Miethütten ****.
– **MA-Camping Dalen** ***, Tel. 70 26 30 70; 1. Apr. – 31. Aug.; südl. Geiranger an der R63 unterhalb der Dalsnibba-Paßstraße, einfacher Platz in herrlicher Lage in einem Hochtal; ca. 1,5 ha – 80 Stpl.; 7 Miethütten ** - ***. – Und andere Campingplätze.

Sehr empfehlenswert ist ein Abstecher von Geiranger auf der Straße 63 nach Süden. Man passiert die weiße, achteckige **Kirche von Geiranger** und das *Union Hotel* und später den Aussichtspunkt (Parkplatz) **Flydalsjuvet**. Von dort hat man einen prächtigen Ausblick auf Geiranger, den Fjord und die Serpentinen des Ørneveien an der Nordseite des Fjords. Dieses Motiv ist schon so oft abgelichtet worden, daß es fast schon zum Wahrzeichen für die norwegische Fjordwelt geworden ist.

prächtiger Geirangerblick ***

157

ROUTE 10: LOEN – ÅNDALSNES

Später führt die Straße in gut 20 Kehren hinauf Richtung Dalsnibba. Die Aussicht von der Straße in die umliegende grandiose Fjord- und Bergwelt ist überwältigend. Die Straße ist stellenweise etwas steil und schmal, aber gut gesichert und gut zu befahren (Ausweichstellen).

Bei der **Djupvasshytta** führt ein mautpflichtiges schmales, kurvenreiches Sträßchen auf das Gipfelplateau des **Dalsnibba** (1.494 m). Großartige Aussicht!

➜ **Route:** Weiterreise ab Geiranger auf der R63 zunächst am Fjord entlang nach Nordwesten.. •

herrliche Ausblicke auf den Geirangerfjord von der „Adlerstraße" ***

Nach einigen Kilometern verläßt die Straße den Fjord und führt in elf imposanten Kehren bergwärts. Die Serpentinenstraße ist bekannt als **Ørneveien** (auch Ørnevegen, Adlerweg). Von den Aussichtspunkten an der Straße gelingen einzigartig schöne Blicke auf den von dunklen Felswänden gesäumten, schmalen Geirangerfjord und zurück bis ans Fjordende in Geiranger. Auf dem höchsten Punkt der Straße, der **Korsmyra-Höhe** (624 m), erkennt man im Westen den 1.462 m hohen Geitfonneggja. Die Straße passiert hier ein Tunnel, um dann hinunter zur **Fährstation in Eidsdal** am Norddalsfjord zu führen.

Camping

▲ – **NAF-Camping Ytterdal *****, Tel. 70 25 90 13; 1. Mai – 30. Sept.; Nähe Fährstation; ca. 2 ha – 80 Stpl.; Standardausstattung; 8 Miethütten ***.
– **Eidsdal Camping ****, Tel. 70 25 90 29; 1. Jan. – 31. Dez.; ca. 3 km südl. Eidsdal, beschilderter Abzweig von der R63; ca. 1 ha – 30 Stpl.; Standardausstattung; 9 Miethütten *** - ****.

Autofähren nach Linge

Ab Eidsdal verkehren **Fähren nach Linge**. Im Sommer zwischen 6 und 23 Uhr, bis zu 38 Abfahrten, Fahrtdauer 10 Minuten.

➜ **Route:** In Linge zweigt die R63 ab. Ihr folgen wir über **Valldal** (Hotel, mehrere Campingplätze) nordostwärts bis **Åndalsnes**. •

In **Valldal** zweigt eine Stichstraße nach Osten ab. Sie führt am Nordufer des Tafjord entlang und endet im **Kaldhusdal**, einem Ausgangspunkt für zahlreiche Wandertouren, z. B. ins Reindalen nach Süden oder ins Tal des Muldaselva nach Osten. Viele der Wasserläufe sind durch Kraftwerke gebändigt. Vor allem das Erscheinungsbild der Wasserfälle, wie der imposante, 200 m hohe Muldalsfossen, der auch als „Kaiser Wilhelm Fall" bekannt ist, leiden darunter.

➜ **Route:** Im weiteren Verlauf nach Nordosten Richtung Åndalsnes passiert die Straße R63 die Felsschlucht **Gudbrandsjuvet**, eine enge, nur 5 m breite und 20 m tiefe Klamm mit wildem Wasserfall.

Camping an der Gudbrandsschlucht

In der Nähe liegen *NAF-Camping Gudbrandsjuvet ****, 25. Mai – 15. Sept.; 1,5 ha – 40 Stpl.; 12 Miethütten, und *NAF-Camping Haugtun ***, 8 Miethütten.

Ab **Langdal** führt die Straße R63 durch das karge, halbrunde **Meierdal** und erreicht schließlich in 850 m Höhe das Rasthaus **„Trollstigheimen"** am oberen Ende der **Trollstigveien**. •

ROUTE 10: LOEN – ÅNDALSNES

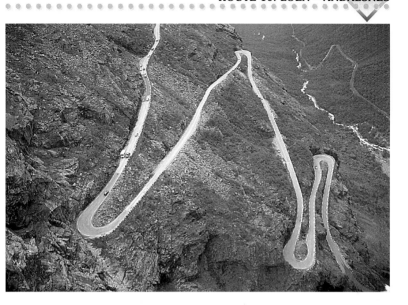

Die kühne Paßstraße **Trollstigen** oder **Trollstigveien** (gesperrt von Mitte Oktober bis Ende Mai, Anfang Juni) zählt wohl zu den bekanntesten Straßen in Norwegen. Die Straße, wie wir sie heute befahren können, wurde 1936 fertiggestellt. In weiten Kehren führt sie oft einspurig mit Ausweichstellen in 11 Kurven talwärts und überwindet dabei auf halbem Wege den Wasserfall **Stigfossen**, der eine Fallhöhe von annähernd 180 m hat.

Seit jeher war der Trollstigveien (Weg der Zwerge, Trolle) ein wichtiger Übergang von Sunnmøre ins Romsdal. Aber bis zur Fertigstellung der heutigen Straße, war es ein gefährlicher, steiler Saumpfad.

Bevor Sie sich aber auf die Talfahrt machen, gehen Sie zum **Aussichtspunkt Stigrøra** (ca. 5 Min.). Von dort kann man fast die ganze Trasse überblicken und man sieht auf die Bergketten der *Trolltindane* (1.795 m) im Osten und auf die Gipfel *Bispen* (1.786), *Kongen*, *Dronningen* (1.614 m) und *Karitind* (1.356 m) im Westen.

Im Tal stößt man an der Sogge Bru auf die E136 und ist kurz darauf in Åndalsnes.

Åndalsnes, am Südostende des Romsdalsfjords gelegen, ist ein wichtiger Verkehrsknotenpunkt (Endpunkt der Raumabahn) und lebhafter Industrieort. Das Stadtbild trägt neuzeitliche Züge. Das frühere Åndalsnes wurde im 2. Weltkrieg durch Bomben fast vollständig zerstört.

die Passstraße Trollstigveien

imposant und eindrucksvoll, die Talfahrt über die Trollstigen ***

Weiterfahrt über den Trollstigen Paß

Praktische Hinweise – Åndalsnes

☎ **Åndalsnes og Romsdal Reiselivslag**, Postboks 133, 6301 Åndalsnes, Tel. 71 22 16 22. Internet: www.visitalesund.com

Åndalsnes

ROUTE 10: LOEN – ÅNDALSNES

NORDISCHE MYTHOLOGIE – DIE WELT MIT DEN AUGEN DER WIKINGER

In der Vielfalt der Sagas ist die nordische Mythologie überliefert. Allen Saga-Sammlungen voran steht die *Edda*. Man kennt eine *ältere Edda* und eine *jüngere Edda*. Letztere entstand als Sammlung von Sagas und Liedern erst im Mittelalter durch den Isländer *Snorri Sturlason*.

Vor allem in den Erzählungen der alten Edda, die anfänglich mündlich weitergegeben und erst viel später niedergeschrieben wurde, leben die mythologischen Gestalten weiter, die *Asen* in Asgård mit der Weltesche *Yggdrasil*, und die Trolle, Elfen, Nornen und Riesen in *Utgård* am Rande der Welt, bäumeschleudernd und polternd Thor, lanzenschwingend Odin, oder Loki, der voller Bosheit steckt.

Nebelhaft waren die Vorstellungen über die Entstehung der Welt, vom eisigen, dunklen *Niflheim* irgendwo im Norden und von *Muspelheim*, dem Feuerland und Gegenpol weit im Süden. Das Eis des Nordens floß südwärts, um sich mit den Flammen des feurigen Südens zu verbinden. Aus dieser Verschmelzung von Feuer und Eis entstand *Ymir*, der erste Riese und Urvater aller Riesen, aller Menschen und auch der Asen nordischer Mythologie. So die Überlieferung.

Aber nicht Ymir alleine entstand aus dem Ureis, sondern auch eine Kuh, *Audumbla* mit Namen, die fortan als Symbol des Lebens und der Fruchtbarkeit galt.

Wundersam hört sich die Entstehung der weiteren Riesen und Götter an. Einer, *Buri*, kam zum Vorschein, als warme Milchtropfen der Kuh Audumbla über vereiste Felsen floß. Andere entstanden aus den Schweißperlen des Riesen Ymir und sogar dessen Zehen brachten einen Sohn hervor.

Aber zurück zu Buri. Sein Sohn Bor heiratete eine Nachkommin Ymirs, nämlich *Bestla*. Aus ihrer Verbindung entstammt unter anderen *Odin*, der erste unter den Göttern, die in Asgård, dem Götterland, wohnten. Odin heiratete die Erdgöttin *Freya*. Ihr erster Sohn ist der gewaltige *Thor* oder *Donar*, einer der germanischen Hauptgötter.

Nun brauchten die Riesen und Götter ja auch eine Welt, möglichst eine mit Menschen, die man beschützen, vernichten oder in Angst und Schrecken versetzen konnte.

Nicht sonderlich freundlich klingt die Entstehungsgeschichte eben dieser Welt. In den Augen der Altvordern soll sie als Folge von Katastrophen und Totschlag entstanden sein. Der Riese Ymir wurde nämlich von den Söhnen Bors erschlagen. In seinem Blut, das sich gewaltig ergoß, starben alle Riesen bis auf ein Paar, *Ask* und *Embla*. Aus Ymirs Körper entstanden nun Erde und Himmel, Berge und Meer. Sein Fleisch wurde Land, seine Knochen Berge, sein Blut das Meer und seine Zähne die Steine am Strand. Sein Schädel wurde das Himmelsgewölbe und sein Gehirn die Wolken am Himmel.

„Trollstigen" (Weg der Zwerge) und „Jotunheimen" (Welt der Riesen) sind geographische Namen im heutigen Norwegen, aber auch Erinnerungen an alte nordische Mythologie. Wenngleich auch Trolle und Riesen zu den niederen Chargen in der Geisterwelt zählten, so waren sie doch Gestalten, die in der Gedankenwelt der Wikinger, Normannen und Skandinavier lange ihren festen Platz hatten. Noch zu Beginn des Industriezeitalters war man sich unter norwegischen Bergleuten sicher, wer unter Tage einem Zwergen begegne – Zwerge leben nun einmal vornehmlich im Berg als Hüter geheimnisvoller Schätze – sei einer lohnenden Ader nicht mehr fern. Auch im altdeutschen Nibelungenlied, das ja in vielen Punkten Parallelen zu nordischen Sagas aufweist, ist es ein Zwerg, Alberich, der den Schatz der Nibelungen hütet.

Und Trolle waren es auch, die den Großen in der Götterwelt, den Asen also, unbesiegbare Waffen schmiedeten oder zu anderen Wunderdingen verhalfen, *Thor* zu seinem Hammer *Mjölnir*, oder *Odin* zu seiner Lanze *Gungnir*.

ROUTE 10: LOEN – ÅNDALSNES

🏨 Hotels: **Grand Hotel Bellevue**, 84 Zi., Åndalsgata 5, Tel. 71 22 75 00, Fax 71 22 60 38, Restaurant.
Rauma Hotell, 15 Zi., Vollan 16, Tel. 71 22 12 33, Fax 71 22 63 13, Cafeteria.
Romsdal Gjestegård, (Ende Mai – 31. Aug.), 50 Betten, Tel. 71 22 13 83, Fax 71 22 84 15. Miethütten. – Und andere Hotel.
Jugendherberge: **Åndalsnes Vandrerhjem Setnes**, 6300 Åndalsnes, Tel. 71 22 13 82; Ende Mai – Anf. Sept.; 90 Betten.

▲ – **NAF-Camping Åndalsnes** ****, Tel. 71 22 16 29; 1. Mai – 15. Sept.; ca. 2 km südl. Åndalsnes beschilderter Abzweig von der E136; Grasgelände mit Baumbestand, bis an den Raumafluß reichend; ca. 6 ha – 300 Stpl.; Standardausstattung; Laden, Imbiss, Fahrrad- und Bootsverleih; 37 Miethütten ** - *****.
– **NAF-Camping Mjelva** ****, Tel. 71 22 64 50; 1. Mai – 15. Sept.; ca. 3 km südl. Åndalsnes beschilderter Abzweig von der E136; Waldgelände; ca. 3 ha – 100 Stpl.; 40 Miethütten ** - ****. **Motel**.
– **Trollstigen Camping** ***, Tel. 71 22 11 12, 1. Mai – 30. Sept.; rund 10 km südl. von Åndalsnes und ca. 4 km vom Abzweig von der E136 an der Straße R63 Richtung Trollstigen, ebene Wiesen in ansprechender Tallage; ca. 2 ha – 35 Stpl.; gute Standardausstattung; Laden, Cafeteria, Fahrrad- und Bootsverleih, 7 Miethütten ****, Zimmer im Gasthof.
– **NAF. Camping Trollveggen** ***, Tel. 71 22 37 00, 15. Mai – 10. Sept., ca. 10 km südl. Åndalsnes abseits der E136, mehrere flache, gepflegte Wiesenterrassen im Romsdal, bei einem Wasserfall des Raumaflusses, in ansprechender Lage direkt unterhalb des Romsdalshorn, gute Standardausstattung, Miethütten. – Und andere Campingplätze.

Die Plätze bei Åndalsnes werden in der Hauptreisezeit sehr stark frequentiert. Gute Ausweichmöglichkeiten bieten sich östlich der Stadt bei **Isfjorden** an der Straße 64 am Nordufer des Isfjords (mehrere Plätze) oder 22 km westlich Åndalsnes (E136) in **Måndalen** (*Camping Måna* **, kleiner, einfacher, aber hübsch gelegener Platz am Fjord, 15 Miethütten ** - ***).

Trolle begegnen Ihnen heute nur noch als Souvenirs
Åndalsnes Hotels, Jugendherberge

Camping

ROUTE 10: LOEN – ÅNDALSNES

ROUTENALTERNATIVE „WEG B"

↱ **Routenalternative Weg „B":** Ab Loen nach **Stryn** (siehe „Weg A") und hier auf der R15 ostwärts durch das Tal des Strynsvatn über **Oppstryn** und **Hjelle** (Hotel, Camping) hinauf ins Strynefjellet mit dem Sommerskigebiet **Videseter**. •

Jostedalsbreen Nationalpark Center
1. Mai - 30. Sept. tgl. 9 – 16 Uhr, Mitte Juni – Mitte Aug. bis 19 Uhr. Eintritt.

Bei Oppstryn kann man das schön am Strynsee gelegene **Jostedalsbreen Nationalpark Center** besichtigen, ein natur- und kulturgeschichtliches Museum, mit Filmen, Ausstellungen und einem Gebirgspflanzengarten. Naturpfad zum Gletscher. Es werden Gebirgs- und Gletscherwanderungen organisiert.

Von **Hjelle** geht es auf der gut ausgebauten Serpentinenstraße R15 hinauf zum Berggasthof **Videseter** (Sommerskigebiet). Ab hier kann man wählen zwischen der Hauptstraße R15, die durch drei lange Tunnels (4.500 m, 3.660 m und 2.550 m) führt und am See Lægervatna auf den Abzweig der R63 nach Geiranger stößt, oder dem Umweg über die R258.

lohnender Umweg durchs Videdalen **

Die R258 führt durch das landschaftlich überaus reizvolle **Videdalen** (die Straße ist zwischen Oktober und Mai gesperrt) und stößt in **Grotli** auf die R15, die von Lom aus dem Ottadalen herauf kommt. Wer nicht in Zeitdruck ist, sollte sich für diesen Umweg durch das Videdalen entscheiden. Zu beachten ist, daß diese Strecke vom norwegischen Straßenbauamt für Wohnwagen als „grundsätzlich abzuraten" eingestuft ist!

↱ **Routenalternative Weg „B":** Weiterreise von der R15 in Höhe des Lægervatna auf der R63 nordwestwärts zur **Djupvasshytta** (Abzweig zum **Dalsnibba**) und weiter nach **Geiranger**. •

Auch dieser Streckenabschnitt hinab nach Geiranger ist im Winter gesperrt. Je nach Schneelage kann die Wintersperre bis weit in den Juni hinein dauern. Eine detaillierte Beschreibung des weiteren Weges über Geiranger, Ørneveien und Trollstigveien nach Åndalsnes siehe weiter vorne unter „Weg A".

ABSTECHER NACH ÅLESUND

⇔ **Abstecher:** Ålesund liegt 122 km westlich von Åndalsnes und ist über die E136 bequem zu erreichen. Die Straße folgt lange dem Südufer des Romsdalsfjords, passiert das 6.594 m lange Innfjordtunnel, nach 22 km **Måndalen** (*Camping Måna*), später den **Fährhafen Vikebukt** (Verbindungen nach Molde) und schließlich **Tresjord** am Südende des gleichnamigen Fjords. Etwas südlich des Ortes ist ein **Museumshof** mit mehreren Gebäuden, die teils aus dem 17. Jh. stammen, zu besichtigen.

Die Straße zieht nun landeinwärts, quert die Örskog-Berge, um bei **Sjøholt** auf den Storefjord zu stoßen. Nach etwa 35 km erreicht man das Stadtgebiet von **Ålesund**. •

ROUTE 10: LOEN – ÅNDALSNES

Die Inseln, auf denen **Ålesund** liegt, auch die vielen vorgelagerten Inseln, sind altes Siedlungsgebiet. Funde in der Höhle „Skjonghelleren" auf der Insel Valderøy weisen auf steinzeitliche Siedlungen hin. Auch in der Wikingerzeit waren die geschützten Buchten besiedelt.

Ålesund, die „Stadt des Jugendstils"

Der Wikingerfürst Gangerolv soll von der Insel Giske vor Ålesund stammen. Er ging als Gründer des französischen Herzogtums Normandie im Jahre 911 in die Geschichte ein. In Frankreich kennt man den Wikinger besser unter dem Namen Rollo.

Im Mittelalter schließlich hatte sich in Borgundkaupanger am Brei-Heissa Fjord südöstlich des heutigen Stadtzentrums, ein lebhafter Handelshafen etabliert. Aber erst 1848 bekam Ålesund Stadtrechte.

Ein trauriges Datum in den Annalen der Stadtgeschichte ist das Jahr 1904. Damals brannte in einer einzigen Sturmnacht die ganze Stadt ab. In einer groß angelegten Aktion, an der sich auch Kaiser Wilhelm II. mit Finanzmitteln beteiligte, entstand in relativ kurzer Zeit eine völlig neue Stadt. Viele der Geschäftshäuser und öffentlichen Gebäude wurden im damals populären Jugendstil errichtet. Das einheitliche **Stadtbild** mit seinen hübschen Jugendstilfassaden und den markanten Speicherhäusern am Hafenbecken Brosundet sind es u. a., die das äußere Bild Ålesunds prägen und einen Abstecher hierher durchaus lohnen.

Heute ist Ålesund eine lebhafte Stadt mit rund 35.000 Einwohnern und Norwegens größter Fischereiexporthafen.

in Ålesund

Mit zu den größten Attraktionen zählt eine Fahrt auf den 189 m hohen Hausberg **„Aksla"**. Der Blick von der Terrasse mit Glaspavillon des **Höhenrestaurants Fjellstua** (geöffnet 15. Mai – 1. Sept. 11 – 20 Uhr) über die auf Inseln verteilte, vom Wasser umschlossene Stadt, mit der Kulisse der umliegenden Schärengürtel und gezackten Sunnmøre-Berge im Westen, ist zweifellos eine der schönsten Stadtansichten in Norwegen.

Stadtblick vom Aksla ***

Ein Treppenweg mit 418 Stufen führt vom Stadtpark (Denkmal des Wikingerfürsten Gangerolv und Gedenkstein an Kaiser Wilhelm II.) auf den Aussichtsberg im Osten der Stadt.

Die Fjellstua auf dem Berg Aksla ist auch mit dem Auto zu erreichen. Man muß dazu ein Stück ostwärts (Richtung Åndalsnes) fahren und von der E136 abzweigen. Der Abzweig und die Auffahrt ist mit einem kleinen

Schild „Fjellstua" recht unzureichend beschildert. Wegen Engstellen ist die Auffahrt für Caravans ungeeignet!

☑ *Mein Tipp!* Zum Fotografieren möglichst vormittags auf den Aksla fahren, bessere Lichtverhältnisse.

Weitere Sehenswürdigkeiten in Ålesund:

Im Stadtzentrum kann man – zum Beispiele von der Apotekergata mit ihren hübschen Jugendstilfassaden aus – der Kirkegade nach Westen folgen und kommt dann zur **Ålesund Kirche**. Der gedrungen wirkende Natursteinbau liegt etwas erhöht und wurde 1909 errichtet. Portal und Fenster erinnern an den Rundbogenstil der Romanik. Im Inneren sind Freskomalereien von Enevold Thømt und schöne Fenster mit Glasmalerei zu sehen. Die Orgel soll eine Gabe von Kaiser Wilhelm II. anläßlich der Einweihung der Kirche sein. Die Kirche ist Besuchern von Juni bis August täglich außer montags von 10 bis 14 Uhr zugänglich.

Stadtmuseum
Mo. - Fr. 11 - 15, Sommer bis 16 Uhr, Sa. + So. 12 - 15 Uhr. Eintritt.

Das **Ålesund Museum** liegt in der Rasmus Rønnebergsgate 16, im östlichen Stadtgebiet, unweit vom Rathaus. Es befaßt sich vor allem mit der Entwicklungsgeschichte der Stadt vor und nach dem großen Stadtbrand von 1904. Sonderabteilungen dokumentieren Bootsbau und Fischerei in Ålesund.

Vom Ålesund Museum wird auch das **Fiskerimuseum** betreut, das im Moloveien 10, im westlichen Stadtteil und dort an der Nordküste an der langen Steinmole liegt. Das Fischereimuseum ist nur vom 1. Juni bis 1. September samstags und sonntags von 12 – 16 Uhr geöffnet. Eintritt.

Aquarium **
tgl. 10 - 17 Uhr, im Sommer bis 19 Uhr. Eintritt.

Zu den neueren Attraktionen zählt der im Juni 1998 eröffnete **Atlanterhavsparken** (Atlantik-Meerpark) mit dem **Ålesund Aquarium**. Es gilt als größte Aquarienanlage in ganz Skandinavien. Der Meerpark liegt in Tuenese, ca. 3 km westlich von Ålesund. Neben diversen Ausstellungen, kleineren und größeren Aquarien beeindruckt vor allem das große Panoramafenster (18 x 4 m, 26,5 cm starke Acrylscheibe), das den Blick frei gibt in das riesige **Atlantikbecken**. In diesem Meerwassertank mit über vier Millionen Wasser kann man die Meeresfauna bestaunen, so wie sie in den Schären und in den Tiefen des Storfjords anzutreffen ist. Fischfütterung durch Taucher um 13 Uhr. Im Freigelände ist ein Robbenbecken angelegt. Cafeteria. Souvenirladen. Parkplatz.

Freilicht-Distriktmuseum **
1. 6. - 30. 9. Mo. - Sa. 11 - 16 Uhr, So. 12 - 16 Uhr, Juli und Aug. tgl. bis 17 Uhr. Winterhalbjahr Mo., Di., Fr. 11 - 15, so. 12 - 16 Uhr. Eintritt.

Östlich vom Stadtzentrum Ålesunds, etwa auf halbem Wege nach Spjelkavik, liegt in **Borgundgavlen** das **Sunnmøre Freilichtmuseum**. An die 40 alte Bauernhöfe und Wohn- und Wirtschaftsgebäude aus der Region wurden hier zusammengetragen und geben Einblick in die Baukunst und in die Wohn- und Lebensverhältnisse in Sunnmøre in früheren Zeiten. Außerdem kulturhistorisches und archäologisches Museum. Bootsbauabteilung.

Nahebei wurde in **Borgundkaupangen**, einem mittelalterlichen Handelsplatz, ein **Museum** eingerichtet, das die Grabungsfunde aus dem ehemaligen Markt- und Hafenstädtchen zeigt. Das Museum ist über den Gebäuderesten des „Årestue-Komplexes" aus dem 11./12. Jh. errichtet.

Die in Resten aus dem 12. Jh. erhaltene **Kirche von Borgund**, wurde nach dem Brand von 1904 unter Verwendung alter Baufragmente umgebaut. Beachtung verdienen die Holzschnitzereien und die Decke des Kirchenraumes.

ROUTE 10: LOEN – ÅNDALSNES

Seit einigen Jahren sind die vorgelagerten Inseln nordwestlich von Ålesund durch drei Tunnels mit dem Festland verbunden. Die mautpflichtige Tunnelverbindung zählt zu den längsten Unterseeverbindungen der Welt.

in Ålesund

Die Tunnelverbindung und die Giskabrua erlauben es, relativ rasch auch die **Giske Inseln** zu erreichen, die mit historischen Sehenswürdigkeiten aufwartet, darunter die sog. **Marmorkirche** von Giske aus dem 12. Jh. und prähistorische Grabhügel.

Ausflug zu den Giske Inseln

Giske war in der Wikingerzeit ein wichtiges Zentrum. Hier lebten Fürsten und Edelleute. Und auch der Wikingerkönig Gangerolv war hier ansässig.

Bei **Skong** erreicht man auf einem Spaziergang über einen Waldweg die beeindruckende **Skong-Höhle**, in der uralte Tierspuren gefunden worden sind.

Man kann den Ausflug auf die südlich gelegene **Insel Alnes** (Brücke) ausdehnen und dort zum einsamen Leuchtturm **Alnes Fyr** an der Nordwestspitze der Insel fahren.

Bei ausreichend zur Verfügung stehender Zeit lohnt ein Ausflug auf die Insel Hareid und dort nach Brandal, nördlich vom Fährhafen Hareid, zum **Ishavsmuseet Aarvak**. Das Eismeermuseum Aarvak wurde 1981 gegründet. Es befaßt sich in erster Linie mit der langen norwegischen Tradition des Robbenfangs sowie mit anderen Aktivitäten im Polargebiet. Eine der größten Sehenswürdigkeiten des Museums ist das denkmalgeschützte, 1912 in Bergen gebaute und später mehrfach umgebaute Eismeerschiff „Aarvak".

das Eismeermuseum auf Hareid 1. 5. - 30. 9. tgl. 13 - 17 Uhr, Juni - Aug. tgl. 12 - 18 Uhr. Eintritt.

Ab Ålesund, Hafen Brosundet, werden im Sommer mehrmals wöchentlich Bootstouren u. a. zur „Vogelinsel" Runde angeboten.

Bootsausflug nach Runde

Praktische Hinweise – Ålesund

Ålesund

☎ **Ålesund Turistkontor**, Rådhuset (Rathaus), 6025 Ålesund, Tel. 70 15 76 00. Geöffnet Anfang Juni bis Ende August, Mo. – Fr. 8.30 – 19, Sa. 9 – 17, So. 11 – 17 Uhr. Übrige Zeit Mo. – Fr. 9 – 16 Uhr. Internet: alesundinfo.no

🛏 Hotels: **Atlantica First Hotel**, 110 Betten, Rasmus Rønnebergsgt. 4, Tel. 70 12 91 00, Fax 70 12 62 52, Cafeteria, Parkplatz.

ROUTE 10: LOEN – ÅNDALSNES

Ålesund
Hotels

Bryggen Comfort Home Hotel, 130 Betten, Apotekergata 1, Tel. 70 12 64 00, Fax 70 12 11 80, obere Preisklasse, in einem hist. Handelshaus am Hafen in zentraler Lage, Sauna, Garage.
Scandinavia Quality Hotel, 112 Betten, Løvenvoldgt. 8, Tel. 70 70 15 78 00, Fax 70 15 78 01, mittlere Preisklasse, Restaurant, Sauna.
Noreg Golden Tulip Rainbow Hotel, 179 Betten, Kongensgt. 27, Tel. 70 12 29 38, Fax 70 12 66 60, Restaurant, Sauna, Schwimmbad, Garage.
Norlandia Baronen Hotel, 61 Betten, Vikasenteret, in **Spjelkavik** ca. 10 km außerhalb, Tel. 4 70 00, obere Preisklasse, Restaurant.
Rica Parken, 270 Betten, Storgt. 16, Tel. 70 12 50 50, Fax 70 12 21 64, obere Preisklasse, Restaurant, Sauna, Garage.
Scandic, 290 Betten, Molovn. 6, Tel. 70 12 81 00, Fax 70 12 92 10, obere Preisklasse, gutes Restaurant „Molja", Sauna, Schwimmbad, Freizeiteinrichtungen, Garage. – Und andere Hotels

Jugendherberge

Jugendherberge: **Ålesund Vandrerhjem**, Parkgaten 4, 6003 Ålesund, Tel. 70 11 58 30, geöffnet 1. 5. – 30. 9.

Camping,
Stellplatz

▲ – „Parkering for Bobiler", Hjelsetgården, Stellplatzareal für Wohnmobile, 1. Mai – 30. Sept.; am nördlichen Stadtrand, in der Stadt beschildert, geteerte, ebene Fläche an einer Hafenmole, Sanitäranlagen, WC, Behinderten WC, Duschen, Wäschetrockner, gebührenpflichtig.
– Prinsen Strandcamping ****, Tel. 70 15 52 04; 1. Jan. – 31. Dez.; ca. 6 km östl. Ålesund Zentrum, Abzweig von der E136 Richtung Gåseid/Hatlane; in ansprechender Lage am Fjord; ca. 3 ha – 150 Stpl.; Komfortausstattung; 26 Miethütten; Imbiß. In der Nähe *Sunnmøre Freilichtmuseum* und *Borgundkaupangen*.
– NAF-Camping Volsdalen ***, Tel. 70 12 58 90; 1. Mai – 15. Sept.; ca. 2 km östl. Ålesund Zentrum, Abzweig von der E136 südwärts; unebene, mehrfach unterteilte Wiesen, teils bis an den Fjord reichend; ca. 1 ha – 50 Stpl.; Standardausstattung; Laden; 21 Miethütten. – Und andere Campingplätze.

ABSTECHER ZUR „VOGELINSEL" RUNDE

☑ *Mein Tipp!* Die Fahrt mit dem Auto nach Runde ist ein abwechslungsreicher Ausflug durch eine reizvolle Inselwelt, die durch Brücken und Dämme verbunden ist. Lediglich zwischen **Sulesund** (R61 südl.

Autofähre nach
Hareid

Ålesund) und **Hareid** auf der Insel Hareidlandet, muß eine Fähre benutzt werden (zwischen 6 und 23 Uhr bis zu 21 Abfahrten, Fahrzeit ca. 30 Min.).

Die **Kirchen** in Hareid und Ulsteinvik sind mit Rosenmalerei ausgeschmückt.

Stellplätze in
Tjørvåg

Weiter über **Ulsteinvik** bis **Dragsund** auf der Insel Gurskøy und dort westwärts bis **Tjørvåg** (*Lanternen Feriehytter*, Tel. 70 08 52 50, ganzjährig, 20 Stellplätze, Laden, Cafeteria, 10 Miethütten), dort nordwestwärts über die Inseln Bergsøy und Remøy nach Runde, das man schließlich über eine elegant geschwungene Brücke erreicht.

Auf dem Weg nach Runde passiert man bei Fosnavåg die Zufahrt auf die **Insel Herøy**, die jedes Jahr im Juli Schauplatz des **Freilichtspiels „Kongens ring"** (Der Ring des Königs) ist. Hintergrund des historischen Schauspiels ist das dramatische Treffen zwischen König Olav Haraldsson und dem rauhen Wikingerfürsten Møre-Karl im Jahre 1027, die beide um die schöne Unn von Herøy buhlten, die aber eigentlich dem jungen Ingolv Ynda versprochen war.

Besichtigen kann man auf Herøy das **Küstenmuseum**.

ROUTE 10: LOEN – ÅNDALSNES

Runde, Norwegens südlichster „Vogelfelsen", ist eine kleine, gerade mal viereinhalb Kilometer lange Insel südwestlich von Ålesund. Die weit im rauhen Atlantik gelegene Insel ist für ihre Seevögelkolonien berühmt. Über 30 Vogelarten wurden hier registriert, die im Frühsommer (Mitte Juni bis Mitte/Ende Juli) zu Tausenden an den steilen, nach Südwesten zum offenen Meer abfallenden Klippen ihrem Brutgeschäft nachgehen. Jedes Jahr bevölkern über 170.000 Vogelpaare die halsbrecherisch steilen Klippen über dem Meer. Vor allem Dreizehenmöwen, Papageientaucher, Trottellummen, Kormorane, Thordalken, Basstölpel, Eissturmvögel, Sturmschwalben etc. nisten hier, teils auf kaum handbreiten Gesteinssimsen.

Der Fußweg, der von der Nordostseite her hinauf zum Klippenrand über den Vogelfelsen führt, beginnt fast am Ende der einzigen Straße auf der Insel Runde unweit des schön am Meer gelegenen Campingplatzes Goksøyr. Vom Campingplatz geht man etwa 20 Minuten anfangs recht steil über Wiesen (Gatter bitte immer schließen!) hinauf an den Rand der Steilküste. Zugang zum Vogelschutzgebiet nur auf freigegebenen Wegen! Achten Sie unbedingt darauf, die markierten Wege nicht zu verlassen und respektieren Sie bitte Verbotsschilder im Naturschutzgebiet.

Die Gewässer um Runde sind ein beliebtes Tauchrevier. Vor Jahren hoben Taucher weit über eine halbe Tonne an Gold- und Silbermünzen aus dem am 8. März 1725 vor der Insel im Sturm gesunkenen holländischen Kauffahrer „Akerendam". Zahlreiche weitere Wracks warten darauf, entdeckt zu werden.

Im Sommer werden ab Runde und ab Goksøyr bei gutem Wetter bis zu drei mal täglich Bootsrundfahrten um die Insel angeboten.

Praktische Hinweise – Runde

Runde

☎ **Reiselivslag Runde,** Postboks 322, 6067 Ulsteinvik, Tel. 70 01 37 90.

Hareid
🛏 Hotels: **Hareid Hotel,** 30 Zi., Tel. 70 09 24 11, Fax 70 09 44 11, Restaurant, Sauna, Parkplatz.
Ulsteinvik
Quality Ulstein Hotell, 92 Zi., Tel. 70 01 30 00, Fax 70 01 30 13, Restaurant, Sauna, Schwimmbad, Parkplatz.
Runde
Runde Vandrerhjem, 65 Betten, Tel. 70 08 59 16, Cafeteria, **Stellplätze** für Wohnmobile. – Und andere Hotels.

Hotels

▲ – **NAF-Camping Goksøyr ***,** Tel. 70 08 59 05; 1. Jan. – 31. Dez.; zum Meer hin abfallende Wiesen, sowie geschotterte Stellflächen am Meer für Wohnmobile, in schöner, ruhiger Lage; ca. 1 ha – 50 Stpl.; einfache Standardausstattung; Laden, Imbiss, Bootsverleih, 3 Miethütten, Fremdenzimmer. Der Campingplatzhalter gibt fundierte Auskünfte und Tipps zur Vogelbeobachtung und zu Ausflugsmöglichkeiten in die nähere und weitere Umgebung. Organisierte Bootsfahrten zu den Vogelfelsen.

Camping

ALTERNATIVROUTEN ÜBER MOLDE UND KRISTIANSUND

Auf dem Rückweg von Ålesund nach Åndalsnes bietet es sich an, entweder ab Vestnes nördlich der E136 mit der Fähre über den Moldefjord

ROUTE 10: LOEN – ÅNDALSNES

Autofähre nach Molde

oder ab Åndalsnes über die R64 einen Abstecher nach Molde zu unternehmen.

Ab **Vestnes/Furneset** verkehren **Fähren nach Molde** und zwar zwischen ca. 6.15 und 00.35 Uhr, täglich bis zu 24 mal, Fahrzeit 35 Minuten.

Zieht man den Straßenweg nach Molde vor, folgt man ab Åndalsnes der Straße 64 über **Isefjord** nach **Åfarnes** (35 km) am Langfjord, bedient sich dort der **Fähre nach Sølsnes** (zwischen ca. 5.30 und 23 Uhr täglich bis zu 31 Abfahrten, Fahrzeit 15 Min.), überquert rund 10 km weiter nördlich bei **Grønnes** eine mautpflichtige Brücke und erreicht bald darauf das 12 km entfernte Molde.

Übrigens: Einige Kilometer westlich von Isefjord passiert die R64 **Torvik**. In der dortigen Gegend ereignete sich im 17. Jh. ein für die norwegische Geschichte historisches Ereignis. Ein Gedenkstein gut 2 km westlich von Torvik an der Straße nach **Klungnes** erinnert daran.

Die Story vom „Schottenzug"

Im 17. Jh. gehörte Norwegen zu Dänemark. Folglich mußten die Norweger während des Kalmarkrieges 1612 auf der Seite Dänemarks gegen Schweden zu Felde ziehen.

Der schwedische König Karl IX. hatte sich damals die Dienste eines schottisches Söldnerheeres gekauft, das auch bald eintraf und am 20. August 1612 im Romsdalsfjord in der Nähe von Klungnes ankerte. Noch heute heißt dort ein Weiler „Skotthamaren".

Peder Klungnes, ein Bauer aus der Gegend von Torvik, glaubte in den ankernden Schiffen holländische Getreidefrachter zu erkennen und ruderte hinaus, um Getreide zu kaufen. Viel zu spät bemerkte er, dass es sich nicht um Kauffahrer, sondern um feindliche Schiffe handelte. Zu spät. Der Landmann wurde festgenommen und gezwungen, den Schotten auf dem legendären **„Skottetoget"** (Schottenzug) von 1612 den Weg ins Gudbrandstal und möglichst in den Rücken der dänisch-norwegischen Heere zu zeigen. Peder Klungnes nun, ein aufrechter Patriot, tat sein möglichstes, ja die längsten Umwege zu wählen. In der Zwischenzeit hatten die Norweger Zeit ihre Streitkräfte zu sammeln und durch Feuer auf den Bergen vor der nahenden Gefahr zu warnen. Die Bauern vom nördlichen Gudbrandstal sammelten sich bei Kringen. Dort bereiteten sie eine riesige Lawine aus Steinen und Baumstämmen vor, die so raffiniert angelegt war, dass sie auf einen lauten Trompetenstoß, den das Mädchen Guri dann von der Anhöhe Pillarguri auf ihrer Lure kräftig ertönen ließ, auf das feindliche Heer hinab prasselte. Die Schotten wurden besiegt und Peder Klungnes zum Volkshelden.

Molde, „Stadt der Rosen"

Molde, ca. 23.000 Einwohner, Hauptverwaltungsort der Provinz Møre og Romsdal, kann auf eine über 200jährige Tradition als Handelsstadt zurückblicken. Die Stadt im inneren Moldefjord trägt den Beinamen "Stadt der Rosen". Vielleicht ist das schmückende Attribut auf das relativ milde Klima, gefördert durch die geschützte Lage der Stadt, zurückzuführen, das Blumen- und Rosenzucht ermöglichte. Zumindest im Rathaus wird mit dem städtischen Rosengarten dem Anspruch „Stadt der Rosen" zu sein, Rechnung getragen.

ROUTE 10: LOEN – ÅNDALSNES

Molde wurde im Zweiten Weltkrieg bei Bombenangriffen stark zerstört und präsentiert sich dem Besucher heute mit einem modernen Stadtbild.

Keinesfalls versäumen sollte man den Blick vom nordwestlich der Stadt gelegenen, 407 m hohen **Hausberg „Varden"** auf das berühmte Moldepanorama, mit dem Moldefjord und den dahinter aufragenden (angeblich 87) Berggipfeln. Dieser Blick ist die große Attraktion der Stadt.   schöner Blick vom „Varden" **

Lohnend ist weiter ein Besuch des **Romsdalsmuseums**. Zahlreiche schöne historische Holzhäuser, Gehöfte und Gebäude aus der Provinz wurden hier zu einem sehenswerten Museumsdorf zusammengetragen.   Freilichtmuseum

Bei längerem Aufenthalt sollte eine Bootstour ab Torgkai zum im Moldefjord vorgelagerten **Inselchen Hjertøya** eingeplant werden. Fahrtdauer rund 15 Minuten. Auf der Insel kann ein **Fischereimuseum** in Form eines alten Fischerdorfes besichtigt werden. Außerdem bieten sich gute Bademöglichkeiten an den Stränden der Insel.

Praktische Hinweise – Molde

Molde

☎ – **Molde Turist Informasjon**, Boks 484, Storgata 31, im Rathaus, 6401 Molde, Tel. 71 25 71 33. Geöffnet: Sommer 9 – 18 Uhr, So. 10 – 16 Uhr, übrige Zeit bis 16 Uhr. Internet: www.visitmr.com

🛏 Hotels: **Alexandra First Hotel**, 140 Zi., Storgata 1 – 7, Tel. 71 20 37 50, Fax 71 20 37 87, modernes Haus der oberen Mittelklasse, zentral gelegen, rustikales Restaurant, Sauna, Schwimmbad, Garage.
Knausen Rainbow Hotell, 74 Zi., Knausen, Tel. 71 25 15 77, Fax 71 19 11 10, Restaurant, 11 Miethütten.
Hotel Molde, 36 Zi., Storgata 19, zentral gelegenes Mittelklassehotel, Tel. 71 21 58 88, Fax 71 21 58 90, Restaurant.
Nobel, 49 Zi., Amtman Krohgsgt. 5, Tel. 71 25 15 55, Fax 71 21 59 54, Restaurant, Sauna, Schwimmbad.
Skaret Turistsenter, 21 Zi., Tel. 71 26 80 90, Fax 71 26 80 91, im Skaret Freizeitpark an der R64, ca. 12 km nordöstlich von Molde, Restaurant, Schwimmbad, Reitmöglichkeit, 17 Miethütten. – Und andere Hotels.

Hotels

Jugendherberge: **Molde Vandrerhjem**, 25 Zi., Romsdalsgata 5, 6413 Molde, Tel. 71 21 61 80.

Jugendherberge

▲ – **NAF-Camping Kviltorp** ***, Tel. 71 21 17 42; 1. Jan. – 31. Dez.; ca. 4 km östlich Molde Zentrum; Wiesen zwischen E39 und Fjord; ca. 1,5 ha – 80 Stpl.; Standardausstattung; Laden, 21 Miethütten.

Camping

ALTERNATIVROUTE ÜBER KRISTIANSUND NACH TRONDHEIM

Alternativ zu unserer Hauptroute (Etappe 11, Åndalsnes – Otta, und Etappe 16, Otta – Trondheim, mit Umweg über Kristiansund N) bietet sich ab Molde der direkte Weg über die Straße 64 über Eide nach Kristiansund N an (ca. 75 km).

✍ **Alternativroute:** Man verläßt Molde zunächst über die E39 in östlicher Richtung und zweigt am Flughafen Årø nordwärts auf die R64 ab Richtung **Eide**. Ein 2,8 km langes, mautpflichtiges Tun-

169

ROUTE 10: LOEN – ÅNDALSNES

Küstenlandschaft bei Kristiansund

nel verkürzt den Weg der „normmalen" Straße über Skaret. ●

Auf dem Weg nach Eide passiert man etwa 30 km nördlich von Molde auf der R64 die Zufahrtsstraße (Info-Tafel) zum Parkplatz bei der **Marmorhöhle Trollkyrkja** im Tverrfjella. Vom Parkplatz führt ein Pfad anfangs durch Wald, später felsiges Terrain steil bergauf (anstrengend). Wer schlecht zu Fuß ist oder Kleinkinder dabei hat, sollte auf den Ausflug verzichten! Für den ca. 4 km langen Aufstieg wird man etwa 1 1/2 Stunden benötigen. Unerläßlich sind feste Wanderschuhe oder (besser für die Höhlenbegehung) gute Gummistiefel mit Profilsohle. Unbedingt starke, leistungsfähige Taschenlampe mitnehmen! Die Höhle mit unterirdischem, über 10 m hohem, tosenden Wasserfall ist nicht beleuchtet. Keine Führungen. Begehung auf eigene Gefahr!

abenteuerliche Höhlentour

In die gut 70 m lange, relativ schmale, Ende der letzten Eiszeit entstandene Höhle gelangt man durch den von einem felsigen Bachbett (glitschige Steine) gebildeten „unteren" Eingang. Oder man kann von oben über eine Leiter und nach abenteuerlicher Kletterei zum Wasserfall hinuntersteigen.

Die R64 über Eide ist bis Ørjavik gut ausgebaut, danach bis kurz vor Vevang feste Erdstraße.

In **Vevang** beginnt der **Atlanterhavsveien**, eine Küstenstraße, die auf Brücken und über mehrere kleine Inseln den sich zum Meer öffnenden Sandøyfjord überquert. Danach geht es quer durch die Insel Averøya. Schließlich erreicht man den **Fährhafen Bremsnes**.

Autofähre nach Kristiansund N

Ab **Bremsnes** verkehren **Autofähre nach Kristiansund N**. Zwischen ca. 6 und 23 Uhr gibt es bis zu 20 Abfahrten, Fahrzeit 20 Minuten.

Näheres über **Kristiansund N** erfahren Sie in Etappe 16, Otta – Trondheim, Alternativroute über Kristiansund N.

Camping zwischen Molde und Kristiansund N

▲ – **NAF-Camping Bjølstad** ***, 1. Juni – 1. Sept.; ca. 20 km nördl. Molde, westl. der R64; Platz am Fjord; ca. 1,5 ha – 50 Stpl., 10 Miethütten ** - ****.

ROUTE 11: ÅNDALSNES – OTTA

TÄLER UND GLETSCHER

11. ÅNDALSNES – OTTA

◉ **Entfernung:** Rund 155 km.
→ **Strecke:** Über die E136 bis **Dombås** – E6 bis **Otta**.
◐ **Reisedauer:** Mindestens ein halber Tag.
✣ **Höhepunkte:** Die Fahrt durch das **Romsdal** * – Wandern auf dem „**Kongenveien**" – Wandern im **Rondanegebirge** ***.

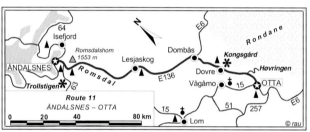

UMKEHRPUNKT DER SÜDNORWEGEN-TOUR

Die folgenden 5 Etappen (Route 11 Åndalsnes – Otta, Route 12 Otta – Gjerde, Route 13 Gjerde – Flåm, Route 14 Flåm – Otta und Route 15 Otta – Oslo) sind Rückreiseetappen. Sie führen auf verschiedenen Wegen zurück nach Oslo oder an die norwegische Südostküste und schließen so den Kreis einer Rundtour durch alle wichtigen Landschaften und Städte Südnorwegens.

Folgt man den hier beschriebenen vorangegangenen Routen (Routen 1 bis 10) durch Südnorwegen, unternimmt den einen oder anderen Abstecher und Ausflug und läßt sich ein wenig Zeit bei den Stadtbesichtigungen, wird man für die gesamte Rundtour durch Südnorwegen drei bis vier Wochen (mit An- und Rückreise) veranschlagen müssen. — 3 bis 4 Wochen für die Südnorwegen-Tour

Ist dagegen die Weiterreise nach Nordnorwegen vorgesehen, so nimmt man ab Åndalsnes den Weg über Sunndalsøra und Oppdal, oder über Kristiansund N, nach Trondheim (siehe Etappe 16, Otta – Trondheim) und steigt dort in die Hauptroute nach Norden ein. Die im Folgenden beschriebenen Etappen 11 bis 15 lassen sich dann auf dem Rückweg nach Oslo oder Kristiansand einbauen. — Alternativen für die Weiterreise

Nur wer von Nordnorwegen durch Finnland und/oder Schweden zurückreisen will, sollte unserer Route über Gjerde und Flåm bis Otta folgen und die Reise mit Etappe 16 (Otta – Trondheim) fortsetzen.

→ **Route:** Der Verlauf unserer Route durch das südliche Norwegen führt ab Åndalsnes auf der E136 südostwärts nach **Dombås**. ●

ROUTE 11: ÅNDALSNES – OTTA

Unterwegs passiert man an der Sogge bru den Abzweig der R63 zum Trollstigen-Paß. Wenig später erkennt man linkerhand den spitzen Kegel des 1.550 m hohen, steil aufragenden **Romsdalshorn**. Es stellt heute noch eine Herausforderung für unternehmungslustige Bergsteiger dar.

Rechts sieht man die senkrecht aufragenden, glatten, dunklen Wände der **Trolltindane**.

Die Straße folgt dem Raumafluß mit seinem glasklaren, hellgrünen Gletscherwasser durch das ansteigende, enger werdende Raumadalen. Anfangs ist das Tal so eng und die Felswände so steil und hoch, daß angeblich an manchen Stellen ein halbes Jahr lang kein Sonnenstrahl die Talsohle erreicht, etwa bei **Marstein** oder bei der **Kirche von Kors** (Altarbild aus dem 18. Jh.).

Bei **Verma** überquert die Raumabahn auf der schönen alten Steinbrücke **Kylling bru** den Raumafluß.

Nach weiteren 25 km passiert man den schmalen, langgezogenen See Lesjaskogsvatnet, nun bereits in der *Provinz Oppland*.

Camping bei Lesjaskog

Lesjaskog
▲ – NAF-Camping Lesjaskogsvatnet **, Tel. 61 24 45 56; 1. Juni – 30. Aug.; rund 45 km nordwestlich von Dombås; Wiese im lichten Föhrenwald, zwischen E136 und See; ca. 2 ha – 70 Stpl.; einfache Standardausstattung; 17 Miethütten.

Sehenswertes in Lesja

Man kommt durch **Lesja** (Campingmöglichkeit *Rolstad Camping* **, 5 Miethütten) mit einer **Kirche** von 1748 mit sehenswertem Kirchenraum und dem **Freilichtmuseum Lesja Bygdetun** mit 11 typischen Holzhäusern aus der Region und erreicht rund 16 km weiter schließlich **Dombås** an der E6.

Dombås ist ein wichtiger Verkehrsknotenpunkt der Bahn- und Straßenverbindungen nach Nord- und Westnorwegen, ein lebhaftes Geschäftszentrum mit Hotels und Campingplätzen. Dombås, wo sich auch das Trainingszentrum des nationalen Sportverbandes befindet, ist auch ein wichtiges Versorgungszentrum für die Dovrefjell-Region (Wandergebiet, Nationalpark) nördlich der Stadt.

Dombås

Praktische Hinweise – Dombås

☎ **Dovre Reiselivslag**, Info-Nor, Boks 153, 2660 Dombås, Tel. 61 24 14 44.

Hotels

🛏 Hotels: **Dombås Hotell**, 76 Zi., Tel. 61 24 10 01, Fax 62 24 14 61, Haus mit langer Tradition, Restaurant, Sauna, Parkplatz.
Norlandia Dovrefjell Hotell, 89 Zi., Tel. 61 24 10 05, Fax 61 24 15 05, komfortables, etwas außerhalb gelegenes Haus, Restaurant, Sauna, Schwimmbad, Parkplatz. – Und andere Hotels.

Camping

▲ – **Bjørkhol Camping** ***, Tel. 61 24 13 31; 1. Mai – 1. Sept.; ca. 6 km südl. Dombås. Wiese an der E6 nahe dem Lågenfluß; ca. 2 ha – 30 Stpl.; Standardausstattung; Laden, 20 Miethütten ** - ****.

ROUTE 11: ÅNDALSNES – OTTA

Dovre
– **Toftemo Turiststasjon** ***, Tel. 61 24 00 45; 1. Jan. – 31. Dez.; ca. 2 km nördl. von **Dovre**, weitläufiges Wiesengelände mit lichtem Föhrenwald, hinter dem Gasthof Toftemo, zwischen E6 und Lågen-Fluß; ca. 3 ha – 150 Stpl.; Komfortausstattung; Laden, Imbiß; Schwimmbad; 21 Miethütten. **Motel** mit einladendem **Restaurant.**
Dovreskogen
– **Camping Dovreskogen** **, Tel. 61 24 08 43; 1. Mai – 31. Okt.; 1 ha; 25 Miethütten.
Nord-Sel
– **Sandbakken Camping**, Tel. 61 23 31 93; ca. 2 km nördlich von Nord-Sel; Wiesen unterhalb der E6; 12 Miethütten. – Und andere Campingplätze.

Camping zwischen Dombås und Otta

☑ *Mein Tipp!* Hat man vor, nach Nordnorwegen weiterzureisen, ist der Weg bis Otta eigentlich nur dann notwendig, wenn man vorhat, von Otta Ausflüge nach Lom und ins Jotunheimengebirge zu unternehmen. Ansonsten bietet es sich an, von Dombås direkt nach Trondheim weiterzureisen. Siehe Route 16, Otta – Trondheim. Siehe auch Alternativen zur Weiterreise am Beginn dieser Etappe.

Schon wenige Kilometer südlich von Dombås zweigt bei **Vårkinn** der alte „**Kongenveien**" nach Norden ab. Der „Königsweg" führt über den 1.338 m hohen *Hardbakken* nach **Fokstua** an der E6 und ist heute ein beliebter Wanderweg. Reine Gehzeit gut drei Stunden für eine Wegstrecke.

Sehenswert auf dem Weg von Dombås nach Otta ist kurz vor Dovre der **Gammel Kongsgård Tofte**, ein großes, altes Gehöft, das lange die traditionelle Residenz der norwegischen Könige auf ihren Reisen in nördliche und westliche Landesteile war. Das älteste Gebäude des Hofes stammt aus dem späten 17. Jh. Das historische Anwesen liegt an der alten Königsstraße die etwas östlich oberhalb parallel zur heutigen E6 verläuft. Abzweig in der Nähe der Kirche von Dovre.

Sehenswertes zwischen Dombås und Otta Wandern auf dem historischen „Königsweg"

In **Dovre** zählt die schiefergedeckte **Kirche** von 1740 zu den Sehenswürdigkeiten.

Landschaftlich reizvoll ist ca. 15 km südöstlich von Dovre die tiefe **Rosti Schlucht** mit Wasserfällen, unterhalb der Straßentrasse, in waldreicher Berglandschaft.

Unweit südlich davon zweigt von der E6 nach Nordosten die Serpentinenstraße bergwärts nach **Høvringen** ab, ca. 8 km ab der E6. Im Laufe der Jahrzehnte hat sich diese Hochalmsiedlung in der herrlichen Natur der Rondane-Berge zu einem viel besuchten Wander- und Skigebiet entwickelt. Man findet hier eine ganze Reihe von Beherbergungsbetrieben, von der einfachen Berghütte mit Selbstverpflegung bis hin zum Gebirgshotel mit allem Komfort.

Wandern im Rondanegebirge ***

Høvringen ist **Ausgangspunkt für Touren** ins Rondane-Gebiet. Man hat die Wahl zwischen kurzen Strecken in leichtem Gelände (z. B. zur Hütte **Smukksjøseter**, Gehzeit gut eineinhalb Stunden einfach und weiter zur **Peer Gynt Hytta**, Gehzeit nochmals gut eine Stunde einfach) und anspruchsvollen, auch mehrtägigen Touren zu den über 2.000 m hohen Gipfeln, z. B. zur 1.173 m hoch und mitten im Rondane Nationalpark gelegenen **Rondvassbu Hütte** (128 Betten, Tel./Fax 61 23 18 66). Die Hüt-

173

ROUTE 11: ÅNDALSNES – OTTA

Kristin Lavranstochter Denkmal vor der Kirche von Nord-Sel

te kann man als Ausgangspunkt für Wanderungen auf den 2.138 m hohen **Rondvasshøgda** oder auf den 2.178 m hohen **Rondeslottet,** die höchste Erhebung im Rondane Gebirge, nehmen.

In Høvringen kann man im Sommer Reiten oder am See Smuksjø Boote mieten. Und die breiteren Wege eigenen sich zudem für schöne Radtouren. Høvringen ist in der Sommer- und Wintersaison auch mit Linienbussen von Otta aus erreichbar.

⌂ Hotels: **Brekkeseter Hotell**, 130 Betten, Tel. 61 23 37 11, 15 Miethütten, Restaurant, Bar, Fahrrad- u., Bootsverleih, Reitmöglichkeit.
Haukeliseter Fjellstue, 54 Betten, Tel. 61 23 37 17, 6 Miethütten, Restaurant, Bar, Fahrrad- u., Bootsverleih, Reitmöglichkeit. **Stellplätze** für Wohnmobile/Caravans.
Høvringen Fjellstue 55 Betten, Tel. 61 23 37 18, Restaurant, Bar. Bootsverleih.
Høvringen Høgfjellshotell, 100 Betten, Tel. 61 23 37 22, geeignet für Rollstuhlfahrer (lt. Hotel), Restaurant, Bar, Fahrrad- u., Bootsverleih, Reitmöglichkeit.
Smuksjøseter Fjellstue, 45 Betten, Tel. 61 23 37 19, Restaurant, Bar, Bootsverleih, Kiosk.
Øigardseter Fjellstue, 80 Betten, Tel. 61 23 37 13, 4 Miethütten, Restaurant, Bar, Bootsverleih, Kiosk, Reitmöglichkeit. – Und andere Gasthöfe. Nicht alle Berghotels sind ganzjährig geöffnet!

Die alten Höfe **Laurgård** und **Romundgård** bei **Nord-Sel**, westlich der E6 an der Vågårustistraße gelegen, spielen im **Roman „Kristin Lavransdatter"** der norwegischen Schriftstellerin Sigrid Undset (1882 – 1949) eine Rolle.

Die Romantrilogie über Kristin Lavransdatter (Kristin Lavranstochter) und ihre Zeit ist das Hauptwerk von Sigrid Undset, für das Sie 1928 den Literaturnobelpreis erhielt. Einer der Hintergründe des Romans ist der Gesellschaftskonflikt zwischen Christentum und heidnischen Weltanschauungen im 14. Jh. Sel und die Höfe Jørundgård, Laurgård, Romundgård, aber auch die Almen von Høvringen und Vågårusti sind die mittelalterlichen Handlungsorte des Romans, der in nicht weniger als 70 Sprachen übersetzt worden ist.

Zum Auftakt zu „Der Kranz", dem ersten Teil der Trilogie „Kristin Lavransdatter" schreibt Sigrid Undset: „Bei der Erbteilung nach dem Tode Ivar des jungen Gjesling zu Sundbu im Jahre 1306 fielen dessen Ländereien zu Sil [Sel] an die Tochter Ragnfrid und ihren Gemahl Lavrans Bjørgulfsson. Sie hatten auf seinem Hof Skog in Follo nahe bei Oslo gelebt, nun aber zogen sie auf den Jørundgård hoch oben im Siler Bergland."

ROUTE 11: ÅNDALSNES – OTTA

im Jørundgård Mittelalterzentrum

Sigrid Undset, die wahrscheinlich 1885 erstmals durchs Gudrandstal kam, dann 1891 mit ihren Eltern ihre Ferien in Sel verbrachte und später immer wieder hierher zurück kam, benutzte in ihren Romanen viele Namen von Bauernhöfen und Orten der Gegend. Nur der Name des Hofes Jørundgård ist erdacht. Ihn gab es in Sel nie. Wohl aber gab es ein Jørundstad, den wohl größten Gutshof weit und breit, der allerdings bei der Flut von 1789 vollkommen vernichtet und nie wieder aufgebaut wurde.

Anlässlich der 100-Jahr Jubiläumsfeier für Sigrid Undset wurde 1982 vor der Kirche von Nord-Sel ein **Denkmal für Kristin Lavranstochter** enthüllt. Die Romanheldin ist als hübsche jugendliche Venus im langen Kleid dargestellt. Die Statue wurde von Kari Rolfsen geschaffen.

Kurz vor der Kirche von Nord-Sel zweigt die Zufahrt zum ganz in der Nähe gelegenen **Jørundgård Mittelalterzentrum** ab. Dieses Freilichtmuseum mit diversen Holzgebäuden eines rekonstruierten alten Gehöfts samt Stabkirche wurde 1994 anläßlich der Verfilmung des Romans „Der Kranz" errichtet. Das Buch ist das erste in Sigrid Undsets Trilogie „Kristin Lavransdatter". Die meisten Häuser sind eingerichtet und in den Ställen und Gehegen sieht man schottische Hochlandrinder, Wildscheine, Schafe u. ä. Außerdem gibt es eine kleine Ausstellung mit Requisiten aus der Filmproduktion. Im Sommer werden Führungen angeboten. Und in der Feriensaison werden alte Handwerks- und Handarbeitsmethoden vorgeführt.

Freilichtmuseum 1. 6. - 3. 9. tgl. 10 - 18 Uhr. Eintritt.

Jedes Jahr am ersten Wochenende im Juli werden in Sel mit Konzerten, Messen, Wanderungen, Vorträgen und Theatervorstellungen auf dem Museumshof Jørundgård die **Kristintage** gefeiert.

ROUTE 11: ÅNDALSNES – OTTA

Bei Interesse für die Geschichte um Kristin Lavransdatter lohnt ein Abstecher über Nord-Sel nach **Sel**. Der Ortsname stammt übrigens von dem altnorwegischen Wort „Sil" was soviel wie „ruhig fließendes Wasser in Fluß oder Bach" bedeutet. Wahrscheinlich trug vor Zeiten der größte Gutshof im Tal den Namen „Selsbygd". Das Gut wurde später aufgeteilt in die Höfe Laurgård, Jørundstad und Romundgård.

Das breite, flache Tal von Sel ist uraltes Siedlungsgebiet, das aber immer wieder von Überschwemmungen heimgesucht wurde. Das dramatischste Ereignis im ganzen Gudrandstal aber war die **„Storofsen",** die große Flutkatastrophe von 1789. In alten Aufzeichnungen heißt es, dass es damals Ende Juli drei Tage lang dermaßen geschüttet haben muss, dass die Leute von Sel glaubten, der jüngste Tag sei angebrochen. Von allen Talseiten rutschten riesige Erdlawinen herab. Natürlich traten alle Bäche über die Ufer und wurden zu reißenden Strömen. Der damals größte Hof im Tal, Kristin Lavranstochters Hof Jørundstad, wurde von den Fluten weggerissen. Und als die Wassermassen endlich zurückgingen stellte man fest, dass das Ackerland von einer fast meterdicken Schlamm- und Kiesschicht bedeckt war.

Bis 1897 lebten im Tal viele Wölfe, die vor allem im Winter zur Plage für die Bauern wurden. Immer wieder kam es vor, dass Leute aus Sel, die frühmorgens oder in den Abendstunden der dunkelsten Jahreszeit Moos für ihr Vieh von den Bergen holten, von Wölfen verfolgt wurden. Um sich der Wolfsplage zu erwehren, befestigten sie brennende Kienspäne an ihre Fuhren.

Zu den Sehenswürdigkeiten in **Sel** zählt die **Sel Kirche**. Sie stammt aus dem Jahre 1742 und wartet mit einer wunderschön gearbeiteten **Altartafel** auf. Sie ist eine Arbeit des Holzschnitzers Estin Kjørn von 1783. Eine der Glocken der Kirche diente lange Zeit als Werksglocke des Kupferwerks in Selsverket. Kurios klingt die Überlieferung, dass der alte Kirchenzaun, ein Holzzaun im Blockbaustil, bei einer Versteigerung 1878 verkauft wurde. Als Ersatz schuf man eine Kirchenmauer aus Talkstein und Schieferplatten, die seit altersher in der Gegend östlich von Otta in der Nähe des Pillarguri-Gipfels gebrochen werden. Talkstein, in der Gegend von Sel schon seit der Wikingerzeit gewonnen, ist ein hellfarbenes Mineral, das sich fettig anfühlt und vor allem zur Herstellung von feuerfesten Töpfen und zum Bau von Öfen verwendet wird.

Abkürzende Alternativroute

In **Sel** kann man die Abkürzung über die Querverbindung **Vågårusti** (11 km, für Wohnwagen nicht empfehlenswert!) nach Westen zur R15 (Otta – Lom) nehmen. Die Straße ist zunächst schmal und unbefestigt, wird dann breiter und besser, um schließlich auf den letzten 5 km als Erdstraße sehr steil hinab nach **Kleppe** an der R15 zu führen.

Otta, eine Kleinstadt mit rund 2.500 Einwohnern im oberen Gudbrandsdal, liegt am Zusammenfluß des Otta- und des Lågenflusses. Wichtige Erwerbszweige sind Holz-, Schiefer- und Milchverarbeitung. „Otta" ist eine altnorwegische Bezeichnung für „der Bedrohliche", womit hier wohl der Ottafluß gemeint war.

Otta ist ein guter Ausgangspunkt für Touren in das nach Westen verlaufende **Ottatal** und in das **Rondanegebirge** (Nationalpark, ausgezeichnetes Wandergebiet) nordöstlich von Otta.

ROUTE 11: ÅNDALSNES – OTTA

Mit dem Auto kann man ab Otta über die Rondanestraße bis hinauf zur **Mysuseter** (mehrere Berghotels und Gasthöfe) fahren. Von dort starten Wanderwege (Hütten) durch den rund 570 qkm großen **Rondane Nationalpark,** Norwegens ersten Nationalpark. Das Gebiet wurde 1962 unter Naturschutz gestellt. Die höchste Erhebung in dieser naturschönen Gebirgsregion ist der 2.178 m hohe **Rondslottet**. Bei Kennern ist der Nationalpark bekannt für seine artenreiche Flora und Fauna (u. a. Hermeline, Elche, Schneehühner, Moschusochsen).

Eine der Wanderungen ab Mysuseter führt zur (auch bei Høvringen erwähnten) Berghütte **Peer Gynt Hytta**. Sie liegt gut zweieinhalb Stunden nordwestlich von Mysuseter, etwa auf halbem Wege nach Høvringen. Ganz in der Nähe der 1932 erbauten „neuen" Peer Gynt Hütte liegt eine alte Hütte, die in Verbindung gebracht wird mit einer alten Erzählung über den „großen" Jäger Per, die Henrik Ibsen später in seinem Werk „Peer Gynt" verarbeitete.

Wie es heißt, war im Sommer 1842 der Volkskundler und Märchensammler P. Christian Asbjørnsen auf einer Wanderung durchs Gudbrandstal und von Sel hinauf nach Høvringen im Rondane Gebirge. Man übernachtete in der Alm Laurgårdseter und ging anderntags weiter zur Uløyhytta, die auch als „alte" Peer Gynt Hütte bekannt ist. Und man erzählt sich, dass die Uløyhytta so klein gewesen sein soll, dass der sechste Mann in Asbjørnsens Wandergruppe, ein gewisser Per Fugleskjelle, die Tür offen lassen mußte, um seine Füße während der Nacht ausstrekken zu können. Bei diesem Aufenthalt soll Asbjørnsen von Per Fugleskjelle angeblich die Geschichte von der „Rentierjagd in Rondane" erzählt bekommen haben, in deren Mittelpunkt der Prahlhans Per steht, der in seinen Phantasien zum „größten Jäger in Rondane" wird. Bei Ibsen wird Per zu Peer Gynt, der im Verlauf des Dramas kein einziges Wild erlegt, dafür aber Rondane einen Platz in der Weltliteratur verschaffte.

die Ursprünge von „Peer Gynt"

Zitat aus Ibsens „Peer Gynt" nach Hermann Stock: „Inmitten der Ronde-Berge – Hei, welch ein zinnengeschmücktes Schloss! / Wie glastet es dort! / Steh, willst du stehn! Da rückt es weiter und weiter fort!"

Ein Fahrweg führt auch hinauf auf den rund 900 m hohen **Pilarguritoppen**, der südwestlich von Otta liegt. Schöne Ausblicke! Ganz in der Nähe findet man die **Thokamp Wehranlage** und die **Marcello Haugens Hütte**. Das romantisch gelegene Blockhäuschen mit Schieferdach war einstmals die Sommerhütte des etwas wunderlichen Marcello Haugen, der im bürgerlichen Beruf Lokführer, bei der Bevölkerung aber als großer Hellseher besser bekannt war. Größte Vorsicht ist bei den in der Gegend gelegenen Schieferbrüchen geboten!

Das Rondanegebiet wird in norwegischen Sagen oft erwähnt. Auch die Peer Gynt Legende nimmt Bezug auf das Rondanegebirge, das in alten Erzählungen als Sitz von Trollen, Zwergen und Geistern gilt. Selbst aus der Wikingerzeit sind hier Gräber und Werkzeuge ausgegraben worden.

Praktische Hinweise – Otta

☎ **Sel Rondane Reiselivslag,** Otta Skysstasjon, Ola Dahlsgata 1, 2670 Otta, Tel. 61 23 66 50, Fax 61 23 09 60. Ganzjährig Mo. - Fr. 8.30 – 16 Uhr, Mitte Juni bis Ende Aug. tgl. bis 19 Uhr. Internet: www.sel-rondane.no

Otta

ROUTE 11: ÅNDALSNES – OTTA

Otta
Hotels

Hotels: **Grand Gjestegård,** 20 Zi., Tel. 61 23 12 00, Restaurant.
Norlandia Otta Hotell, 85 Zi., Tel. 61 23 00 33, Fax 61 23 15 24; Restaurant, Sauna.
Motels beim **Otta Turistcenter** und bei **Otta Camping og Motel.**

Camping bei Otta

▲ – **NAF Otta Camping of Motel** ***, Tel. 61 23 03 09; 1. Apr. – 30. Okt.; westl. Otta, im Zentrum Abzweig bei der ESSO-Tankstelle (nicht über R15!); zum Südufer des Ottaflusses geneigte Wiesen; ca. 1,5 ha – 80 Stpl.; Standardausstattung; Laden; 15 Miethütten. Fremdenzimmer. **Motel**.
– **NAF-Camping Sæta** **, Tel. 61 23 51 47; 15. Mai – 15. Sept.; ca. 5 km südl. Otta, an der E6; Wiesen am Lågen-Fluß; ca. 1 ha – 70 Stpl.; 8 Miethütten.
– **Camping Vangen** **, Tel. 61 23 50 57; 1. Juni – 10. Sept.; kleinerer Platz an der E6, ca. 5 km südlich Otta; 1 ha – 25 Stpl.; 7 Miethütten.
– **Camping Øihusviken** **, Tel. 61 23 03 98; Mitte Mai – Mitte Sept.; unterhalb der R15, ca. 9 km westl. Otta, Richtung Lom; große, ebene Wiese am Otta-Fluß, unterhalb steiler Berge, und im Nadelwäldchen; ca. 1,5 ha – 90 Stpl.; Standardausstattung; 10 Miethütten.

DAS ENDE DES „SCHOTTENZUGES"

1612 war die Gegend um Otta Schauplatz einer historischen Schlacht, die **Schlacht bei Kringen**. Kringen liegt nur wenige Kilometer südlich von Otta an der Ostseite der E6. Am 26. August 1612 kämpfte dort während des Kalmarkrieges eine Schar von miserabel bewaffneten Bauern aus dem Gudbrandsdal gegen ein 550 Mann starkes schottisches Söldnerheer, das der schwedische König nach Norwegen beordert hatte und das wenige Tage zuvor vom Romsdalsfjord aus zum legendären „**Skottetoget**" aufgebrochen war (siehe auch unter Torvik, Route 10 Loen – Åndalsnes). Die Bauern besiegten die Schotten schließlich dadurch, dass sie eine Lawine aus Steinen und Bäumen auf ein Trompetensignal, das die Bauerntochter Guri vom Gipfel Pillarguri aus gab, hin lösten und so einen großen Teil der Söldner töteten. Nach einem eineinhalbstündigen anschließenden Gefecht, war auch der Rest der Schotten besiegt. Und wie es heißt wurden die meisten der Gefangenen bei der folgenden Siegesfeier in Kvam einer nach dem anderen getötet. Als dem Massaker endlich Einhalt geboten wurde, waren von den 134 gefangenen Schotten, die eigentlich nach Akershus gebracht werden sollten, wozu aber wegen der Heuernte keine Zeit war, gerade noch 18 am Leben.

Heute erinnert ein Denkmal, das 1912 aufgestellt wurde, an die Ereignisse von 1612. Eine frühere Gedenktafel, die schon zu Zeiten König Christians VI. 1733 angebracht worden war, hatte einstmals ein Engländer, der des Weges kam mit seiner Pistole zerschossen.

Lange verlief der legendäre Königsweg, den die norwegischen Herrscher von Harald Hårfagre bis Karl Johan auf ihrem Weg von Oslo in die Krönungskirche von Nidaros (Trondheim) nahmen, an den nordöstlichen Hängen des Gudbrandstals (oberhalb der heutigen E6) entlang und weiter über das Dovrefjell. Einer der schwierigsten Punkte war die Passage bei Kringen, dort wo auch die Schottenschlacht stattfand. Im Gefolge der Könige zog ein gewaltiger Troß von oft über 1.000 Personen. Auch die Königinnen und die königliche Familie begleiteten den Zug. Die hohen Damen reisten gewöhnlich in leichten Coupés. Über die schwierigen Geländepassagen von Kringen aber mußten sie in Sänften getragen werden. Dort war der Weg sehr schmal und höchste Vorsicht war geboten.

ROUTE 12: OTTA – GJERDE

12. OTTA – GJERDE

◉ **Entfernung:** Rund 190 km, ohne Abstecher.

➔ **Strecke:** Über die R15 und über Vågåmo bis **Lom** – R55 über **Skjolden** bis **Gaupne** – R604 bis **Gjerde**.

🕒 **Reisedauer:** Mindestens ein Tag.

✣ **Höhepunkte:** Die **Stabkirche von Lom** *** – die Fahrt über das **Jotunheimengebirge** ** – eine **Wanderung zum Glittertind** *** – der Gletscher **Nigardsbreen** **.

➔ **Route:** Ab Otta über die R15 westwärts durch das Tal des Otta-Flusses. Nach 17 km passiert man **Lalm** und erreicht nach weiteren 14 km **Vågåmo**. ●

Vågåmo liegt am Ostende des langgestreckten Sees Vågåvatn. Der Ort, heute ein in ganz Norwegen bekanntes Zentrum für Drachenflieger, fällt durch schöne, alte, naturgedunkelte, große Holzhäuser auf. Viele stehen unter Denkmalschutz, wie die Großgehöfte Håkenstad, Kvarberg, Sandbugården u. a.

Besondere Beachtung verdient die mitten im Ort an der Hauptstraße gelegene **Kirche von Vågå**. Sie wurde ursprünglich als Stabkirche (um 1100) errichtet, im 17. Jh. aber umgebaut und dabei stark verändert. Als Stabkirche wäre sie eine der ältesten des Landes.

Ganz in der Nähe der Kirche weist die Beschilderung auf das **Freilichtmuseum Jotulheimen Bygdemuseum** hin. Das Museum liegt wenige Kilometer oberhalb des Ortes. Dort wurden einige besonders schöne und stattliche Häuser aus dem Vågågebiet zusammengetragen (geöffnet Juli u. August).

Bei längerem Aufenthalt sollte man einen Ausflug über die gebührenpflichtige Straße nach Osten auf den 1.617 m hohen **Blåhø** unternehmen (ca. 15 km). Wunderbare Aussicht ins Gudbrandsdal im Osten und ins Ottatal im Westen.

179

ROUTE 12: OTTA – GJERDE

Vågåmo

Praktische Hinweise – Vågåmo

☎ *Vågå Reiselivslag*, Brennvegen 1, 2680 Vågåmo, Tel. 61 23 78 80.

Hotels

⌂ Hotels: **Vågå Hotell**, 110 Betten, Tel. 61 23 70 71, Fax 61 23 75 25, Restaurant, Sauna Schwimmbad, Parkplatz.
Vågå Gjestgiveri, 12 Betten, geöffnet 1. 3. – 30. 11., Tel. 61 23 73 60. Restaurant, Parkplatz. Skischule. – Und andere Hotels.

Camping

▲ – **Camping Smedsmo** ****, Tel. 61 23 74 50; 1. Jan. – 31. Dez.; am westl. Ortsrand, an der R15, Einfahrt bei der SHELL-Tankstelle; ebene Wiesen mit Birken; ca. 4 ha – 200 Stpl.; Standardausstattung; 23 Miethütten. .

7 km westlich von Vågåmo zweigt die R51 nach Süden ab, die hinauf ins Valdresfjell führt.

➔ **Route:** Der weitere Verlauf dieser Route führt auf der R15 weiter nach Westen. Nach 18 km passiert man **Garmo** und erreicht nach weiteren 13 km schließlich **Lom**. ●

Knut Hamsun, Norwegens großer Romancier

Garmo ist der Geburtsort des Erzählers und Romanschriftstellers **Knut Hamsun**. Knut Hamsun, eigentlich Knut Pedersen, wurde hier am 4. August 1859 in sehr bescheidene Verhältnisse hinein geboren. Das kleine Blockhaus, in dem er das Licht der Welt erblickte ist erhalten geblieben. Man kann es besichtigen. Eine umfangreichere Ausstellung über Leben und Werk des „Bücher schreibenden Wanderers" ist hier vorgesehen.

Denkmal bei Knut Hamsuns Geburtstätte in Garmo

Hamsun verbrachte nur die ersten drei Jahre seines Lebens in Garmo. 1862 zogen seine Eltern weiter nordwärts nach Hamsund auf Hamarøy. Dort wuchs er bis zu seinem 14. Lebensjahr auf. Der junge Knut kam kurzzeitig zurück nach Garmo und arbeitete in einem Laden als Laufbursche.

Die frühen Jahre des jungen Schriftstellers waren unstete Wanderjahre. Damals kam Hamsun wiederholt auch nach Amerika. Allerdings konnte er sich nie so richtig mit dem „american way of live" anfreunden. In vielen seiner Kommentare kritisierte er den Lebensstil in den USA. Literaturhistoriker bescheinigen seinen Romanen „ein starkes Naturgefühl" und Hamsun die Fähigkeit, „das Seelenleben auch der einfachen Menschen seiner Heimat mit meisterhafter Intensität darzustellen". Einige der großen Romane Hamsuns sind „Hunger" von 1890, „Victoria" (1898), „Segen der Erde" (1917, deutsch 1918), „Das Letzte Kapitel" (1923) oder „Landstreicher-Trilogie" (1927 - 1934). Knut Hamsun, der auch zahlreiche Gedichte und Schauspiele schrieb, wurde 1920 für „Segen der Erde" mit dem Literaturnobelpreisträgers ausgezeichnet. Hamsun starb am 19. Februar 1952.

ROUTE 12: OTTA – GJERDE

Garmo, Hotels
🏠 **Kvila Turistheim,**
30 Betten, Tel. 61 21 24 20, Imbiss, preiswerte Übernachtungsmöglichkeit, Miethütten, Camping.

Garmo, Camping
▲ – **Øyen Camping** ***, Tel. 61 21 25 44; Juni – Aug.; relativ kleine, einfache Campinggelegenheit an der R15; 5 Miethütten **.

Die 700-Seelen-Gemeinde **Lom** liegt an der Gabelung zweier wichtiger Straßenverbindungen, der R15 durchs Ottadalen und weiter nach Grotli und Stryn zum Nordfjord und der R55, die durch das Bøverdalen und über das Sognefjell (Jotunheimen) zum Sognefjord führt. Überragt wird Lom, das ein wichtiges touristisches Zentrum an den Nordausläufern des Jotunheimengebirges ist, vom 1.524 m hohen Berg Lomsegga im Westen. Lom hatte dank seiner Lage an der Gabelung zweier wichtiger Täler (Ottadalen, R13 und Bøverdalen R55) schon früh Bedeutung als Schnittpunkt wichtiger Handelswege.

sehenswert, die Stabkirche von Lom

Jahrhundertelang waren den Bewohnern von Lom die Jagd und die Almwirtschaft wichtige Lebensgrundlagen. Viele der alten Höfe im Tal wurden über ein ausgeklügeltes Netz von kleinen Kanälen mit Wasser versorgt, die über Generationen gepflegt wurden. Und lange hieß es über Lom: „Die Leute wohnen im Tal und leben von den Bergen". Allzu rosig wird die „gute, alte Zeit" aber auch in den Tälern um Lom nicht gewesen sein. Nicht umsonst gilt diese Gegend als die Region des Landes, aus der die größte Abwanderung erfolgte. Alleine aus der Gemeinde von Lom wanderten zwischen 1856 und 1905 nicht weniger als 2.800 Personen nach Amerika aus.

Die große Sehenswürdigkeit des heute stark vom Fremdenverkehr geprägten Ortes ist die **Stabkirche von Lom** im nordwestlichen Ortsbereich an der R15.

die Stabkirche von Lom **
15. 6. - 15. 8. 9 - 21 Uhr. Eintritt.

Die Kirche entstand im 12. Jh. als Basilikabau unter Anlehnung an romanische Stilelemente, was sich an den Rundbögen der Portale und

181

ROUTE 12: OTTA – GJERDE

Lom Stabkirche

im Mittelschiff zeigt. Markant im sehr harmonischen äußeren Erscheinungsbild der Kirche ist der hohe, spitze Turm.

Im Inneren sind die Holzsäulen, die das hohe Mittelschiff bilden und das Dach tragen, durch sog. Andreas-Kreuze verbunden. Sie stellen gleichzeitig ein schmückendes Element der interessanten Holzarchitektur dar. Näheres über Stabkirchen steht unter „Stabkirchen" bei Borgund, Route 14, Flåm – Otta.

Im 16. Jh. wurde die Kirche von Lom durch Querschiffe erweitert und erhielt so eine Kreuzform. In jener Zeit wurde auch der heute sichtbare Turm errichtet.

Innen sind die Schnitzereien an der Chorschranke, die Malereien an der Holzdecke im Chorraum, der Altar und die Barockkanzel mit Akanthusschnitzerei aus dem späten 18. Jh. sehenswert. Die Kanzel wurde von Jacob Sæterdalen, einem lokalen Künstler, gearbeitet. Die Gemälde stammen von Eggert Munch aus Vågå, der sie Anfang des 18. Jh. gemalt haben soll.

Museumshof
15. 6. - 15. 8. tgl.
11 - 18 Uhr.
Führungen.
Eintritt.

Interessant ist ein Besuch im **Lom Bygdemuseum Presthaugen** Das Freilichtmuseum besteht aus mehreren alten Gebäuden eines Loms-Hofs, aus Speichern, Stallungen, Austraghäusern. All die historischen Blockhäuser stammen aus der Umgebung von Lom und wurden hier wieder aufgebaut. Sie zeigen, wie ein typischer Loms-Hof im 18. Jh. ausgesehen haben mag.

Auffallend ist die Aufteilung des Gehöfts in zwei Hofplätze, den „inntun" (innerer Hofplatz) und den „nautgard" (Rinderhof). Separiert werden die beiden Hofplätze vom zentralen Pferdestall. Offenbar wurde ihm eine besondere Bedeutung beigemessen. Der Rinderplatz wird von Stallungen umgeben, der innere Hofplatz von Speichern und dem zweistöckigen Wohnhaus. Beachtung verdient hier die große „Peisstube" mit geschnitzter Decke und schönem schmiedeeisernen Beschlag an der Tür.

Von historischer Bedeutung ist die **Olavsstugu**, oder St. Olav-Haus, ein kleines Blockhaus am Rande des inneren Hofplatzes. Der Überlieferung nach soll hier König Olav Haraldssohn auf seinen Reisen übernachtet haben.

Interessant ist auch die alte restaurierte Bewässerungsleitung und die Ausstellung „Gudslånet" (Gottes Gabe) im Speicher „Storstabbur", die die Bewässerung von Getreide zum Thema hat.

Im Loms-Museumshof ist die Sammlung norwegischer Volkskunst des Dichters *Olav Aukrust* zu sehen, die Bestandteil der ansonsten wechselnden Ausstellungen ist.

Alte historische Holzhäuser sind auch auf dem Gelände des Fossheim Turisthotell zu sehen.

Im **Fossheim Steinsenter**, einer umfangreichen Mineraliensammlung, erfahren Sie alles über die Gesteinsarten und Mineralien der Region. Angeschlossen ist eine Werkstatt für Kunsthandwerk und Schmuck.

Norwegisches Gebirgsmuseum
15. 6. - 15. 8. 9 -
21 Uhr, sonst bis
18 Uhr.
Winterhalbjahr 9 -
16 Uhr. Eintritt.

Eine der neueren Attraktionen in Lom ist das **Norsk Fjellmuseum**, das Norwegische Gebirgsmuseum. Es liegt ganz in der Nähe der markanten Stabkirche. Die Ausstellungen in dem vorwiegend naturhistorischen Museum befassen sich mit nahezu allen Aspekten der interessanten norwegischen Bergwelt von der Ökologie bis hin zur Kulturgeschichte ihrer Bewohner.

ROUTE 12: OTTA – GJERDE

WANDERN IN DER UMGEBUNG VON LOM

Von Lom aus können eine ganze Anzahl von Tageswanderungen unternommen werden. Man findet ein gutes Netz markierter Wanderwege in der Umgebung der Stadt. Die Pfade sind beschildert oder zumindest durch Steinhaufen oder durch Rotmarkierungen an Bäumen oder Felsen zu erkennen. Gutes, feste Schuhwerk oder Stiefel sind dringend zu empfehlen.

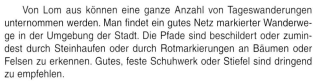

Mehr ein ausgedehnter Spaziergang als eine Wanderung ist der Weg über die **Soleggen**. Der Weg ist 7 km lang und mit Tafeln über natur- und kulturhistorische Sehenswürdigkeiten versehen. Start ist in Lom oder vom Fossheim Steinsenter aus.

Ein anderer Weg, der **Lomseggen** beginnt im Zentrum von Lom und führt auf den 1.289 m hohen Lomseggi. Der Weg ist zwar nur 3 km lang, dafür streckenweise aber sehr steil, jedoch ohne Kletterstrecke. Schöne Aussicht über das Bøverdalen und Ottadalen. Auf der Südseite des Berges Richtung Marstein liegt die Smithbue, die nach einem aus Deutschland stammenden Maler benannt ist, der hier vor rund hundert Jahren hauste, heute Rasthütte.

Es gibt noch eine ganze Reihe weiterer Wanderwege um Lom. Im Touristenbüro gibt es darüber Karten und detaillierte Angaben.

Praktische Hinweise – Lom

Lom

☎ **Jotunheimen Reiselivslag og Turistkontoret**, im Norsk Fjellmuseum, 2686 Lom, Tel. 61 21 29 90. Geöffnet Mai – Sept. Mo. – Fr. 9 – 16, Sa. + So. 11 – 16 Uhr. Juni – Aug. Mo. – Fr. 9 – 21, Sa. – So. 10 – 20 Uhr.

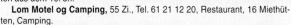 Hotels: **Fossberg Hotell**, 30 Zi., Tel. 61 21 22 50, Fax 61 21 22 51, Restaurant, Sauna, Miethütten.

Hotels

Fossheim Turisthotell, 52 Zi., Tel. 61 21 10 05, Fax 61 21 15 10, geöffnet Ende Feb. – Mitte Dez.; renommiertes Haus mit vorzüglichem **Restaurant**, Haupthaus in einem Holzgebäude neueren Datums, teils recht urige Miethütten aus dem 16. Jh.

Lom Motel og Camping, 55 Zi., Tel. 61 21 12 20, Restaurant, 16 Miethütten, Camping.

Memurubu Turisthytte, 67 Zi., Tel. 61 23 89 99, Camping. – Und andere Hotels.

▲ – **NAF-Nordal Turistsenter** ***, Tel. 61 21 93 00; 1. Mai – 15. Okt.; an der R15 am östl. Ortsrand, Einfahrt bei der ESSO-Tankstelle; durch einen kleinen Wasserlauf geteiltes, meist ebenes Wiesengelände unterhalb der Straße, in Gehnähe zur Lom Stabkirche; ca. 3 ha –50 Stpl.; Komfortausstattung; Laden, Restaurant; 54 Miethütten ** - ****; **Motel**.

Camping

– **Synstad Camping** **, Tel. 61 21 15 84; Ende Mai – Ende Sept.; an der R15, ca. 2 km östl. Lom; schräge Wiesen zwischen Vågåsee und Straße; ca. 3 ha –100 Stpl.; Standardausstattung; 9 Miethütten **. – Und andere Campingplätze.

➔ **Route:** Die folgende Fahrt ab Lom über die R55 Richtung Sogndal, über das **Jotunheimengebirge**, das **Sognefjell** und schließlich am **Sognefjord** entlang, zählt – neben der Route Dalsnibba – Geiranger – Trollstigen – zweifellos zu den schönsten

sehr schöne Strecke ***

ROUTE 12: OTTA – GJERDE

Autotouren, die in Norwegen unternommen werden können. Die Straße ist durchgehend geteert, auf den Höhen des Sognefjell aber zwischen November und Mai/Juni gesperrt. ●

Die Straße R55 folgt zunächst dem schönen, enger werdenden **Bøverdalen** flußaufwärts.

AUSGANGSPUNKTE FÜR BERGTOUREN

Eldorado für Bergwanderer ** Berghotel und Camping rustikaler Berggasthof **

In **Røisheim** (**Røisheim Hotell**, Tel. 61 21 20 31, uriges Hotel in den rustikalen Gebäuden eines Bauernhofes aus dem Jahre 1858, 50 Betten) zweigt eine Mautstraße nach Süden ab. Sie führt hinauf ins **Jotunheimengebirge** und endet nach 18 km am **Berggasthof Spiterstulen Turisthytte** (1. – 30. Apr. + 2. Juni – 30. Sept., 124 Betten, Tel. 61 21 14 80, Restaurant, Sauna, Schwimmbad, **Camping**). Von hier sind zahlreiche Touren durch das Jotunheimengebirge, dem am besten erschlossenen Wandergebiet in Norwegen, möglich. So z. B. auf Norwegens höchste Berge **Glittertind** (2.464 m) und **Galdhøpiggen** (2.469 m). Es werden Gletschertouren mit Führer angeboten.

Benachbarte Berggasthöfe sind **Juvasshytta** (3 Stunden nördlich), **Glitterheim** (bewirtschaftete Hütte des DNT, 5 Stunden östlich) und **Leirvassbu** (5 Stunden südwestlich).

Wenige Kilometer südwestlich von Røisheim liegt an der R55 **Galdesand** (Camping). Von hier führt eine mautpflichtige Straße hinauf ins Gebirge, über **Raubergstulen Turisthytte** (Tel. 61 21 18 00, Motel, Cafeteria, **Camping**) in herrlicher Lage bis zum 1.880 m hoch gelegenen 15 km entfernten **Berggasthof Juvasshytta** (Tel. 61 21 15 50, 80 Betten, Cafeteria), unterhalb des 2.469 m hohen **Galdhøpiggen**, dem höchsten Berg Norwegens. Gletscher- und Bergtouren mit Führer über den Styggebreen zum Gipfel (Start zwischen 10 Uhr und 11.30 Uhr, Dauer ca. 5 – 6 Stunden).

Bergtour zu Norwegens höchstem Berg Berghotel, Camping prächtiges Bergpanorama ***

Sommerski auf dem Juvasbreen. Halbtagestouren zu Pferde ab Raubergstulen Reitzentrum.

Zumindest bei klarem Wetter empfiehlt sich der Abstecher zur Juvasshytta sehr, auch wenn keine größeren Wanderungen unternommen werden. Das Bergpanorama ist prächtig! Die Juvasshytta ist der am nächsten zum Galdhøpiggen Sommerskizentrum gelegene Gasthof. Er ist Ausgangspunkt für geführte Gletschertouren, täglich zwischen 10 und 11.30 Uhr.

Mein Tipp! Erfahrene Bergwanderer werden es wissen: Für Aktivitäten im Gebirge (auch wenn Sie an einer geführten Tour teilnehmen wollen) ist es wichtig, Kleidung für jedes Wetter dabei zu haben. Man macht es sich viel einfacher, wenn man die Kleidung dem Wetter anpassen kann. Die äußerste Kleidungsschicht sollte wasser- und winddicht sein. Handschuhe und Mütze müssen immer dabei sein. Und wenn Sie an einer Gletscherbegehung teilnehmen, sollten Sie sich wie für einen Wintertag im Gebirge ausstaffieren. Natürlich wird niemand mit nagelneuen Schuhen losgehen. Nehmen Sie eingelaufene, feste Schuhe, wenn die Tour nicht zur Tortour werden soll. In Schnee- und Gletschergebieten sind Sonnenbrille und Sonnenschutz unerläßlich. Und – gehen Sie nicht alleine auf längere Touren.

ROUTE 12: OTTA – GJERDE

Das ab Galdesand nach Südwesten weiterführende **Leirdalen** wird vom reißenden Wildbach Bøvra durchflossen. Am Eingang das Tals passiert man das **Hotel Elveseter**. Ein alter Gutshof mit zum Teil wunderschönen Holzhäusern die teilweise noch aus dem 17. Jh. (Haus Midgard von 1640) stammen, wurde hier zu einem rustikalen, einladenden und recht komfortablen Hotel umgebaut (Tel 61 21 20 00).

Ganz in der Nähe des Hotels findet man eine Gedenkstätte an Harald Hårfagre, der hoch zu Ross auf der gut 32 m hohen, runden **Saga-Säule** thront. Die Reliefs, mit der die Säule von unten bis oben verziert ist, zeigen Szenen der norwegischen Geschichte, vom Jahre 872, als Norwegen erstmals ein vereintes Reich war, bis zur Reichsversammlung in Eidsvoll im Jahre 1814.

Rund 8 km weiter zweigt von der R55 abermals eine mautpflichtige Privatstraße nach Süden ins Jotunheimengebirge ab. Sie endet nach rund 18 km in 1.400 m Höhe am **Berggasthof Leirvassbu** (Juli – Sept., 190 Betten, Tel. 61 21 29 32).

die Saga-Säule von Elveseter

Der Abstecher ist empfehlenswert, einmal der Landschaft wegen, zum anderen ist der Wanderweg von der Leirvassbu Fjellstue nordostwärts zur **Spiterstulen Fjellstue** (5 Stunden) auch von weniger Geübten zu bewältigen. Ein eindrucksvolles Wandererlebnis, auch wenn man nicht die gesamte Strecke des markierten Weges geht.

Im weiteren Verlauf steigt die R55 über das Sognefjell weiter an, passiert die in einem schönen Hochtal gelegene **Jotunheimen Fjellstue** (Tel. 61 21 29 18), später, in etwa 1.000 m Höhe die **Bøvertun Hütte** (Tel. 61 21 29 24) und führt durch das felsübersäte Breiseterdalen mit herabstürzenden Wasserfällen schließlich hinauf ins **Sognefjell**. Hier liegen in 1.440 m Höhe die **Berggasthöfe Krossbu** (80 Betten, Tel. 61 21 29 22) und **Sognefjellhytta** (Tel. 61 21 29 34), die sich hervorragend als Ausgangspunkte für Wanderungen eignen.

Die Landschaft hier oben auf dem höchsten Punkt der Strecke (1.442 m) hinterläßt einen überwältigenden Eindruck. Die seendurchsetzte Hochfläche wird ringsum von weit ins Jahr hinein mit Schnee bedeckten Bergen umgeben und im Südosten und Osten erkennt man bei guter Sicht das ewige Eis der Gletscher Fannaråken (2.025 m) und Smørstabbreen (2.113 m).

herrliche Bergfahrt auf Norwegens höchster Bergstraße über Jotunheimen und Sognefjell ***

Hier oben kann es durchaus passieren, daß man noch im Juni durch mannshohe Schneewände fährt. Die Sognefjellstraße R55 ist zwischen

ROUTE 12: OTTA – GJERDE

Jotunheim Fjellstue und Opptun gewöhnlich von Mitte Oktober bis Ende Mai für den Autoverkehr gesperrt.

Die Sognefjellstraße gilt als höchste Passstraße in Skandinavien. Sie erreicht immerhin eine Höhe 1.434 m über dem Meer. Die Straße entstand erst zwischen 1936 und 1938. Und gebaut wurde sie in erster Linie von arbeitslosen Jugendlichen. Die Trasse wurde von beiden Seiten des Gebirges voran getrieben, einerseits von Fortun (Skjolden), andererseits von Galdesand her. Und sie wurde quasi in Handarbeit gebaut. Maschinen kamen so gut wie nicht zum Einsatz. Die Arbeiter mußten mit Hakken, Spaten, Brechstange und Schubkarren zurechtkommen. Oft genug wurden die Arbeiten, die sowieso nur während des relativ kurzen Sommers ausgeführt werden konnten, von Schneefällen und Unwettern unterbrochen. Nach gut zwei Jahren endlich waren die Arbeiten vollendet. Am 16. Juli 1938 rollte der erste Personenkraftwagen auf der neuen Bergpiste über das Sognefjell.

Dieser Übergang vom Gudbrandsdal durch das Ottatal und über das Jotunheimengebirge an den Sognefjord ist ein alter Weg, der früher von Bauern und Händlern benutzt wurde, um ihre landwirtschaftlichen Produkte nach Skjolden am Sognefjord zu bringen. Von dort wurden die Waren wie Leder, Butter, Teer und Eisen per Schiff in die Handelsstadt Bergen transportiert. Auf dem Rückweg nahm man Tuche, Salz, Fische etc. mit. Allerdings war der Weg über das Sognefjell am Westrand des Jotunheimen so beschwerlich und gefährlich, daß man lange Zeit nur unter wegkundiger Führung und in Gruppen oder Konvois reiste. Hier oben war der Arm des Gesetzes weit und zwielichtiges Gesindel machte den Handelszügen das Leben schwer.

Die Berge, Gletscher und Hochflächen des unwirtlichen Jotunheimen kannte bis ins 19. Jh., außer ein paar Jäger oder Hirten, kaum jemand genau. *Åsmund Olavson Vinje* beschrieb das Gebirge erstmals etwas genauer und gab ihm den Namen Jotunheimen, was soviel wie „Welt der Riesen" nordischer Mythologie bedeutet. Bis dahin gab es über diese rauhe, menschenfeindliche Landschaft nicht einmal Karten. Und die später von General Wergeland angefertigten waren anfangs auch nicht unbedingt verläßlich. In seinen Aufzeichnungen schreibt Wergeland über des Jotunheimen: „Hier führt der schreckliche Weg die Lom-Bewohner und Sogn-Bewohner zueinander, durch die Nacktheit und Öde der Alpenwüste des Sognefjellgebirges".

Auch der Volkskundler und Märchensammler P. Christian Asbjørnsen zog 1842 über das Sognefjell. Und als Henrik Ibsen hier reiste wurde er 1862 drei Tage und drei Nächte lang in Hervabu festgehalten. Das Wetter war zum Weiterreisen viel zu schlecht. Wie man liest soll Ibsen von seinen Wanderungen über das Sognefjell viele Inspirationen zu „Peer Gynt" und zu seinen Gedichten „Hochgebirgsleben" und „Auf der Hochebene" mitgenommen haben.

Noch heute sieht man an markanten Punkten hohe, aufgeschichtete Steinpyramiden, die in alten Zeiten als wichtige Wegmarkierungen dienten. Erst 1938 wurde ja die Straße gebaut, die bis etwa 1984 noch auf langen Teilstücken im Hochgebirge unbefestigt war. Selbst im Hochsommer kann es hier vorkommen, daß bei Wetterstürzen der Regen in Schnee übergeht und die Passage dann heute noch mühsam ist.

ROUTE 12: OTTA – GJERDE

auf dem Sognefjell

Die **Sognefjellhytta** (1.414 m) ist ein weiterer zentraler Ausgangspunkt für **Wandertouren durch das Jotunheimengebirge**.

1.140 qkm der Gebirgsregion von Jotunheimen wurden 1980 zum **Nationalpark** erklärt. Der Nationalpark umfaßt Norwegens gebirgsreichste Region. Die 27 höchsten Gipfel des Landes, darunter der Galdhøpiggen, mit 2.469 m Norwegens höchster Gipfel, liegen in diesem Gebiet! Außerdem findet man hier oben ausgedehnte Gletscher und mehrere große Seen. Alles in allem ist der Nationalpark mit seinen markierten Wanderwegen und zahlreichen Berghütten ein Eldorado für naturnahe, anspruchsvolle Wandertouren.

WANDERTOUR ÜBER DAS JOTUNHEIMENGEBIRGE

Hier ein **Tourenvorschlag** zur Durchquerung des Gebirges in West-Ost-Richtung, von der Sognefjellhytta nach Gjendsheim an der Straße 51 (Fagernes – Vågåmo):

Sognefjellhytta – Skogadalsbøen (bewirtschaftete Hütte, 77 Betten), 5 Stunden.

Abstecher durch das **Utladalen** nach Süden bis **Vetti** und zum **Vettifoss**. Er ist mit einer Fallhöhe von über 270 m der höchste Wasserfall in Norwegen. Bis **Vettihytta** ca. 6 Stunden, von der Hütte (bewirtschaftet, 14 Betten) zum Wasserfall knapp eine Stunde.

Abstecher zu Norwegens höchstem Wasserfall

Von **Vetti** zurück bis **Skogadalsbøen** (ca. 6 Stunden) und ostwärts durch das **Raudalen** zur **DNT-Hütte Olavsbu** (Selbstverpflegung, 40 Betten), Gehzeit 6 Stunden.

Ab **Olavsbu** entweder südwärts über **Geithø** (1.467 m) und durchs **Vesleadalen** zur **DNT-Hütte Gjendebu** am Westende des langgestreckten Bergsees *Gjende*, oder ab **Olavsbu** nordwärts und am Nordufer des

ROUTE 12: OTTA – GJERDE

die Straße 55 auf dem Sognefjell kann im Juni noch so aussehen

Langvatnet entlang und durch das **Storadalen** nach **Gjendebu** (Hütte bewirtschaftet, 100 Betten), Gehzeit rund 6 Stunden.

Ab **Gjendebu** gelangt man mit Booten (8.20, 14.05, 17.15 Uhr. Zeiten veränderlich, vorher nochmals prüfen!) über **Memurubu** zur **DNT-Hütte Gjendesheim** am Ostende des Sees. Ab hier Busverbindung. Natürlich kann man auch den ganzen Weg um den See wandern, über die Höhen am Nordufer des Gjendesees nach Memurubu (Hütte bewirtschaftet, 50 Betten), Gehzeit ca. 5 Std. In weiteren 6 Std. erreicht man Gjendesheim (bewirtschaftet).

Viele der Touren verlangen Übung im Bergwandern und gute Kondition. Der Umgang mit Karte und Kompaß sollte vertraut sein! Geeignete Ausrüstung, auch für Schlechtwetterbiwaks, ist unerläßlich! Besorgen Sie sich beim DNT (Den Norske Touristvorening DNT, Postboks 7 Sentrum, N-0101 Oslo, Tel. 0047-22 82 28 22, Fax 0047-22 82 28 01, Internet: www.turistforeningen.no) detaillierte Routenbeschreibungen und genaue Wanderkarten.

➔ **Route:** Im weiteren Verlauf unserer Fahrt über das Sognefjell führt die R55 nun langsam talwärts, passiert das Turtagrø Hotel (s. u.) und führt dann – bereits wieder in der Provinz Sogn og Fjordane – in einer steilen Serpentinenabfahrt mit Engstellen hinab nach **Fortun**. Die Straße wird von einem gewaltigen Wildbach begleitet und erreicht bald darauf **Skjolden**. ●

Skjolden, ein kleiner Ort, liegt am Lustrafjord, einem inneren Arm des Sognefjords, dem „König" der Fjorde. Das offene Meer ist von Skjolden gut 200 km entfernt. Trotzdem, oder gerade weil der Meeresarm so weit in das Land reicht, war Skjolden lange Zeit einer der wichtigsten Häfen für den Warenverkehr zwischen dem Gudbrandsdal im Binnenland und der Westküste.

Skjolden

Hotels

Praktische Hinweise – Skjolden

☎ **Skjolden Turistkontor**, 6876 Skjolden, Tel. 57 68 67 50, nur im Hochsommer geöffnet.

Fortun
🏠 Hotels: **Turtagø Hotel**, 48 Zi., Tel. 57 68 61 16, Fax 57 68 61 07, rund 15 km nordöstlich von Skjolden, rund 900 m hoch gelegen, traditionsreiches Bergsteigerhotel.

ROUTE 12: OTTA – GJERDE

Skjolden
Skjolden Hotel, 55 Zi., Tel. 57 68 66 06, Fax 57 68 67 20, Restaurant, Sauna, Schwimmbad, Tennis.
Skjolden Vandrerhjem, Tel. 57 68 66 15, 1. 6. – 15. 9., 35 Betten.

☑ *Mein Tipp!* **Die Unterkunfts-möglichkeiten in Gjerde**, das auf dieser Route als Etappenziel gewählt ist, beschränken sich auf Privatzimmer oder Miethütten. Wer lieber ein Hotel als Bleibe wünscht, sollte sich schon in Skjolden, in Solvorn (Hotel Walaker) oder in Gaupne (siehe nächste Etappe) umsehen.

▲ – **Vassbakken Kro og Camping** ****, Tel. 57 68 61 88; April – Sept.; ca. 2 km östlich Skjolden, an der R55; Wiesen mit einzelnen Bäumen, gegenüber hoher Wasserfall; ca. 1,5 ha – ca. 50 Stpl.; Standardausstattung; Laden, Imbiß; 13 Hütten ** - ****.
– **NAF-Camping Nymoen Leirplass** **, Tel. 57 68 66 03; 1. Mai – 1. Okt.; am östl. Ortsrand Einfahrt bei der STATOIL-Tankstelle; flache, geneigte Wiesenterrassen am See unterhalb der R55; ca. 1 ha – 40 Stpl.; gute Standardausstattung; 11 Hütten.
– Und andere Campingplätze.

die älteste, die Urnes Stabkirche

Eine Stichstraße führt von Skjolden am Ostufer des Lustrafjorden zur **Urnes Stabkirche** (31 km). Details über die Stabkirche siehe nächste Etappe. — *Alternativstrecke*

Auf dem Weg von Skjolden nach Urnes passiert man den gigantischen **Wasserfall Feigumfoss**, der an der Ostseite des Lustrafjords an die 200 m frei herunterstürzt. Wählt man diesen Weg, nimmt man ab Urnes die Fähre nach Solvorn am Westufer des Fjordes und fährt ggf. zurück bis Gaupne (ca. 18 km).

➔ **Hauptroute:** Der Weg unserer Hauptroute folgt ab Skjolden der R55, die hier als teils einspuriges Fjordsträßchen am Westufer des herrlichen, von Bergen und Obstbaumwiesen gesäumten Lustrafjords entlang über **Luster** und **Høyheimsvik** nach **Gaupne** führt. ●

Zu den Sehenswürdigkeiten von **Luster**, dem Zentrum der Lusterregion, zählt die **Kirche von Dale** aus dem Mittelalter.

Bei **Høyheimsvik** hat man einen guten Blick über den Fjord zum **Feigum-Wasserfall**.

189

ROUTE 12: OTTA – GJERDE

Gaupne

Hotels

Camping
zwischen
Høyheimsvik und
Gaupne

Praktische Hinweise – Gaupne

☎ **Luster Reiselivslag**, 6866 Gaupne, Juni, Juli, Aug. Tel. 57 68 15 88, übrige Zeit Tel. 57 68 32 50, 57 68 55 00. Internet: www.luster.kommune.fjordinfo.no

⌂ Hotels: **Tørvis Fjordhotell**, 55 Zi., bei **Mariføra**, Tel. 57 68 72 00, Fax 57 68 74 44, Restaurant. – Und andere Hotels.

Dale/Luster
▲ – **NAF Dalsøren Camping ****, Tel. 57 68 54 36; 1. Mai – 31. Aug.; Wiese zwischen Straße 55 und Lustrafjord, nahe der alten Kirche von Dale; ca. 1,7 ha – 70 Stpl.; Standardausstattung; Laden; 16 Miethütten ** - ****.

Høyheimsvik
– **Camping Nes ****, Tel. 57 68 64 24; 1. Mai – 1. Okt.; kleineres Wiesengelände an der R55 bei **Høyheimsvik**; 8 Miethütten **.

Gaupne
– **Camping Sandvik ******, Tel. 57 68 11 53; 1. Jan. – 31. Dez.; Obstwiesen an der R55 in **Gaupne**; 19 Miethütten ** - ****. – Und andere Campingplätze.

➔ **Route:** In Gaupne zweigen wir nach Norden ab und folgen der R604 durch das Jostedalen bis **Gjerde**. ●

Die Fahrt durch das Jostetal mit dem reißenden Jostedalselva und imposanten Wasserfällen ist recht reizvoll.

Jostedals
Gletscherzentrum
2. 5. - 1. 10. tgl. 10
- 17 Uhr. Mitte Juni
- Ende Aug. tgl. 9 -
19 Uhr.

Besichtigen kann man das **Gletscherzentrum Jostedalen Breheimsenteret**, mit interessanten Ausstellungen und Informationen über die nahe Gletscherwelt und den Nationalpark Jostedalsbreen. In einem kleinen Museum erfahren Sie viel über die Natur- und Kulturgeschichte der norwegischen Gletscherwelt. Audiovisuelles Programm. Ausgangspunkt für geführte Gletscherwanderungen. Cafeteria, Souvenirladen. Parkplätze.

Gjerde
Hotels

Camping

Praktische Hinweise – Gjerde

⌂ Hotels: **Solvang Kafé og Pensionat**, 15 Zi., Tel. 57 68 31 19, Fax 57 68 31 57.

▲ – **Gjerde Camping ****, Tel. 57 68 31 54; 1. Mai – 30. Okt.; Wiesen am Ortsrand; ca. 2 ha – 50 Stpl.; Standardausstattung; 10 Miethütten. Zimmer.
– **Nigardsbreen Camping ****, Tel. 57 68 31 35; Ende Mai – Ende Sept.; nördl. Gjerde, am Abzweig zum Nigardsbreen; zum reißenden Jostedalselva hin leicht geneigtes Wiesenrund; ca. 0,7 ha – 40 Stpl.; Standardausstattung; Kiosk, 8 Miethütten. Zum Nigardsbreen ca. 5 km.

AUSFLUG ZUM NIGARDSGLETSCHER

Der Grund, den Abstecher in dieses abgelegene Tal zu unternehmen, ist der nahe **Nigardsbreen**. Eine mautpflichtige, einspurige Privatstraße (mit Ausweichen) führt durch das riesige Moränenfeld auf die Gletscherzunge des Nigardsbreen zu und endet an einem im Sommer oft überfüllten Parkplatz mit Touristenpavillon (Cafeteria) oberhalb des türkis schimmernden Gletschersees.

Bereits weit vor dem Parkplatz bieten sich herrliche Blicke auf den Nigardsbreen, einen der 24 Arme des gigantischen, 486 qkm großen Jostedalsbreen, dem größten Eisfeld auf dem europäischen Festland.

ROUTE 12: OTTA – GJERDE

Der bis zu 500 m dicke Eispanzer entstand zu Zeiten, als z. B. die großen griechischen Tragödiendichter ihre Werke schrieben, vor rund 2.500 Jahren also. Lange reichte die Gletscherzunge des Nigardsbreen viel weiter ins Tal. Aber seit über 250 Jahren ist der Gletscher ständig auf dem Rückzug, gewaltige Moränen zurücklassend. Die größte Moräne stammt aus dem Jahre 1875. Daß der Gletscherrückgang eher noch zunimmt, zeigt das große Geröllfeld, das zwischen See und Gletscherrand entsteht.

Nigardsgletscher
**

Von der Anlegestelle am Parkplatz verkehrt im Sommer zwischen 10. Juli und 30. August das Gletscherboot „Jostedalsrypa" täglich zwischen ca. 10 und 18 Uhr regelmäßig ein offenes Boot (Gebühr) bis zum Ende des Gletschersees Nigardsbrevatnet. Von dort ist auf etwas beschwerlichem, mit einem roten „T" markierten Weg über das Geröllfeld der Gletscherrand in etwa 30 Minuten zu erreichen. Festes Schuhwerk oder kräftige Gummistiefel mit Profilsohle sind sehr empfehlenswert. Warnungen vor Gletscherbrüchen sollten nicht ignoriert werden.

mit dem Boot zu Gletscherzunge

Im Sommer werden vom Fuß des Gletschers (bei gutem Wetter mehrmals täglich) kurze, leichte Wanderungen über den Gletscher geführt, Dauer 1 1/2 Stunden (Gebühr). Die Familientour (tgl. zwischen 12 Uhr und 14.30 Uhr) ist lt. Veranstalter schon für Kinder ab 5 Jahren geeignet.

geführte Gletscherwanderungen

Für die beliebte „Blaueistour" (tgl. um 13 Uhr) sollten die Teilnehmer mindestens 12 Jahre alt sein.

Tageswanderungen mit Gletscherführer starten im Sommer gegen 9.30 Uhr am Parkplatz. Warme Kleidung, feste Schuhe und Proviant sind notwendig. Steigeisen, Pickel und Seil werden gestellt. Übrigens: Gehen Sie nie alleine ohne kundige Führung auf Gletscherwanderung, wenn Sie das Eisgebiet nicht wie Ihre eigene Westentasche kennen! Die Gefahr, in eine vom Schnee nur leicht zugewehte Gletscherspalte zu stürzen ist zu groß. Und die Gletscherspalten hier können bis zu 40 m tief sein! Gehen Sie nie zu nahe an Gletscherabbrüche heran oder unter überhängenden Eismassen hindurch.

Veranstalter der Gletschertouren ist *Jostedalen Breførarlag*, Tel. 57 68 31 11.

mit dem Gletscherboot „Jostedalsrypa" zum Nigardsbreen

191

ROUTE 12: OTTA – GJERDE

GLETSCHER

Die Gebirgsregion zwischen Sogne- und Nordfjord wird bedeckt von der gewaltigen Eishaube des **Jostedalsbreen**. Über 480 qkm erstreckt sich dieses Gletschersystem. Es ist das größte Eisfeld auf dem europäischen Festland und es reicht mit seinen eisigen Ausläufern bis weit in die Täler hinab. In Norwegen nennt man diese „fließenden Eismassen" „breen" oder „brea", in Grönland „jökull" und in den Alpen „Ferner" oder „Kees".

der Nigardsbreen, ein Seitenarm des Jostedalsbreen, bei Gjerde

Diese Gletscher entstanden vor rund 2500 Jahren in Gebirgshochlagen (man spricht vom *Nährgebiet* des Gletschers) durch Niederschlag in Form von Schnee. Der Schnee wiederum verwandelte sich im Laufe der Jahrhunderte in Eis, nicht zuletzt durch den Druck, der sich im Laufe der Zeit aus den immer nachfolgenden Schneemassen addierte. Nun ist es auch nicht mehr verwunderlich zu erfahren, daß die Ausdehnung der Gletscher naturgemäß in niederschlagsreichen Perioden wächst. Ihre Ausläufer und Zungen reichen dann weit in die Täler hinab, wo sie in wärmeren Zonen (man spricht dabei vom *Zehrgebiet*) schließlich abschmelzen.

Die Dicke des Eispanzers eines Gletschers erreicht viele hundert Meter. 800 m sind keine Seltenheit und in Grönland wurden am Vatna-Jökull schon bis 2.000 m Eisdicke gemessen. Zur Zeit nehmen fast alle Gletscher wieder ab, was auf eine allgemeine Erwärmung unseres Klimas schließen läßt. Größte Ausnahme und ein Phänomen ist allerdings der Briksdalgletscher, der seit Jahren wieder wächst und zwar so rasant, dass ihm von den Glazeologen der größte Zuwachs aller Gletscher seit der letzten Eiszeit bescheinigt wird.

Auf ihrer „Wanderung" talwärts, die etwa 50 bis 200 m jährlich beträgt, führen die Eismassen gewaltige Mengen an abgeschürftem Untergrund mit sich, der dann, beim Rückgang des Gletschers durch Abschmelzen, als Moräne zurückbleibt und so die größte Ausdehnung des Eises markiert.

Auf dem Weg ins Tal entstehen in den gefrorenen Schneemassen gewaltige Drücke und Spannungen, die, wenn das Eis zerreißt, zu Spalten und Brüchen führen. Erscheinungen, die von allen Bergsteigern mit gehörigem Respekt angegangen werden.

Über verschiedene Gletscher Norwegens, z. B. über den Nigardsbreen, einen Ostausläufer des Jostedalsbreen, werden durch diese kalten Schlünde und Höhlen von kundigen Führern Wanderungen geleitet, auf denen man auch an so seltsam anmutenden Formen wie Gletschertöpfen oder Gletschermühlen vorbeikommt. Das sind Aushöhlungen, die durch stetig herabstürzendes Schmelzwasser, Sand und Geröll in strudelartigen Bewegungen rund ausgeschliffen wurden.

Norwegens größte Gletscher sind der *Jostedalsbreen* (486 qkm) in Sogn og Fjordane, der *Svartisen* (370 qkm) nördlich Mo i Rana in Nordland, der *Folgefonn* (210 qkm) westlich Odda in Hordaland, der *Blåmannsisen* (ca. 90 qkm) östlich von Fauske in Nordland und der *Hardangerjøkulen* (ca. 80 qkm) nordöstlich Eidfjord in Hordaland.

in Røros

reizvolle Telemarklandschaft ⇨

das Eis des Briksdalgletschers

Ålesund

Bergen, Bryggen

die Heddalstabkirche

Wasserfall „Sieben Schwestern", Geirangerfjord

ROUTE 13: GJERDE – FLÅM

13. GJERDE – FLÅM

☉ **Entfernung:** Rund 140 km, + 1 Fähre.

→ **Strecke:** Über die Straße R604 bis **Gaupne** – R55 bis **Sogndal** – R5 über **Kaupanger** bis **Mannheller** – **Autofähre nach Fodnes** – E16 bis **Lærdalsøyri** – Straße westwärts bis Erdal/Sæbø und durch das Horndalen auf der alten Straße nach **Aurland,** alternativ durch den 24,5 km langen Tunnel nach Aurland – R50 bis **Flåm**.

🕐 **Reisedauer:** Mindestens ein Tag.

⌘ **Höhepunkte:** Fahrt durch den **längsten Tunnel der Welt** – der **Aurlandsfjord** ** – Fahrt mit der **Flåmbahn** ** nach Myrdal.

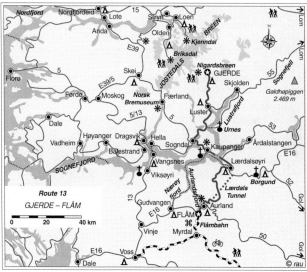

Route 13
GJERDE – FLÅM
0   20   40 km

→ **Route:** Von Gjerde zurück bis **Gaupne** und auf der R55 und über **Hafslo** südwärts bis **Sogndal** an der R5. ●

Etwa auf halbem Wege von Gaupne nach Sogndal kann man bei **Hafslo** nach Norden abzweigen und einer Stichstraße am langgestreckten Veitastrondsvatnet entlang bis **Høgebru** (33 km) folgen. Ein Fahrweg (Maut) führt weiter bis zur bewirtschafteten **Tungestølen Hütte**, Ausgangspunkt für Gletscherwanderungen (mit Führer) zu Ausläufern des Jostedalsbreen.

Abstecher zur Tungestølen Hütte

Nur wenige Kilometer südwestlich von Hafslo passiert man auf der R55 den Abzweig nach **Solvorn**. Man erreicht den kleinen Fährhafen über eine rund 3 km lange Stichstraße.

ROUTE 13: GJERDE – FLÅM

Abstecher zu Norwegens ältester Stabkirche **

Ab Solvorn verkehren im Sommer **Autofähren über den Lustrafjord nach Ornes** mit der sehenswerten Urnes Stabkirche, Fahrzeit ca. 20 Minuten. Die Fähren verkehren von Anfang Juni bis Ende August um 8 Uhr, zwischen 10 Uhr und 16 Uhr jeweils zur vollen Stunde und um 16.40 Uhr. In der übrigen Jahreszeit weniger häufiger Fährverkehr.

Die Fähre M/F Urnes fasst übrigens nur 12 Autos. Sie können Ihr Auto auch auf dem Parkplatz an der Fährstation Solvorn stehenlassen. In Ornes erreichen Sie die oberhalb der Fähranlegestelle gelegene Stabkirche zu Fuß in etwa 15 Minuten.

gemütliches Fjordhotel

☑ *Mein Tipp!* In Solvorn befindet sich das kleine, aber sehr renommierte und gemütliche **Hotel Walaker**. Seit Generationen, genauer seit 1690, werden hier von der Familie Nitter Walaker und deren Nachkommen Gäste bewirtet. 45 Betten, Tel. 57 68 42 07, geöffnet 16. 4. – 14. 10., obere Preislage.

Norwegens älteste Stabkirche *
Anf. Juni - Ende Aug. 10.30 - 17.30 Uhr. Eintritt.

Die Stabkirche von Urnes, die älteste Stabkirche Norwegens, stammt aus dem Ende des 11., Anfang des 12. Jh. und ist ausgezeichnet erhalten geblieben. Ihr Stil war Vorbild für viele andere Stabkirchen des Landes. Von einst annähernd 800 Kirchenbauten dieser Art sind heute nur noch 30 übriggeblieben. Die Kirche von Urnes ist vor allem wegen ihrer herrlichen Schnitzereien bekannt.

Näheres über diese für Norwegen so typische, alte Kirchenform finden Sie unter „Stabkirchen" bei Borgund, Route 14, Flåm – Otta.

Sogndal (ca. 4.000 Einwohner) ist eine kleine Industriestadt an einem Seitenarm des Sognefjords.

Sogndal

Praktische Hinweise – Sogndal

☎ **Sogn og Fjordane Reiselivsråd**, Postboks 299, 6852 Sogndal, Tel. 57 67 23 00. Internet: www.sfr.no

Hotels, Jugendherberge

🛏 Hotels: **Quality Sogndal Hotel,** 108 Zi., Tel. 57 67 23 11, Fax 57 67 26 65.
Hofslund Fjord Hotel, 54 Zi., Tel. 57 67 10 22, Fax 57 67 16 30, hübsches Haus im alten Stil. – Und andere Hotels.

Jugendherberge: **Sogndal Vandrerhjem**, 83 Betten, 6856 Sogndal, Tel. 57 67 20 33, geöffnet Mitte Juni bis Mitte August.

Camping

▲ – **NAF Kjørnes Camping ****, Tel. 57 67 45 80; 1. Juni – 31. Aug.; rund 3 km östlich von Sogndal unterhalb der Straße 5 am Sogndalfjorden; ca. 2 ha – 100 Stpl.; Standardausstattung. 8 Miethütten.
– **Stedje Camping ******, Tel. 57 67 10 12, 15. Mai – 31. Aug.; etwa 1 km südwestlich über die R55; Wiesen in einem Obstgarten; ca. 2 ha – 80 Stpl.; 14 Miethütten, Motel.

ABSTECHER ZUM NORWEGISCHEN GLETSCHERMUSEUM

Von Sogndal aus ist ein Abstecher zum **Norsk Bremuseum** bei **Fjærland** möglich, siehe unter Route 9, Voss – Loen, Alternativroute durch den Nærøyfjord. Auf dem Wege von Sogndal nach Fjærland sind das 6.750 m lange Frudalstunnel (teure Mautgebühr) und das 2.590 m lange Bergstunnel zu passieren.

ROUTE 13: GJERDE – FLÅM

Obstbaumblüte am Sognefjord bei Urnes

→ **Hauptroute**: Weiterreise von Sogndal auf der R5 südostwärts über **Kaupanger** zum **Fährhafen Mannheller**. •

Unterwegs passiert man nach rund 6 km bei **Hovland** das links der Straße gelegene **Sogn Fjordmuseum**. Die Ausstellungen dort befassen sich vornehmlich mit dem Bootsverkehr auf dem Fjord, mit der Fischerei und dem Bootsbau in früheren Zeiten. Bootsbauwerkstatt.

Sogn Fjordmuseum
Anf. Juni - Ende Aug. 10 - 18 Uhr. Eintritt.

Kaupanger, ein alter Handelsort in der Amlabucht am Sognefjord, war schon in der Wikingerzeit eine wichtige Siedlung. Hier liegt eine der ältesten **Stabkirchen** Norwegens. Sie stammt aus der Zeit um 1190 und ist die größte ihrer Art in der Provinz Sogn og Fjordane.

Stabkirche von Kaupanger **
Anf. Juni - Ende Aug. 9.30 - 17.30 Uhr. Eintritt.

Durch den rund 3 km langen Amlatunnel erreicht man schließlich den **Fähranleger von Mannheller**. Wir nehmen dort die **Fähre nach Fodnes**. Autofähren zwischen Mannheller und Fodnes verkehren zwischen 1 Uhr und 24 Uhr regelmäßig in kurzen Intervallen, Fahrzeit 15 Minuten.

Autofähren zwischen Mannheller und Fodnes

→ **Route:** Ab **Fodnes** Weiterreise auf der E16 und durch den 6,6 km langen Fodnestunnel nach **Lærdalsøyri**. •

Lærdalsøyri, eine Gemeinde mit annähernd 2.500 Einwohnern, hat in ihrer hübschen Altstadt ein ganze Reihe schöner alter Häuser aus dem 18. Jh. und 19. Jh. erhalten. Rund 160 Gebäude stehen dort unter Denkmalschutz.

hübscher Ortskern

Zu den neueren Touristenattraktionen zählt das **Norsk Villaks Senter**. Dort im Norwegischen Wildlachszentrum erfahren Sie fast alles über den Lachs und seine Lebenszyklen. Aquarien mit Wildlachs und Meerforellen,

Norwegisches Wildlachszentrum
Mai - Sept. 10 - 18, Juni - Aug. bis 20 Uhr.

195

ROUTE 13: GJERDE – FLÅM

DER LÄNGSTE STRASSENTUNNEL DER WELT

Norwegen hat wieder einmal eine Meisterleistung im Straßen- und Tunnelbau vollbracht. Seit Ende 2000 verbindet der **Lærdals Tunnel** das Lærdal rund 6 km südlich von Lærdalsøyri (E16) mit dem Aurlandsdal bei Skaim (R50), rund 3 km östlich von Aurland. Mit einer Länge von sage und schreibe 24,5 km ist der Tunnel der längste Straßentunnel der Welt. Der nächst längste Tunnel ist der knapp 17 km lange St.-Gotthard-Tunnel.

Am 15. März 1995 war mit dem Tunnelbau begonnen worden. Das ehrgeizige Vorhaben, mit einem ersten Kostenvoranschlag von 976 Mio. NKR (rund 250 Mio. Mark), sollte endlich eine durchgehende und ganzjährig befahrbare Straßenverbindung von Oslo nach Bergen ohne Fähren möglich machen.

In fast sechsjähriger Bauzeit wurden u. a. 2,5 Mio. Kubikmeter Aushub und Abraum, der durch über 5.000 Präzisionssprengungen gelockert worden ist, aus dem Berg geschafft. Wohin mit dem Abraum? Die Frage wurde elegant beantwortet. Man schüttete mit den gigantischen Gesteinsmassen ein neue, große Mole bei Flåm auf, an der nun auch die größten Kreuzfahrtschiffe festmachen können.

Probleme mit Gesteinsverschiebungen, Wasseradern und Fragen der Be- und Entlüftung der Tunnelröhre mußten gemeistert werden. Während der gesamten Bauphase wurde mittels Fixpunkten außerhalb des Tunnels und mit Hilfe von Laserstrahlen und Navigationssatelliten der Verlauf der Tunnelröhren kontrolliert. Man hatte von Skaim und von Tønjum aus mit dem Vortrieb der Tunnelröhren begonnen und traf sich in der Mitte mit einer Abweichung von nur wenigen Zentimetern. Ein Bravourstück moderner Straßenbaukunst. Und auf der fast 25 km langen, 7,5 m breiten, unterirdischen Straßentrasse über der sich ein über 1.600 m hohes Bergmassiv (Hornsnipa 1.692 m) türmt, wurden 16 Wendepunkte, die auch das Wenden mit großen Lkws ermöglichen, 48 Nothaltebuchten, eine riesige Luftfilteranlage und drei große, hell beleuchtete sog. Gebirgshallen angelegt. Diese Lichthallen bieten dem Autofahrer alle 8 km eine optische Abwechslung, die die Monotonie einer langen Tunnelfahrt in Grenzen halten soll. Außerdem wurden alle nur erdenklichen Sicherheitsvorkehrungen getroffen.

Nach knapp sechsjähriger Bauzeit konnte König Harald am 27. November 2000 das Bauwerk für den Verkehr freigeben. Nun kann man in knapp 20 Minuten Fahrzeit – eine Ewigkeit für Leute, denen Tunnels ein Greuel sind – bequem mit dem Auto zwischen dem Lærdal und dem Aurlandstal reisen – kostenfrei. Für das Befahren des Lærdals Tunnels wird keine Maut erhoben.

Ausstellungen über den atlantischen Lachs, Videofilmpräsentation, Fliegenbinderwerkstatt, Cafeteria. Souvenirladen. Parkplatz.

Lærdalsøyri

Praktische Hinweise – Lærdalsøyri

☎ **Aurland og Lærdal Reiselivslag**, Gamle Lærdalsøyri, Postboks 122, 6886 Lærdal, Tel. 57 66 62 22, im Sommer auch Tel. 57 66 65 09. Internet: www.alr.no

Hotels

🏨 Hotels: **Lindstrøm Hotel** 86 Zi., Tel. 57 66 62 02, Fax 57 66 66 81, geöffnet 1. 5. – 30. 9., Restaurant, in Gamle Lærdalsøyri, teilweise in hübschen Holzgebäuden aus dem 19. Jh.

ROUTE 13: GJERDE – FLÅM

Blick in den Aurlandsfjord

Lærdal Hotel, 85 Zi., Tel. 57 66 65 07, Fax 57 66 65 10, moderner Hotelbau direkt am Sognefjord gelegen, Restaurant, Parkplatz
Offerdal Hotell, 32 Zi., Tel. 57 66 61 01, Fax 57 66 62 25, Restaurant. – Und andere Hotels.

▲ – **Lærdal Ferie og Fritidspark** ***, Tel. 57 66 66 95; 15. Apr. – 1. Okt.; Zufahrt von der E16 am nordwestlichen Ortsrand, nahe des Fodnestunnels (R5); ebenes Wiesengelände, ca. 2 ha – 100 Stpl.; gute Standardausstattung, zeitgemäße Sanitärs; Laden, Imbiss, Fahrradverleih, 10 Miethütten ****.

Camping

Anstatt in Flåm, wo diese Etappe endet, kann man die Reise genauso gut in Lærdalsøyri unterbrechen, falls die Fahrt nach Flåm schon von Gudvangen bzw. Voss aus unternommen worden ist (siehe Route 8, Bergen – Voss).

Andererseits läßt sich Aurland und somit auch Flåm zwischenzeitlich durch den neuen, 24,5 km langen, mautfreien Tunnel rasch und bequem erreichen, so dass ein Abstecher von Lærdalsøyri nach Flåm leicht möglich ist.

→ **Route:** Ab Lærdalsøyri folgen wird der Straße nach Revsnes in westlicher Richtung. Nach rund 4 km erreichen wir bei **Erdal/Sæbø** den Abzweig nach Süden Richtung **Aurland**.

Alternativ kann man den neuen, mautfreien Tunnel nach Aurland benutzen, was die Fahrt natürlich ganz erheblich verkürzt, allerdings unter Verzicht auf die wirklich schöne Berglandschaft und auf die prächtige Sicht auf den Aurlandsfjord vor der steilen Abfahrt hinab nach Aurland. ●

197

ROUTE 13: GJERDE – FLÅM

herrliche Bergfahrt über den „Schneeweg" **

Grund des Abstechers von Sæbø über Aurland nach Flåm sind die **Bergfahrt** über die Höhen des Hornsnipa, dann der **prächtige Fjordblick** bei Aurland und die **Fahrt mit der Flåmbahn** nach Myrdal und zurück nach Flåm. Will man darauf verzichten, oder hat man den Abstecher nach Flåm schon ab Gudvangen unternommen, folgt man der E16 ab Lærdalsøyri und durchs Lærdal (siehe nächste Etappe 14, Flåm – Otta).

Die Straße, die gewöhnlich nur zwischen 20. Mai und 15. Oktober geöffnet ist, führt ab Sæbø durch das **Hornadalen** hinauf in die Bergwelt des 1.692 m hohen Hornsnipa. Es ist eine beeindruckende Fahrt. Schöne Ausblicke in die von Seen durchsetzte Moränenlandschaft und auf die umliegenden Berge.

prächtiger Blick auf den Aurlandsfjord ***

Später führt die Straße bei **Bjørgo** in vielen engen Serpentinen am Steilhang hinab nach **Aurland**. Unterwegs hat man vom Aussichtspunkt Bjørgoåsen an der Straße einen traumhaft **schönen Blick** auf den tief unten liegenden Aurlandsfjord.

Zu den Sehenswürdigkeiten in **Aurland** zählen die gotische **Vangen-Kirche** aus dem 13. Jh. und das Heimatmuseum des **Otternes Bauerndorfs** (Mitte Juni - Mitte Aug. tgl. 11 - 18 Uhr). Die Hofanlage zwischen Aurland und Flåm besteht aus einer Gruppe von 27 historischen und für die Region typischen Bauernhäusern, die teilweise aus dem 17 Jh. stammen. Vom Museumsgelände hat man einen schönen Blick auf den Fjord.

Aurland

Hotels

Camping

Praktische Hinweise – Aurland

☎ **Aurland Turist Informasjon**, Postboks 53, 5741 Aurland, Tel. 57 63 33 13. Internet: www.alr.no

🏨 Hotels: **Aurland Fjordhotell**, 30 Zi., geöffnet 1. Mai – 30. Sept.; Tel. 57 63 35 05, Fax 57 63 36 22, in Aurland, Restaurant, Café, Sauna.
Best Western Ryggjatun Hotel, 44 Zi., geöffnet 1. Mai – 30. Sept., Tel. 57 63 35 00, Fax 57 63 36 06, Restaurant.
Vangen Motell og Rorbuer, 20 Zi., geöffnet 15. April – 31. Okt., Tel. 57 63 35 80, Restaurant. – Und andere Hotels.

▲ – **NAF-Camping Lunde Gard *****, Tel. 57 63 34 12; 1. Apr. – 1. Okt.; an der R50, ca. 2 km östl. Aurland, Wiese in sehr schöner Lage zwischen Straße und Aurlandselva ca. 1,5 ha – 80 Stpl.; Standardausstattung; 16 Hütten.

➔ **Route: Flåm** erreicht man nach 8 km über die Straße 50 in südlicher Richtung. •

Flåmsbahn Museum
15. 5. – 15. 9. tgl.
12 - 16 Uhr.
Eintritt.

Im alten Bahnhofsgebäude mitten auf der neuen großen Molenanlage von Flåm (Anleger für Kreuzfahrtschiffe, Promenade, Restaurant, Zugrestaurant in zwei Eisenbahnwaggons aus den 20er Jahren, Parkplatz) ist heute das **Flåmsbanemuseet**, ein kleines Museum über die Flåmsbahn und ihre Geschichte eingerichtet.

Ein schöner **Wander- und Fahrradweg** führt von Flåm am Fjord entlang knapp 4 km Richtung Aurland bis zum Otternes Heimatmuseum.

Flåm

Praktische Hinweise – Flåm

☎ **Flåm Turist Informasjon**, 5743 Flåm, Tel. 57 63 21 06. Nur in der Sommersaison geöffnet.

ROUTE 13: GJERDE – FLÅM

Zuginformation/Reservierungen: Tel. 81 50 08 88.
Info Rallarvegen: Tel. 32 09 59 00.
Fahrradverleih Flåm, Tel. 57 63 21 06, 57 63 11 48.

Flåm
Fahrradverleih

🛏 Hotels: **Fretheim Hotell**, 62 Zi., geöffnet 15. 5. – 31. 10., Tel. 57 63 22 00, Fax 57 63 23 03, traditionsreiches Haus, teils in einer Villa aus dem 19. Jh. eingerichtet, moderner Anbau, Restaurant, Schwimmbad.
Furukroa, 8 Zi., Tel. 57 63 23 25, Fax 57 63 23 63, Restaurant.
Heimly Pensjonat, 25 Zi., 57 63 23 00, Fax 57 63 23 40.
Myrdal
Vatnahalsen Høyfjellshotell, 41 Zi., Tel. 57 63 37 22, 57 63 37 67. – Und andere Hotels.

Hotels

▲ – **NAF Flåm Camping og Vandrarheim** ****, Tel. 57 63 21 21, 1. Mai – 1. Okt.; westlich der Bahnstation; Terrassen und ansteigende Wiesen in ansprechender Lage am Ortsrand; ca. 2,5 ha – 150 Stpl.; Standardausstattung; Laden, Fahrradverleih, 15 Hütten ** - ****. **Motel, Jugendherberge.**

Camping

Die **Flåmbahn**, nicht nur eine viel besuchte Touristenattraktion, sondern auch ein Meisterstück des Eisenbahnbaus, führt von **Flåm** südwärts durch das enge, steile Flåmsdalen von Meereshöhe hinauf zur 867 m hoch gelegenen Station **Myrdal** an der Hauptstrecke Oslo – Bergen.

Auf der 20 km langen Strecke, die in 45 Minuten bewältigt wird, fährt der Zug durch 20 Tunnels und Galerien mit übereinanderliegenden Schleifen und Kehren von insgesamt 6 km Länge. Der längste Tunnel ist der 1.350 m lange Nali-Tunnel. Im oberen Teil der beeindruckenden Strecke führt die Bahntrasse unmittelbar am über 200 m hohen *Kjosfossen Wasserfall* vorbei. Hier wird gewöhnlich angehalten, um den Passagieren Gelegenheit zu geben, auszusteigen und zu fotografieren.

Der Zug ist übrigens mit nicht weniger als fünf von einander unabhängigen Bremssystemen ausgerüstet.

RADWANDERN AUF DEM ALTEN BAHNARBEITERWEG

Flåm ist Endpunkt des **Radwanderweges Rallarvegen**, der von Haugastøl (an der R7 westlich von Geilo) her kommt und hier endet. Wegen des starken Gefälles von Vatnahalsen hinab nach Flåm wird der rund 80 km lange Rallarvegen gewöhnlich in Ost-West-Richtung befahren. Sie können aber auch in Flåm starten, den sehr anstrengenden Aufstieg (fast 900 m Höhenunterschied) nach Myrdal mit der Bahn überbrücken, dort umsteigen, mit dem Zug weiter nach Haugastøl fahren und dort mit der Radtour beginnen.

Mehrtagesradtour
auf dem
Rallarvegen **

Im Sommer verkehrt auf der Strecke Oslo – Haugastøl – Myrdal – Voss ein spezieller Fahrradzug.

Der Rallarvegen, der alte Bahnarbeiterweg, stammt noch aus der Zeit, als die Bahntrasse Oslo – Bergen über die kargen Höhen des Kallingskarvet gebaut wurde. Der erste Abschnitt konnte 1883 eröffnet werden. Und 1909 konnte der Zugbetrieb über Myrdal bis Voss aufgenommen werden.

Heute ist der Rallarvegen nicht nur ein überaus beliebter Rad- und Wanderweg, sondern auch ein kulturhistorisches Denkmal. Man wandert entlang der historischen Bahntrasse und trifft dabei immer wieder auf

ROUTE 13: GJERDE – FLÅM

Gebäude, Bahnwärterhäuschen und Bahnhöfe, die teils noch aus der Jahrhundertwende stammen.

Wie gesagt startet der Weg am Bahnhof von **Haugastøl**, der auf 988 m Höhe liegt. Später erreicht der Weg am Tågavatn mit 1.301 m seine höchste Höhe, um dann ab Vatnahalsen bei Myrdal steil hinab auf Meereshöhe zu führen.

Durchgehend befahrbar ist der Weg allerdings nur im Hochsommer. Zu Beginn der Radlsaison Ende Mai liegt auf den höchsten Abschnitten der Bergstrecke noch Schnee. Man wird dann zwischen Finse und Hallingskeid den Fahrradzug nehmen.

Finse, das 1.222 m hoch liegt, ist übrigens der höchst gelegene Bahnhof in Norwegen. Besichtigen kann man hier das Rallarmuseum. Und übernachten kann man in der DNT Finsehütte und im Hotel Finse.

21 km weiter nordwestlich liegt in 1.100 m Höhe der Bahnhof von **Hallingskeid**. Dort gibt es auch eine Hütte des Norwegischen Wanderverbandes DNT für Selbstversorger.

Der Weg führt nun nach und nach immer steiler bergab. Mit Vorsicht sollte man die Passage bei Klevagjerdet angehen. Dort führt der Weg auf einem schmalen, unsicheren Felsvorsprung entlang. Die nächste Hütte mit Bewirtung ist die Seltuftstova.

15 km hinter Hallinskeid erreicht man die Wegkreuzung von **Myrdal** (Bahnhof). Verpflegen kann man sich hier in der Myrdal Fjellstue und übernachten kann man im Hotel im nahen **Vatnahalsen**.

Die letzten 20 km hinab nach **Flåm** sind sehr steil. Im oberen Teil trifft man auf 21 Kurven und Kehren. Insgesamt beträgt hier der Höhenunterschied 865 m. Der Wanderverein empfiehlt, das Fahrrad in den Kurven und an den Steilstücken zu schieben.

Abzweig nach Voss: Übrigens muss man von Myrdal nicht unbedingt hinab nach Flåm fahren. Eine Seitenstrecke (43 km) führt von Myrdal nach Südwesten bis **Upsete** (Bahnhof, Übernachtung und Verpflegung in der Upsete Fjellstove) an der Westseite des Gravhalstunnels und weiter durch das **Raundalen** hinab nach Voss.

Am Vassbygdvatnet im Aurlandsdal

14. FLÅM – OTTA

⊙ **Entfernung:** Rund 365 km.

➔ **Strecke: Hauptroute** über **Aurland** und durch das Lærdalstunnel nach **Lærdalsøyri** – E16 bis **Fagernes** – R51 bis **Randen** – R15 bis **Otta**.

⇗ **Alternative Rückreisevarianten** durch das **Numedal** oder durch das **Hallingdal** (Seite 202).

⇔ **Abstecher** von **Geilo** nach **Eidfjord** (Seite 205).

⏱ **Reisedauer:** Mindestens ein Tag.

⌘ **Höhepunkte:** Die Stabkirchen von **Uvdal** ** und **Nore** * – die **Borgund-Stabkirche** *** – das **Valdresdal** * – Wandern im **Jotunheimengebirge** ***.

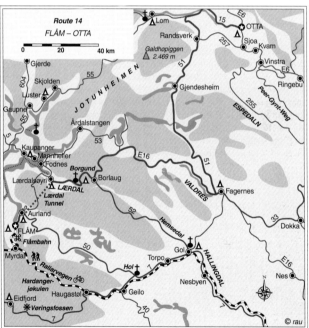

Der erste Teil dieser Routenbeschreibung befaßt sich mit möglichen Reisewegen zur Rückreise. Wenn Sie dagegen unserer Hauptroute folgen und von Flåm aus weiter nach Nordnorwegen reisen, lesen Sie bitte ein paar Seiten weiter hinten unter „Hauptroute Flåm – Otta" weiter.

ROUTE 14: FLÅM – OTTA

RÜCKREISEVARIANTEN

Falls geplant ist, die Reise auf den südlichen Teil Norwegens zu beschränken und zurück Richtung Oslo oder zu den Fährhäfen Larvik oder Kristiansand zu fahren, bieten sich von dieser Etappe aus mehrere Möglichkeiten an. Jede Variante hat ihren eigenen Reiz, so daß man guten Gewissens keine besonders hervorheben kann.

Einmal handelt es sich um den Weg von Aurland über die R50 über Hol bis Geilo und dort weiter über die R40 und durch das **Numedal** bis Kongsberg. Weiterreise auf der R40 zum Fährhafen Larvik.

Die andere Variante (siehe weiter hinten bei Borgund) führt östlich der Borgund-Stabkirche über die R52 und durch das Hemsedal bis Gol und von dort auf der R7 und durch das **Hallingdal** bis Hønefoss. Weiterreise auf der E16 nach Oslo oder auf der E18 zu den Fährhäfen Larvik oder Kristiansand.

R50 UND R40 ÜBER GEILO UND DURCH DAS NUMEDAL

Rückreisevariante

↪ **Rückreisevariante:** Von Flåm zurück bis Aurland und dort auf der R50 nach Osten bis **Hol** an der R7, ca. 96 km. •

Zunächst führt die Straße 50 hinein in das wilde **Aurlandsdalen** mit dem malerisch gelegenen See Vassbygdvatnet, um dann in einer imposanten Paßfahrt mit prächtigen Ausblicken ins Aurlandsdalen anzusteigen. Die Straße ist gut ausgebaut und zieht über viele Serpentinen und durch zahlreiche lange Tunnels, die teils in 180-Grad-Kehren angelegt sind, aufwärts. Das längste Tunnel, das Berdalstunnel, ist 4,2 km lang. Vor dem Berdalstunnel liegt die Zufahrt zu einem tief in den Berg gebauten Wasserkraftwerk.

Gebäude des historischen Gudbrandsgård

ROUTE 14: FLÅM – OTTA

Später passiert man den **Berggasthof Østerbø Turisthytta** (15. Mai – 10. Okt., 60 Betten, Cafeteria, Tel. 57 63 11 41) und weiter oben, am Ende eines Stausees, die **Steinbergdals Berghütte**.

Man durchquert nun eine durch ihre Weite und Kahlheit beeindruckende, menschenleere, seendurchsetzte Bergwelt, passiert das rund 3,2 km lange Geitertunnel und damit die Grenze zur Provinz Buskerud, kommt am langgestreckten, überaus reizvoll gelegenen Bergsee Strandavatn vorbei (zahlreiche Ferienhütten, **Storestølen Berggasthof**, Wandergebiet) und durchquert schließlich schöne Almlandschaft, bevor die Straße langsam absteigt und sich die Baumgrenze durch Birkenwälder ankündigt.

Am Nordwestende des Sees Sudndalsfjord sieht man oberhalb der Straße schöne **alte Gehöfte** mit malerischen Holzgebäuden. Das Hofensemble des **Gudbrandsgård** (privat, nicht zu besichtigen) z. B. stammt zu großen Teilen noch aus dem Jahre 1720.

Der Museumshof **Dokki** in der Nachbarschaft, unweit westlich vom Gudbrandsgård gelegen, kann auf Führungen besichtigt werden.

Praktische Hinweise – Hovet

Hovet, Hotels

🛏 Hotels: **Hallingskarvet Høyfjells Hotell og Hyttesenter**, im **Sudndalen**, 400 Betten, Tel. 32 08 85 25, Sauna, Schwimmbad, Miethütten.
Raggsteindalen Høyfjellsstue, (1. Jan. – Mitte Apr., Ende Juni – Ende Sept.), 90 Betten, Tel. 32 08 85 40, Restaurant, Sauna, Miethütten.

Camping

▲ – **Camping Birkelund**, Tel. 32 08 97 68; 1. Mai – 31. Okt.; an der R50 ca. 5 km östl. Hovet; ebene Wiese zwischen Waldrand, Straße und dem Hovsfjorden See; ca. 1,5 ha – 80 Stpl.; einfache Standardausstattung; 10 Hütten.

Hovet wird passiert. Wenige Kilometer weiter östlich sieht man linkerhand die sehr schöne **Kirche von Hol** mit ihren beiden Türmchen, deren Ursprung im 12. Jh. liegt. Damals wurde sie als Stabkirche errichtet, später aber umgebaut und verändert.

In **Hol** mit seinem Wasserkraftwerk lohnt das **Freilichtmuseum** an der Straße 7 einen Besuch. Zu sehen sind eine ganze Reihe hübscher alter Blockhäuser, Gehöfte und Gebäude aus der Region und den umliegenden Tälern. Jedes Jahr im August wird hier eine „Bauernhochzeit" gefeiert.

In **Ål** (*Sundre Camping*, 1. Jan. - 31. Dez.; ca. 100 Stpl.; 26 Miethütten), rund 15 km östlich von Hol, lebte über zwanzig Jahre lang der aus Deutschland stammende Graphiker und Zeichner **Rolf Nesch**. Im Kulturhaus von Ål, das auch die Touristeninformation beherbergt, sind in einer Ausstellung Werke von Nesch zu sehen.

Außerdem wartet Ål mit einem bemerkenswerten **Freilichtmuseum** mit über 30 alten Häusern auf. Und im Juni feiert Ål seine **Volksmusiktage**.

Noch ein paar Kilometer weiter östlich findet man in **Torpo** eine sehenswerte **Stabkirche** aus dem 12. Jh.. Bemerkenswert vor allem die Deckenmalereien im Kirchenraum.

↪ **Rückreisevariante:** In **Hol** stößt man auf die R7, die ostwärts nach Gol und westwärts über Geilo und die Hardangervidda zum

ROUTE 14: FLÅM – OTTA

Eidfjord führt. Wir folgen der R7 westwärts bis **Geilo**. •

Geilo gilt als größtes Wintersportgebiet Norwegens. Die bewaldeten Hänge ringsum sind durch Seilbahnen, Lifte und Abfahrtsschneißen voll erschlossen. Entsprechend ausgebaut ist auch die touristische und gastronomische Infrastruktur.

Geilo

Praktische Hinweise – Geilo

☎ **Geilo Turist Informasjon**, 3580 Geilo, Tel. 32 09 59 00.

Hotels

🛏 Hotels: **Bardøla Høyfjellshotell**, 250 Betten, Tel. 32 09 04 00, Fax 32 09 16 79, Restaurant, Sauna, Schwimmbad, Tennis. Miethütten.
Dr. Holms Hotel, 240 Betten, Tel. 32 09 06 22, Fax 32 09 16 20, traditionsreiches, gepflegtes Firstclass Hotel, Restaurants, Sauna, Schwimmbad, Garage.
Geilo Hotel, 144 Betten, Tel. 32 09 05 11, Fax 32 09 17 30, Restaurant, Sauna.
Haugen Hotell, 93 Betten, Tel. 32 09 06 44, Fax 32 09 03 87, Sauna, Schwimmbad.
Solli Sportell, Tel. 32 08 61 11; Restaurant, Sauna, 76 Miethütten. **Camping.** – Und andere Hotels.

Camping

▲ – **Øen Turistsenter ******, Tel. 32 08 84 54; 1. Jan. – 31. Dez.; ca. 2 km östl. Geilo an der R7; Wiesengelände; ca. 120 Stpl.; gute Standardausstattung; Laden, Imbiß; Fahrradverleih, 29 Miethütten ****** - *********.

↪ **Rückreisevariante:** Ab Geilo gelangt man über die R40 und durch das landschaftlich überaus reizvolle **Numedalen** nach **Kongsberg** (162 km) und von dort über die E134 nach **Oslo** (63 km). •

sehenswert, die Stabkirchen von Uvdal und Nore ******

Sehenswert auf dem Weg durchs **Numedalen** ist die **Uvdal Stabkirche,** die etwas nördlich der R40 schön an einem Wiesenhang bei einem Gehöft liegt. Die sehenswerte Kirche stammt im wesentlichen aus dem 16. Jh., wurde aber danach mehrfach umgebaut und erweitert, vor allem im 17. und 18. Jh., als der Bau in eine Kreuzkirche umgewandelt wurde.

Die Kirche ist innen, so wie früher viele Stabkirchen im Numedal, noch komplett mit relativ naiv wirkenden Bildmotiven, Ornamenten, Blumen- und Blattmustern ausgemalt. Die Namen der Künstler sind nicht bekannt. Man spricht nur vom „Blaumaler", der um 1720 die Wandflächen und die Galerie ausmalte und vom „Grünmaler", der um 1770 die Kanzel und die Gestühlswangen dekorierte. Das kleine Kirchenschiff ist ausgefüllt mit Holzbänken, von denen einige noch die Monogramme der großen, wohlhabenden Bauernfamilien im Tal aufweisen.

Auf dem Kirchengelände stehen einige hübsche alte Berghütten. Der Weg hierher lohnt sich (vor allem bei schönem Wetter) schon alleine der Lage der Stabkirche wegen. Die Kirche ist im Sommer gegen Eintritt gewöhnlich zu besichtigen.

Rund 20 km weiter südlich kommt man an der **Nore-Stabkirche** vorbei. Der wunderschöne, goldbraun gealterte Holzbau ist innen mit Wand-

ROUTE 14: FLÅM – OTTA

komplett ausgemalt, die Uvdal Stabkirche

malereien ausgestattet. Das Kircheninnere ist gewöhnlich nur bei Gottesdiensten zugänglich. Die Kirche liegt jenseits der Hauptstraße an der Westseite des schmalen, langgestreckten Sees Norefjorden.

LOHNENDER ABSTECHER VON GEILO NACH EIDFJORD

Steht ausreichend Zeit zur Verfügung, empfiehlt sich ab Geilo ein Abstecher über die R7 nach Westen über die **Hardangervidda** hinab nach **Eidfjord** am gleichnamigen Fjord. Die ehemals atemberaubende Abfahrt von Fossli hinab zum Fjord wurde durch Tunnels entschärft. Leider hat die Trasse dadurch viel von ihrem einstigen Nervenkitzel eingebüßt. Nur Fußgänger, Radler und Fahrgäste der „Troll-Tram" (verkehrt ab Fossli) können noch die alte „haarsträubende" Trasse erleben.

Auf dem Weg über die einsame, baumlose, von zahllosen kleinen Seen durchsetzte Hardangervidda gelingen bei klarem Wetter immer wieder herrliche Ausblicke bis hin zum Gletscher **Hardangerjøkulen** (1.862 m) im Norden.

Die Hochebene Hardangervidda, heute Nationalpark und Naturschutzgebiet, auf der noch Rentierherden leben, liegt zwischen 1.000 und 1.250 m über dem Meer und ist ein wahres Eldorado für ausgedehnte, auch anspruchsvolle **Wanderungen**. Ausgangspunkt für Wanderungen können z. B. die **Berghotels Fagerhjem Fjellstue** oder die schöne und einsam gelegene **Halne Fjellstue** sein.

Bei **Fossli** (Parkplatz, Cafeteria, Ausflugstram „Troll-Tram") donnert der imposante **Wasserfall Vøringsfoss** fast 150 m senkrecht in dunkle, kaum einsehbare Tiefen.

Wandergebiet Hardangervidda

ROUTE 14: FLÅM – OTTA

Nach einer längeren Abfahrt durch mehrere Tunnels kommt man unten im Tal nach **Øvre Eidfjord**. Am Ostrand des Ortes liegt unmittelbar an der Straße R7 das moderne Museumsgebäude des am 28. Mai 1995 von Ihrer Majestät Königin Sonja eingeweihten **Hardangervidda Naturzentrums**. Geologische, naturgeschichtliche, zoologische und botanische Exponate und Bildtafeln geben Einblick in Natur, Kultur, Fauna und Flora der Hardangervidda, die angrenzenden Täler und Gletscher.

die Hardangervidda im Frühling

Hardangervidda Naturzentrum *
Panoramafilm **
Jun., Jul. + Aug. tgl. 9 -. 20 Uhr, Apr., Mai, Sept. + Okt. tgl. 10 - 18 Uhr. Eintritt.

Sehr sehenswert und eindrucksvoll sind die Bilder und Landschaftspanoramen die dem Besucher in einem sehenswerten, 225° Panoramafilm von Ivo Caprino gezeigt werden. Vorstellungen alle 30 Minuten. Dauer 20 Minuten. Dem Museum angegliedert ist ein Restaurant und ein Souvenirladen.

> **Øvre Eidfjord**
> ▲ – **NAF-Camping Sæbø *****, Tel. 53 66 59 27; 1. März – 15. Sept.; Zufahrt von der R7, Wiesengelände in schöner Lage am Eidfjordvatnet; ca. 2,5 ha – 100 Stpl.; Standardausstattung, Laden, 12 Miethütten ** - ****.
> – **Måbødalen Camping og Hyttesenter ******, Tel. 53 66 59 88; 1. Jan. – 31. Dez.; Zufahrt von der R7, fast ebenes Wiesengelände in schöner Lage; ca. 1,5 ha - 90 Stpl.; gute Standardausstattung, Laden, Imbiss, 8 Miethütten *** - ****

HAUPTROUTE FLÅM – OTTA

➔ **Hauptroute:** Unsere Hauptroute führt von **Flåm** zurück nach **Aurland,** dort etwa 3 km auf der R50 ostwärts bis **Skaim** und durch den 24,5 km langen Lærdalstunnel, den längsten Tunnel der Welt (Details siehe vorhergehende Etappe 13), zur E16 südlich von **Lærdalsøyri.** Der E16 folgen wir in östlicher Richtung. Nach knapp 25 km erreicht man die **Borgund-Stabkirche.** ●

Rund 20 km östlich der Ausfahrt des Lærdalstunnels führt die Straße durch eine Schlucht, in der der lachsreiche Lærdalselva über den **Sjurhaugfossen** talwärts stürzt. Um den wandernden Lachsen die Überbrückung des gewaltigen Wasserfalls zu ermöglichen, wurden eigens vier Lachstreppen in einem 140 m langen Tunnel angelegt. Jahrhunderte lang war der Lærdalselava einer der lachsreichsten, wenn nicht gar der lachs-

ROUTE 14: FLÅM – OTTA

reichste Fluß in ganz Norwegen. In den vergangenen Jahrzehnten allerdings kann sich der Fluß dieses Prädikats nicht mehr rühmen. Umwelteinflüsse und ökologische Veränderungen haben den einstigen Fischreichtum im Fluß zurückgehen lassen.

Denkmal an den ersten Autotouristen in Norwegen

Am Vindhella Haltepunkt kann man am Steilhang oberhalb des Sjurhaugfossen den alten **Berghof Galdane** erkennen. Vier Hütten des Gehöfts, das seit dem 16. Jh. bis 1947 bewirtschaftet wurde, sind noch erhalten.

Wenig weiter steht links (südwestlich) der Straße ein kurioses Denkmal. Ein **Gedenkstein** mit Inschrift erinnert an den ersten mutigen Automobilisten – einen Holländer namens Beduin – der im Sommer 1901 von Kristiania (Oslo) kommend, wagemutig das Lærdal per Auto durchquerte.

Erinnerung an den ersten Autotouristen in Norwegen

In der Nachbarschaft sieht man links der Straße das traditionsreiche, über hundert Jahre alte **Hotel Husum** (12 Zi., Tel. 57 66 81 48, geöffnet 1. Mai – 30. September), das durch seinen verspielten „Zuckerbäckerstil" auffällt.

traditionsreiches Hotel Husum

In der Nähe des Hotels und des erwähnten Gedenksteins sind **Reste der alten Verkehrswege** („Gamle Kongeveien") durch das Lærdal erhalten, so der **Sverrestien Weg** zwischen Husum und Kyrkjestølane, das ca. 33 km weiter nordöstlich liegt. Am historischen Reitweg Sverrestien sollen 1177 die Bauern vom Lærdal König Sverre erwartet haben. Der Weg wurde schon vor über 1.000 Jahren im Gesetz des Gulathings erwähnt. Dort heißt es, dass der Weg nirgends schmäler als eine Speerlänge sein sollte. Der Sverrestien, Teil des Alten Königsweges, ist heute ein sehr beleibter Wanderweg.

Wandern auf dem Alten Königsweg **

Ein Teil des Weges zwischen Husum und Borgund-Stabkirche ist auch als **Vindhellavegen** bekannt. Er wurde 1793 angelegt, als der Alte Königsweg ausgebessert und von einem Reitweg zu einem Fahrweg verbreitert wurde. Der größte Teil des heutigen Weges stammt aus der Zeit zwischen 1840 und 1843.

Rund 4 km östlich des Husum Hotels liegt links (nördlich) der Straße die **Borgund Stabkirche**. Sie gilt als die am besten erhaltene, typischste Stabkirche des Landes. Ein Wahrzeichen Norwegens.

Die Stabkirche von Borgund entstand in der Mitte des 12. Jh. Sie ist aus jener Zeit so gut wie unverändert erhalten geblieben. Die Kirche ist nach der Stabkirche von Urnes die zweitälteste noch existierende Kirche dieser Art in Norwegen.

Borgund-Stabkirche ***
Mai + Sept. 10 - 17 Uhr. Anf. Juni - Ende Aug. 9 - 18 Uhr, Juli bis Mitte Aug. bis 20 Uhr. Eintritt.

ROUTE 14: FLÅM – OTTA

eine der schönsten, die Borgund Stabkirche

Anhand der Borgund-Stabkirche läßt sich die kunstvolle Holzbauarchitektur gut nachvollziehen. Auch hier wird der zentrale, kleine Kirchenraum von den hoch aufragenden, durch Andreaskreuze und Rundbögen verbundenen „Stäben" (Holzsäulen) gebildet. Es wird berichtet, daß diese tragenden Säulen mit aller größter Sorgfalt ausgewählt und wohl schon während ihres Wachstums als Baum einer Behandlung unterzogen wurden, um ein möglichst hartes, festes Holz zu erhalten.

Über dem Kirchenraum türmt sich ein vielfach gegliedertes Schindeldach. Die Dachfirste zieren Kreuze und Drachenköpfe.

Um die Kirche, mitsamt turmgekrönter Chorapsis, verläuft der von einem Pultdach gedeckte, teils von Säulchen gestützte „Svalgang".

Besondere Beachtung verdienen das kleine, geschnitzte Säulenportal an der Südseite und vor allem das reich mit typischen, an die Ornamentik der Wikingerzeit erinnernden Schnitzereien geschmückte **Westportal**. Es lohnt sich genauer hinzusehen. Erst dann entdeckt man den Detailreichtum der verwirrend ineinander verschlungenen Ranken und Tierleiber.

An der nördlichen Außenseite der Kirche ist noch gut der Teerbelag zu sehen, mit dem der ganze Bau überzogen ist, um das Kiefernholz vor den Einflüssen der Witterung zu schützen. Der Glockenturm steht separat.

Camping bei Borgund

▲ – **NAF Camping og Hyttesenter Borgund** **, Tel. 57 66 81 71; 15. Mai – 10. Okt.; nördl. der Borgund-Stabkirche; schmaler Wiesenstreifen; ca. 1 ha – 50 Stpl.; einfache Standardausstattung; 10 Hütten ** - ****.
– **Camping Steinklepp** **, Tel. 57 66 81 59; Ende Juni – Sept.; 6 km nördl. der Borgund-Stabkirche; einfacher Wiesenplatz an der E16; ca. 0,5 ha – 40 Stpl., 15 Hütten **. **Jugendherberge**.
– **NAF-Camping Bjoraker** *, Tel. 57 66 87 20; 1. Juni – 31. Aug.; ca. 10 km nordöstl. Borgund, an der E16; Wiesen zwischen Straße und Bach, bei einem Bauernhof; ca. 1,5 ha – 40 Stpl.; Standardausstattung; 15 Hütten. – Und andere Campingplätze.

RÜCKREISEVARIANTE R52/R7 ÜBER GOL UND DURCH DAS HALLINGDAL

🢂 **Rückreisevariante:** 13 km nordöstlich der Borgund-Stabkirche passiert man den Abzweig der Straße R52 bei **Borlaug**. Sie führt

STABKIRCHEN

Bis in die heutige Zeit ist Holz eines der beliebtesten Baumaterialien in Norwegen geblieben. Aus dem jahrhundertelangen Umgang mit Holz hat sich schon früh eine Kunstfertigkeit der Verarbeitung und Anwendung dieses Materials herausgebildet. Schlagende Beweise dafür sind die wiedergefundenen schlanken Wikingerschiffe, vor allem aber auch die Stabkirchen.

Im 11. und 12. Jahrhundert muß ein wahrer Bauboom mit Stabkirchen geherrscht haben. In den 200 Jahren entstanden etwa 800 dieser Gotteshäuser. Doch scheinen die Handwerksmeister und Planer damals noch nicht so recht von der Christianisierung durchdrungen gewesen zu sein. Die grausigen Drachenköpfe an den Giebeln und allerlei Fabelgetier, die gerne in Ornamenten an den Portalen dargestellt werden, weisen deutlich darauf hin, daß auch die Mythologie aus Wikingertagen noch lebendig war. Vielleicht sind Kreuz und Drachenkopf auf den Dachgiebeln der Stabkirchen ein Symbol dafür, wie dicht beieinander christliche Lehre und heidnisches Gedankengut im Leben der damaligen Zeit noch lagen.

Portal an der Heddal Stabkirche

So wie vielen Gebäuden, ja ganzen Stadtvierteln der „rote Hahn" zum Verhängnis wurde, fielen auch sehr viele der Stabkirche dem Raub der Flammen zum Opfer. Andere wurden, da meist in Privatbesitz großer Bauern, einfach abgerissen, um Baumaterial für Häuser oder Scheunen zu bekommen. Heute sind noch 30 Stabkirchen im Land erhalten.

Der Name „Stavkirke" oder „Stabkirche" leitet sich von der Konstruktionsweise dieser für Norwegen so typischen Kirchenbauten ab. Auf einen kurzen Nenner gebracht, sind es die auf einem mächtigen, rechteckigen Basis-Bohlenrahmen stehenden, senkrecht nach oben ragenden hölzernen Pfeiler oder „Stäbe", die zum Sammelbegriff für diese Kirchenbauart führten. Diese „Stäbe" sind das statische Herz, sie tragen die ganze Konstruktion und bilden gleichzeitig das Kirchenschiff.

Eines der schönsten Beispiele norwegischer Stabkirchen-Baukunst stellt –neben der **Stabkirche von Lom** oder der **Hopperstad-Stabkirche** bei Vik – die **Borgund-Stabkirche** im Lærdal (E16) dar, ein Meisterwerk aus Kiefernholz aus dem 12. Jh. Unversehrt und ohne verändernde Umbauten ist sie aus jener Zeit erhalten geblieben.

An der Außenseite umläuft den gesamten Bau samt Apsis unten ein dachbewehrter „Arkadengang" (Svalgang), der die eigentliche Kirchenwand vor den Unbilden des Wetters schützt und ehemals als Sammel- und Treffpunkt der weit verstreut lebenden Kirchengemeinde diente. Die Bauelemente, auf Nut und Feder gearbeitete Wandbretter, sind zugleich Zierde und lassen die „Handschrift" von Schiffszimmerleuten vermuten.

Das Innere des Kirchenraums ist schlicht und einfach, wie in vielen anderen Stabkirchen. Nur selten sind Stabkirchen innen durch Malereien ausgeschmückt. Eines der wenigen Beispiele dafür ist die Kirche von Nore im Numedal.

Die größte Stabkirche in Norwegen, die **Heddal-Stabkirche,** findet sich nahe Notodden in der Telemark. Sie stammt aus dem Jahre 1148 und wurde 1954 renoviert.

An der ältesten Stabkirche, der in **Urnes** aus dem Jahre 1090, sind eigentümlich verschlungene Fabeltierornamente, teils Pferd, teils Drachen, teils Schlange, noch gut erhalten.

ROUTE 14: FLÅM – OTTA

durch das **Mörkedalen** südostwärts, später durch das **Hemsedal**, und erreicht nach 78 km **Gol** an der R7. •

Hemsedal (Moen Camping, 1. Jan. – 31. Dez.; ca. 300 Stpl.; 16 Miethütten)

Gol mit seinen knapp 2.000 Einwohnern ist Verkehrsknotenpunkt und ein bedeutender Sommer- und vor allem Winterferienort (zahlreiche Liftanlagen) mitten in Südnorwegen. Das Städtchen liegt von Bergen umgeben wunderschön an einer weiten Biegung des Hallingdalselva im oberen Hallingdal.

Zu den Sehenswürdigkeiten zählt die **Stabkirche von Gol**. Sie ist eine etwas verkleinerte Rekonstruktion der Originalkirche, die heute eine Zierde des Folkemuseums auf der Museumsinsel Bygdøy von Oslo ist.

Etwas schwer zu finden, weil nicht sonderlich gut beschildert, ist der **Museumshof Gol** bei der Folkshögskole (Volkshochschule). Die Zufahrt zweigt von der R52 einige Kilometer nördlich von Gol ab. Die Gebäude des historischen Gehöfts liegen wunderschön in Halbhöhenlage. Man hat von dort einen prächtigen Blick hinab auf Gol und ins Tal des Hallingdalselva. Kleiner Parkplatz.

Beliebt bei vielen Besuchern ist ein Besuch im Badeland „Tropicana" von Gol.

Gol

Hotels

Camping

Praktische Hinweise – Gol

☏ **Gol Turist Informasjon**, 3550 Gol, Tel. 32 07 97 00.

🛏 Hotels: **Eidsgard Turisthotell og Motell**, 30 Betten, Tel. 32 07 56 44, 32 07 50 55, komfortables Haus in zentraler Lage, Restaurant, Café, Bar.
Pres Hotell, 350 Betten, Tel. 32 07 54 00, Fax 32 07 57 15. Haus der gehobenen Mittelklasse in zentraler Lage, u. a. Alergikerzimmer. Restaurant, Pianobar. Squash, Bowling. – Und andere Hotels.

▲ – **Fossheim Hytte og Camping** ****, Tel. 32 02 95 80; 1. Jan. – 31. Dez., ca. 1 ha – 50 Stpl.; Zufahrt von der R7 ca. 6 km westlich von Gol; langer Wiesenstreifen, teils gestuft, zwischen Straße und Hallingdalselva; gute Standardausstattung mit zeitgemäßen Sanitärs; Laden; 14 Miethütten *** - ****, Fremdenzimmer, **Motel**.
NAF Gol Campingsenter ****, Tel. 32 07 41 44, 1. Jan. – 31. Dez.; gut 2 km südl. Gol an der R7; Wiesengelände beiderseits der Straße, teils bis an den Hallingdalselva reichend; bei einem Gasthof (Kro); ca. 10 ha – 350 Stpl.; gute Standardausstattung; Restaurant, Laden, Cafeteria, Fahrradverleih, Sauna, 39 Miethütten ** - *****.
NAF-Camping Kvanhøgd Turistsenter ***, Tel. 32 07 39 57; Ende Juni – 30. Sept.; Zufahrt von der R51 (Gol – Leira), ca. 18 km nordöstlich von Gol; rund 860 m hoch gelegenes Wiesengelände in ansprechender Lage; ca. 1 ha – 80 Stpl.; Standardausstattung; Sauna, Laden, Cafeteria, Fahrradverleih, 14 Miethütten ** - **** – Und andere Campingplätze.

↪ **Rückreisevariante:** Weiterreise ab Gol auf der R7 nach Südosten. Nach 99 km kommt man durch **Hønefoss** (Wasserfall, Hotels, Camping) und ist nach weiteren 60 km in **Oslo**. •

ROUTE 14: FLÅM – OTTA

Auf dem Weg nach Hønefoss lohnen Stops in **Flå** (Wildnispark **Vassefaret Bjørnepark** mit Bären und Elchen) und in **Nesbyen** (**Hallingdal Volksmuseum** mit 25 Gebäuden. **Camping Sutøya Feriepark**, ganzjährig, ca. 150 Stpl.; 16 Miethütten, Jugendherberge).

der Museumshof von Gol hoch über dem Hallingdal

HAUPTROUTE

→ **Hauptroute:** Der weitere Verlauf unserer **Hauptroute** folgt ab **Borgund** und **Borlaug** weiter der E16 bis **Fagernes**. •

Zunächst führt die Strecke vorbei am **Berggasthof Maristuen** mit Campingmöglichkeit, steigt dann hinauf ins **Fillefjell** und passiert bei **Kyrkjestølane** die Grenze zur Provinz Oppland, später den **Königspfad Sverrestien** (beschildert) und schließlich in gut 1.000 m Höhe, den **Berggasthof Nystuen**.

Wenige Kilometer weiter kommt man am Abzweig der R53 nach **Årdalstangen** vorbei. Hier besteht die Möglichkeit zu einem Abstecher von **Farnes** über **Hjella** nach **Vetti**. Von dort kann man eine Wanderung zu Norwegens höchstem Wasserfall **Vettifossen** unternehmen.

Abstecher zu Norwegens höchstem Wasserfall *

Bleibt man auf der E16, erreicht man schließlich das Westende des langgestreckten, dunklen, von bewaldeten Hängen umgebenden Sees Vangsjøsa.

Am Vangsjøsa sieht man ganz in der Nähe der E16 die kleine, turmlose **Øye Stabkirche**. Die Stabkirche, so wie wir sie heute sehen, ist eine Rekonstruktion aus unserem Jahrhundert. Die ursprüngliche Kirche entstand wohl Mitte des 12. Jh., fiel zu einem nicht sicher überlieferten

die Øye- Stabkirche *

211

ROUTE 14: FLÅM – OTTA

Zeitpunkt einem Feuer zum Opfer und wurde danach mit einer Steinkirche überbaut. Erst im Oktober 1935 entdeckte man bei Restaurierungsarbeiten an den Grundmauern der heutigen Kirche zu Øye durch Zufall 156 Teile der alten Stabkirche. Dreizehn Jahre dauerte die Rekonstruktion, die 1965 abgeschlossen werden konnte. Soweit möglich, sind dabei die meisten Originalteile wieder verwendet worden, darunter Partien des dachbewehrten Umgangs, Türen und Eckpfeiler.

Auch alte sakrale Gegenstände wurden wieder entdeckt. Zu ihnen zählen eines der ältesten Taufbecken Norwegens, ein Bischofsstuhl und ein Kruzifix.

Vang i Valdres/ Grindaheim

Praktische Hinweise – Vang i Valdres/Grindaheim

◨ Hotels: **Grindaheim Turisthotell**, 135 Betten, Tel. 61 36 70 05, geöffnet Anf. Apr. – Ende Dez., Restaurant, Sauna.
Mjøsvang Hotell, 70 Betten, Tel. 61 36 70 77, Restaurant, Miethütten.

Camping

▲ – **NAF-Camping Bøflaten** ****, Tel. 61 36 74 20; 1. Jan. – 31. Dez.; am Westrand von Grindaheim; Wiese am See mit schönem Blick auf die umliegenden Berge; ca. 3 ha – 200 Stpl.; gute Standardausstattung; Laden, Imbiß; Fahrradverleih, 16 Hütten ** - ****. **Motel**.

Zahlreiche weitere Campinganlagen findet man bei **Ryfoss** und bei **Fagernes** im Valdresdal.

➔ **Route:** Die Straße E16 folgt dem Südufer des Vangsmjøsa über Ryfoss bis **Fagernes**.

In **Ryfoss** bietet sich Gelegenheit, die Strecke etwas abzukürzen und über eine Querverbindung nordostwärts direkt nach **Skammestein** an der R51 zu gelangen. Gespannen und großen Reisemobilen sei aber der Weg über Fagernes empfohlen.

die Stabkirche von Høre

Nimmt man die abkürzende Querverbindung von **Ryfoss** nach **Skammestein**, lohnt eine Besichtigung der **Stabkirche von Høre**. In der Vorhalle ist die alte Eingangstür mit Türschloßbeschlag und reichem Schnitzwerk zu sehen. Im Innenraum sind die Stäbe mit geschnitzten Kapitellen und die bemalten Holzsäulen am Chor mit Fabelwesen und Tiergestalten beachtenswert.

Bleibt man hingegen auf der E16, erreicht man nach 34 km **Fagernes**, einem wirtschaftlich bedeutsamen Verkehrsknotenpunkt im oberen Valdrestal. Fagernes ist eine relativ „junge" Stadt. Sie entwickelte sich erst zu Beginn des 20 Jh. mit der Eröffnung der Valdresbahn im Jahre 1906.

Sehenswert ist vor allem das **Valdres Freilichtmuseum**. Zu sehen sind weit über 60 schöne alte Gebäude aus der Region. Beachtung verdient vor allem die Trachtensammlung des Museums. Im Sommer werden alte Handwerksarten demonstriert und gelegentlich Volkstänze mit viel Musik aufgeführt.

Fagernes

Praktische Hinweise – Fagernes

☎ **Reiselivslag Valdres og Jotunheimen**, 2900 Fagernes, Tel. 61 36 04 00.

ROUTE 14: FLÅM – OTTA

im Valdrestal bei Hegge

⌂ Hotels: **Fagernes Inter Nor Hotel** ****, 300 Betten, Tel. 61 36 11 00, Fax 61 36 14 20, Restaurant, Sauna, Schwimmbad. – Und andere Hotels.

▲ – **Camping Fagernes** ****, Tel. 61 36 05 10; 1. Jan. – 31. Dez.; im Ortsbereich Beschilderung an der E16, Wiesen am Strandafjord in ansprechender Lage; ca. 3 ha – 180 Stpl.; gute Standardausstattung; Laden, Imbiß; 15 Hütten ** - ****. Fremdenzimmer.
– **Camping og Hyttesenter Leira** ***, Tel. 61 36 21 69; 1. Jan. – 31. Dez.; in Leira, südöstl. von Fagernes, beschilderter Abzweig von der E16; ca. 4 ha – 200 Stpl.; Standardausstattung; 11 Hütten ***. Ebenso **Strandefjord Hytte og Fritidsenter** ****, ganzjährig, 15 Miethütten ** - *****.
– **NAF-Camping Fossen** ***, Tel. 61 36 35 34; 1. Mai – 30. Sept., an der R51, ca. 6 km nördl. Fagernes; ca. 1,5 ha – 50 Stpl.; Standardausstattung; 14 Hütten. – Und andere Campingplätze.

Camping bei Fagernes

RÜCKREISEVARIANTE

Ab Fagernes bietet sich die Möglichkeit auf der E16 und durch das malerische **Valdresdal** über 130 km nach **Hønefoss (130 km)** (Wasserfall, Hotels, Camping) nach **Oslo** (60 km) zurückzukehren.

Alternativ dazu kann man den Weg ab **Dokka** nach **Lillehammer** (R250/E6, wählen und von dort auf der E6 über **Hamar** zurück nach **Oslo** fahren, siehe nächste Etappe, Route 15, Otta – Oslo.

HAUPTROUTE

➔ **Hauptroute:** Folgt man ab **Fagernes** dem weiteren Verlauf unserer Hauptroute, nimmt man die R51. Sie führt in nördlicher Richtung und über **Skammestein** hinauf in die Hochebene

ROUTE 14: FLÅM – OTTA

Valdresflya und trifft nach rund 125 km östlich von **Vågåmo** auf die Straße R15. •

Ausgangspunkt für Wanderungen im Jotunheimengebirge

8 km hinter Skammestein passiert man das Ferien- und Wintersportgebiet **Beitostølen** (Hotels und Berggasthöfe) und erreicht nach weiteren 14 km in rund 1.170 m Höhe das **Berghotel Bygdinsheim**. Es liegt zwischen den beiden langgestreckten Bergseen Vinstri im Osten und Bygdin im Westen und ist Ausgangspunkt für Wandertouren ins Jotunheimengebirge.

Später erreicht die Straße bei 1.390 m ihren höchsten Punkt und führt im weiteren Verlauf durch ein schönes Hochtal mit herrlichen Seitentälern. Die Vegetation beschränkt sich auf den Hochflächen auf Moose und Flechten.

In **Maurvangen** (Camping, Hütten) kann man nach Westen zum Gjende-See und zur **DNT-Berghütte Gjendesheim** abzweigen.

Gjendesheim ist ein wichtiger Ausgangspunkt für Wandertouren ins Jotunheimengebirge. Boote verkehren auf dem See über Memurubu bis Gjendebu, im Sommer bis 4 x am Tag (gewöhnlich 7, 9.55, 11.30 und 16 Uhr). Fahrzeit 1 Stunde 10 Minuten. Zeiten veränderlich! Unbedingt vorher überprüfen!

Ein unschönes Phänomen fällt hier besonders auf. Im Ferienmonat Juli sind hier viele Wildcamper mit Caravans anzutreffen, die – man muß es leider sagen – die Berglandschaft nicht gerade schöner machen.

Man passiert KNA-Camping Bessheim, unterhalb der Straße bei einem Hotel gelegen und erreicht nach etwa 27 km, nun wieder in waldreicheren Gefilden, den Abzweig nach Osten zur **Felsklamm Ridderspranget**. Die etwa 500 m lange Zufahrt ist unbefestigt. Vom Parkplatz führt ein etwa 200 m langer Fußweg zum Sjoafluß, der tief unten liegt.

Die Legende berichtet von einer Liebesgeschichte irgendwann im Mittelalter, die hier an der Schlucht eine entscheidende Wende erfuhr. Es heißt, daß weiland Ritter Sigvat Kvie mit seiner geraubten Schönen den über 2 m breiten Felsenschlund übersprungen haben soll. Sein Verfolger, Ritter von Sanbu, dessen Besitz Ritter Sigvat zuvor gebrandschatzt und dabei gleich seine Herzdame mitgenommen hatte, war nicht so kühn und mußte die Verfolgung hier abbrechen. Die beiden entkamen. Happy End der Love-Story.

➔ **Hauptroute:** Auf dem letzten Stück der R51 passiert man *Randsverk Camping*, an der Straßengabelung R51/R257, dann die *Lemonsjøen Fjellstue* am Südende des gleichnamigen Sees und *Skardå Camping* auf schräger Wiese oberhalb des Sees, bevor die Straße steil hinab nach **Randen** an der R15 führt. Hier wenden wir uns ostwärts und erreichen über **Vågåmo** nach 38 km **Otta** (siehe Ende der Etappe 11, Åndalsnes – Otta und Beginn der Etappe 12, Otta – Gjerde). •

Falls Sie dem weiteren Verlauf unserer Route nach West- und Nordnorwegen folgen, fahren Sie bitte fort mit Etappe 16, Otta – Trondheim.

ROUTE 15: OTTA – OSLO

15. OTTA – OSLO

⊙ **Entfernung:** Rund 295.
➔ **Strecke:** Über die E6 bis **Oslo**.
⇗ **Routenalternative** über den **Peer-Gynt-Weg** (Seite 216).
⇗ **Routenalternative** über **Elverum** (Seite 220).
🕐 **Reisedauer:** Mindestens ein Tag.
⌘ **Höhepunkte:** Fahrt über den „**Peer-Gynt-Weg**" – das **Freilichtmuseum Maihaugen** *** bei Lillehammer – mit dem **Veteranendampfer „Skibladner"** ** auf dem Mjøsa-See.

Diese Etappe schließt die Rundreise durch das südliche Norwegen ab.

➔ **Route:** Die Route zurück nach Oslo folgt im wesentlichen der E6, dem „Verkehrsrückgrat" Norwegens.

Die E6 führt von Svinesund an der norwegisch/schwedischen Südgrenze, über Oslo, Trondheim, Narvik, Alta und Karasjok bis Kirkenes. Sie ist der Hauptverkehrsweg durch ganz Norwegen schlechthin und in der Hauptreisezeit entsprechend stark befahren, mit nach Süden zunehmender Tendenz. Es empfiehlt sich also durchaus, wenn immer möglich, Nebenstrecken zu benutzen.

●

Route 15
OTTA – OSLO
0   30   60 km

Praktische Hinweise – Kvam, Vinstra

⌂ Hotels: **Kvam**
Rondablikk Høyfjellshotell, 158 Betten, Tel. 61 29 49 40, Fax 61 29 49 50, geöffnet Anf. Juni – Ende Apr.; Restaurant, Sauna, Schwimmbad, Miethütten.

ROUTE 15: OTTA – OSLO

Hotels und Camping zwischen Sjoa und Vinstra

Vinstra
Sødorp Gjestgivergård, 50 Betten, Tel. 61 29 10 00, Fax 61 29 10 55, Restaurant, Schwimmbad.
Vinstra Hotell, Tel. 61 29 01 99, Fax 61 29 04 44, Restaurant, Sauna. – Und andere Hotels.

Sjoa
▲ – **Camping Sjoa** ***, Tel. 61 23 60 36; Ende Mai – Anf. Sept.; Abzweig von der E6 auf die R257; Wiesen am Lagen Fluß; ca. 2 ha – 120 Stpl.; Standardausstattung; 8 Miethütten.
– **Åmotcamping** **, Tel. 61 23 60 37; Mitte Juni – Ende Aug.; an der R257; kleinere Anlage; 10 Miethütten. **Jugendherberge**.

Kvam
– **Kirketeigen Ungdomssenter og Camping** ***, Tel. 61 29 40 82; Anf. Jan. – Ende Dez.; Zufahrt über E6; ca. 1 ha – 50 Stpl.; Standardausstattung; Laden, Imbiß, 18 Miethütten ** - ****.

Vinstra
– **NAF-Camping Bøygen** ***, Tel. 61 29 01 37; 1. Jan. – 31. Dez.; nördl. Vinstra, an der E6; Miethüttenanlage (15 Miethütten ** - ****) mit Campingmöglichkeit, 25 Stpl.
– **Camping Furuheim** **, Tel. 61 29 09 81; 1. Juni – 1. Sept.; an der R255, westl. Vinstra; kleinere Miethüttenanlage (11 Miethütten **) mit Campingmöglichkeit. – Und andere Campingplätze.

ROUTENALTERNATIVE ÜBER DEN PEER GYNT WEG

Erste Gelegenheit auf dem Wege von Otta nach Oslo die E6 zu verlassen und auf Nebenstrecken auszuweichen, bietet sich in **Vinstra**, ca. 30 km südlich von Otta. Man kann dort nach Westen auf die R255 abzweigen und durch das **Espedalen** und das **Gausdalen** nach Fåberg an der E6 gelangen.

landschaftlich schöne Fahrt über die Höhenstraße „Peer-Gynt-Weg"

Lohnend ist auch der Weg über den **Peer-Gynt-Weg**, einer mautpflichtigen Straße, die ab **Lo**, westlich von Vinstra, hinauf zum Ferien- und Wintersportgebiet **Golå/Wadahl** (Berghotels) führt. Von der Höhenstraße, die bis auf über 1.000 m ansteigt, hat man bei klarem Wetter prächtige Ausblicke nach Norden zum Rondanegebirge oder nach Westen bis zum Jotunheimengebirge.

Die Straße durchzieht ein Gebiet, in dem die legendäre Gestalt *Peer Gynt Eidsvoll* gelebt haben soll. Der Dramatiker Ibsen hat Peer Gynt zur tragischen Hauptfigur in seinem gleichnamigen Werk gemacht. Eine Gedenktafel an Peer Gynt ist auf dem Sødorp-Friedhof bei Vinstra zu finden. Siehe auch unter Route 11, Åndalsnes – Otta unter Rondane Nationalpark „die Ursprünge von Peer Gynt".

Der Peer-Gynt-Weg passiert später das Wintersportgebiet Gausdal/Skeikampen (Hotels, Camping), um schließlich hinunter nach **Svingvoll** an der R254 zu führen. Von hier kann man südwärts über **Follebu** nach **Fåberg** an der E6 weiterfahren.

Bjørnstjerne Bjørnsons Haus

Literaturliebhaber wird interessieren, daß in **Aulestad**, kurz vor Follebu, das Haus des Dichters, Theaterdirektors und Literaturnobelpreisträgers (1903), **Bjørnstjerne Bjørnson**, zu besichtigen ist, das er von 1874 bis zu seinem Tode im April 1910 zusammen mit seiner Frau Karoline bewohnte.

ROUTE 17: TRONDHEIM

Im Südflügel des Bischofspalais ist das 1998 als „Museum des Jahres" ausgezeichnete **Museum** eingerichtet. Ausgestellt sind u. a. die Originalskulpturen des Nidaros Doms und archäologische Funde, darunter die Münzwerkstatt des Erzbischofs.

Im Nordflügel schließlich, dem ältesten Teil des Gebäudes ist die **Erzbischöfliche Residenz** mit der großen Halle und den Privatgemächer der Bischöfe zu besichtigen. Führungen Ende Juni bis Ende Aug. 10.30, 11.30, 12.30 und 13.30 Uhr, sonntags nur 13.30 und 15 Uhr.

Westlich, neben dem Nidaros Dom, findet man in der Bispegata 7b die **Galerie** des städtischen Kunstvereins **„Trondhjems Kunstforening" (4)**. Vornehmlich werden Arbeiten norwegischer Künstler aus dem 19. Jh. bis in unsere Zeit gezeigt. Wechselnde Sonderausstellungen.

Vom Dom gehen wir die breite Munkegate (links gleich das Rathaus – 7 –) stadteinwärts. Im Haus Nr. 5 auf der rechten Seite ist das **Nordenfjeldske Kunstindustriemuseum (6)**, das Nationalmuseum für Kunsthandwerk, untergebracht. Gezeigt werden erlesene Möbel, Silber-, Glas- und Keramikgegenstände. Einen breiten Raum nehmen Textilien, eine schöne Jugendstilsammlung und eine Abteilung mit japanischer Kunst ein. Die meisten Exponate entstammen den Stilepochen von der Renaissance bis zum modernen „Skandinavischen Design" unserer Tage.

Wir gehen weiter bis zum zentralen Marktplatz **Torvet**. Dort sieht man auf einer hohen Steinsäule das Standbild des Stadtgründers Olav Tryggvasson. An der rechten (südöstlichen) Seite des Platzes liegt das **Touristeninformationsbüro (1)**. Um und unter dem Platz findet man Geschäfte, Supermärkte, Restaurants.

Unser Stadtspaziergang führt uns über den Marktplatz an dessen Nordseite. Dort folgen wir weiter der Munkegate. Nach wenigen Metern sieht man an der rechten (östlichen) Straßenseite den **Stiftsgården (8)**. Dieses stattliche Patrizierpalais ließ sich um 1775 die als ehrgeizig geschilderte Witwe Geheimrätin Cecilie Christine Schøller errichten. Der mächtige Bau, der 1800 an den Staat verkauft wurde, gilt als das größte Holzgebäude in ganz Nordeuropa. Es dient heute noch als königliche Residenz, wenn sich der Monarch in Trondheim aufhält.

Geradezu pompös mutet dieses Meisterwerk der Zimmermannskunst an und man könnte fast meinen, die Bauherrin wollte seinerzeit etwas von der Verspieltheit mancher französischer Schloßfassaden in den hohen Norden bringen. Während königlicher Besuche ist das Palais der Allgemeinheit nicht zugänglich.

Am Ende der Munkegate, am Hafen, liegt die Fischmarkthalle **Ravnkloa (10)**. Dort findet man auch die Anlegestelle der Boote zur Insel Munkholmen.

Wir gehen zurück bis zum Torvet und folgen der Kongensgate nach Osten. Rechts erkennt man den gedrungenen Bau der Liebfrauenkirche **„Vår Frue Kirke" (9)**. Die Ursprünge dieses Kirchenbaus gehen zurück bis ins 13. Jh. Ihre heutige Form erhielt die Kirche allerdings bei eingreifenden Restaurierungsarbeiten in der ersten Hälfte des 18. Jh.

Weiter östlich sieht man links in der Søndregate 4 das Gebäude der „Sparebanken Midt-Norge". Als 1972 der Baugrund ausgehoben wurde,

---

Stadtspaziergang

Trondheim Kunstmuseum
1. 6. - 31. 8. tgl. 10 - 17 Uhr. Übrige Zeit Montag geschlossen. Eintritt.

Museum für Kunsthandwerk (6)
Sommer tgl. 10 - 17 Uhr, Winter bis 15 Uhr u. Mo. geschlossen. Eintritt.

*Stiftsgården ** (8)*
1. 6. - 20.8. Mo. - Sa. 10 - 17 Uhr, So. 12 - 17 Uhr. Eintritt. Führungen obligatorisch, jeweils zur vollen Stunde. Letzter Einlass 1 Stunde vor Schließung.

241

ROUTE 17: TRONDHEIM

stieß man auf die Reste der mittelalterlichen Gregoriuskirche. Die Krypta wurde erhalten und kann im Bankgebäude besichtigt werden.

Die Kongensgate mündet in die Kjøpmannsgate am Fluß Nidelva. Man kann nun nach Norden bis zum **Trondhjems Sjøfartmuseum (11)**, Ecke Fjordgate, gehen. Das Seefahrtmuseum ist im ehemaligen „Sklaveriet", Trondheims altem Zuchthaus aus dem 18. Jh., untergebracht. Das relativ kleine Museum hat schöne Sammlungen von Schiffsmodellen, Galionsfiguren und Gerätschaften zur Navigation. Bilder und Dokumente geben Einblick in die lange Seefahrts- und Seehandelstradition der Stadt. Umfangreiches Archiv über Segelschiffe und ihre Kapitäne.

Seefahrtmuseum (11)
1. 6. – 31. 8. tgl. 10 – 16 Uhr. Eintritt.

Wir gehen die Kjøpmannsgate nach Süden und kommen dabei an den alten **Speicherhäusern (13)** am Nidelva vorbei. Viele der Holzbauten sind schön restauriert und beherbergen Gaststätten, wie das „Dickens" oder das „Bryggen", sowie Büros und Läden.

An der **Gamle Bybrua** (Alte Stadtbrücke, – 14 –), die wegen des schön gearbeiteten Holzportals nicht zu verkennen ist, vorbei und über die Bispegate zurück zum Dom.

SEHENSWERTES AUSSERHALB DES STADTZENTRUMS

Außerhalb des Stadtzentrums kann auf dem Gelände der Universität das **Archäologische Museum**, mit Abteilungen zur Geologie, Völkerkunde und Kirchengeschichte besichtigt werden.

Freilichtmuseum
1. 6. - 31. 8. tgl. 11 - 18 Uhr. Übrige Zeit tgl. a. Mo. 11 - 15 Uhr. Eintritt.

Westlich der Stadt, in **Sverresborg**, liegt das **Trøndelag Folkemuseum**. Das Freilichtmuseum mit annähernd 60 typischen alten Gebäuden aus Trøndelag gruppiert sich um die Reste der von König Sverre im 12. Jh. errichteten Burg Sion. Großgehöfte, Stadthäuser, alte Werkstätten u. a. sind hier wieder aufgebaut worden. Und natürlich gibt es auch eine echte Stabkirche zu sehen, nämlich die „Haltdalen Stabkirche", die ursprünglich aus dem Jahre 1170 stammt. Ein anderes Glanzstück des Freilichtmuseums ist die „Vikstua", eine Festhalle aus Oppdal. Kunst- und Gebrauchsgegenstände geben Einblick in das Milieu früherer Tage in Trøndelag, in der Stadt wie auf dem Lande. Ein Wirtshaus aus dem 18. Jh. dient heute wieder als Restaurant. Das Volksmuseum kann mit Bussen der Linie 8 und 9 ab Haltestelle Dronningensgate bis Wullumsgården am Museum Sverresborg erreicht werden.

sehenswert, die Instrumentensammlung des **Ringve Museums**
***
Mitte Mai - Mitte Sept. tgl. 11 - 15 Uhr, Juli - Anf. Aug. bis 17 Uhr. Museum im Heuboden auch im Frühjahr und Herbst sonntags 11 - 15 Uhr. Eintritt.

Das **Ringve Museum**, Norwegens Nationalmuseum für Musik und Musikinstrumente, liegt in **Lade**, 4 km nordöstlich von Trondheim. Das im „Ringve Gård", einem stattlichen Gutshof aus dem 17. Jh. untergebrachte Museum befaßt sich fast ausschließlich mit Musikinstrumenten. Die interessanten, seltenen und oft auch recht exotisch anmutenden Instrumente stammen aus allen Teilen der Welt.

Das Museum besteht aus zwei Teilen, die in zwei verschiedenen Gebäuden, die sich um den Innenhof des Herrensitzes gruppieren, untergebracht sind. Es handelt sich einmal um **„Das Museum im Hauptgebäude"** und zum anderen um **„Das Museum im Heuboden"**.

„Das Museum im Hauptgebäude" ist (wie der Name schon vermuten läßt) im Hauptgebäude des Anwesens untergebracht, das im Wesentliche aus der Zeit um 1860 stammt. In dieser Abteilung des Musikmuseums

ROUTE 17: TRONDHEIM

sind nicht nur die historischen und teils recht kostbaren Musikinstrumente von Interesse, sondern auch die Dekoration (herrliche Decken, Wandmalereien, Kamine, Gemälde, Standuhren etc.) und Möblierung der Salons. Dieser Teil der privaten Sammlung kann nur auf Führungen besichtigt werden, wobei viele der Instrumente angespielt und ihre Handhabung demonstriert wird. Führungen auch in deutscher Sprache.

Trondheims Gamla Bybrua am Nidelva

„Das Museum im Heuboden" wurde erst 1999 in einem ehemaligen Wirtschaftsgebäude des Ringve Gård eingerichtet. Dieser nicht minder interessante Teil des Museums kann auch ohne Führung besichtigt werden. Die sehr schön und anschaulich präsentierten Ausstellungen und Exponate hier befassen sich mit Stationen der Musikgeschichte von der „Erfindung des Klaviers" über die Abteilungen „Jazz, Hot & Swing" oder „Rock & Pop" bis zur „Hausmusik". Hier sind auch Musikinstrumente aus außereuropäischen Kulturkreisen zu sehen.

Dem Ringve Museum ist ein Museumsshop und das „Trodenskiold Kaffee", das für seine leckeren, frisch gebackenen Rahmwaffeln bekannt ist, angeschlossen.

Das Museum ist ab Trondheim Munkegaten mit Bussen Linien 3 oder 4 bis Lade zu erreichen.

Die gepflegten Gärten um das Ringve Museum werden vom Naturwissenschaftlichen Museum betreut und dienen heute als **Botanischer Garten** der Stadt. Teile der Gärten sind im Stil eines englischen Parks gestaltet. Außerdem kann man hier einen historischen Kräutergarten im Renaissancestil, nordische Baumarten und ähnliches sehen.

Schließlich können auf einer Stadtbesichtigung Trondheims noch zwei Aussichtspunkte besucht werden. Die **Festung Kristiansten (19)** ist auf einer Anhöhe östlich der Stadt gelegen. Schon von weitem sieht man den massigen, weißen Turm der Anlage, die nach dem großen Stadtbrand von 1681 unter General Caspar de Cicignon errichtet wurde. Wie es heißt, soll die Festung die Trondheimer 1718 davor bewahrt haben, von anrükkenden schwedischen Truppen erobert zu werden. Eine Gedenktafel erinnert an norwegische Freiheitskämpfer, die hier zwischen 1940 und 1945 von der deutschen Besatzungsmacht hingerichtet wurden. Von der Festungshöhe genießt man einen schönen Blick auf die Stadt, ihren Hafen, auf den Fjord und die Berge. Solange die Flagge auf dem Festungssturm weht, sind die Festungstore geöffnet. Die Gebäude der Festung sind Besuchern jedoch nur von Juni bis August zugänglich.

schöner Blick von der Festung Kristiansten *** (19)

Der 120 m hohe **Tyholt-Turm**, auch Egon Tårnet, liegt östlich der Stadt. In 80 m Höhe des Fernmeldeturms befindet sich ein Drehrestau-

ROUTE 17: TRONDHEIM

Aussicht vom „Egon Tårnet" 11.30 - 23.30 Uhr. Eintritt.

rant mit Aussichtsterrasse. Der Turm kann auch mit Bussen der Linien 20 und 60 erreicht werden.

Bootsausflug zur Mönchsinsel und Festungsbesichtigung

Zumindest bei längerem Aufenthalt lohnt ein Bootsausflug zur **Insel Munkholmen**. Die „Mönchsinsel" war schon um das Jahr 1000 von Benediktinermönchen besiedelt, die hier ein Kloster – wahrscheinlich das erste im Norden – gegründet hatten. Später wurde Munkholmen stark befestigt, diente im Mittelalter als Richtplatz, später als Gefängnisinsel und schließlich als Zollstation. Heute ist es im Sommer ein beliebter Ausflugsort mit Bademöglichkeit und Restaurant

Im Sommer (Ende Mai bis Anfang September) verkehrt ab Ravnkloa täglich zwischen 10 und 18 Uhr stündlich eine Fähre zur Insel Munkholmen. Halbstündliche Führungen durch die Festung.

Trondheim

Praktische Hinweise – Trondheim

☎ **Trondheim Aktivum,** Touristeninformation, Postboks 2102, Munkegata 19, Torvet, 7411 Trondheim, Tel. 73 80 76 60, Fax 73 80 76 70. Am zentralen Marktplatz gelegen. Geöffnet Sommer Mo. – Fr. 8.30 – 20, Juli bis 22 Uhr, Sa. + So. 10 – 18, Juli bis 20 Uhr. Winter Mo. - Fr. 9 – 16 Uhr. Zeiten veränderlich. Internet: www.trondheim.com, www.visitcentral-norway.com

Automobilclub Straßenwacht

NAF Rettungsdienst: Tel. 81 00 05 05.
Viking Rettungsdienst: Tel. 73 82 28 00.

Bahnhof Busbahnhof

Trondheim Sentralbanestasjon, Zentralbahnhof und Busbahnhof. Tages- und Nachtverbindungen nach Oslo und Bodø, Tageszüge nach Schweden. Terminal für Stadtbusse, Express- und Regionalbusse und Flughafenbusse. Wartehalle, Gepäckaufbewahrung, Kiosk, Café, Parkhaus. Info: Trafikanten Midt-Norge, Tel. 117.

Flughafen

Der **Flughafen** für Trondheim liegt in **Værnes**, ca. 35 km östlich der Stadt. Inlandsverbindungen, sowie Direktverbindungen nach Kopenhagen. Info Tel. 74 84 30 00. Ein Flughafenzubringerbus verkehrt ab Trondheim Sentralbanestasjon (Zentralbahnhof und Busbahnhof).

Entsorgungsstelle

Entsorgungseinrichtungen für Wohnmobiltoiletten: Havna Service, Shell Tankstelle am „Pir II" im Hafen. Und andere, z. B. auf bei **Sandmoen Camping** bei Heimdal.

Stadtrundfahrten, Stadtrundgänge

☑ **Stadtrundfahrten** mit Fremdenführer werden von Ende Mai bis Ende August täglich durchgeführt. Abfahrt ist jeweils um 12 Uhr an der Touristeninformation am Marktplatz am Torget. Dauer zwei Stunden. Abholservice von den größeren Stadthotels.

Stadtrundfahrten von drei- bzw. vierstündiger Dauer schließen einen Besuch des Nidaros Doms, des Trøndelag Volksmuseums und/oder des Musikmuseums in Ringve ein.

Geführte Stadtrundgänge werden im Sommer vom Touristeninformationsbüro organisiert.

Restaurants

✕ Restaurants: **Bryggen**, Tel. 73 87 42 42, Øvre Bakklandet 66, Nähe Alte Stadtbrücke, in einem historischen Speicherhaus aus dem 18. Jh. am Nidelva, renommiertes Haus, gepflegte Küche, elegantes Ambiente, gute Weinkarte, gehobene Preislage, teuer. Sonntag Ruhetag.

Frau Inger, Tel. 73 51 60 71, Fosenkaia, hübsches Lokal beim Bahnhof, Fischspezialitäten, mittlere Preislage.

Havfruen, Kjøpmannsgata 7, Tel 73 87 40 70, renommiertes Fischlokal, gehobene Preislage, beliebte Kellerbar. Sonntag Ruhetag.

ROUTE 17: TRONDHEIM

🔟 *Mein Tipp!* **Vertshuset Tavern**, Tel. 73 52 09 32, Sverresborg Allé 7; historisches Gasthaus von 1739, einstmals in der Innenstadt, heute beim Trøndelag Freilichtmuseum **im Stadtteil Sverresborg** gelegen. Uriges, rustikales Ambiente, norwegische Küche und traditionsreiche Hausmannskost wie hausgemachte Fischfrikadellen, Rømmegrøt (norwegische Spezialität, ein Brei aus Milch, Sauerrahm und Weizenmehl), Trøndelag-Klöße u. a., jeden Donnerstag Erbsensuppe mit Salzfleisch, moderate bis mittlere Preislage. – Und andere Restaurants, z. B. in den namhaften Hotels der Stadt.

🛏 Hotels: **Ambassadeur,** 34 Zi., Elvegt. 18, Tel. 73 52 70 50, Fax 73 52 70 52.
Britannia, 183 Zi., Dronningensgt. 5, Tel. 73 53 53 53, Fax 73 51 29 00, zentral gelegenes, traditionsreiches, teures Firstclass Hotel, Restaurants „Palmehaven" und „Jonathan Restauration & Weinkeller", Sauna, Garage.
Comfort Hotel Augustin, 74 Zi., Kongensgt. 26, Tel. 73 54 70 00, Fax 73 54 70 01. zentral gelegenes Mittelklassehotel, mittlere Preisklasse.
Munken, 19 Zi., Kongensgt. 44, Tel. 73 53 45 40, Fax 73 53 42 60, untere Preisklasse.
Quality Panorama, 116 Zi., Østre Rosten 38, in Trondheim Syd, Tel. 73 88 65 22, Fax 72 88 86 26, obere Preisklasse, Restaurant, Sauna, Parkplatz.
Quality Prinsen, 81 Zi., Kongensgt. 30, Tel. 73 53 06 50, Fax 73 53 06 44, zentral gelegenes Mittelklassehotel, Restaurant, Garage.
Radisson SAS Royal Garden, 297 Zi., Kjøpmannsgt. 73, Tel. 73 52 11 00, Fax 73 52 11 00, zentral gelegenes, komfortables Firstclass Hotel, obere Preisklasse, Restaurant, Sauna, Schwimmbad, Garage. Flughafenbus.
Residence Best Western, 66 Zi., Munkegt. 26, Torvet, Tel. 73 52 83 80, Fax 73 52 64 60, am zentralen Marktplatz gelegenes Mittelklassehotel, Restaurant, Parkplatz. – Und andere Hotels.
Jugendherberge: **Trondheim Vandrerhjem Rosenborg**, Weidemannsveien 41, 7043 Trondheim, Tel. 73 53 04 90, Fax 73 53 52 88; 240 Betten.

Hotels

Jugendherberge

🚐 – **Wohnmobilstellplatz**, in Heimdal, Industriveien 39, ca. 10 km südl. von Tronheim, E-6 Ausfahrt Klæbu/Heimdal bei Sandmoen Richtung Heimdal sentrum, Parkplatz der Caravanhandlung Arve Opsahl AS, Tel. 72 59 28 00.

Wohnmobilstellplatz und Camping

▲ – **NAF Sandmoen Motell og Camping** ****, Tel. 72 84 82 22; 1. Jan. – 31. Dez.; ca. 12 km südl. Trondheim, von der E6 beschilderte Zufahrt, in Heimdal; ausgedehntes, etwas geneigtes Gelände mit Waldanteil, wenig ebene Stellflächen für Wohnmobile; ca. 4 ha – 250 Stpl.; Standardausstattung; Laden, Imbiß, Restaurant; 26 Miethütten *** - *****, **Motel** 31 Zimmer.

Flakk
– **NAF-Camping Flakk** ***, Tel. 72 84 39 00; 1. Mai – 1. Sept.; ca. 13 km westl. Trondheim, an der Fährstation am Trondheimsfjord; hügelige Wiesen am Fjord; ca. 2 ha – 100 Stpl.; einfache Standardausstattung; 4 Miethütten ** - ***. Viele Dauercamper.

Malvik/Vikhamar
– **NAF-Camping Storsand Gård** ***, Tel. 73 97 63 60; 1. Jan. – 31. Dez.; ca. 15 km östlich von Trondheim, nördl. der alten E6; weitläufiges, teils ebenes, teils hügeliges, terrassiertes Gelände mit Waldanteil, am Fjord in ansprechender Lage; ca. 9 ha – 250 Stpl.; auf den schönsten Plätzen Dauercamper; Standardausstattung; Laden; 77 Miethütten *** - ****, **Motell**.
– Und andere Campingplätze, z. B. in **Leinstrand, NAF-Camping Øysand** ***, 1. Mai – 1. Sept.; über E39 ca. 20 km südwestl. von Trondheim, 24 Miethütten ** - ****, **Motel.**
Oder in **Viggja, NAF-Camping Tråsåvika** ***, 1. Mai – 30. Sept.; an der E39 ca. 30 km südwestl. Trondheim, ca. 50 Stpl.; Laden, Imbiss, 19 Miethütten ** - ****.

ROUTE 17: TRONDHEIM

WIKINGER
Erste Entdecker Amerikas

Schon seit dem frühen 9. Jh. segelten Wikinger, die „Männer aus der Bucht", so eine der vielen Deutungen des Wortes „Wikinger", mit ihren schlanken, meisterhaft konzipierten und gebauten Drachenbooten von Norwegen (Oslofjord, Trondheim), Dänemark (Roskilde), Schweden (Mälarsee) und Schleswig (Haithabu) entlang der Meeresküsten und über die großen Ströme Osteuropas.

Wikinger durchkreuzten das Waräger-Reich (Rußland) von Nowgorod (Holmgård) bis Kiew, kamen über das Schwarze Meer bis ans Goldene Horn von Byzanz (Miklegård). 885 segelten sie mit etwa 700 Schiffen die Seine hinauf und belagerten Paris. 930 eroberte der Wikingerfürst Rollo die Normandie. Und schon hundert Jahre zuvor hatte man sich an der südenglischen Küste festgesetzt.

Die meisten dieser Entdeckungsfahrten hatten den Charakter von Eroberungs- oder Plünderungszügen.

Erst allmählich, als hochseetüchtige Boote aus der langen Erfahrung vieler Jahre Seefahrt und Bootsbaukunst hervorgingen, wagte man sich weiter von der Küste weg. Reisen über das offene Meer waren waghalsige Unternehmungen. Kompaß oder präzise Navigationsinstrumente waren noch unbekannt. Sterne und Sonne dienten zur Richtungsbestimmung. Meeresströmungen und der Flug der Vögel boten Anhaltspunkte in Küstennähe. Später tauchten hölzerne Peilscheiben auf, die ähnlich wie eine Sonnenuhr funktionierten und sog. „Sonnensteine" ließen dank ihrer besonderen kristallinen Struktur den Stand der Sonne auch bei bedecktem Himmel erkennen.

Und ganz verwegene Seefahrer verließen sich auf metallene Runenzeichen, die, lose aufgehängt, immer in dieselbe Richtung zeigten – nach Norden. Wurde ein Schiff von schlechtem Wetter überrascht, gab es zwar ganz präzise seemännische Anweisungen, wie Reffen des Segels, Sichern der Taue, notfalls Umlegen des Mastes u. a., ansonsten aber empfahl sich die Besatzung wohl Ägir, dem Gott des Meeres und hoffte auf ein glückliches Ende der Reise. Die Orientierung aber hatte man nach langen Unwettern verloren.

So waren viele Entdeckungen im Atlantik wohl eher zufällige Ergebnisse nach sturmbedingten Irrfahrten. Auch die Erkundungsfahrten nach „Vinland" an der nordamerikanischen Ostküste waren in ihrem Anfang alles andere als kalkulierte Unternehmungen.

Um also nicht allzuviele Tage dem offenen Meer und seinen Unbilden ausgesetzt zu sein, bediente man sich bei der Erkundung der Meere im Westen der Orkney-, Shetland- und Färöer-Inseln als Sprungbretter.

Mit jeder Fahrt nach Westen lichtete sich der Nebel des Unbekannten mehr und mehr. Und bald fuhren die Schiffe von Norwegen direkt nach Island. Gardar Svarvarsson berichtete um 860 erstmals über die Insel.

Die „Entdeckung" Amerikas durch Wikinger war im Grunde die Folge einer Ächtung. Ächtung, oder Friedlosigkeit, war eine der härtesten Strafformen, die vom Thing über jeden verhängt wurde, der sich z. B. mit seinem Nachbarn böswillig überworfen oder gar seinen Gegner erschlagen hatte.

Im 10. Jh. wurde Erik Thorwaldsson, genannt „der Rote", ein ruheloser Entdeckergeist, an der norwegischen Westküste geboren. Mit seiner Familie kam er nach Island. Im gestandenen Mannesalter handelte sich der Hitzkopf die Schmach

ROUTE 17: TRONDHEIM

der Ächtung ein. Er wurde zu drei Jahren Friedlosigkeit verurteilt und aufs Meer verbannt, dem er sich – was blieb ihm anderes übrig – überließ. Sein Boot trieb nach Westen. So wurde um 980 Grönland entdeckt, ein weiterer Meilenstein und Stützpunkt auf dem Seeweg nach Westen.

In den drei Jahren der Ächtung gründete der rote Erik auf Grönland zwei Siedlungen. Wieder zu Hause, erzählte er so voller Begeisterung und sicher nicht ohne Übertreibung von der Insel „Grünland", daß sich im folgenden Sommer über zwanzig Schiffe, beladen mit Männern und Frauen, Tieren und Gerätschaften, aufmachten, um auf Grönland zu siedeln.

Doch „Grünland" hielt offenbar nicht das, was versprochen worden war. Die Kunde, daß noch weiter westlich ein Land läge, „wo der Tau wie Honig schmeckt", wurde, verständlich genug, mit wachem Interesse aufgenommen.

Des roten Eriks Sohn, Leif Eriksson, wollte Genaueres wissen. Um das Jahr 1000 machte er sich auf den Weg nach Westen. Nach Tagen mühevoller Fahrt ins Ungewisse erreichten Leif und seine Mannen eine Küste, die weit davon entfernt war nach Honiggras zu duften. Riesige, graue, von Gletschern blankgeschliffene Steine bedeckten alles. Leif Eriksson nannte das Land „Helluland", was Steinland bedeutet. Heute ist es die Baffin-Insel.

Die Besatzung des Drachenbootes ließ sich mit dem Labradorstrom weiter nach Süden treiben und traf auf eine Landschaft, die schon viel wirtlicher war und weite Waldgebiete aufwies. Man nannte sie „Markland", Waldland also. Heute wird angenommen, daß Labrador einst so bezeichnet wurde.

Noch weiter südlich, auf dem heutigen Neufundland, fand Leif Eriksson endlich was er suchte, grünes, fruchtbares Weideland. Was lag näher, als das Land „Vinland" zu nennen. Sprachforscher fanden heraus, daß das Wort „Vin" für Wiese oder Weide stand und nicht für Wein, was auf den ersten Blick plausibel wäre.

Auf Vinland siedelten Wikinger bis ins 14. Jahrhundert. Trotz gelegentlicher Scharmützel mit Einheimischen waren es nicht Indianerangriffe, die die Wikinger von Vinland vertrieben, sondern blutige Zwistigkeiten in den eigenen Reihen.

Heute ist längst nachgewiesen, daß die Aufzeichnungen in den alten Sagas, die wortreich über die abenteuerlichen Fahrten von Erik dem Roten und Leif Eriksson berichten, keine in langen Polarnächten erdachten Geschichten sind, sondern mit Gewissenhaftigkeit aufgezeichnete Erlebnisberichte der ersten Entdecker Amerikas.

Vielleicht erlebte der unbekannte Skalde, der Sänger, der nachfolgende Verse niederschrieb, den Aufbruch nach Westen mit:

„Die Bordzelte brachen Sie ab,
so daß des Herrschers Heer erwachte.
Am Mast hißten hoch die Segel
die Wikinge im Warins-Fjord.

Wenn zusammenschlugen
die langen Kiele und Ägirs Wogen,
so scholl es laut,
als brächen Felsen und Brandung entzwei".

247

18. TRONDHEIM – MOSJØEN

- ☉ **Entfernung:** Rund 410 km über E6. Ohne Abstecher. Die küstennahe Alternativroute ist 200 km länger, + 2 Fähren.
- ➔ **Strecke:** Über die E6 bis **Mosjøen** (Seite 253).
- ⇨ **Alternativroute:** Über die R715/R17 und über **Namsos** und **Brønnøysund** nach **Mosjøen** (Seite 248).
- ⏱ **Reisedauer:** Mindestens ein Tag über die E6. Besser zwei Tage über die küstennahen Straßen.
- ⌘ **Höhepunkte:** Das historische **Stiklestad** * – Blick zum **Berg Torghatten.**

Mosjøen läßt sich über die E6 relativ schnell erreichen.

☑ *Mein Tipp!* Steht jedoch ausreichend Zeit zur Verfügung, stellt – vor allem in der Hauptreisezeit – der weiter westlich verlaufende alternative Weg über die R17 eine durchaus empfehlenswerte Variante dar, mit wesentlich geringerem Verkehrsaufkommen. Die Strecke bis Mosjøen ist dann allerdings um gut 200 km länger. Es sind zwei Fähren zu benutzen und ein Stück der Straße 803 kann noch unbefestigt sein. Im Interesse des Reiseerlebnisses sollten für den Weg über die R17 mindestens zwei Tage eingeplant werden. Als Stops bieten sich z.B. Namsos, Vennesund oder Brønnøysund an.

ALTERNATIVROUTE ÜBER NAMSOS

⇨ **Alternativroute:** Entscheidet man sich für diese **Alternativroute**, verläßt man Trondheim in westlicher Richtung und kommt nach 13 km zur **Fährstation**

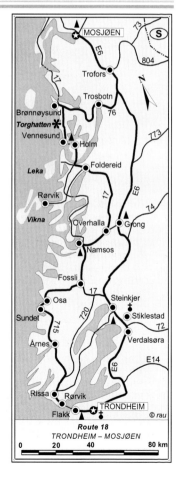

Route 18
TRONDHEIM – MOSJØEN

ROUTE 18: TRONDHEIM – MOSJØEN

Flakk (*Camping*). Von hier verkehren regelmäßig **Fähren nach Rørvik** auf der Halbinsel Fosna, und zwar zwischen ca. 6 und 23.30 bis zu 25 mal, Fahrzeit 25 Minuten.

Ab Rørvik folgt man der R717 nach **Rissa** und dort der R715 über **Årnes/Åfjord** zunächst bis **Osen (Steinsdalen)**, einem kleinen Kirchdorf. ●

Auf dem Weg über Rissa nach Osen fährt man lange durch eine adrette, recht beschauliche, ländliche Gegend mit gepflegten Gehöften, Weiden und Feldern. Später wird das Land flacher und waldreicher, bietet aber keine nennenswerten Höhepunkte, ist relativ eintönig. Erst wenn die Straße wieder die Küste erreicht, wird die Szenerie von herrlichen Meeresbuchten bei Sørjær und bei **Sundet** geprägt.

Nach der Sundbrücke kann man in **Sundet** nach Norden abzweigen und hinaus nach **Vingsand** fahren, ein abgelegener kleiner Hafen mit netten Fischerhütten und **Museumshof**.

▲ – **NAF-Camping Osen**, Tel. 72 57 72 32, 15. März – 1. Okt.; ansprechend am Sund gelegen; ca. 2 ha – 90 Stpl.; Standardausstattung; Laden, Bademöglichkeit, 9 Miethütten.   — Osen (Steinsdalen) Camping

↪ **Alternativroute:** Kurvenreich folgt die R715 ab Osen (Steinsdalen) nun dem lachsreichen Steinselva flußaufwärts nach Osten, weg vom Meer, passiert nach 26 km die „Grenze" zur Provinz Nord-Trøndelag und trifft nach weiteren 17 km bei **Fossli/Årgård** auf die R17 aus Steinkjer. Hier nordwärts und über **Holmset** nach **Namsos** am Ostende des gleichnamigen Fjords. ●

Namsos, eine relativ junge Stadt mit heute annähernd 12.500 Einwohnern, stammt zum größten Teil aus dem 19. Jh., wurde aber durch Brände und Bombardements im Zweiten Weltkrieg stark zerstört. Heute bietet die moderne Industriestadt mit ihren großen Sägewerken, die auch den Beinamen „Holzstadt Norwegens" trägt, dem durchreisenden Besucher nur wenig, was einen längeren Aufenthalt lohnen könnte.

Es sei denn, man will das **Namdalsmuseum** mit seinen umfangreichen Sammlung besichtigen. Das Regionalmuseum für das Namdalgebiet zeigt in 14 historischen Gebäuden Ausstellungen zu den Themen Fjell, Wald, Fluß, Land- und Stadtleben. Besonders stolz ist man auf das über 13 m lange Femböring-Ruderboot. Es ist eine wahre Rarität. Auf der ganzen Welt sind nur noch fünf Boote dieser Bauart erhalten.

Wer sich für die Geschichte der holzverarbeitenden Industrie in Namsos interessiert, kann das einzige norwegische Museum für dampfbetriebene Sägen besichtigen. Hier in der „Sillum dampsag og høvleri" wurde schon 1835 die erste Dampfsäge gebaut.

Eine schöne Sicht auf die Stadt hat man vom **Hausberg Klompen** aus. Es führt eine Straße hinauf zum Aussichtspunkt. Am Fuße des Berges liegen im Frederikspark noch Bunkeranlagen aus dem 2. Weltkrieg.

Badefreuden kann man das ganze Jahr über im **Erlebnisbad „Oasen"** erleben. Das Hallenbad, das zu den größten Schwimmanlagen

249

ROUTE 18: TRONDHEIM – MOSJØEN

in Europa zählt, ist in einen Berg gebaut und in allen Bereichen behindertengerecht ausgestattet. Wassertemperatur 28 Grad.

Bei längerem Aufenthalt lohnt eine Bootsfahrt durch den inselreichen Fjord. Ausführliche Informationen über Kreuzfahrten im **„Schärengarten von Namdalen"** erfährt man im Touristenbüro oder bei Namsos Trafikkselskap, Tel. 74 21 63 00.

Namsos

Praktische Hinweise – Namsos

☎ **Namsos Turist Informasjon**, Postboks, 7800 Namsos, Tel. 74 21 73 13.

Hotels

Hotels: **Norlandia Hotel Namsos**, 43 Zi., Kirkegt. 7 – 9, Tel. 74 27 10 00, Fax 74 27 11 22, Restaurant „Le Journal", Pub, Disco, Sauna.
Namsen Motor Hotell, 55 Zi., in **Spillum** südl. Namsos, Tel. 74 27 61 00, Fax 74 27 67 85, Restaurant.

Camping

▲ – **Namsos Camping** ***, Tel. 74 27 53 44; 1. Jan. – 31. Dez.; ca. 4 km östl. der Stadt, zwischen Straße und Namsenelva, in Flughafennähe; von Bäumen umrahmte Wiesen; ca. 3,5 ha – 150 Stpl.; gute Standardausstattung; Laden, 31 Miethütten *** - ****.

↪ **Alternativroute:** Die Straße R17 umgeht Namsos im Osten, folgt dem breiten Namsenelva bis **Overhalla** Wenige Kilometer östlich von Overhalla wendet sich die R17 bei **Skogmo** (Abzweig nach Grong an der E6, 20 km) nach Norden und erreicht über **Høylandet** nach 77 km **Foldereid**. ●

Overhalla, eine Gemeinde mit kaum 4.000 Einwohnern, liegt am Namsenelva, der als einer der besten Lachsflüsse Norwegens gilt. Angelscheine verkaufen das örtliche Touristenbüro, die Beherbergungsbetriebe oder das Sportgeschäft am Platz.

Overhalla

Praktische Hinweise – Overhalla

☎ **Overhalla Turist Informasjon**, Postboks, 7864 Overhalla, Tel. 74 28 01 33.

Hotels

Hotels: **Overhalla Hotell**, 64 Betten, Tel. 74 28 15 00, Fax 74 28 14 32, Restaurant, Fahrradverleih, Angelscheine.
Skogmo Gjestgiveri, in Skogmo, östlich von Overhalla, Tel. 74 28 27 01, Fax 74 28 29 82, Restaurant.

Camping

▲ – **Bjøra Camping** **, Tel. 74 28 13 08; 15. Mai – 15. Okt.; Zufahrt von der R17, kleinerer Übernachtungsplatz; ca. 1 ha – 25 Stpl.; Standardausstattung, Laden, 9 Miethütten **.
– **Namsen Fishing Camp**, Tel. 74 28 21 80; 1. Juni – 10. Sept.; Wiesen an der Südostseite des Namsenflusses, etwa zwischen Overhalla und Namsos gelegen, zu erreichen über die Landstraße 401, ca. 2 ha – 30 Stpl.; Standardausstattung; Laden, 15 Miethütten ** - ****.

Foldereid (*Follakroa*, Tel. 74 39 61 50, Miethütten, Restaurant, Camping, Wohnmobilstellplätze) ist ein kleiner Ort an der Brücke über den weit ins Land reichenden, sehr schmalen Meeresarm Indre Folda.

ROUTE 18: TRONDHEIM – MOSJØEN

ABSTECHER AB FOLDEREID

Ab Foldereid bietet sich ein Abstecher auf der Straße R770 westwärts nach **Rørvik** (55 km) und in die wild zerklüftete Inselwelt von **Vikna** an. Wer weit abgeschiedene Küstenlandschaften liebt, kommt hier auf seine Kosten. Besichtigen kann man das **Küstenmuseum** von Nord-Trøndelag „Woxengs Samlinger" und der „Krämerladen" in der alten Handelsstation Berggård.

Praktische Hinweise – Rørvik

Rørvik

Turist Informasjon, Vikna Næringsforening, 7900 Rørvik, Tel. 74 39 00 34. Internet: www.viknanett.no

Hotels: **Kysthotellet Rørvik**, 60 Betten, Storgt. 20, Tel. 74 39 01 00, Fax 74 39 02 50, Restaurant.
Kolvereid
Kolvereid Fjordhotell, Tel. 74 39 52 20, Fax 74 39 57 20, Restaurant.
Val Vandrerhjem, Tel. 74 38 90 00, Cafeteria.

Hotels

▲ – **Camping Nesset *****, Tel. 74 39 06 60, Mitte Mai – Mitte Sept.; ca. 2 km nördl. der Stadt; 19 Miethütten.
– **Ytre Vikna Skjærgårdscamping**, Tel. 74 39 25 20, Miethütten, Cafeteria.
Kolvereid
– **Kvisterø Kystcamping**, Tel. 74 39 67 37. Miethütten.

Camping

Rund 22 km nördlich von Foldereid kann man westwärts zur **Fährstation Gutvik** abzweigen (20 km). Von dort verkehren Fähren nach **Skei** auf der **Insel Leka**. Die Fähren nach Leka verkehren nicht sehr häufig. Wartezeiten einplanen!

Abstecher zur Insel Leka

Die Insel ist bekannt für ihr rötliches Serpentingestein, für das **Hünengrab Herlaugshaugen** aus der Wikingerzeit und vor allem für die Höhlenmalereien in der Höhle **Solsemhulen** im Südwesten der Insel. Den Schlüssel zur Höhle erhält man in der Touristenformation im Postamt im **Skeisenteret** am Hafen von Leka.

Die Geschichte von der dreijährigen Svanhild, die 1932 angeblich von einem Adler entführt worden sein soll, hält sich hartnäckig. Immerhin diente die Story als Vorlage für ein Buch und einen Film.

▲ – **NAF Leka Motel og Camping *****, Tel. 74 39 98 23; 1. Apr. – 1. Okt.; südl. der Fährstation; ca. 1 ha – 20 Stpl.; einfache Standardausstattung; 22 Miethütten, teils aus Serpentingestein; Cafeteria. **Motel** ganzjährig.

Leka Camping + Motel

↘ **Alternativroute:** Weiterreise ab Foldereid. Die Straße 17 erreicht 22 km weiter nördlich den **Fährhafen Holm** nun bereits in der Provinz Nordland. ●

Autofähren nach Vennesund

Ab **Holm** verkehren laufend **Autoähren nach Vennesund**. Abfahrten zwischen 6 und 22 Uhr bis zu neunmal, Fahrzeit 20 Minuten. Vennesund ist ein kleines, abgeschiedenes Küstendorf auf der Insel Sømna.

▲ – **Camping Vennesund ******, Tel. 75 02 73 75; Internet: www.vennesund.no; 1. Jan. – 31. Dez.; Wiesen bei einem Gasthaus in anspre-

Vennesund Camping

251

ROUTE 18: TRONDHEIM – MOSJØEN

chender Lage, unmittelbar an der Fähranlegestelle; ca. 1,5 ha – 50 Stpl.; einfache Standardausstattung; 16 Miethütten *** - ****. Fremdenzimmer.

Auf der Weiterfahrt über **Vik** (Freilichtmuseum Sømna Bygdetun, Hotel, Restaurant) nach Norden hat man nach ca. 25 km bei gutem Wetter einen schönen Ausblick nach Westen auf den 260 m hohen, markanten, abgerundeten **Berg Torghatten**. Mitten durch den Felsen geht ein Loch, durch das man von einem günstigen Standpunkt aus den Himmel auf der anderen Bergseite sieht. Natürlich ist eine solche Kuriosität von Sagen und Legenden umwoben. Hier heißt es, daß das Loch von einem Pfeil stammt, den der sagenhafte Riese Hestmann auf einer Verfolgungsjagd durch den Berg jagte. Und in der Sagenwelt ist der Berg auch kein Berg, sondern der Hut des Königs von Sømna, der ihn nach aufsässigen Trollen auf der Insel Torget geschleudert haben soll. Unsere nüchterne, aufgeklärte Welt hat für das „Fenster im Berg" natürlich eine andere Erklärung parat. Erosion hat das Loch (35 m hoch, 15 bis 20 m breit, 160 m tief) im Berg geschaffen.

Man kann bis an den Fuß des Berges Torghatten fahren, wenn man den Weg über **Brønnøysund** wählt. Es führt ein guter Weg hinauf bis in die Nähe des Lochs, Gehzeit rund 20 Minuten.

Brønnøysund

Praktische Hinweise – Brønnøysund

☎ Sør-Helgeland Turist Informasjon, Torghatten Reiseliv, Boks 314, 8901 Brønnøysund, Tel. 75 01 12 10. Ganzjährig geöffnet. Internet: www.torghatten.no

Hotels

🛏 Hotels: **Galeasen Hotell,** 14 Zi., Havnegata 34 - 36, Tel. 75 00 88 50, 75 00 88 51, Restaurant.
Torghatten Brønnøy Hotell, 55 Zi., Valveien 11, Tel. 75 00 89 00, Fax 75 00 89 01, Restaurant, Sauna. – Und andere Hotels.

Camping

▲ – **Solli Camping **,** Tel. 75 02 20 09; 1. Jan. – 31. Dez.; südlich der Stadt, kleinere Anlage mit 10 Miethütten.
Torghatten
Torghatten Camping, Tel. 75 02 54 95; Wiesen bei einem Bauernhof an der Küste.

↪ **Alternativroute:** In **Skillebotn** verlassen wir die R17 und nehmen die R76 über **Tosbotn** ostwärts bis zur E6. ●

Die Straße R76 führt durch sehr idyllische Fjordlandschaften nach **Tosbotn** (*Camping Bakken*, Wiese mit Miethütten bei einem Gasthof nahe der Straße). Auch die Fahrt am Tosnefjord entlang ist herrlich, mit Blick auf wilde, hellgraue Berge an seinem Ostufer.

Ab Tosbotn ist die Straße bestens ausgebaut und führt in einer schönen Bergfahrt durch das Tal des Storelva aufwärts, passiert den 5,5 km lange Tosen Tunnel und erreicht nach rund 15 km die E6. 66 km weiter nördlich liegt **Mosjøen** (siehe dort).

ÜBER DIE E6 NACH MOSJØEN

➔ **Hauptroute:** Unsere Hauptroute folgt ab Trondheim der E6 am Fjord entlang nach Osten. Die zwischen Runheim und

ROUTE 18: TRONDHEIM – MOSJØEN

Hommelvik mautpflichtige Straße ist autobahnähnlich ausgebaut. Sie passiert **Malvik** und die Strände bei **Vikhamar**. Wenig später kommt man durch **Stjørdal** (Flughafen; Abzweig der E14 nach Schweden). Weiterreise auf der E6 nordwärts. ●

der sagenumwobene Berg Torghattan

9 km nördlich von Stjørdal bietet sich Gelegenheit von der E6 nach Westen Richtung **Fløan** abzuzweigen. Man erreicht dann nach 3 km die Reste der mittelalterlichen **Burgruine Steinviksholm** im Åsenfjord.

In **Åsen** zweigt die R753 nach Westen auf die **Halbinsel Frosta** ab. Am Südwestende der Halbinsel findet man bei **Logtun** eine **mittelalterliche Kirche** nahe beim Frostating, eine uralte **Thingstätte** (siehe auch unter Trondheim). Etwas weiter südlich davon kann man hinüber auf die **Insel Tautra** fahren, die per Straße zu erreichen ist. Auf der Insel gibt es **Klosterruinen** aus dem frühen 13. Jh.

Abstecher nach Frosta

Praktische Hinweise – Stjørdal, Levanger

🏠 Hotels: **Stjørdal**
Quality Airport Hotel, 80 Zi., Kjøpmannsgt. 20, Tel. 74 82 60 11, Rest.
Rica Hell Hotel, 250 Zi., in **Hell,** Tel. 74 84 48 00, Fax 74 84 48 50, Restaurant, Sauna, Schwimmbad.
Stjørdal Hotel, 35 Zi., Kongensgt. 1, Tel. 74 82 40 55, Restaurant. – Und andere Hotels.

Stjørdal
▲ – **NAF-Camping Hognes Gård ***,** Tel. 74 82 45 06; Anf. Jan. – Ende Dez.; ca. 1 km östl., an der E14; ca. 1,5 ha – 30 Stpl.; 31 Miethütten **.
Åsen
– **Camping Fættenfjord ***,** Tel. 74 05 86 03; 1. Mai – 30. Sept.; an der E6, südl. Åsen; langgezogene, ebene Wiesen an kleiner Fjordbucht; ca. 1 ha – 50 Stpl.; 9 Miethütten * - **.

Hotels und Camping zwischen Stjørdal und Verallsøra Stjørdal, Levanger

ROUTE 18: TRONDHEIM – MOSJØEN

Denkmal König Olavs II. Haraldsson, der Heilige, in Stiklestad

– **NAF-Turist-Camp Gullberget** ****, Tel. 74 05 61 51; 1. Jan. – 31. Dez.; an der E6 nördl. Åsen; im Buschwald; 29 Miethütten ** - ***.

Levanger
– **NAF-Camping Bergstad** ***, Tel . 74 09 52 23; 1. Jan. – 31. Dez.; an der E6, ca. 7 km südl. Levanger; kleinere Anlage; 12 Miethütten.

Verdal
– **NAF-Camping Stiklestad** ***, Tel. 74 04 12 94; 1. Jun. – 31. Aug.; in Verdalsøra über die R757 ca. 7 km ostwärts, durch Stiklestad; Wiesen am Verdalselva; ca. 2 ha – 80 Stpl.; 15 Miethütten.

ABSTECHER NACH STIKLESTAD

⇔ **Abstecher:** In **Verdalsøra** auf der R757 ostwärts nach **Stiklestad**, ca. 6 km. •

Die kleine, ländliche Gemeinde **Stiklestad** ist ein bekannter Festspielort in Norwegen.

In der historischen Schlacht von Stiklestad fiel am 29. Juli 1030 der zum Christentum übergetretene Wikingerkönig Olav II. Haraldsson „der Heilige", im Kampf für den Glauben, für die Einigung des Reiches und gegen den Dänenkönig Knut. Der Überlieferung nach starb König Olav schwer verwundet an einen Stein gelehnt.

Genau an dieser Stelle steht heute die **Stiklestad Kirche**. Sie wurde zwischen 1150 und 1180 im romanischen Stil erbaut. Die wuchtige Steinkirche hat an ihrer Südseite ein schönes romanisches Portal und zeigt im Inneren Fresken aus dem Mittelalter. Das Taufbecken stammt noch aus der Gründungszeit der Kirche. An den Wänden hängen auf Holz gemalte Bilder. Sie dienten auch zu Lehrzwecken, als die Kirche nicht nur als Gotteshaus, sondern auch als Schulraum genutzt wurde.

Etwa 400 m von der Kirche entfernt findet man das **Freilichttheater**. Hier wird jedes Jahr um den 29. Juli, dem Todestag König Olavs des Heiligen, und am darauffolgenden Sonntag das *„Olsokspiel"* aufgeführt. Zu dem Theaterspiel, dessen zentrales Thema Szenen aus dem Leben des Heiligen Olav sind, kommen jedes Jahr Tausende von Zuschauern und die besten Schauspieler des Landes nehmen daran teil.

In Verbindung mit dem Olavsfest werden Theatervorstellungen, Konzerte, Seminare und gelegentlich auch ein Mittelaltermarkt veranstaltet.

Unmittelbar beim Freilichttheater dient ein schöner alter Gutshof als **Freilichtmuseum**. Insgesamt kann man 30 gut erhaltene Holzgebäude und Blockhäuser aus dem 17. und 18. Jh. sehen, darunter eine alte Bäckerei und ein Puppenhaus.

Im Haupthaus, das aus dem 18. Jh. und aus der Gegend um Stiklestad stammt, ist ein überaus gemütliches, mit altem Mobiliar ausgestattetes Café eingerichtet.

Stiklestad Kulturzentrum tgl. 11 - 17 Uhr, im Sommer 9 - 20 Uhr. Eintritt. Internet: www.snk.no

Im Eingangsbereich der Theater- und Museumsanlage von Stiklestad findet man das **Nationale Kulturzentrum Stiklestad** mit Ausstellungen über die Ereignisse von Stiklestad im Jahre 1030, über St. Olav den Volks- und Kirchenheiligen und über die Zeit von Olav Haraldsson bis Olav Engelbrektsson.

ROUTE 18: TRONDHEIM – MOSJØEN

Im Kulturzentrum ist auch ein **Informationsbüro** untergebracht.

HAUPTROUTE

→ **Hauptroute:** Der weitere Verlauf unserer Reiseroute folgt der E6 nach Norden, über **Røra**, **Steinkjer** und am langgestreckten, schön in waldreicher Landschaft gelegenen See **Snåsavatnet** entlang bis **Grong**. Hier zweigt die Straße 17 nach Namsos ab (siehe auch „Alternativroute"). •

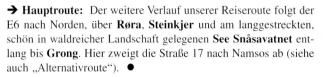

Wenn es die Zeit erlaubt, machen Sie Abstecher und Umwege abseits der E6, z. B. südlich von Steinkjer, in **Røra**, westwärts über **Straumen** nach **Hustad** (alte Kirchen) auf der Insel Inderøy und zurück zur E6 bei **Vist**.

kleine Abstecher und Umwege

Oder machen Sie in **Mære** einen kleinen Umweg nur 2 km nach Westen zur **Kirche von Mære**, die herrlich auf einem Hügel liegt und einen weiten Blick auf die liebliche Landschaft ringsum ermöglicht.

Oder fahren Sie ab Steinkjer nicht auf der E6 sondern am Südostufer des **Snåsavatnet** entlang. Rund 30 km nordöstlich von Steinkjer finden sich rund 6.000 Jahre alte Helleristninge, **Felsritzungen**. Bekannt ist das „Bølareinen", das Bøla-Rentier, das zu einer Jagdszene mit der lebensgroßen Darstellung eines Rentiers gehört. Sie treffen dann westlich von **Snåsa** wieder auf die E6.

Kurz vor Grong führt bei **Formofoss** die R74 ostwärts nach Gäddede in Schweden. Die schwedische Grenze ist von hier 96 km entfernt.

Steinkjer, eine Stadt mit fast 21.000 Einwohnern, Bezirkshauptstadt von Nord-Trøndelag, Verkehrsknotenpunkt und bedeutendes Wirtschaftszentrum in Mittelnorwegen, ist uraltes Siedlungsgebiet. Der Ort an der Nordostseite des Beitstadfjords wird schon in der Edda erwähnt, die vor dem Jahr 1000 entstanden ist. Nach der Schlacht von Svolder wurde das Land von den Jarlen Erik und Svein Håkonsson von Steinkjer aus regiert.

Steinkjer hat im Stadtzentrum ein großes Hallenbad, das **Erlebnisbad Dampsaga**, mit großen Becken, 43 m langer Rutsche, Whirl-Bank, Strömungskanal, Sauna, Solarium Fitnessraum, Cafeteria etc. Im angeschlossenen **Kulturhaus** findet man u. a. drei Kinos, eine Kunstausstellung, ein Theater und eine Bibliothek.

Praktische Hinweise

☎ **Steinkjer Turist Informasjon**, Boks 91, 7701 Steinkjer, Tel. 74 16 67 00. Ganzjährig geöffnet. Internet: www.steinkjer-turist.com

🏨 Hotels: **Steinkjer**
Quality Grand Hotell, 113 Zi., Kongensgt. 37, Tel. 74 16 47 00, Fax 74 16 62 87, komfortables Mittelklassehotel in zentraler Lage, zwei Restaurants, Sauna.
Tingvold Park Hotel Best Western, 55 Zi., Gamle Konkavei 47, Tel. 74 16 11 00, Restaurant, Sauna.
Grong
Grong Gård og Gjestgiveri, 10 Zi., Tel. 74 33 11 16, Restaurant. – Und andere Hotels.

Hotels + Camping zwischen Verdalsøra und Grong

ROUTE 18: TRONDHEIM – MOSJØEN

Camping

▲ Camping: **Røra**
– **NAF-Camping Koa** ***, Tel. 74 15 44 71; 20. Mai – 1. Sept.; südl. Røra; Terrassenplatz unterhalb der E6; ca. 3 ha – 100 Stpl.; 33 Miethütten.
Steinkjer
– **NAF Guldbergaunet Sommerhotell og Camping** ****, Tel. 74 16 20 45; 1. Jan. – 31. Dez.; Wiesen am Fluß, östlich des Ortes; ca. 4 ha – 250 Stpl.; Standardausstattung; Laden, Imbiß; 82 Miethütten ** - *****. **Hotel.**
Kvam
– **NAF-Camping Braseth** **, Tel. 74 14 94 52; 15. Mai – 1. Nov.; ca. 10 km nordöstl. Kvam; 1 ha – 40 Stpl.; 15 Miethütten **.
Snåsa
– **Camping Vegset** ***, Tel. 74 15 29 50; Ostern – 1. Okt.; an der E6; in ansprechender Lage am Nordostende des Snåsavatnet, neben dem **Gasthof Snåsa Kro**; 9 Miethütten ** - ****.
– **NAF Snåsa Turistsenter** ***, Tel. 74 15 10 57; 1. Mai – 30. Sept.; ca. 5 km östl. der E6, an der R763; Campingmöglichkeit beim gleichnamigen **Hotel** mit **Jugendherberge**; Laden, Restaurant; 9 Miethütten.
Grong
– **NAF Langnes Familiecamping Grong** ****, Tel 74 33 18 50, 1. Jan. – 31. Dez.; Zufahrt von der E6 ca. 2 km südlich des Ortes; Wiesengelände in ansprechender Umgebung; ca. 2,5 ha – 70 Stpl.; gute Standardausstattung; 8 Miethütten. – Und andere Campingplätze.

→ **Hauptroute:** Ab Grong führt die E6 durch das bewaldete, landschaftlich sehr reizvolle Namdalen nach Nordosten. ●

Camping bei Harran

Man passiert nach rund 15 km **Harran** (*NAF-Camping Moa*, 1. 5. – 1.10., im Ort Harran oberhalb der E6, 25 Stpl., 20 Miethütten und *Camping Harran*, 1. 5. – 15. 9., Einfahrt bei der Kirche 1 km nördl. des Namsen Laksakvarium, 70 Stpl., 20 Miethütten) und den Abzweigung zum gewaltigen **Wasserfall Fiskumfossen** am Namsen Fluß, der trotz des Stauwehrs noch recht imposant ist.

Der Namsenfluß ist einer der großen Lachsflüsse in Norwegen. Auf dem Weg zu ihren Laichplätzen flußaufwärts wäre der Fiskumfossen mit seinem Stauwehr eine fast unüberwindliche Barriere für die Fische. Also wurde hier eine Lachstreppe von 291 m Länge, der längsten Lachstreppe Europas wie es heißt, erbaut. Allerdings sind nur 90 m der Anlage sichtbar. Der Rest verläuft in einem Tunnel im Fels. Insgesamt müssen die Lachse hier einen Höhenunterschied von 34,5 Metern zu überwinden. In anderen Worten, sie müssen 77 Kolke (kleine Bassins) der Lachstreppe hochspringen. Im obersten Kolk ist ein Sichtfenster eingebaut. Und mit etwas Glück und Geduld können Sie dort springende Lachse beobachten.

Lachsaquarium am Fiskumfossen, Eintritt

Ganz in der Nähe des Fiskumfossen finden Sie das **Namsen Laksakvarium** (Internet: www.namsen-laksakvarium.no) mit 55.000-Liter-Aquarium für Wildlachse und Ausstellungen über die Lachsfischerei, mit einer Fischräucherei und dem Restaurant „Fossen", in dem natürlich Lachs serviert wird. Übrigens: Der größte bislang am Fiskumfossen gefangene Lachs soll stolze 31,5 kg auf die Waage gebracht haben.

Namsskogan Freizeitpark, Hotel und Camping

30 km weiter nordöstlich von Harran liegen **Trones** (*Namsskogan Familiepark*, eine Tier-, Natur- und Freizeitpark für die ganze Familie; mit *Namsskogan Hotell og Camping*) und der **Trongfoss Wasserfall**, etwas abseits der E6.

ROUTE 18: TRONDHEIM – MOSJØEN

Später passiert die E6 den Ort **Namsskogan** (*Camping Nyheim*, ca. 1 km nördlich zwischen E6 und Namsen Fluß) und 2,5 km nördlich von **Smalåsen** in 310 m Höhe das „**Porten til Nord-Norge**", das „Tor nach Nordnorwegen", das die Grenze zwischen den Fylker (Provinzen) Nord-Trøndelag und Nordland markiert, ein beliebter Haltepunkt mit Touristeninfo.

am „Tor nach Nordnorwegen"

Etwa 30 km weiter kommt man am schön in bewaldeter Hügellandschaft gelegenen **See Majavatn** vorbei. Unmittelbar zwischen Straße und See liegt der schmale Wiesenstreifen von *Majavatn Camping* (21 Miethütten und Motel).

Nach weiteren 25 km trifft man auf die Einmündung der R76 aus Brønnøysund (siehe auch „Alternativroute über Namsos" weiter vorne).

Kurz nach **Trofors** sollte man auf den Abzweig von der neuen E6 auf die alte E6 achten. Man gelangt hier zum recht breiten und imposanten **Wasserfall Laksfoss**. Am Rand des tosenden Falls wurde eine 200 m lange Lachsleiter angelegt.

Nochmals 40 km weiter – unterwegs passiert man auf der E6 südlich von Trofors *Elvetun Camping*, später den hübsch am schönen Svenningdalselva gelegenen *Campingplatz Svenningdal* nördlich von Trofors – erreicht man schließlich **Mosjøen**, eine langgestreckte Gemeinde ganz am Südostende des Vefsnefjords. Die Stadt mit rund 10.000 Einwohnern verdankt ihre Prosperität heute in erster Linie einem großen Aluminiumwerk im Norden der Stadt, einer Großweberei und holzverarbeitender Industrie.

Camping bei Trofors

Ein Umweg von der Umgehungsstraße durch die Innenstadt lohnt allemal. Vor allem an der **Sjøgata** am Ufer der Vefsna-Mündung findet man eine ganze Reihe alter Lager-, Wohn- und Fischerhäuser aus dem 18. und 19. Jh. Wie es heißt, soll dies das längste zusammenhängende Holzhausviertel in Nordnorwegen sein. In den vergangenen Jahrhunderten wurden hier die landwirtschaftlichen Produkte aus dem Hinterland umgeschlagen. Die historische Häuserzeile steht unter Denkmalschutz und wird restauriert. Im Kaigebäude **Jakobsenbrygga** gibt eine Ausstellung Einblick in das Leben und die Arbeitswelt im alten Mosjøen.

Mosjøens historisches Häuserensemble Jakobsenbrygga
Mo. - Fr. 10 - 15.30, Sa. 10 - 14 Uhr. Eintritt.

In einigen Gebäuden an der Sjøgata sind heute gepflegte Restaurants eingerichtet.

Freilichtmuseum
Eintritt.

Nicht all zu weit von der Sjøgata und etwa 1,5 km vom Ortszentrum entfernt liegt das **Vefsn Museum** (15. 6. - 15. 8. Mo. - Fr. 8. - 15.30 Uhr,

ROUTE 18: TRONDHEIM – MOSJØEN

der See Majavatn in Nord-Trøndelag

Dolstad Kirche
23. 6. - 1. 8. Mo. - Fr. 8 - 15.30 Uhr. Eintritt.

So. 11 - 16 Uhr) ein 1909 gegründetes Freilichtmuseum, bestehend aus 12 alten Gebäuden aus der Region und einer großen heimatkundlichen Sammlung. Die Gebäude mit ihren originalgetreu restaurierten Einrichtungen stammen aus der Zeit vom 17. bis ins 19. Jh. Es gibt ein Café in der Museumsanlage.

Zu den bescheidenen Sehenswürdigkeiten in Mosjøen zählt außerdem die **Dolstad Kirche** an der Flußbrücke im nördlichen Stadtbereich, nahe der E6. Die achteckige Kirche stammt aus dem Jahre 1734. Ihre jetzigen Altarbilder wurden Mitte des 19. Jh. geschaffen. Interessant die Kanzel mit Apostelabbildungen und einem ungewöhnlichen, auf kurzen Säulen ruhenden Laufgang.

Mosjøen

Praktische Hinweise – Mosjøen

☎ Mosjøen **Turist Informasjon,** Postboks 308, 8651 Mosjøen, Tel. 75 11 12 40. Ganzjährig geöffnet.

Hotels

🛏 Hotels: **Franks Kro og Motell,** 15 Zi., Vollanveien 41, Tel. 75 11 39 10, Fax 75 17 39 11, Restaurant.
Fru Haugans Hotel, 87 Zi., Strandgata 39, Tel. 75 11 41 00, Fax 75 11 41 01, historisches Haus in einem 200 Jahre alten Gebäude, Restaurant.
Mosjøen Hotell, 42 Zi., Vollanveien. 35, Tel. 75 17 11 55, Fax 75 17 49 93, Restaurant. – Und andere Hotels.

Camping

▲ – **Mosjøen Camping ***,** Tel. 75 17 79 00; Anf. Jan. – 31. Dez.; am südlichen Ortsrand, Wiesen zwischen E6 und einem Wäldchen; ca. 5 ha – 200 Stpl.; bei unserem letzten Besuch ohne Aufsicht und Pflege! Vernachlässigte Sanitäranlagen! 22 Miethütten. Öffentliches Freibad, Go-Kart-Bahn, Rest.

Als Ausweichmöglichkeit bietet sich ggf. der Platz **Korgen Camping,** 1. 6. - 10. 9., bei Korgen, ca. 49 km nördlich von Mosjøen an.

ROUTE 19: MOSJØEN – SVOLVÆR/LOFOTEN

19. MOSJØEN – SVOLVÆR/LOFOTEN

⊙ **Entfernung:** Rund 450 km + 1 Fähre. Abstecher nach Bodø 63 km einfach.

➔ **Strecke:** Über E6 und über **Fauske** bis **Ulvsvåg** – R18 bis **Skutvik** – Fähre nach **Svolvær.**

↗ **Alternativroute** über die küstennahe **R17** + 5 x Fähre.

⇔ **Abstecher** zur **Grønligrotte** und zum **Svartisgletscher** (Seite 263)

⇔ **Abstecher** von Fauske nach **Bodø** (Seite 268).

🕓 **Reisedauer:** Mindestens ein Tag, ohne Abstecher. Auf der Alternativroute über die R17 besser zwei oder mehr Tage.

⌘ **Höhepunkte:** Die **Grønligrotte** *** – Abstecher zum **Svartisgletscher** ** – der **Malstrom** bei Bodø – das **Luftfahrtmuseum** *** von Bodø – der historische Handelshof **Kjerringøy** *.

Die folgende Etappe führt durch die **Provinz Nordland**, mit gut 38.000 qkm Norwegens zweitgrößter, längster, aber auch schmälster Provinz. In der Provinz Nordland quert man den Polarkreis, kommt endlich in den Bereich der Mitternachtssonne, passiert die engste, nur etwa 6 km breite Landstelle Norwegens und kann einen Abstecher zum Svartisen, dem zweitgrößten Gletschergebiet des Landes, unternehmen.

ALTERNATIVROUTE ÜBER DIE R17

Nordland gilt aber auch als die Region Norwegens mit den vielleicht schönsten Küstenabschnitten. Sicher aber zählt die Küste Nordlands zu den zerklüftetsten und inselreichsten des Königreichs. Die Provinz weist nicht weniger als 14.000 km Küstenlinie auf!

Einer dieser unvergleichlichen, inselreichen Küstenstriche liegt 65 km nordwestlich von Mosjøen bei **Sandnessjøen** (Touristeninformation, Hotel, Camping). Die Stadt auf der **Insel Alsten** ist zwischenzeitlich ab **Leinesodden** auf der 1.073 m langen, mautpflichtigen **Helgelandsbrua** über den Botnfjorden mit dem Auto bequem zu erreichen. Das herrliche Landschaftspanorama der Insel wird von der prächtigen Bergkette „**De Syv Søstre**" (Die Sieben Schwestern) an der Ostseite von Alsten geprägt. In **Alstahaug,** am Südende der Insel 22 km südlich von Sandnessjøen gelegen, kann man das **Petter Dass Museum** besichtigen. Petter Dass, Gemeindepfarrer von Alstahaug, lebte vor rund 300 Jahren (gestorben 1707) und ging als Theologe und Dichter in die norwegische Geschichte ein.

☑ *Mein Tipp!* Es ist durchaus möglich, durch diese oft von schroffen Bergketten und weit ins Land reichenden Meeresarmen geprägte Küste auf dem Landwege nordwärts nach Løding und Bodø zu gelangen. Der schnellste Weg ist das aber wirklich nicht. Denn obwohl in den

259

ROUTE 19: MOSJØEN – SVOLVÆR/LOFOTEN

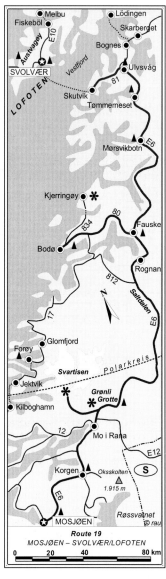

Route 19
MOSJØEN – SVOLVÆR/LOFOTEN

am „Tor zum Svartisen", Norwegens zweitgrößtem Gletscher

vergangenen Jahren schon viele Meerengen mit Straßenbrücken überspannt wurden, wird die Straße 17 nördlich von Brønnøysund immer noch von fünf, teils langen Fährpassagen unterbrochen. Die längsten Fährstrecken liegen zwischen Forvik und Tjøtta (Fahrzeit 60 Minuten) und zwischen Kilboghamn und Jektvik (Fahrzeit 60 Minuten). Wer aber mit seinen Urlaubstagen nicht allzusehr geizen muss, für den kann die Fahrt über die R17 mit den Fährfahrten an einem schönen Sommertag zu einem unvergesslichen Urlaubserlebnis werden. Denn kaum anderswo läßt sich die herrliche Küste der Provinz Nordland mit mehr Muse betrachten als vom Meer und vom Schiff aus. Und unter Kennern zählt eine Schiffsreise entlang der Nordlandküste schon immer mit zu den schönsten Eindrücken einer Norwegenreise.

Außerdem passiert die R17 zwischen der Fährstation Æsøy und dem Städtchen **Glomfjord** in Sichtweite die Westausläufer des riesigen **Svartisgletschers,** des zweitgrößten Gletscherfeldes in Norwegen.

Ca. 25 km südlich von Glomfjord finden Sie in **Holland**, das auch als „Tor zum Svartisen" bekannt ist, ein **Informationszentrum** über die Gletscherwelt. Das Zentrum ist von Mitte Mai bis Ende August geöffnet. Hier gibt es auch, außer der Skulptur „Breporten", einen großen Park- und Rastplatz, Toiletten und eine Entsorgungsstation für chemische Toiletten.

Gleich unterhalb des Zentrums befindet sich ein Bootsanleger. Von dort verkehren zwischen ca. 8/10 Uhr und 21 Uhr etwa alle Stunde Aus-

ROUTE 19: MOSJØEN – SVOLVÆR/LOFOTEN

flugsboote über den Hollandsfjord zur Anlegestelle Svartisen am Gletschersee Engavatnet. Rund 1 km von der Anlegestelle entfernt befindet sich der Svartis-Pavillon mit Café und Kiosk. Vom Pavillon führt ein Fuß- und Radweg am See entlang zum rund 3 km entfernten Gletscher Engenbreen.

ein Erlebnis, die Nordlandküste von einer Fähre aus genießen

Es werden auch geführte Gletscherwanderungen zum Engenbreen von 4-stündiger Dauer angeboten. Es heißt, dass dazu keine Vorkenntnisse im Gletscherwandern notwendig sind.

In 1.100 m Höhe liegt „Tåkeheimen", eine **Schutzhütte** (15 Betten, Tel. 75 75 00 11) des Norwegischen Wandervereins.

Auch ab Braset an der R17 verkehren Ausflugsboote an die Westseite des Svartisen. **Übernachtungsmöglichkeiten** in Gasthöfen oder auf Campingplätzen gibt es in **Hals**.

Ein ganzjährig geöffnetes **Touristenbüro** finden Sie in Glomfjord, Tel. 75 75 48 88, Internet: www.rv17.no/meloy/meloy-reiseliv/.

☑ *Mein Tipp!* Wenn Sie mit dem Fahrrad auf der R17 unterwegs sind, sollten Sie wissen, dass der rund 7 km lange **Svartistunnel** nicht mit dem Fahrrad passiert werden darf. Nehmen Sie den Bus nach Glomfjord oder gleich bis Ørnes oder bedienen Sie sich der Fähre von Vassdalsvik nach Ørnes.

HAUPTROUTE

➔ **Hauptroute:** Unsere Hauptroute führt ab Mosjøen weiter über die E6 und durch eine seendurchsetzte Berglandschaft nach **Osen** und in sehr schöner Talfahrt über weite Serpentinen hinab nach **Korgen** (49 km). ●

ROUTE 19: MOSJØEN – SVOLVÆR/LOFOTEN

In **Korgen** bietet sich Gelegenheit, über die R806 südwärts nach **Røssvassbukt** (38 km) an Norwegens zweitgrößtem Stausee Røssvatnet (Wandern, Angeln) abzuzweigen. Auf dem Weg dahin kann man in **Bleikvassli** zum Staudamm Tustervassdamm fahren. Östlich von Bleikvassli liegen große Blei- und Zinkgruben.

Wer gerne Bergwanderungen unternimmt, sollte in **Olderneset** gleich nach Korgen, nach Osten ins **Okstindangebirge** abzweigen. Das Gebirge unweit der schwedischen Grenze, mit einem über 40 qkm großen Gletscherfeld und Gipfeln über 1.900 m (Oksskolten 1.915 m) ist mit Wanderwegen und Hütten (unbewirtschaftet) recht gut erschlossen. Allerdings sind viele Touren, vor allem im alpinen und Gletscherbereich, nur geübten und bergerfahrenen Bergwanderern zu empfehlen.

Camping zwischen Mosjøen und Mo i Rana

▲ – **Camping Korgen ****, Tel. 75 19 11 36; 1. Juni – 10. Sept.; östl. Korgen, Richtung Røssvass, Zufahrt von der E6 bei der Kirche beschildert; kleiner, einfacher Wiesenplatz an einem Flußknie des Røssåga; ca. 1 ha – 30 Stpl., Standardausstattung; hübscher Aufenthaltsraum, 19 Miethütten **.

– **NAF-Camping Bjerka ****, Tel. 75 19 05 47, 1. Jan. – 31. Dez.; an der E6, ca. 32 km südl. Mo i Rana; ebenes Gelände im Birkenhain; vom Sørfjord durch die E6 getrennt, ansprechend gelegen; ca. 1,5 ha – 70 Stpl.; gute Standardausstattung; Laden, Imbiß, 21 Miethütten ** - ***. **Motel.** Cafeteria und Restaurant ganz in der Nähe.

➔ **Hauptroute:** Von Korgen geht es über **Bjerka** und am Ranafjord entlang nach **Mo i Rana** (42 km). ●

Mo i Rana (ca. 7.000 Einw.) ist eine Industriestadt mit großen Eisen- und Stahlwerken. Zu den Sehenswürdigkeiten gehört das **Rana Museum** mit einer Sammlung zur regionalen Kunst- und Kulturgeschichte und das **Stenneset Freilichtmuseum**. Auch die Eisenhütte „Norsk Jernverk" kann nach Voranmeldung besichtigt werden. Außerdem läßt sich mit dem Sessellift auf den **Mofjell** fahren. Prächtiger Ausblick.

Mo i Rana

Praktische Hinweise – Mo i Rana

☎ **Mo i Rana Turist Informasjon**, Postboks 225, 8601 Mo i Rana, Tel. 75 13 92 00. Ganzjährig geöffnet. Internet: www.arctic-circle.no

Hotels

🛏 Hotels: **Meyergården,** 150 Zi., O. T. Olsensgt. 24, Tel. 75 13 40 00, Fax 75 13 40 01, Restaurant, Sauna.
Mo Hotel og Gjestgiveri, 14 Zi., Hans Wølnersgt. 10, Tel./Fax 75 15 22 11, Restaurant.
Rainbow Holmen Hotell, 44 Zi., Th. von Westensgt. 2, Tel. 75 15 14 44, Fax 75 15 18 70, Restaurant. – Und andere Hotels.

Jugendherberge

Mo Vandrerhjem, 15 Zi., Tel. 75 15 09 63, geöffnet 18. Mai – 31. August.

Camping bei Mo i Rana

Die nächsten Campingplätze liegen rund 20 km, bzw. 30 km nördlich von Mo i Rana bei **Storforshei:**
– **MA-Camping Storli ****, Tel. 75 16 00 65; 1. Juni – 20. Aug.; Zufahrt von der E6; einfacher Übernachtungsplatz auf kleiner Wiese, 18 Miethütten * - **. Hundeverbot!
– **Skogly Overnatting *****, Tel. 75 16 01 57; 15. Mai – 15. Sept.; Zufahrt von der E6; einfacher Übernachtungsplatz oberhalb der Straße, nahe der Nevernes Kirche; 13 Miethütten **.

ROUTE 19: MOSJØEN – SVOLVÆR/LOFOTEN

ABSTECHER ZUR GRØNLIGROTTE UND ZUM SVARTISGLETSCHER

⇨ **Abstecher:** Etwa 12 km nordöstlich von Mo i Rana zweigt von der E6 bei **Røssvoll** eine nicht klassifizierte Straße westlich Richtung **Svartisen** ab. Vorbei am Flugplatz Mo i Rana folgt die Straße dem Røvass Fluß. ●

Am Abzweig von der E6 liegt *Anna's Camping*, Tel. 75 14 80 74, 15. Mai – 15. Sept., ein kleines, offenes Wiesenstück mit 4 Miethütten.

Camping

☑*Mein Tipp!* Nach 8 km trifft man auf den Abzweig, der hinauf zum Berggasthof Grønlihytta und zur **Grønligrotte** führt. Hier gibt es einen großen Parkplatz. In der Grønlihytta, in der auch Fremdenzimmer vermietet werden, findet man eine Cafeteria und eine Touristeninformation. Dort erhält man die Eintrittskarten für die Grønligrotte. Die Höhle kann nur auf Führungen besichtigt werden. Die Führungen starten am Berggasthof. Der Höhleneingang liegt von dort nur ein kurzes Stück entfernt.

Grønligrotte **
Mitte Juni - Ende Aug. 10 - 19 Uhr. Stündlich Führungen. Eintritt.

Nehmen Sie Gummistiefel und eine wasserdichte Jacke mit. In der Höhle ist es feucht und bei der Begehung geht es stellenweise durch den Höhlenbach. Der Weg durch die Höhle ist nicht sonderlich gut präpariert. Gelegentlich muß man sich mit beiden Händen an Handläufen festhalten, um nicht in den reißenden unterirdischen Bach (mit Wasserfall) zu fallen. Wer nicht wirklich gut zu Fuß ist oder Kleinkinder bei sich hat, dem kann die Begehung nicht empfohlen werden. Allen anderen wird der Höhlenbesuch, eben weil nicht alles penibel präpariert ist und ein richtiges „Höhlengefühl" aufkommt, als beeindruckendes Erlebnis in Erinnerung bleiben.

Vor der Tour wird die Höhle von den Führern in mehreren Sprachen erklärt. Während des Marsches durch die Grotte sind Erklärungen wegen des sehr lauten Baches schlecht möglich. Die Höhlentour dauert 30 Minuten.

Die Grønligrotte, die einzige beleuchtete Höhle in Norwegen übrigens, ist auf 400 m begehbar, umfaßt jedoch insgesamt ein etwa 2 km langes Gangsystem.

Vor annähernd 2 Mio. Jahren begannen sich die abfließenden Wasser der umliegenden Gletscher ihren Weg durch das Marmorgestein zu graben. Umso erstaunlicher der riesige Granitblock, den man in der sog. Kapelle sieht. Granitgestein, so wird erklärt, kommt im Umkreis von 10 km nicht vor. Des Rätsels Lösung: Während der Eiszeit wurde der Granitblock von den wandernden Eismassen hierher transportiert und in die Höhlenröhre gepreßt. Die Grønligrotte wurde 1715 entdeckt und 1940 vermessen.

Ein Stück unterhalb der Grønligrotte führt von einem Parkplatz an der Zufahrtsstraße ein etwas längerer Fußweg zur **Setergrotta**. Die Setergrotta ist eine weitere von über 200 Höhlen in der Region Rana. Ihr System ist auf etwa 2.400 m erforscht. Es gilt aber als sicher, dass sich noch Kilometer unerkundeter Gänge anschließen.

Setergrotta
10. 6. bis 25. 8. Führung tgl. 11.30 Uhr; 21. 6 - 25. 8. zusätzliche Führung um 15 Uhr. Eintritt.

Auch diese Höhle ist nur auf Führungen zu begehen. Anmeldung in der Grønlihytta. In die Setergrotta gibt es im Sommer gewöhnlich nur zwei

ROUTE 19: MOSJØEN – SVOLVÆR/LOFOTEN

Führungen am Tag. Der Eintritt ist relativ teuer. Dafür bekommt der Besucher auch Helm mit Kopfleuchte, Overall und Gummistiefel ausgeliehen. Allein an der offenbar notwendigen Ausrüstung läßt sich schon erkennen, dass eine Besichtigung der Setergrotta weniger eine gemütliche Begehung, als schon mehr eine zünftige Höhlentour ist, auf der man riesige Hallen ebenso passiert wie schmale Passagen, Gletschermühlen und tiefe, vom Höhlenfluß ausgewaschene Spalten im weißen Marmor- und Kalkgestein.

Ausflug zum „Schwarzen Eis"

Die Straße führt vom Abzweig zur Grønligrotte weiter nordwärts und entlang des breiten, grünen Gletscherbaches Røvass Richtung Svartisen. Schließlich endet die Straße – die letzten 5 km sind unbefestigt – nach 14 km am Parkplatz am Svartisvatnet (Campen gegen Gebühr erlaubt) westlich der **Svartisdalhytta**. Viel ist von hier aus vom rund 370 qkm großen **Svartisen**, dem „Schwarzen Eis", allerdings noch nicht zu sehen.

Man kann aber mit Booten über den See Svartisvatnet zu einer Anlegestelle unterhalb eines Felshangs an der Westseite des Sees fahren. Die Boote verkehren etwa ab 20. Juni bis ca. 31. August zwischen 10 und 18 Uhr immer zur vollen Stunde. Fahrtdauer 20 Minuten.

An der Anlegestelle am Westufer des Sees beginnt ein etwas anstrengenden Fußmarsch (ca. 2,5 km) zu einem weiteren See unterhalb des **Østerdalsisen**, einem der 60 Ausläufer des Svartisgletschers. Festes Schuhwerk ist empfehlenswert. Am Svartisvatnet gibt es im Sommer einen Kiosk und eine Campinggelegenheit.

Die Gletscherzunge Østerdalsisen, die etwa 140 m höher als der Svartisvatnet liegt, hat in den letzten Jahrzehnten eine ganz erstaunliche Wandlung vollzogen. Generell ist das Gletschereis ja auf dem Rückzug, obwohl auf dem Svartisen jedes Jahr zwischen 10 und 15 m Schnee fallen. Noch 1910 soll das Eis bis fast an den Svartisvatnet herangereicht haben. Und noch 1982 bedeckte das Østerdalseis das gesamte Becken, das heute der Østerdalssee einnimmt. 1982 brach ein gigantisch großes Eisstück vom Østerdalsisen ab. Und wie man liest, zog sich daraufhin das Eis in nur einer Woche um über 100 m vom Seeufer zurück. Inzwischen endet die Gletscherzunge 1 km weiter oben.

Es kommt immer wieder vor, dass der Gletscher kalbt und riesige Eismassen in den See donnern. Es können dann über fünf Meter hohe Flutwellen entstehen. So faszinierend ein solches Naturschauspiel ist, so gefährlich ist es für den unvorsichtigen Wanderer. Wanderer sind also aufgefordert, nicht zum Seeufer zu gehen, sondern immer einen Sicherheitsabstand von mindesten fünf Metern einzuhalten. Eine ernst zu nehmende Warnung der Behörden. Nicht minder ernst gemeint ist die Aufforderung, das Gletschereis unter keinen Umständen zu besteigen! Halten Sie einen sicheren Abstand zu den unsicheren Eiskanten!

In früheren Zeiten war es oft so, dass sich das Schmelzwasser unter dem Gletscher staute, sich dann aber irgendwann in gewaltigen Fluten in das Røvasstal ergoß, mit schlimmen Auswirkungen und Schäden im Tal. Zuletzt geschah dies im Jahre 1941. Um 1950 baute man dann einen Tunnel, der das Schmelzwasser nun kontinuierlich und kontrolliert abfließen läßt.

ROUTE 19: MOSJØEN – SVOLVÆR/LOFOTEN

am Polarkreis-zentrum

Übrigens: Wenn Sie Grønligrotte *und* Svartisgletscher besuchen wollen, sollten Sie dafür mindestens einen ganzen separaten Tag vorsehen!

HAUPTROUTE

→ **Hauptroute:** Die E6 zieht nordöstlich von Mo i Rana durch das waldreiche Dunderlandsdalen, passiert *Krokstrand Camping* an der Brücke über die Rana, in einem Birkenwald am Fuße des Kjerringfjells am Ranaelva gelegen (12 Miethütten) und quert 80 km nordöstlich von Mo i Rana auf dem Saltfjellet in fast 700 m Höhe und auf neuer Trasse den **Polarkreis**. ●

Der Polarkreis, 66°33" nördlicher Breite, lange nur durch eine Steinsäule mit Meridiankugel markiert, ist heute durch das **Polarsirkelsenteret,** das Polarkreiszentrum an der E6 nicht zu übersehen. In diesem modernen, 1990 eröffneten Informationszentrum mit großem Parkplatz befindet sich eine Polarkreis-Ausstellung, eine Cafeteria, ein Sonderpostamt und ein großer Souvenirladen. Gegen Gebühr kann man hier auch der informativen und schön gemachten Multivisionsshow „Nord Norge" beiwohnen.

Polarkreiszentrum 1. 5. - 30. 9. geöffnet

Ganz in der Nähe des Polarkreises erinnert eine von einem Stern gezierte Steinsäule an jugoslawische Kriegsgefangene, die hier im 2. Weltkrieg beim Bau der Straße und der Bahntrasse ums Leben kamen. Ein ähnliches Denkmal erinnert an russische Kriegsgefangene.

Nördlich des Polarkreises kann im Sommer die **Mitternachtssonne** und im Winterhalbjahr die **Polarnacht** erlebt werden. Die Zeitspannen, in denen man diese Phänomene erleben kann, nehmen nach Norden hin

Mitternachtssonne

ROUTE 19: MOSJØEN – SVOLVÆR/LOFOTEN

MITTERNACHTSSONNE UND POLARNACHT

Eine interessante Besonderheit der Regionen nördlich des Polarkreises ist die Mitternachtssonne im Sommer bzw. die Polarnacht im Winter. In Nordskandinavien geht von Mitte Mai bis Mitte Juli die Sonne nicht unter. Selbst auf der Höhe von Stockholm ist im Hochsommer bereits gegen 2.30 Uhr Sonnenaufgang. Dafür ist von Dezember bis in den Januar hinein die Sonne in Nordskandinavien überhaupt nicht zu sehen und in südlichen Landesteilen ist um den 21. Dezember herum gegen 15 Uhr schon wieder Sonnenuntergang.

Ein altes Märchen der Samen erzählt, warum es Mitternachtssonne und Nordlicht gibt:

Gott war am Ende der Erschaffung der Welt angelangt. Zufrieden betrachtete er sein Werk, das ihm wohlgeraten schien. Nun hatte er aber in seinen Händen noch etwas übrig vom Material, aus dem die Erde geschaffen war. Aber es waren lauter Dinge, die ihm nicht mehr verwendbar erschienen. Da gab es noch einige riesige Flächen Ödland, ein paar Fjorde, Wildflüsse waren übrig, Rentiermoos und viele Felsbrocken. Damit diese Reste niemanden stören sollten, warf sie der Schöpfer weit nach Norden an den Rand der Welt, da wo niemand lebte. So entstand die Tundra, der nördlichste Teil Lapplands. Aber siehe da, auch in diesen unwirtlichen Erdenzipfel wanderten Menschen. Und so schenkte ihnen der Herr zum Trost und zur Freude die Mitternachtssonne und das geheimnisvoll strahlende Nordlicht.

Das magische Schauspiel des Polarlichts ist in der am längsten dauernden Jahreszeit, dem Winter, zu sehen. Die Finnen wie die Sami teilen die Winterzeit gerne in zwei Hälften ein, in die Zeit der Dunkelheit und in die Zeit der wiederkehrenden Sonne. *„Kaamos"* ist die lange Zeit der Dunkelheit.

Wochenlang geht die Sonne nicht auf. Ab Ende November verabschiedet sie sich für rund fünfzig Tage. Vollständige Finsternis herrscht aber auch dann nicht. Das Licht der Sterne bricht sich tausendfach auf dem hell glitzernden Schnee und taucht alles in ein mystisches Dämmerlicht.

Ein befreiendes Aufatmen geht durch die Menschen im hohen Norden, wenn Ende Januar, etwa zu Beginn des zweiten Winterabschnittes, die Sonne wieder über den Horizont klettert. Kaamos, die dunkle Jahreszeit, ist auch die Zeit der Rentierwanderungen nach Süden.

---

zu, soll heißen, daß die Sonne in Bodø z. B. nur zwischen 1. 6. und 12. 7. nicht untergeht, während sie am Nordkap schon vom 12. 5. bis 1. 8. nachts nicht hinter dem Horizont verschwindet und es auf Spitzbergen vom 20. 4. bis 24. 8. 24 Stunden lang taghell ist.

Die Landschaft hat seit Mo i Rana ihr Gesicht merklich verändert. Längst liegt die Baumgrenze hinter uns. Die weiten Hügel werden nur noch von niederen Beerensträuchern, Gestrüpp und Mosen bedeckt.

Etwa 2 km nach dem Polarkreis sieht man rechts der Straße drei markante Felsblöcke auf einem Hügel. Es sind uralte Opfersteine der Lappen oder Samen, wie sie sich selbst nennen.

→ **Hauptroute:** Die E6 führt weiter nordwärts, durch das karge Hochtal des Saltfjells (Passhöhe 692 m), dann am herrlichen

ROUTE 19: MOSJØEN – SVOLVÆR/LOFOTEN

Ein kurzer Übergang zum Sommer ist der Frühling. Schon unter den letzten Resten des Schnees blühen die ersten Moosblumen. Und nun geht alles sehr schnell. Die Natur legt ein atemberaubendes Tempo vor. Die Zeit zum Blühen, Gedeihen und Reifen ist extrem kurz.

Zur Mittsommerzeit, so um den 20. Juni, ist Lappland am hellsten und von da ab am wärmsten. Bis 35 Grad Wärme können erreicht werden. Schon zeitig im Frühjahr haben sich die Rentierherden wieder aufgemacht, um nach Norden zu ziehen und auf den luftigen Höhen der Tunturis und an den Küsten des Eismeeres den Mückenschwärmen zu entgehen. Dann ist ganz Skandinavien auf den Beinen. Und zum Fest der Mittsommerwende hält es niemanden zu Hause.

Mitternachtssonne am Nordkap

Aber schon im September kann auf den Höhen, noch zaghaft zwar, der erste Schnee fallen. Die Natur beginnt sich auf die lange, kalte, lichtarme Jahreszeit vorzubereiten. Und als wollte sie zeigen was in ihr steckt, verwandelt sich das Laub der Birken, das Moos und das Heidekraut in ein leuchtendes Farbenfest. Diese in Lappland „Ruska" genannte Jahreszeit ist der farbenprächtige Höhepunkt des Herbstes, für Kenner sowieso die schönste Jahreszeit in Lappland.

Lønselva, der über Felsterrassen talwärts strömt, hinab nach **Rognan** am Südende des Saltdalsfjords (Freilichtmuseum Saltdal) und schließlich am Ostufer des Fjords entlang nach **Fauske**, einem wichtigen Verkehrsknotenpunkt am Abzweig der R80 nach Bodø. ●

Bei ausreichend zur Verfügung stehender Zeit sei besonders Bergwanderern ab **Finneid**, südlich von Fauske, ein Abstecher ostwärts in die 36 km entfernte Grubenstadt **Sulitjelma** (*Hotel Sulitjelma* s.u.) empfohlen.

Abstecher nach Sulitjelma zum Wandern

Sulitjelma liegt landschaftlich sehr reizvoll von Bergen und Gletschern umgeben am See Langvatnet. **Museum** über Bergbau und Schwefelgewinnung. Zahlreiche **Wandermöglichkeiten** zu Berghütten.

Der Aussichtsberg **Jakobsbakken**, 9 km südlich der Stadt, in der

267

ROUTE 19: MOSJØEN – SVOLVÆR/LOFOTEN

Nähe einer bewirtschafteten Berghütte am Kjelvatnet, kann auch per Straße erreicht werden.

Fauske

Praktische Hinweise – Fauske

☎ **Salten Reiseliv Turist Informasjon**, Postboks 224, 8201 Fauske, Tel. 75 64 33 03. Ganzjährig geöffnet. Internet: www.nordlandreiseliv.no/salten/

Hotels

⌂ Hotels: **Rognan**
Norlandia Rognan Hotell, 60 Zi., Tel. 75 69 00 11, Fax 75 69 13 72, Restaurant, Sauna.
Fauske
Brygga Best Western, 30 Zi., Sjøgata 86, Tel. 75 60 20 00, Fax 75 64 57 37, Restaurant.
Fauske Hotell, 92 Zi., Storgata 82, Tel. 75 60 20 00, Fax 75 64 57 37, Restaurant, Sauna.
Sulitjelma
Sulitjelma Hotell, 60 Zi., Andreas Qualesveien 15, Tel. 75 64 04 01, Fax 75 64 06 54, Restaurant, Sauna, Schwimmbad. – Und andere Hotels.

Camping

▲ Camping: **Rognan**
– **Rognan Fjordcamp** ***, Tel. 75 69 00 88; 1. Jan. – 31. Dez.; Zufahrt an der E6 beschildert; Wiesen, teils mit Baumbestand, am Saltdaslfjord; ca. 2,5 ha – 150 Stpl.; Standardausstattung; Laden, Fahrradverleih; 24 Miethütten.
Fauske
– **NAF-Camping Fauske** ***, Tel. 75 64 84 01; 1. Jan. – 31. Dez.; ca. 3 km südl. Fauske, an der E6; Gelände im Birkenwald; ca. 1 ha – 40 Stpl.; gute Standardausstattung; Laden; 42 Miethütten ** - ****. **Motel.**
– **NAF-Camping Lundhøgda** ***, Tel. 75 64 39 66; 1. Mai. – 1. Okt.; 2 km westl. Fauske beschilderter Abzweig von der R80 (Fauske – Bodø); teils schräge Wiesen, Hügel; in ansprechender Lage, mit Ausblicken; ca. 1,5 ha – 50 Stpl.; gute Standardausstattung; Laden; 36 Miethütten ** - ****.

ABSTECHER NACH BODØ

⇨ **Abstecher:** 63 km westlich von Fauske, über die gut ausgebaute R80 bequem zu erreichen, liegt **Bodø**. ●

Bodø (ca. 41.000 Einwohner) ist Verwaltungszentrum der Provinz Nordland, bedeutendste Handels- und Hafenstadt an Nordlands Küste und ein wichtiger Luftwaffen- und Marinestützpunkt des Landes.

Bodø liegt an der Südspitze einer Halbinsel am Eingang des Saltfjords. 1816, als Bodø auf Betreiben des Bischofs von Nordnorwegen Mathias Bonsak Stadtrechte verliehen bekam, hatte die „Stadt" gerade mal 55 männliche Einwohner. Offenbar wurden damals nur Männer in den Chroniken erfaßt. Dank riesiger Fischschwärme, die die Gewässer vor der Stadt durchzogen, entwickelte sich eine überaus ertragreiche Heringsfischerei, die wiederum zu einem geradezu stürmischen Wachstum der Stadt führte. 1875, rund 50 Jahre nach der Stadtgründung, konnte man schon auf die stolze Zahl von 1.478 Einwohnern verweisen.

1940 wurde Bodø bei Bombenangriffen fast vollständig zerstört. Nach dem Wiederaufbau bot Bodø ein völlig anderes Stadtbild und in den 50er Jahren entwickelte die Stadt stetig, wurde Bischofssitz und Hochschulstadt, bekam einen Dom und einen Flughafen, einen Bahnhof und ein neues

ROUTE 19: MOSJØEN – SVOLVÆR/LOFOTEN

Rathaus. Schließlich wurde die Bedeutung der Stadt mit dem Einzug der Fylke- (Bezirks-) Verwaltung untermauert.

Im Mai 1960 tauchte Bodø sogar in den Weltschlagzeilen auf, als nämlich am 1. Mai ein Aufklärungsflugzeug vom Typ U2 auf dem Weg nach Bodø über dem Territorium der Sowjetunion abgeschossen wurde. Nach diesem weltweit Aufsehen erregenden, heiklen Ereignis mußte man sich für kurze Zeit sogar Sorgen um den Weltfrieden machen.

Ab Bodø bestehen Flug- und Schiffsverbindungen zu den Lofoteninseln Moskenes, Røst und Værøy. Die Flugzeit beträgt 30 Minuten, die Fahrzeit mit dem Schiff rund vier Stunden.

Die **Mitternachtssonne** ist zwischen **5. Juni** und **9. Juli** zu sehen. Vier Tage vor und nach obigen Daten ist die Sonne um Mitternacht noch teilweise sichtbar.

Polarnacht vom 15. Dezember bis 29. Dezember.

Zu den eher bescheidenen touristischen **Sehenswürdigkeiten** der von moderner Nachkriegsarchitektur geprägten Stadt zählen:

Das **Nordland Provinzmuseum** in der Prinsensgate 16, ganz in der Nähe der Domkirche gelegen. Das Museum ist in einem der ältesten Gebäude der Stadt aus dem 19. Jh. untergebracht und zeigt vor allem Sammlungen zur Fischerei- und Samikultur in Nordland. Vor dem Museum sieht man ein typisches Nordlandfischerboot.

Nordlandmuseum
10 - 15 Uhr. Eintritt.

Die **Domkirche** (Bodø ist Bischofsitz) in der Kongensgate ist ein massiver Basilikabau, der 1956 fertiggestellt wurde. Über dem Hauptportal außen eine Christusfigur. Im Inneren sind die 12 m hohe Fensterfront über dem Altar mit Glasmalerei, die Kreuzigungsgruppe unter dem Chorbogen und schließlich die Fensterrosette an der Westfassade bemerkenswert. Der markante, durchbrochene Glockenturm steht separat.

Nicht nur für Technikfans ist das **Norwegische Luftfahrtmuseum** eine sehr besuchenswerte Sehenswürdigkeit. Hier erfahren Sie fast alles über die norwegische und internationale Luftfahrtgeschichte. Bemerkenswert ist schon das moderne Museumsgebäude. Es erstreckt sich beiderseits der Straße, ähnelt in seiner langgestreckten Form einem Propeller und wird in der Mitte von einem „Tower" überragt. Und hier bereits **ein Tipp**: Gehen Sie unbedingt hinauf auf den Tower und genießen Sie von dort den herrlichen **Panoramablick** auf Bodø, die Berge und auf das Geschehen auf der Rollbahn des benachbarten „echten" Flughafens.

Norwegisches
Luftfahrtmuseum
***
15. 6. - 15. 8. tgl. a.
Sa. 10 - 20, Sa. 10
- 17 Uhr. Übrige
Zeit Mo. - Fr. 10 -
16, Sa. + So. 11 -
17 Uhr. Eintritt.

Das Museum zeigt im Wesentliche zwei große Abteilungen, eine über die zivile und eine über die militärische Luftfahrt. Zu sehen sind viele, wunderschön restaurierte Flugzeugveteranen, aber auch neueres Gerät. Man erfährt viel über die physikalischen Prinzipien der Aerodynamik, über Navigation, Meteorologie oder die Fortschritte im Flugzeug- und Motorenbau etc. Tatsächlich kann man die Entwicklung der Luftfahrt, von den Anfängen der Ballonfahrten der Gebrüder Montgolfier und den ersten Gleitflügen Otto Lilienthals, über den ersten kontrollierten Motorflughopser der Gebrüder Wilbur und Orville Wright 1903 in Amerika, und über die ersten abenteuerlichen Schritte im Linienflugverkehr bis hin zu den modernen Düsenjets unserer Tage.

ROUTE 19: MOSJØEN – SVOLVÆR/LOFOTEN

Und natürlich befassen sich sehenswerte Abteilungen auch mit den Flugpionieren Norwegens, wie z. B. Tryggve Gran, der am 30. Juli 1914 als erster Norweger die Nordsee zwischen Schottland und Norwegen überflog, oder Roald Amundsen, der als erster Flugzeuge auf Erkundungen in polaren Gefilden benutzte und 1926 mit dem Luftschiff „Norge" über den Nordpol flog. Und der Besucher erhält Einblick in die Entwicklung der zivilen Luftfahrt im Lande.

Die militärische Abteilung zeigt Doppeldecker aus dem ersten Weltkrieg, Kampfflugzeuge aus dem zweiten Weltkrieg und Jets der Nachkriegszeit.

Zu den spektakulären Ausstellungsstücken zählen u. a. eine „Tante" JU 52 auf Schwimmern (eine weltweite Rarität), ein amerikanisches Spionageflugzeug vom Typ U 2, ein De Haviland 88 Mosquito Aufklärer, ein U-Bootjäger Spitfire MK IX, u. ä.

Und ein besonderes Erlebnis ist natürlich der Flugsimulator.

Etwa 3 km östlich des Stadtzentrums findet man die **Bodin Kirche** aus dem 13. Jh., eine der ältesten Kirchen Nordlands. Sie steht auf einem Platz, der wahrscheinlich schon in vorchristlicher Zeit als Opferstätte diente. Renaissancekanzel aus der Mitte des 17. Jh. und barocker Altaraufsatz.

Im Norden von Bodø kann man zum Aussichtspunkt auf dem 150 m hohen **Røvikfjellet** fahren. Restaurant mit Aussichtsterrasse. Kleiner Freizeitpark.

Kjerringøy Handelshof
Mai - Aug. tgl. 12 - 17 Uhr, Juli 11 - 19 Uhr. Führungen. Eintritt.

40 km nördlich von Bodø liegt in imposanter Küstenlandschaft der alte Handelsposten **Kjerringøy** der heute als **Freilichtmuseum** dient. Auf dem Weg dahin über die Straße 834 muß zwischen Festvåg und Misten die **Fähre** benutzt werden, Überfahrtdauer 10 Minuten.

Kjerringøy war vor allem im 19. Jh. eines der wichtigsten Handelszentren in Nordnorwegen. 15 historische Gebäude, darunter eine Kirche, das Haupthaus, ein Ladengeschäft, eine Bäckerei, ein Feuerstellenhaus, ein Speicherhaus u. a., sind erhalten, von denen nahezu alle noch mit ihrem originalen Inventar ausgestattet sind. Der Besucher erhält in Kjerringøy einen guten Einblick in die Lebensumstände einer Kaufmannsfamilie und deren Bedienstete ausgangs des 19. Jh. in der Abgeschiedenheit Nordnorwegens. Auf dem Museumsgelände gibt es eine Cafeteria und eine Touristeninformation.

Um 1879 hielt sich der Autor und Nobelpreisträger Knut Hamsun gelegentlich in Kjerringøy auf. Eine Büste erinnert an den Schriftsteller, der hier manche Eindrücke sammelte, die er in späteren Romanen verarbeitete. Einige Romane Hamsuns wurde auf Kjerringøy verfilmt z. B. „Rosa und Benoni", oder „Pan", oder „Der Telegrafist", der auf dem Roman „Schwärmer" basiert.

Kjerringøy Unterkünfte und Camping

In Kjerringøy gibt es Gästezimmer im Pfarrhof **Kjerringøy Prestegård** (8 Zimmer, Tel. 75 50 77 10, Fax 75 51 11 42, auch Campingmöglichkeit), der unweit des alten Handelsplatzes liegt und im **Kjerringøy Rorbu-senter**, Tel. 94 12 75 77, 1. Juni – 30. Sept.; Tårnvik Brygge ca. 20 km nördlich von Kjerringøy, Cafeteria, 10 Rorbu-Hütten, sowie die Campingmöglichkeit **Kjerringøy Camping *****, Tel. 75 51 12 20, 1. Apr. -

ROUTE 19: MOSJØEN – SVOLVÆR/LOFOTEN

Kjerringøy

30. Sept.; bei Alsos, etwas nördlich der Handelsstation, Wiesengelände, einfachere Anlage, 7 Miethütten ** - ***.

Eines der erstaunlichsten Naturphänomene an der Norwegischen Küste, die stärkste Gezeitenströmung der Welt, läßt sich etwa 30 km südöstlich von Bodø beobachten. Man zweigt 19 km östlich der Stadt, in Løding, auf die R17 nach Süden ab und erreicht nach rund 10 km die Meerenge **Saltstraumen**, die von einer hohen Betonbrücke überspannt wird. Man findet hier das **Saltstraumen Erlebniszentrum**, mit Ausstellungen über die 10.000-jährige Geschichte der Region, außerdem 15-minütige Multivisionsshow. Seehundbecken, Fütterung gegen 17 Uhr. Naturlehrpfad. Touristeninformation, Cafeteria, Grillplatz.

Malstrom Saltstraumen Erlebniszentrum
1. 5. - 31. 8. tgl. 11 - 18/19 Uhr, 1. 7. - 15. 8. 9 - 20 Uhr. Eintritt.

Hervorgerufen werden die früher bei den Seefahrern sehr gefürchteten **Gezeiten- oder Malströme** an den Meerengen von den Wasserstandsdifferenzen zwischen Ebbe und Flut. Sie betragen an der Küste Nordnorwegens mehrere Meter. Durch enge Sunde zwischen den Inseln wird der Austausch des Wassers zwischen Fjord und offenem Meer verzögert. Die Wasser stauen sich an den Engstellen und schießen dann mit reißender Geschwindigkeit, gefährliche Strudel und Strömungen bildend, durch die „Nadelöhre".

Am Saltstraumen, dem stärksten Gezeitenstrom der Welt, zwängen sich alle 6 Stunden bis zu 400 Mio. Kubikmeter Wasser durch die 3 km lange und nur 150 m breite Meerenge zwischen Saltenfjord und Skerstadfjord. Das Wasser schießt hier mit Geschwindigkeiten bis zu 20 Knoten (ca. 37 km/h) durch, wobei die Strudel einen Durchmesser bis zu 10 m und eine Tiefe bis zu 5 m erreichen.

Besonders an zwei bis drei Tagen während der Springfluten bei Neu- und Vollmond, sind die rauschenden, gurgelnden Bewegungen der Was-

ROUTE 19: MOSJØEN – SVOLVÆR/LOFOTEN

sermassen ein richtiges Naturschauspiel. Im Touristenbüro in Bodø kann man Listen bekommen, die die stärksten Strömungszeiten genau angeben.

Der Saltstraumen ist aber auch für seinen Fischreichtum bekannt. Vor allem Prachtexemplare von Lachsen können hier geangelt werden. Mit einem Rekordfisch von 22,7 kg Gewicht wurde hier bei einer der Weltmeisterschaften im Seelachsangeln, die jedes Jahr stattfindet, der Weltrekord im Seelachsangeln aufgestellt.

Bodø

Praktische Hinweise – Bodø

☎ **Destinasjon Bodø**, Sjøgata 4, 8001 Bodø, Tel. 75 54 80 00, Fax 75 54 80 01. Internet: bodoe.com

Hotels

🛏 Hotels: **Bodø Hotell**, 31 Zi., Professor Schyttesgt. 5, Tel. 75 54 77 00, Fax 75 52 57 78, zentral gelegenes Stadthotel, Restaurant.
Central Best Western, 47 Zi., Professor Schyttesgt. 6, Tel. 75 54 53 00, Fax 75 52 42 66, zentral gelegenes Stadthotel, Restaurant, Sauna.
Comfort Home Hotel Grand, 91 Zi., Storgata 3, Tel. 75 54 61, Fax 75 54 61 50, renoviertes Haus in zentraler Lage, Fitnesseinrichtungen. Garage.
Diplomat, 114 Zi., Sjøgt. 23, Tel. 75 54 70 00, Fax 75 54 70 55, Restaurants, Bar, Sauna.
Norrøna, 88 Zi., Storgt. 4 B, Tel. 75 52 55 50, Fax 75 52 33 88, zentral gelegenes Haus der mittleren Preislage.
Radisson SAS, 190 Zi., Storgt. 2, Tel. 75 52 41 00, Fax 75 52 74 93, zentral gelegenes, komfortables Geschäfts- und Konferenzhotel, Restaurant, Bar, Tagungsräume, Sauna. – Und andere Hotels.

Jugendherberge

Jugendherberge: **Vandrerhjem Lokomotivet Bodø**, 60 Betten, Sjøgata 55, 8001 Bodø, Tel./Fax 75 52 11 22, am Bahnhof und nahe dem Stadtzentrum.

Camping bei Bodø

▲ – **Camping Bodøsjøen ★★★**, Tel. 75 56 36 80; 1. Jan. – 31. Dez.; östl. der Stadt beschilderter Abzweig von der R80 südwärts, Nähe Bodin Kirche; ebene Wiesen am Saltfjord; ca. 3 ha –140 Stpl.; einfache, nicht sonderlich gepflegte Ausstattung; Laden; 45 Miethütten ★★ - ★★★★.
– **NAF-Camping Saltstraumen ★★★**, Tel. 75 58 75 60; 1. Jan. – 31. Dez.; rund 33 km südöstl. Bodø an der R17 in **Saltstraumen**, in unmittelbarer Nähe des Saltstraumen Zentrums oberhalb des Malstroms; ca. 1,5 ha – 100 Stpl.; Standardausstattung; Laden, Imbiß; 25 Miethütten ★★★ - ★★★★.
– **KNA Geitvågen Bad og Camping**, Tel. 75 51 01 22; 2. Jun. – 20. Aug.; in **Geitvågen**, rund 10 km nördlich von Bodø an der Straße 834; ca. 2,5 ha – 200 Stpl.; Laden, Imbiss; 15 Miethütten. – Und andere Campingplätze.

Eine abwechslungsreiche, allerdings auch etwas kostenintensive Alternative für die Weiterreise bietet eine Überfahrt mit der Autofähre auf die Lofoteninsel Moskenes (siehe Route 20, Lofoten). Die Überfahrt dauert 4 Stunden. Die Autofähren von *Ofoten og Vesterålen Dampskibsselskab asa* verkehren zwischen Ende Juni und Anfang August bis zu fünfmal täglich, in der Nebensaison bis zu zweimal täglich. Auf der Fähre MF „Røst" können auch Kabinen reserviert werden. Kabinenreservierung und Reservierungen für das Auto sind zumindest im Sommer ratsam, Tel. 76 96 76 00. Ansonsten Infos im Touristenbüro.

Wählt man nicht den Seeweg zur Weiterreise, fährt man die 63 km zurück bis Fauske an der E6.

ROUTE 19: MOSJØEN – SVOLVÆR/LOFOTEN

HAUPTROUTE

→ **Hauptroute:** Unsere Hauptroute folgt ab Fauske der E6 nach Norden bis **Ulvsvåg**. •

am Saltstraumen bei Bodø, dem gefürchteten Malstrom

Man passiert **Straumen** (*Camping Strømhaug* ***, Anf. Jan. – Ende Dez.; 18 Miethütten) und gelangt durch etliche Tunnels an den Leirfjord und nach **Sommerset** *(Camping)*, einer ehemaligen Fährstation. Seit geraumer Zeit ist es nicht mehr nötig, sich der Fähre nach Bonnåsjøen zu bedienen.

Camping

☑ *Mein Tipp!* Schauen Sie auf Ihre Tankanzeige! Und tanken Sie im Zweifelsfall in Straumen. Die nächste Tankstelle kommt erst wieder nach rund 90 km in Innhavet.

Auf ganz neuer Trasse mit mehreren Tunneln (es gibt hier übrigens keine Alternative zur E6), umgeht die E6 den Leirfjord, passiert bei **Kjelvik** den „**Gamle Gård**", einen alten Bergbauernhof, überquert die schöne Bergkette des Horndalsfjells mit dem See **Kobbvatnet** (*Kobbvassgrende Camping,* Tel. 75 69 58 50; 15. Mai – 30. Sept., 4 Miethütten) unterhalb der Straße und erreicht nach dem 4,7 km langen Kobbskaret-Tunnel bei **Mørsvikbotn** am Mørsvikfjord wieder die „alte" Trasse der E6.

Wieder folgt eine schöne Bergfahrt hinauf ins Sjettevassfjellet, vorbei am imposanten, 924 hohen Berg **Kråkmotind** im Osten.

Schließlich zieht die E6 hinunter nach **Sagelva/Tømmerneset** am Südende des Sagfjords. Hier zweigt eine Nebenstraße westwärts zum Sagelv ab. An einem Felsen oberhalb des Flusses sind prähistorische Felszeichnun-

ROUTE 19: MOSJØEN – SVOLVÆR/LOFOTEN

gen (Helleristninger) zu sehen. Die dargestellten Rentiere sollen vor annähernd 5.000 Jahren in den Stein geritzt worden sein.

Norwegens engste Stelle

Weiter östlich der E6 reicht der Hellemofjord, ein Arm des Tysfjords, weit nach Südosten ins Landesinnere. An seinem Ende liegt **Hellemobotn** an der engsten Landstelle Norwegens. Die schwedische Grenze ist von dort nur noch genau 6,3 km entfernt.

Im weiteren Verlauf der Route passiert man **Innhavet** (Gasthaus und erste Tankstelle seit 90 km, seit Straumen), danach ein bewaldetes, seendurchsetztes Hochtal und hat kurz vor der Abfahrt nach **Ulvsvåg** einen schönen Blick nach Hamarøy im Westen.

Hotels zwischen Mørsvikbotn und Skutvik

Praktische Hinweise

Hotels: **Hamarøy/Oppeid**

Hamarøy Gjestegård, 18 Zi., in **Oppeid**, Tel. 75 77 03 05, Fax 75 77 20 30, Cafeteria.

Hamarøy Hotell, 35 Zi., in **Innhavet**, Tel. 75 77 25 60, Fax 75 77 26 22, Restaurant, Sauna, Schwimmbad.

Camping zwischen Mørsvikbotn und Skutvik

Mørsvikbotn
▲ – **NAF-Camping Mørsvikbotn** **, Tel. 75 59 51 18; 1. Juni – 15. Sept.; an der E6, ca. 2 km nördl. des Kobbskaret Tunnels; ebene Wiese in schöner Lage am Fjord; ca. 0,5 ha – 30 Stpl.; Standardausstattung; 9 Miethütten.

Tømmerneset
– **Camping Tømmerneset** ***; Tel. 75 77 29 55; 1. Juni – 1. Sept.; Wiesen zwischen E6 und Sagfjord in schöner Lage; ca. 1 ha – 30 Stpl.; Standardausstattung; 15 Miethütten.

Ulvsvåg
– **Ulvsvåg Fjordcamping og Gjestgiveri** *, Tel. 75 77 15 73; 1. Mai – 30. Sept.; an der Gabelung E6/R81; einfache Campingmöglichkeit bei einem **Gasthaus** mit Fremdenzimmern; naturbelassener schmaler Küstenstreifen unterhalb der Gjestgiveri, unmittelbar am Fjord; ca. 2 ha – 100 Stpl.; einfache Sanitärausstattung; Gasthaus mit Restaurant, ESSO-Tankstelle und Supermarkt nebenan; 20 Miethütten.

Hamarøy/Oppeid
– **NAF Hamarøy Fiskecamping** **, Tel. 75 77 03 95; 1. Jan. – 31. Dez.; an der R81 rund 15 km westlich Ulvsvåg/E6; schräge Wiese am westl. Ortsrand von **Presteid**; ca. 1,5 ha – 80 Stpl.; Standardausstattung; Laden, Imbiß; 16 Miethütten.

ROUTENALTERNATIVE OHNE LOFOTEN-ABSTECHER

Verzichtet man auf den Umweg über die Lofoten und Vesterålen Inseln, folgt man zwangsläufig weiter der E6 und nimmt in **Bognes** die **Fähre nach Skarberget**. Sie verkehrt im Sommer rund um die Uhr etwa alle Stunde. In der übrigen Jahreszeit regelmäßige Abfahrten zwischen ca. 6.30 und 23 Uhr. Fahrzeit 25 Minuten.

Autofähre Bognes - Skarberget

Man kann ab Bognes auch die Fähre nach **Løding** auf den Vesterålen nehmen (etwa alle 1 1/2 Stunden, Fahrzeit 60 Minuten) und von dort zu den Lofoten starten.

schöne Strecke **

Auf der Weiterreise ab Skarberget über die E6, eine herrliche Fahrt durch prächtige Berglandschaft, erreicht man über die Kjerringvik-Brük-

ROUTE 19: MOSJØEN – SVOLVÆR/LOFOTEN

Fähre Bognes – Skarberget

ke, die den Eford überspannt, und über **Ballangen** (*NAF-Camping Ballangen* ****, Tel. 76 92 76 90; 1. Jan. – 31. Dez.; Laden, Imbiss, Restaurant; Fahrradverleih; 50 Miethütten) nach 80 km **Narvik** (siehe Etappe 21, Svolvær/Lofoten – Tromsø).

HAUPTROUTE – FAHRT ZU DEN LOFOTEN

➔ **Hauptroute:** In **Ulvsvåg** zweigt die R81 nach Westen ab. Sie führt über **Oppeid** und **Hamsun** auf die **Insel Hamarøy** mit ihren bizarren Berggipfeln.

In Hamsund kann das Elternhaus des Schriftstellers Knut Hamsun besichtigt werden.

Die Straße endet schließlich nach 36 km in **Skutvik**, einem wichtigen Hafen der Lofotenfähren. ●

Im Sommer verkehren ab **Skutvik Autofähren nach Svolvær** auf der Lofoteninsel Austvågøy und zwar täglich um 6, 9.30, 11.30, 14.45, 17.45, 19.35, 23 und 0.20 Uhr. Fahrzeit rund 2 Stunden. Die Abfahrtszeiten können Änderungen unterliegen! Mit Wartezeiten ist vor allem im Ferienmonat Juli zu rechnen.

Autofähren nach Svolvær auf den Lofoten

Details über Svolvær finden sie auf der nächsten Etappe, Route 20, Lofoten.

275

ROUTE 20: LOFOTEN

20. LOFOTEN

⊙ **Entfernung:** Rundfahrt ca. 380 km.

→ **Strecke:** Über die Straßen E10 und R815 bis **Leknes** – E10 bis **Å** auf der Insel Moskenes – E10 über **Borg** zurück bis **Svolvær**.

🕒 **Reisedauer:** Mindestens ein Tag, besser zwei oder mehr Tage.

⌘ **Höhepunkte:** Die **Küstenlandschaften** und **Fischerorte** von Henningsvær, Stamsund, Ballstad, Nusfjord, Sund und Moskenes – der **Wikingerhof von Borg** ***.

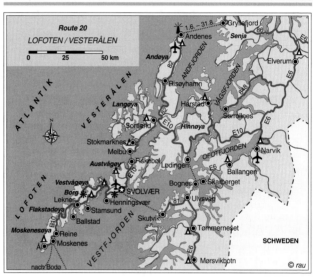

Nähert man sich mit der Fähre der **Inselwelt der Lofoten** – *Lofoten* soll soviel wie „Luchsfüße" heißen – erkennt man bald die bizarren Bergkegel und zackigen Grate der „Lofotwand" aus dem ruhigen, grauen und so fischreichen Meer emporsteigen. Fast anthraziten glänzen die glatten, blanken, steilen Felsen, die höchstens etwas Moos als Vegetation dulden. Das Lofotengebirge zählt zu den ältesten der Welt. Geformt in die uns heute sichtbare Gestalt wurde es vor allem von den Gletschern der letzten Eiszeit vor ungefähr 10.000 Jahren.

die Inseln der Lofoten

Erst um die Jahrhundertwende wurden die sieben großen Inseln der Lofoten – **Røst, Værøy, Moskensøya, Flakstadøya, Vestvågøya, Gimsøya** und **Austvågøya** – richtiggehend besiedelt. Zwar sind bei Ausgrabungen Spuren von 4.000 Jahre alten Siedlungen gefunden worden – auch die Wikinger hatten hier schon Hafensiedlungen, wie die Reste einer Wikingerburg bei Borg auf Vestvågøya oder bei Halsneset (Leknes)

ROUTE 20: LOFOTEN

beweisen – aber von längerem Bestand waren diese Ansiedlungen nicht. Heute leben auf den Lofoten, die ein Territorium von fast 1.230 qkm umfassen rund 25.500 Menschen.

Das Wetter auf den Lofoten und auch auf den nördlich benachbarten Vesterålen ist eine ziemlich wechselhafte Angelegenheit. Lange beständige Wetterlagen gehören zu den Ausnahmen. Klare, sonnige und windstille Tage können rasch mit windigem Nieselwetter wechseln. Und im Winterhalbjahr steigert sich der fast immer gegenwärtige Wind schon mal zum kräftigen Sturm mit Regen oder Schnee. Gerade wenn Sie in den Bergen wandern oder sich mit einem gemieteten Boot ohne ortskundige Begleitung aufs Meer wagen, sollten Sie auf Wetterstürze vorbereitet sein.

Zwar können die Tagestemperaturen auch auf den Lofoten Extremwerte von 30 Grad im Juni und Juli oder –15 Grad im Februar erreichen. Aber ein ausgeprägtes Küstenklima, unterstützt von den positiven Auswirkungen des Golfstroms, sorgt dafür, dass für gewöhnlich die Durchschnittswerte in den genannten Monaten aber kaum über 11 oder 12 Grad hinausgehen bzw. nur wenige Grade unter Null sinken.

In der Regel, aber auch beim Wetter bestätigen Ausnahmen die Regel, soll in der Zeit zwischen April und Juni der wenigste Niederschlag fallen, während es zwischen Oktober und Dezember viel regnet und auch schneit.

Rorbuer-Ferien oder Rorbu-Camping ist eine für die Lofoten und Vesterålen typische Art, die Urlaubstage zu verbringen. Die alten Rorbuer, ehemals ausschließlich für die winterliche Kabeljaufangsaison gebaut, bestand lediglich aus Vorraum für Fanggerät und Vorrat und aus einem kombinierten Wohn-Koch-Schlafraum. Mietrorbuer sind immer noch recht einfache, rustikale Unterkünfte. Aber fließend Wasser, Strom, Kochgelegenheit und Heizung haben sie heute alle.

Wer fern allen Lärms, aller Hektik einmal naturnah Ferien machen möchte, hat auf den Lofoten auch heute noch gute Chancen, ein passendes Fleckchen zum Erholen zu finden.

Svolvær (ca. 4.500 Einwohner) ist der Hauptverwaltungsort der Lofoteninseln und wichtigster Fischereihafen (fischverarbeitende Industrie) der Region.

Zu den wenigen Sehenswürdigkeiten der Stadt zählen das **Rathaus** wegen des Gemäldes von Gunnar Berg „Schlacht im Trollfjord" das im Rathaus hängt, weiter das **Künstlerhaus** (Kunstgalerie regionaler Künstler), die Galerie Konrad, ein Forum für Freizeitmaler und die Felsen „Svolværgeita" (Svolværgeiß), die von der Stadt aus zu sehen sind. Die Felsen, die erst 1910 erstmals bezwungen wurden, gelten unter Bergsteigern als recht schwieriges Klettergebiet.

Es werden **Bootsausflüge** angeboten, von denen die in den schmalen, von steilen, blanken Felsen flankierten **Trollfjord** (legendäre Trolljordschlacht) oder zur Walstation **Skrova** besonders lohnen.

Die **Mitternachtssonne** ist in der Höhe von Svolvær zwischen **28. Mai** und **15. Juli** zu sehen. Und in der Zeit von September bis April ist auf den Lofoten das Phänomen der Nordlichter oft sehr gut zu sehen.

Mitternachtssonne

ROUTE 20: LOFOTEN

LOFOTFISCHFANG

Spätestens seit der Wikingerzeit waren die reichen Fischgründe in den Gewässern um die Lofotinseln bekannt.

Selbst in den kältesten Wintermonaten, wenn in diesen Breiten im Landesinneren klirrender Frost herrscht, sinken die Temperaturen auf den Lofoten kaum einmal unter den Gefrierpunkt. Dank des Golfstroms bleiben die Häfen und Buchten eisfrei und gestatten zwischen Januar und April seit altersher den „Lofotfisket", den bedeutendsten Saisonfischfang des Landes.

Aber bis ins vergangene Jahrhundert kamen viele Fischer im Winter nur sporadisch in die fischreichen Gewässer. Sie zogen weiter, wenn im Frühjahr das Fischvorkommen wieder geringer wurde. Man lebte in den offenen Fangbooten, bzw. nächtigtetn unter den umgedrehten, kieloben liegenden Booten. Denn Siedlungen an Land gab es für die Fischer lange so gut wie nicht. Ein Chronist, der den Lofotfischfang wohl ausgangs des 17. Jh. miterlebt hat schreibt: „Das Elend, das diese armen Leute um ihres Auskommens willen auf sich nehmen ist unbeschreiblich". Und bei aufkommenden Stürmen fanden an einem Tag oft hunderte Fischer ein nasses Grab.

Wohl hatte König Øystein 1103 eine Kirche und 1120 ein paar Rorbu-Hütten in Vågan (Insel Austvågøya) bauen lassen. Dies geschah aber weniger, um die Fischer zu einer Besiedelung der Lofoten zu animieren, als wohl eher, um zu demonstrieren, dass er den Handel und das Steuerwesen hier kontrollierte und nicht die Lokalfürsten und Großgrundbesitzer, die diese profitablen Aufgaben liebend gerne in die eigenen Hände genommen hätten.

Erst im 17. Jh. waren die Fischer durch königliches Dekret und mit ausdrücklicher Unterstützung aus Oslo ermächtigt worden, an den felsigen Gestaden feste Hütten, sog. „Rorbuer", zu errichten. Nun konnte das Fanggerät, die Netze, die Leinen, die

Lofotmuseum
1. 6. - 31. 8. tgl. 9 - 18 Uhr, übrige Zeit bis 15 Uhr. Eintritt.

In **Kabelvåg**, heute eine Gemeinde mit fast 2.000 Einwohnern und ca. 5 km südwestlich von Svolvær gelegen, können Sie das bescheidene, dennoch interessante **Lofotmuseum** besichtigen werden. Dieses Regionalmuseum der Lofoten ist an der Stelle des alten Ortsteils **Storvågan** errichtet. Die Museumsanlage bezieht im Rahmen eines historischen Gehöfts eines „Fischerdorfbesitzers" ein altes Wohnhaus aus dem Jahre 1810 (u. a. mit Schul- und Gesellschaftsraum), Fischerhütten und Bootsschuppen mit einer Sammlung von Nordlandbooten mit ein. Und natürlich ist eine Ausstellung über die Lofotenfischerei zu sehen.

ROUTE 20: LOFOTEN

Kleidung besser gepflegt werden als in den engen, offenen Ruderbooten damaliger Zeit. Und die Fangzeit konnte ausgedehnt werden. Die Erträge stiegen und es entstanden erste feste Siedlungen und Dörfer.

Das Wort „Rorbu" setzt sich übrigens aus zwei Begriffen zusammen, aus „ro" (rudern, zum Fischen hinausrudern) und aus „bu" (wohnen).

Im 18. Jh. wurde das königliche Handelsmonopol gelockert. Nun erwarben reiche Kaufleute und Großgrundbesitzer Grund und Boden, um darauf Fischerdörfer zu gründen. Diese „Landzungenkönige" hatten seit dem Lofotgesetz von 1816 auch das Aufsichts- und Eigentumsrecht am Meer. Erst mit einem neuen Gesetz Mitte des 19. Jh. waren Meer und Fischfang wieder frei, die Fischereiaufsicht eine öffentliche Angelegenheit.

Heute hat der Lofotfischfang nicht mehr ganz die wirtschaftliche Bedeutung wie noch vor dem zweiten Weltkrieg. Aber ein Höhepunkt in der Fangsaison der norwegischen Fischer ist der „Lofotfisket" immer noch. Seit altersher finden sich an den Gestaden der Inseln vor allem im Januar Tausende von Fangbooten ein. Dann nämlich zieht ein unermeßlicher Schwarm von laichbereiten Dorschen, einer Art des Kabeljaus, vom Norden des Eismeers herab an die norwegische Küste, um zu laichen.

Der Lebensraum des Dorsches ist gewöhnlich die Barentssee, nördlich und östlich von Norwegen. Auf den Bänken dieser arktischen Gewässer wächst der Fisch heran. Die geschlechtsreifen Fische ziehen dann südwärts. Bei den Lofoten finden sie vor allem im Vestfjord optimale Verhältnisse, um abzulaichen. Auch für die Entwicklung des Kabeljaulaichs sind dort Temperatur, Salzgehalt des Wassers, reiches Planktonvorkommen und Strömung ideal.

Auch wenn der individuelle jährliche Lofotfischfang kleiner wird, weil der Kabeljau seit Jahren in industriellen Größenordnungen abgefischt wird, was immer deutlicher zur Dezimierung der Kabeljaubestände führt, wimmelt es auch heute noch an einem einladenden Wintertag vor der Küste von Tausenden von Fangbooten. Denn zum Lofotfang kommen die Bauern aus den Tälern mit kleinen Booten ebenso, wie die großen Fischkutter aus Trondheim, Tromsø oder Hammerfest, um Jagd auf Dorsch und Kabeljau zu machen.

In dieser Zeit, von Januar bis April, dienen die „Rorbuer", die oft auf hohen Pfählen auf den Uferfelsen und immer in unmittelbarer Nähe des Wassers stehen, noch ihrem eigentlichen Zweck, nämlich der Unterbringung von Fischern und ihren Fanggeräten. Später, den Sommer über, wenn sich wieder Touristen in diese urtümlich gebliebene Landschaft verirren, werden die Holzhäuschen als Ferienhütten vermietet.

Storvågen war übrigens eines der allerersten Fischerdörfer auf den Lofoten. Hier wurde schon vor über 1.000 Jahren nach Dorsch gefischt und Stockfisch produziert.

Und hier bei Storvågen lagen auch die Anfänge des mittelalterlichen Handelszentrums **Vågar,** die erste Stadt in Nordnorwegen, wie es heißt. Reste der Siedlung wurden vor einiger Zeit ausgegraben.

Im 14. Jh. z. B. machte Stockfisch rund 80% des Exports Norwegens aus, der zu großen Teilen über Vågar lief. Damals bestanden Handelsbeziehungen mit nahezu ganz Europa, was auch zu einem regen Kultur-

ROUTE 20: LOFOTEN

austausch beitrug. Wahrscheinlich schon im Jahre 1103 ließ König Øystein hier die erste Kirche auf den Lofoten und rund zwanzig Jahre später die ersten festen Fischerhütten, die Rorbuer, errichten.

Ganz in der Nähe des Lofotmuseums liegt das neu erbaute **Lofotaquarium** (23 größere und kleinere Aquarien, Seehundbecken, Ausstellungen, Multivisionsshow, Souvenirs, Cafeteria) und die **Galleri Espolin**, in der Arbeiten des Lofotenmalers Kaare Espolin Johnson gezeigt werden.

Schiffsausflug in den Trollfjord ***

Einen der schönsten Ausflüge, die man auf den Lofoten unternehmen kann, ist eine Fahrt mit dem Schiff hinein in den schmalen, herrlichen, von hohen, schroffen Felswänden gesäumten **Trollfjord**, der ein gutes Stück weiter nordöstlich von Svolvær liegt. Die Ausflüge dauern zwischen zweieinhalb und vier Stunden, je nach dem, ob ein Landgang eingelegt wird oder nicht.

Die Ausflugsschiffe verkehren von Anfang Juni bis Mitte August mehrmals täglich ab Svolvær. Tickets und die neuesten Abfahrtszeiten gibt es im Touristenbüro in Svolvær.

Svolvær/Kabelvåg

Praktische Hinweise – Svolvær/Kabelvåg

☎ **Destination Lofoten AS**, Boks 210, 8301 Svolvær, Tel. 76 07 30 00, Fax 76 07 30 01. Geöffnet ganzjährig tgl. 9 - 16 Uhr, Juni +. Aug. tgl. a. So. bis 19.30 Uhr, Juli tgl. bis 21.30. Internet: www.lofoten-tourist.no

Hotels

🛏 Hotels: **Svolvær**

Havly Hotel, 52 Zi., Sjøgt., Tel. 76 06 90 00, Fax 76 06 90 01, Restaurant, Sauna.

Norlandia Royal Hotel Lofoten, 96 Betten, Siv Nilsensgt. 21, Tel. 76 07 12 00, Fax 76 07 08 50, Restaurant.

Rainbow Vestfjord, 63 Zi., Havna, Tel. 76 07 08 70, Fax 76 07 08 54, Restaurant.

Rica Hotel Svolvær, 147 Zi., Tel. 76 07 22 22, Fax 76 07 20 01, Restaurant.

Svolvær Best Western, 24 Zi., Austnesfjordgata 12, Tel. 76 07 19 99, Fax 76 07 09 09, Restaurant. – Und andere Hotels.

Kabelvåg
Kabelvåg Hotell, 28 Zi., Tel. 76 07 88 00, Fax 76 07 80 03, Cafeteria.
Nyvågar Rorbuhotell, 30 Rorbuer mit je 2 Zimmer, Stube, Küche Bad, Tel. 76 06 97 00, Fax 76 06 97 01, modern eingerichtete Fischerhütten, teuer.
Ørsvågvær Hotel, 16 Zi., Tel. 76 07 81 80, Fax 76 07 83 37.

Jugendherberge

Lofoten Sommerhotell, Kabelvåg, 53 Zi., 91 Betten, Tel. 76 06 98 98, geöffnet 25. Mai bis 15. August.

Camping

Kabelvåg
▲ – **NAF Sandvika Fjord og Sjøhuscamping *****, Tel. 76 07 81 45; 1. Jan. – 31. Dez.; ca. 9 km westl. Svolvær beschilderter Abzweig von der E10 und ca. 1 km unbefestigte Straße; mehrere kleine, teils unebene Wiesenstücke zwischen hohen Felsriegeln in schöner Lage am Meer; ca. 3 ha – 60 Stpl.; Standardausstattung; 21 Miethütten ** - ****.

– **NAF-Camping Ørsvågvær *****,Tel. 76 07 81 80; 1. Jan. – 31. Dez.; ca. 9 km westl. Svolvær beschilderter Abzweig von der E10 und ca. 1 km unbefestigte Straße; im Rahmen des Lofoten Turist- og Rorbusenter mehrere kleine Wiesenstücke zwischen hohen Felsriegeln in ausgesprochen schöner Lage

ROUTE 20: LOFOTEN

Henningsvær

am Meer; ca. 2 ha – 100 Stpl.; Standardausstattung; öffentliches Hallenbad; 33 Miethütten. **Motel**.

Sandsletta
– **NAF-Camping Sandsletta *****, Tel. 76 07 52 57; 1. Apr. – 30. Sept.; ca. 15 km nördlich von Svolvær Abzweig von der E10 westwärts und noch ca. 10 km; Wiesengelände; ca. 2 ha - 80 Stpl.; Standardausstattung; Laden, Fahrradverleih; 15 Miethütten ** - ****.

Laukvik
– **Camping Skippergården**, Tel. 76 07 51 97; 1. Jan. – 31. Dez.; ca. 15 km nördlich von Svolvær Abzweig von der E10 westwärts und noch ca. 18 km; kleiner Platz teils auf Wiesen, teils auf geschotterter Fläche, von Felsen umrahmt, am Ortsrand von Laukvik, das sehr abgeschieden an der Westküste der Lofoteninsel liegt; ca. 0,8 ha – 15 Stpl.; bescheidene, aber funktionelle Sanitärs. 5 Miethütten.

ABSTECHER NACH SÜDEN, EMPFEHLENSWERT!

☑ *Mein Tipp!* Für einen **Abstecher** auf der E10 hinunter nach **Reine** oder gar bis **Å** auf der Insel Moskenesøya sollten Sie sich auf alle Fälle Zeit nehmen. Durchgehende Straßenverbindung ohne Fähren. Mautpflicht am Nappastraumtunnel. Sehen Sie für den Abstecher mindestens einen ganzen Tag vor.

➔ **Route:** Schon 15 km westlich von Svolvær, nach dem Straßentunnel, sollte man von der E10 südwärts auf die R816 abzweigen. Nach 6 km erreicht man **Henningsvær**. ●

Der Fischerort **Henningsvær** liegt hübsch auf einer Insel, die über zwei Brücken zu erreichen ist. Der Ort läßt sich auch gerne als „Venedig der Lofoten" bezeichnen. Nun ja. Besichtigen kann man die **Galerie Karl**

ROUTE 20: LOFOTEN

Erik Harr und eine Sammlung mit Werken von Nordlandmalern, der eine Ausstellung von Fotografien mit Lofotenmotiven aus den Anfängen des 20. Jh. angeschlossen ist. Außerdem wartet Henningsvær mit einer Ausstellung der ortsansässigen Glasbläserei auf.

An den Brücken nach Henningsvær sieht man übrigens große Fischtrockengestelle, die noch Anfang Juni üppig mit Dorsch bestückt sein können.

➔ **Route:** Zurück zur E10. Die Hauptstraße E10 führt bei **Kleppstad** auf einer Brücke über den Gimsøystraumen auf die **Insel Gimsøya** und schon wenige Kilometer weiter über die Sundklakkstraumen-Brücke auf die **Insel Vestvågøya**. Folgen Sie nach der Brücke der Straße R815 über **Strandslett** und **Stamsund** nach **Leknes**. ●

Lyngvær
Wohnmobilcamping

▲ – **Lofoten Bobilcamp,** Tel. 76 07 87 80, Anf. Apr. – Ende Sept.; ca. 20 km westlich Svolvær, unterhalb der E10 in schöner aussichtsreicher Lage am Gimsøya Straumen; breite, flache Terrassen mit geschotterten Stellplätzen; ca. 5 ha – 100 Stpl.; gute Standardausstattung mit zeitgemäßen, aber etwas knapp bemessenen Sanitärs; Laden, Einrichtungen für Angler.

schöne Fahrt
über die
Küstenstraße
nach Leknes

Die Fahrt über die Straße R815 ist eine überaus ansprechende Reise durch die von mächtigen Felsen übersäte Küstenregion. Vor allem der Blick vom Straßenknie bei **Sandvikneset** über den Rolvsfjord nach Stamsund im Südwesten ist sehr reizvoll.

Bei ausreichend zur Verfügung stehender Zeit können Sie nach **Stamsund**, einem hübschen Lofotendorf und wichtigen Fischereihafen, abzweigen.

Malerisch ist die Landschaft auch bei **Steine**, mit Fischerbooten und Rorbuer vor der türmenden Bergkulisse.

In einer weiten Talfläche breitet sich **Leknes** aus. Die weit verstreute Gemeinde an der E10 ist Handels- und Verwaltungszentrum der Großgemeinde Vestvågøya.

Von hier sollte auf alle Fälle ein Abstecher südwärts über die R818 nach **Ballstad** eingeschoben werden, 19 km einfache Strecke. Die Küstenszenerie ist sehr reizvoll und Ballstad selbst zählt zu den hübschesten Fischerdörfern auf den Lofoten. Schöne, malerische Anlegestege mit urigen Rorbuer.

Leknes, Hotel

Praktische Hinweise

Leknes

🛏 Hotels: **Norlandia Lofoten Hotell,** 60 Zi., Tel. 76 08 08 25, 76 08 08 92, Restaurant.

Camping

Strandslett

▲ – **NAF Brustranda Sjøcamping,** Tel. 76 08 71 00; Anf. Jan. – Ende Dez.; an der R815, ca. 15 km nördl. Stamsund; Wiesenstreifen mit 21 Miethütten; ca. 1 ha – 40 Stpl.; 21 Miethütten.

ROUTE 20: LOFOTEN

Borg

Stamsund
– **Camping Storfjord *****, Tel. 76 08 68 04; 1. Jan. – 31. Dez.; ca. 9 km östl. Leknes, am Abzweig der R817 nach Stamsund; ca. 1 ha – 50 Stpl.; Standardausstattung; 11 Miethütten.

Später, wenn Sie wieder auf dem Rückweg nach Svolvær sind, nehmen Sie ab Leknes die E10 nordwärts. Nach rund 14 km passieren Sie auf diesem Wege **Borg**. Dort können Sie das **Wikingermuseum Lofotr** besichtigen.

Borg
Wikingermuseum
**

Ende Mai - 31. Aug. tgl. 10 - 19 Uhr. Eintritt.

Zwischen 1983 und 1989 wurden hier auf einer Anhöhe oberhalb der Straße die Reste eines nordnorwegischen Herrscherhofes aus der Eisenzeit ausgegraben. Die Funde sorgten damals für Aufsehen, hatte man doch Fragmente eines Häuptlingshofes in Form 83 m langen Wikingergebäudes freigelegt, das als größte seiner Art gilt, das je entdeckt worden ist. Die wissenschaftlichen Untersuchungen ergaben, dass der Häuptlingssitz wohl um 500 n. Chr. angelegt worden ist und rund 400 Jahre lang bis um 900 bewohnt war. Der letzte Hausherr von Borg soll Olaf Tvennembruni gewesen sein, der sich wohl wegen Streitigkeiten lieber nach Island verzog.

In einem originalgetreu rekonstruierten Wikingerhaus, das mit seinem riesigen Schindeldach aussieht, wie ein kieloben liegendes Wikingerboot, erhält man Einblick in die Kulturgeschichte der Wikinger. Wie das Original ist auch die Rekonstruktion in fünf große Räume aufgeteilt, den Wohnraum, die Eingangshalle, die Gildhalle, das Lager und den Stall, der fast die Hälfte des Gebäudes einnimmt. Im Wikingerhaus sind Grabungsfunde ausgestellt, die in der Nähe gemacht wurden.

Zum Museum gehört auch ein Nachbau eines Wikingerschiffes, dem das Gokstadschiff als Vorlage gedient haben soll. Das Schiff liegt ein

ROUTE 20: LOFOTEN

gutes Stück vom Museum entfernt. Auf diesem Wikingerschiff können Sie in der Zeit vom 15. Juni bis 15. August eine zünftige Ruderfahrt mitmachen. Das Schiff legt in dem angegebenen Zeitraum jeden Tag um 14 Uhr ab, außer bei schlechtem Wetter.

➔ **Route:** Von Leknes über **Lilleeidet** und durch den mautpflichtigen Nappstraumentunnel, der unter dem Sund hindurch auf die **Insel Flakstadøya** führt. Die Straße E10 endet schließlich nach rund 50 km in **Å** auf Moskenesøya, dem südwestlichsten per Straße erreichbaren Ort auf den Lofoten und wohl auch dem Ort mit dem denkbar kürzesten Ortsnamen. ●

malerisch, das Fischerdorf Nusfjord **

Bei **Kilanplass** kann man südwärts nach **Nusfjord** fahren. Das sehr malerisch zwischen Felsen gelegene Fischerdorf mit seinen traditionellen Fischerunterkünften und dem hübschen Gasthof Oriana Kro steht auf der UNESCO-Liste der erhaltenswerten Kulturdenkmäler.

Fischereimuseum
1. 6. - 20. 8. 10 - 18 Uhr. Eintritt.

Später sollte man bei der Kåkern-Brücke noch zum **Fiskerimuseum** von **Sund** abzweigen. Das kleine, aber recht interessante, 1964 aus einer privaten Sammlung entstandene Museum befaßt sich mit der Motorisierung und Instandhaltung von Fischkuttern in den vergangenen 100 Jahren. Technikfreunde können z. B. alte Schiffsdiesel in Betrieb sehen und hören. Außerdem gibt es ein Bootshaus mit Nordlandbooten und Zubehör, eine Kunstschmiede mit Galerie (Kongeskarven, Königskormoran Skulptur) und in einer Fischerhütte ein „Raritätenkabinett".

Der alte Handelsort und Fischereihafen **Reine** auf der **Insel Moskenesøya** ist bekannt für seine malerische Umgebung.

Puppenmuseum *
Anf. Juni - Ende Aug. tgl. 10 - 120 Uhr. Mai + Sept. Sa. + So. 12 - 17 Uhr. Eintritt.

Besichtigen kann man z. B. **Dagmars Puppen- und Spielzeugmuseum**, Sakrisø. In der Ausstellung mit mehr als 1.500 Puppen, Teddys aus der Zeit von 1860 bis 1965 können Sie „eine Reise zurück in die Kindheit" machen.

Bootsausflüge von Reine

Ab Reine wird eine ganze Reihe von **Bootsausflügen** angeboten. Sie können wählen zwischen Touren wie

– „Fischer für einen Tag" (Dauer 4 Stunden), auf denen Sie selbst mit Handleinen Ihr Glück als Lofotfischer versuchen können,

– oder einer Tour durch den berühmt-berüchtigten Mahlstrom und um die Südspitze der Insel Moskenes herum an die Westseite der Insel und dort auf einer Wanderung von rund 45 Minuten Dauer zur 115 m tiefen **Refsvik-Höhle** mit mehr als 3.000 Jahre alten Höhlenmalereien (Dauer 6 Stunden),

– oder einer Tour in den **Reinefjord** (Dauer 4 bis 5 Stunden), der mit seinen steil abfallenden Bergen, Wasserfällen und kleinen Gehöften zu einem der schönsten Fjorde in Norwegen zählt. Auf dieser Tour wird in Vindstad an Land gegangen und eine Wanderung von einer Stunde durch den so gut wie verlassenen Ort Vindstad nach Bunes an der Nordseite der Insel eingelegt.

Die meisten der Bootsausflüge werden im Sommer zwischen 1. Juni und 30. August angeboten. Die Touren starten, wenn das Wetter es erlaubt, täglich in Reine vom Pontonanleger Sverdrup meist um 12 Uhr mittags. Bei Interesse sollten Sie sich nach den neuesten Daten und Preisen im Touristenbüro in Moskenes erkundigen, Tel. 76 09 15 99.

ROUTE 20: LOFOTEN

Nusfjord

☑ *Mein Tipp!* Auch wenn das Wetter noch so einladend sein sollte, sollten Sie sich davon nicht täuschen lassen, wenn Sie an einem Schiffsausflug teilnehmen wollten. Auf dem Meer kann es empfindlich kalt werden. Schnell kann ein Regenschauer hereinbrechen. Und windig ist es immer. Nehmen Sie also unbedingt immer warme, wind- und regendichte Kleidung, eine Kopfbedeckung, evtl. einen Schal und Handschuhe mit! Und auch warme Schuhe. Griffige Gummisohlen sind auf den gelegentlich nassen Decks von Vorteil. Viele der Ausflugsboote bieten zwar die Möglichkeit, sich unter Deck wieder etwas aufzuwärmen. Die wenigsten Schiffe verfügen aber über eine Cafeteria oder etwas ähnliches. Sie sollten also etwas leichtes zu essen und vor allem etwas warmes zu trinken dabeihaben. Und wenn Sie anfällig für die Seekrankheit sind, sollten Sie vorsorgen. Es gibt da zwischenzeitlich gute Medikamente, z. B. Kautabletten oder etwas ähnliches.

Übrigens: Angeln ist auf dem offenen Meer vom Ufer und vom Boot aus erlaubt und kostenfrei. Angeln in Binnengewässern ist dagegen nur mit Angelschein und in den freigegebenen, nicht verpachteten Gewässern erlaubt.

Moskenes (Touristeninformation, Tel. 76 09 15 99) ist ein wichtiger Fährhafen auf den Lofoteninseln mit regelmäßigen Verbindungen nach Værøy, Røst und Bodø.

In **Sørvågen** können Sie im **Norwegischen Telekommunikationsmuseum** vorbeischauen. Die Ausstellungen „Dorsch, Telegraf und Telefon" dort befassen sich z. B. mit der leitungsgebundenen Telegrafie, mit der Funktelegrafie und mit der Funktelefonie.

Telekommunikationsmuseum
20. 6. - 15. 8. 16 - 19 Uhr. Eintritt.

ROUTE 20: LOFOTEN

Trockenfisch

Norwegisches Fischerdorfmuseum Å **
Mo. - Fr. 9 - 16 Uhr, Ende Juni - Ende Aug. tgl. 11 - 17.30 Uhr.
Eintritt, gilt auch fürs Trockenfischmuseum

das einzige Stockfischmuseum der Welt *
Anf. Juni - Ende Aug. tgl. 11 - 17.30 Uhr. Eintritt, gilt auch für Fischerdorfmuseum

Der Ort **Å** „am Ende der Welt" hat in der Ortsmitte einige alte Häuser aus der Mitte des 19. Jh. aufzuweisen. Außerdem ist in Å das **Norwegische Fischerdorfmuseum Å** sehenswert, einer der wenigen alten Handelsorte der Lofoten, der in seiner ursprünglichen Form erhalten blieb. Man sieht u. a. die älteste Trankocherei ganz Norwegens. Und wenn Sie noch zu der Generation gehören, die in ihrer Kindheit mit Lebertran „verwöhnt" worden ist, dann können Sie sich hier gleich mit frischem Nachschub versorgen. Zum Museum gehören auch Fangboote, Bootshäuser und Gebäude mit Gerätschaften zur Fischverarbeitung und vieles mehr. Das Museum veranstaltet auch Rundgänge durch das Museumsdorf und Angeltouren mit typischen Nordlandbooten.

Im **Lofoten Tørrfiskmuseum**, dem Trockenfischmuseum der Lofoten und einzigem Stockfischmuseum der Welt, erfahren Sie alles über die Herstellung und den Verkauf von Trockenfisch, Norwegens ältestem Exportartikel. Sie werden sehen, mit welchen Gerätschaften und mit welchen Methoden Salzfisch, Klippfisch, Stockfisch in Prima-Qualität oder in Sekunda-Qualität hergestellt wird, wie man Fische „sperrt", sprich zwei und zwei zusammenbindet, wozu die getrocknet sehr bizarr wirkenden Dorschköpfe verwendet werden oder wie man einen Königsdorsch zum „Wetterpropheten" macht und vieles mehr.

In vielen Ländern, besonders in Portugal zum Beispiel, ist Trockenfisch (Stockfisch, Klippfisch), den man dort als Bacalhau kennt, zum Nationalgericht geworden. Man sagt, die portugiesische Küche kenne 365 Bacalhaurezepte und Gerichte, für jeden Tag des Jahres eines.

Bergwandern auf Moskenes **

Auf der Insel Moskenes bietet sich dem **Bergwanderer** eine ganze Reihe, teilweise recht anspruchsvoller Touren, meist Tagestouren zwischen vier und sieben Stunden Gehzeit. Die meisten der Routen sind mit

ROUTE 20: LOFOTEN

Steinpyramiden markiert. Es gibt einige einfach ausgestattete Schutzhütten ohne Bewirtung.

Eine mit Steinpyramiden markierte und als mittelschwer eingestufte Tour ist der Weg von Sørvågen nach Munkebu. Die Route führt von Sørvågen hinauf zum See Studalsvann, weiter Richtung Tridalsvann-See und Fjerddalsvann-See, von dort hinauf auf die Djupfjordheia und schließlich nach Munkebu. Dauer nach Munkebu und zurück 5 Stunden. Es werden auch geführte Touren angeboten, Infos unter Tel. 76 09 15 99.

Südlich des berggezackten Eilands Moskenesøya fließt der **Moskenstraumen**, der seit altersher gefürchtete **Mahlstrom**, den Jules Verne in seinem Roman „Reise zum Mittelpunkt der Erde" erwähnt und der durch Erzählungen Edgar Allan Poes über den Kreis der Seeleute hinaus bekannt wurde.

Südlich von Moskenesøya liegen die Vogelinseln **Værøy** und **Røst** im offenen Atlantik. Die Inseln sind ab Reine oder ab Bodø per Schiff zu erreichen. Værøy und Røst sind bekannt als Brutfelsen für viele Seevogelarten. Vor allem Papageientaucher (Lundevögel), Kormorane, Thordalken, Möwen und Eiderenten und sogar Seeadler können hier beobachtet werden. Allerdings wird auch berichtet, daß die Papageientaucher in den vergangenen Jahren wegen Nahrungsmangel nicht mehr so eifrig gebrütet haben, wie in den langen Jahren zuvor.

Camping

Fredvang

🖺 *Mein Tipp!* ▲ – **Strand og Skjægårdscamping** ***, Tel. 76 09 42 33, www.lofoten-info.no/fredcamp.htm. 20. Mai – 15. Sept. Beschilderter Abzweig von der E10 bei Finnbyen, nordwestwärts noch knapp 4 km teils über Sundbrücken, letzter Teil der Zufahrt nur einspurig. Sehr schön gelegener Platz am Meer in herrlicher, abgeschiedener Umgebung. Fast ebenes Wiesengelände an einem breiten weissen Sandstrand; ca. 4 ha – 100 Stpl.; gute Standardausstattung. Laden. Ver- und Entsorgunseinrichtung für Wohnmobile.

Ramberg
– **Ramberg Camping, Hyttesenter og Gjestgiveri** **, Tel. 76 09 31 40; Anf. Mai – Mitte Sept.; ca. 2 ha – 50 Stpl.; Laden, Cafeteria; 10 Miethütten.

Sørvågen
– **Camping Moskenesstraumen** **, Anf. Mai – Mitte Sept.; an der E10; ca. 1,5 ha – 50 Stpl.; Standardausstattung; Laden, Imbiß; 12 Miethütten.

Å
– **Camping Å**, einfache Stellmöglichkeit für Wohnmobile und Caravans auf ebener Geländenische am Meer, im Ortsbereiche am Ende der E10, Platz für max. 10 - 15 Wohnmobile.

Wohnmobilstellplatz

Jugendherberge: **Å Vandrerhjem Hennumgården og Rorbuer**, 8392 Sørvågen, Tel. 76 09 12 11; Anf. Jan. – Ende Dez.; 26 Betten. E-mail: aa-hamna@lofoten-info.no

Jugendherbergen

Insel Værøy
Jugendherberge: **Langeodden Rorbucamping/Vandrerhjem**, 8063 Værøy, Tel. 76 09 53 75; Mitte Mai – Mitte Sept.; 46 Betten.

Insel Røst
Jugendherberge: **Røst Vandrerhjem**, 8064 Røst, Tel. 76 09 61 09; 1. Mai – 30. Aug.; 46 Betten.

ROUTE 21: SVOLVÆR/LOFOTEN – TROMSØ

21. SVOLVÆR/LOFOTEN – TROMSØ

⊙ **Entfernung:** Rund 530 km, ohne Abstecher, + 1 Fähre.
Abstecher von Strand nach Andenes ca. 100 km einfach.
Abstecher von Bjerkvik nach Narvik 32 km einfach.

➔ **Strecke:** Über die E10 bis **Fiskebøl** – Fähre nach **Melbu** – E10 bis Sortland/Strand – Abstecher nach **Andenes** – E10 bis **Bjerkvik** – Abstecher auf der E6 bis **Narvik** – E6 bis **Nordkjosbotn** – E8 bis **Tromsø**.

⇔ **Abstecher** nach **Andenes** (Seite 291).

⇔ **Abstecher** nach **Narvik** (Seite 294).

🕒 **Reisedauer:** Mindestens ein Tag, besser zwei Tage.

✣ **Höhepunkte:** Die **Landschaften der Lofoten und Vesterålen** – das **Hurtigrutenmuseum** in Stokmarknes – **Walsafari** in Andenes – die Stadt **Tromsø** **.

Autofähre nach Melbu

Route 21
SVOLVÆR – TROMSØ

➔ **Route:** Von Svolvær über die E10 nordwärts bis zum **Fährhafen Fiskebøl.** •

Auf dem Weg nach Fiskebøl genießt man eine wunderschöne Aussicht auf herrlich bizarre Berge und, etwa 16 km nördlich von Svolvær, auf die am Ende einer Landzunge mitten im Austnesfjord gelegene **Sildpollen Kapelle**. Der Weiler Sildpollen wird übrigens in verschiedenen Romanen von Knut Hamsun erwähnt.

Ab **Fiskebøl** mit der **Autofähre** über den Hadselfjord nach **Melbu** auf der **Insel Hadseløya**, die bereits zum Archipel der Vesterålen gehört. Die Fähren verkehren zwischen ca. 6.40 Uhr und ca. 22.30 Uhr (im Hochsommer bis 01 Uhr) im Abstand von ca. 1 1/2 Stunden. Fahrtdauer 25 Minuten.

Zu den eher bescheidenen Sehenswürdigkeiten von Melbu zählen das **Norwegische Fischindustriemuseum** (Aus-

Sund, Lofoten

⇦⇦ der Låtefossen   ⇦ auf den Lofoten bei Svolva

Fischtrockengestell auf Vestvågøy, Lofoten

Vogelfelsen, Nusfjord, Lofoten

Mitternachtssonne bei Hammerfest ⇨

Wohnmobilstellplatz, Lofoten

Eismeerkathedrale, Tromsø

das Nordkap

ROUTE 21: SVOLVÆR/LOFOTEN – TROMSØ

stellung „Vom Fischgrund in den Mund"), das im Hauptgebäude der ehemaligen Heringsöl- und Heringsmehlfabrik Neptun eingerichtet ist und das **Vesterålen Museum**. Dieses Regionalmuseum ist in einem großen Vesterålengehöft, dem historischen Melbo Hovedgård mit einem Herrenhaus aus dem 19. Jh. eingerichtet. Zum Museum gehört eine Garten- und Parkanlage und die Kunstabteilung „Galleri Rødgården" in der Ortsmitte. Interessant die Multivisions- und Videopräsentationen.

Blick über den Austnesfjorden zur Sildpollen Kapelle, Lofoteninsel Austvågøy

◪ Hotels: **Melbu Best Western Hotel**, 59 Zi., Tel. 76 15 90 00, Fax 76 15 92 50, Restaurant.
Jugendherberge: **Melbu Turistheim Vandrerhjem**, 100 Betten, P. A. Kvaalsgt. 5, 8491 Melbu, Tel. 76 15 71 06, ganzjährig geöffnet.

Melbu Hotels, Jugendherberge

→ **Route:** Ab Melbu führt unsere Route weiter auf der E10 nach **Stokmarknes**. ●

Stokmarknes ist ein alter Handelsort am Langøysund. Im Hafen sieht man am Anleger der Hurtigrutenschiffe ein Denkmal für Richard Whit. Er war der legendäre Gründer der Reederei der Hurtigruten, die heute noch ihren Hauptsitz in Stokmarknes hat.

Richard Bernhard Whit gründete 1881 in Stokmarknes die Reederei „Vesterålens Dampskibsselskab". Zwölf Jahre später, am Sonntag, den 2. Juli 1893, legte die D/S „Vesterålen" unter dem Kommando von Richard Whit höchstpersönlich in Trondheim zur ersten Hurtigrutenfahrt nach Hammerfest ab. Damals machte das Schiff Station in elf Häfen. Heute verkehren 11 Schiffe der Hurtigruten ganzjährig zwischen Bergen und Kirkenes und laufen dabei jeweils 35 größere und kleinere Küstenorte an.

ROUTE 21: SVOLVÆR/LOFOTEN – TROMSØ

Hurtigruten Museum
15. 6. - 15. 8. 10 - 18 Uhr, übrige Zeit 14.30 - 15.30 Uhr. Eintritt.

Im modernen „Haus der Hurtigruten", W. D. Halsgata 1, Tel. 76 15 28 22, ganz in der Nähe des Hafens, können Besucher im **Hurtigruten Museum** auf drei Etagen die Geschichte der Reederei und ihrer Schiffe nachvollziehen. Ausgestellt sind Gemälde, Schiffsmodelle, Inneneinrichtungen, Bild- und Tondokumente. Und es gibt eine Tonbildschau von 20-minütiger Dauer. Vor dem Gebäude kann man die M/S „Finnmarken" ein klassisches Hurtigrutenschiff, Baujahr 1956, in seiner vollen Pracht und Größe bestaunen (separater Eintritt).

Ausflug mit einem Hurtigrutenschiff in den Trollfjord

Wenn Sei etwas Zeit übrig und Lust auf eine Fjordfahrt haben, können Sie ab Stokmarknes, Abfahrt täglich um 15.30 Uhr (oder um 13.15 Uhr ab Sortland), einen **Ausflug mit einem Hurtigrutenschiff** durch den malerischen **Raftsund** und vorbei am faszinierenden **Trollfjord** nach **Svolvær** (Ankunft gegen 19 Uhr) unternehmen. In Svolvær haben Sie drei Stunden Aufenthalt und fahren (täglich außer Samstag) um 22 Uhr mit dem Bus ab Markt Svolvær zurück nach Stokmarknes, Ankunft 23.30 Uhr. Erkundigen Sie sich nach Einzelheiten und Preisen im „Haus der Hurtigruten".

Stokmarknes Camping

▲ – **NAF-Camping Stokmarknes ****, Tel. 76 15 20 22; 1. Juni – 31. Aug.; knapp 1 km vom Fähranleger, Zufahrt von der E10; kleiner Übernachtungsplatz in einem Birkenhain unterhalb eines steilen Hügels; 0,4 ha – 25 Stpl.; Standardausstattung; 8 Miethütten **.

→ **Hauptroute:** Ab Stokmarknes führen zwei Sundbrücken nach **Skagen** auf der **Vesterålen-Insel Langøya**. 25 km weiter liegt **Sortland**. •

Sortland

Praktische Hinweise – Sortland

☎ **Vesterålen Reiseliv**, Turist Informasjon, Postboks 243, Kjøpmannsgata 2, 8401 Sortland, Tel. 76 11 14 80. Ganzjährig geöffnet. Internet. www.nordlandresieliv.no/vesteraalen

Hotels

🛏 Hotels: **Sortland Nordic Hotel**, 79 Zi., Vesterålsgt. 59, Tel. 76 10 84 00, Fax 76 10 84 01, Restaurant, Sauna.
Strand Hotel Sortland, 37 Zi., Strandgt. 34, Tel. 76 12 28 88, Fax 76 12 29 18, Restaurant, Parkplatz, Fahrradverleih. – Und andere Hotels.

Camping

▲ – **NAF Sortland Camping og Motell ******, Tel. 76 12 13 77; Anf. Jan. – Ende Dez.; im Ortsbereich; ca. 2,5 ha – 50 Stpl.; einfache Standardausstattung; Laden, Cafeteria; 25 Miethütten ** - ****. **Motel**.

ABSTECHER AUF DIE INSEL BØ

Ab Sortland ist ein Abstecher über die R820 westwärts auf die **Insel Bø** möglich.

Schon nach knapp 10 km kann man in **Jennestad** Halt machen und sich den **Alten Handelsplatz** ansehen.

Später kann man in Malnes nordwärts ins rund 9 km entfernte **Nykvåg** abzweigen. Nykvåg ist ein kleines, hübsches und recht fotogenes Fischerdorf mit einem Vogelfelsen mitten im Dorf.

ROUTE 21: SVOLVÆR/LOFOTEN – TROMSØ

die „Finnmarken" ist heute Teil des Hurtigrutenmuseums in Stokmarknes

Rund 70 km südwestlich von Sortland kommt man, fast am Ende der Straße R820, nach **Steine**. Dort sind frühgeschichtliche Denkmäler wie eisenzeitliche **Grabhügel** auf der kleinen Insel Svinøy, **Steingräber** bei **Føre** und das **Heimatmuseum** in **Vinje** über die Fischerei- und Landwirtschaftsgeschichte der Region zu besichtigen.

Auf dem Weg nach Steine zweigt 17 km westlich von Sortland die Straße R821 nordwärts ab. Die Straße führt über **Myre** und endet nach rund 40 km in **Stø** mit prächtiger Sicht aufs offene Meer.

▲ – **Stø Bobilcamp**, Tel. 76 13 25 30; 15. Mai – 1. Sept.; kleiner, fast ebener, für Wohnmobile eingerichteter Platz mit geschotterten Stellflächen, sehr ansprechend gelegen, mit Sicht aufs Meer; ca. 0,5 ha – 30 Stpl.; gute Sanitärs; Laden, Cafeteria. 8 Miethütten.

Stø Bobil Camping

➜ **Hauptroute:** Die E10, auch als „König-Olav-Strasse" bekannt, passiert bei **Sortland** über eine Bogenbrücke den Sortlandsund und führt quer über die Insel Hinnøya ostwärts, um nach 165 km in **Bjerkvik** auf die E6, Norwegens Hauptverkehrsader nach Norden, zu stoßen. ●

ABSTECHER NACH ANDENES

⇔ **Abstecher:** Nach der Brücke zwischen Sortland und Sand bietet sich Gelegenheit die E10 zu verlassen und auf der R82 über Forfjord (Camping), **Buknesfjord** (*Andøy Friluftsenter*, Stellplätze für Wohnmobile, Hütten, Restaurant), Risøyhamn und **Åse** nord-

Andenes Stellplätze

ROUTE 21: SVOLVÆR/LOFOTEN – TROMSØ

wärts auf die **Insel Andøya** zu fahren. Nach rund 100 km erreicht man **Andenes**. •

Andenes liegt am äußersten Nordende der **Insel Andøya**. Viel Abwechslung bietet der 100 km weite Weg nach Andenes nicht gerade, außer ein paar schönen Landschaftsbildern entlang des Gavlefjords vielleicht.

Andenes, eine ehemals holländische Walfangstation, ist heute Luftwaffenstützpunkt und bietet außer seiner abgeschiedenen Lage keine besonderen touristischen Raritäten.

Walsafari ab Andenes

Allerdings hat das dem norwegischen Festland weit vorgelagerte Städtchen den Vorteil, dass sich in den Gewässern in der Nähe regelmäßig und gerne Wale, meist männliche Pottwale, aufhalten. Bootstouren hinaus zu den Walgründen sind zur größten Touristenattraktion in Andenes geworden.

Seit 1988 werden im Sommerhalbjahr, etwa zwischen Ende Mai und Mitte September, ab Andenes sog. Walsafaris angeboten. Die Ausflüge starten in diesem Zeitraum täglich um 10.30 Uhr, soweit das Wetter es erlaubt. Jeder Teilnehmer erhält eine Tablette gegen Seekrankheit, zur Vorbeugung, wie der Veranstalter meint. Nach einer Schifffahrt von etwa einer Stunde hinaus auf den Atlantik – übrigens eine ziemlich kalte Angelegenheit, auf die Sie sich kleidermäßig entsprechend einstellen sollten – können Sie mit etwas Glück Pottwale zu Gesicht bekommen. Und vielleicht werden Sie nach einer Walsafari Herman Melvills Beschreibung von Walen bestätigen können, der in seinem legendären Walfängerroman „Moby Dick" u. a. schreibt: „Der schwimmende Wal strahlt eine stille Freude aus, eine friedliche, mächtige Ruhe." Die Bootstouren dauern vier bis fünf Stunden. Infos bei Hvalsafari AS, Postboks 58, Tel. 76 11 56 00. Internet: www.whalsafari.com.

Walzentrum
25. 5. - 15. 9 tgl.
8.30 - 16 Uhr,
Mitte Juni - Mitte
Aug. bis 19.30 Uhr.
Eintritt.

Vieles über Wale und Walforschung erfahren Sie im **Walzentrum** in Andenes. Interessant ist die Ton-Dia-Schau. Cafeteria. Souvenirladen.

Polarmuseum
10. 6. - 31. 8. tgl.
10 - 18 Uhr.
Eintritt.

Wer sich für die Erforschung der polaren Regionen interessiert, sollte im **Polar- og Fiskerimuseet** in Andenes vorbeischauen. Einer der Mitbegründer des Museums war Hilmar Nøis (1891 – 1975). Nøis, der 1909 im Alter von 18 Jahren das erste Mal auf Spitzbergen überwinterte, konnte später auf insgesamt 38 Überwinterungen in Svaldbard/Spitzbergen zurückblicken. Und noch heute ist man in Norwegen davon überzeugt, dass Spitzbergen keiner so gut kannte wie Hilmar Nøis.

Nur im Juni und Juli ist das **Nordlichtzentrum HISNAKUL** für Besucher zugänglich (Themen: Nordland Kulturgeschichte, Seevögel, Nordlicht, Fischfang).

ROUTE 21: SVOLVÆR/LOFOTEN – TROMSØ

Der markante und weithin sichtbare 40 m hohe Leuchtturm **Andenes Fyr,** der seit 1859 den Seeweg sichert, kann nur auf Führungen nach Vereinbarung (Info im Polarmuseum) bestiegen werden (148 Stufen).

Autofähre nach Gryllefjord

Seit 1996 besteht im Sommer ab Andenes eine **Fährverbindung nach Gryllefjord** auf der Insel Senja, was die Weiterreise ab Andenes nach Norden vereinfacht. Die ziemliche betagte Autofähre verkehrt gewöhnlich von Ende Mai bis Ende Juni im 9 und 17 Uhr und von Ende Juni bis Mitte August drei mal täglich, zuletzt um 8 Uhr, 12.30 Uhr und 17.30 Uhr. Fahrzeit 1 Stunde und 40 Minuten. Teurer Passagetarif!

Praktische Hinweise – Andenes

Andenes

📞 **Andøy Reiseliv**, Turist Informasjon, Postboks 58, 8480 Andenes, Tel. 76 11 56 00, Fax 76 11 56 10. Ganzjährig geöffnet.

🏠 Hotels: **Norlandia Hotel Andrikken,** 44 Zi., Storgt. 53, Tel. 76 14 12 22, Fax 76 14 19 33, Restaurant. Miethütten. – Und andere Hotels.

Hotels, Jugendherberge

Jugendherberge: **Andenes Vandrerhjem,** Tusenhjem, Tel. 76 14 12 22, 24 Betten, geöffnet Anfang Juni bis Ende August.

▲ – **Andenes Bobilplas,** Tel. 76 14 14 12; 1. Juni – 1. Sept.; ca. 70 Wohnmobilstellplätze auf Küstengelände am Ortsrand.
Weitere **Campingmöglichkeiten** gibt es bei Bleik (Gjestebua Bleik, ganzjährig), ca. ca. 8 km südwestlich von Andenes und bei **Stave** an der Westküste, knapp 20 km südl. Andenes.

Andenes, Stellplätze, Camping

Ansprechender ist der Weg von Andenes zurück nach Sortland entlang der Westküste der Insel Andøya. Die unklassifizierte Landstraße führt an vielen hübschen, menschenleeren Sandbuchten vorbei. Sie trifft an der hohen Brücke über den Risøysund bei **Risøyhamn** wieder auf die Hauptstraße R82.

HAUPTROUTE

➔ Hauptroute: Auf der Weiterfahrt von der Sundbrücke bei Sortland über die E10 in östlicher Richtung, passiert man nach 46 km den Abzweig zur **Fährstation Lødingen,** (Touristeninformation im Sommer, Lotsdenmuseum und Norwegisches Telekommunikationsmuseum, regelmäßige Fährverbindungen nach Bognes an der E6) und nach weiteren 48 km den Abzweig der R83, die nordwärts nach **Harstad** (27 km), nun schon in der Provinz Troms, führt. ●

Harstad mit rund 22.000 Einwohnern liegt an der Nordküste der **Insel Hinnøy,** Norwegens größter Insel (2.200 qkm).
Maßgebliche Impulse zur Stadtentwicklung gingen im 19. Jh. vor allem von einer überaus ertragreichen Heringsfischerei aus. 1903 erhielt Harstad Stadt- und Handelsrechte. Heute sind Werftindustrie, Handel, Fischverarbeitung und neuerdings Versorgung der Nordseeölindustrie wichtige Wirtschaftszweige.

293

ROUTE 21: SVOLVÆR/LOFOTEN – TROMSØ

Zu den eher bescheidenen touristischen Sehenswürdigkeiten zählen die **Wehrkirche von Trondnes** aus dem 13. Jh., die Hünengräber aus der Wikingerzeit in der Nähe der Kirche, die sog. „Adolfkanone", eine der größten an Land stehenden Kanonen der Welt, die im 2. Weltkrieg von der Deutschen Wehrmacht gebaut wurde (im Sommer Führungen), und schließlich das **Freilichtmuseum** auf der weiter nördlich gelegenen **Insel Grytøya** (Fähre Stornes – Björnera).

Einer der gesellschaftlichen Höhepunkte der Stadt ist die **Festspielwoche** Ende Juni, mit Konzert- und Theaterveranstaltungen.

Die **Mitternachtssonne** ist in Harstad zwischen **23. Mai** und **22. Juli** zu sehen.

Harstad

Hotels

Jugendherberge

Camping

Praktische Hinweise – Harstad

☎ **Harstad og Omland Arrangement**, Postboks 654, 9401 Harstad, Tel. 77 06 32 35. Ganzjährig geöffnet. Internet: www.hoarr.no

🏨 Hotels: **Grand Nordic,** 120 Zi., Strandgt. 9, Tel. 77 00 30 00, Fax 77 00 30 01, Restaurant.
Quality Arcticus, 75 Zi., Havnegt. 3, Tel. 77 04 08 00, Fax 77 04 08 01, Restaurant, Garage.
Viking Nordic, 101 Zi., Fjordgt. 2, Tel. 77 00 32 00, Fax 77 00 32 01, Restaurant, Sauna, Schwimmbad. – Und andere Hotels.

Jugendherberge: **Harstad Vandrerhjem,** 9400 Harstad, Tel. 77 06 23 46, 1. 6. – 20. 8., 105 Betten.

▲ – **NAF-Camping Harstad** ***, Tel. 77 07 36 62; 1. Jan. – 31. Dez.; ca. 6 km südl. Harstad Zentrum, östl. der R83, im Stadtteil Kannebogen; ca. 2 ha – 120 Stpl.; Standardausstattung; Laden; 15 Miethütten ** - ****.

→ **Hauptroute:** Der weitere Verlauf unserer Hauptroute folgt der R19 ostwärts. Sie trifft nach 67 km bei **Bjerkvik** auf die E6. ●

ABSTECHER NACH NARVIK

⇔ **Abstecher:** Von Bjerkvik auf der E6 südwärts. Nach 33 km erreicht man am Südufer des Ofotenfjords die Stadt **Narvik**. ●

Narvik, der große, ganzjährig eisfreie Erzhafen in Nordnorwegen, eine Stadt mit rund 18.000 Einwohnern, verdankt seine Entwicklung und Bedeutung in erster Linie den reichen Erzvorkommen im schwedischen Kiruna. 1883 wurde eigens für den Transport des Erzes eine Eisenbahnlinie von Kiruna nach Narvik gebaut, die nach 9 Jahren schwierigsten Trassenbaus durch die legendären „Rallar" (Eisenbahn-Wanderarbeiter) eröffnet werden konnte. Narvik trägt seitdem auch den Beinamen „Stadt der Eisenbahn-Wanderarbeiter". In Narvik waren spezielle Verladekais für das aus Schweden antransportierte hochwertige Erz errichtet worden. Bald machte der Erzumschlag Narvik zu einer der wichtigsten Hafenstädte in Norwegen.

ROUTE 21: SVOLVÆR/LOFOTEN – TROMSØ

Zwischenzeitlich gehören die Hafeneinrichtungen für die Erzverladung zu den modernsten der Welt. Jährlich werden hier mehr als 25 Mio. Tonnen Erz verladen.

am Efjorden südlich von Narvik

Narvik war im 2. Weltkrieg, nicht zuletzt wegen des Erzumschlags, ein hart umkämpfter Hafen. 1940 erlitt die Stadt bei der Rückeroberung aus Wehrmachtsbesetzung durch norwegische und alliierte Truppen starke Zerstörungen und wurde nach dem Krieg im modernen Stil wieder aufgebaut.

Das **Freiheitsdenkmal** (Mutter mit Kind) von Finn Eriksen, das mitten auf dem Marktplatz steht, erinnert an die Kriegswirren. Mit der Friedenskapelle von 1957 und mit dem Kriegerehrenhain auf dem Narviker Friedhof wird der Gefallenen aus Norwegen, England, Polen, Frankreich und Deutschland gedacht.

Bis 1984 bestand von Narvik nach Schweden nur die Bahnverbindung. Seit 1984 ist die bestens ausgebaute „Nordkalottenstraße" über das schwedische Wintersport- und Nationalparkgebiet Abisko bis Kiruna fertiggestellt (175 km). Die neue Straße ermöglicht es, später auf der Rückreise von Nordnorwegen (Nordkap, Kirkenes etc.) den Weg über Karasjok, Kautokeino und Kiruna nach Narvik zu nehmen.

Zu den **Sehenswürdigkeiten** in Narvik zählen:

Das **Ofotmuseum**, untergebracht im ehemaligen Verwaltungsgebäude der „NSB-Ofotbahn" aus dem Jahre 1912, ist ein bescheidenes Regionalmuseum mit kunstgewerblichen, fischereihistorischen und heimatkundlichen Sammlungen, sowie Anschauungsmaterial über den Eisenbahnbau und die Erzverschiffungsanlage.

Narvik Sehenswertes
Ofotmuseum Mo. - Fr. 10.30 - 15.30 Uhr, Juli auch Sa. + So. 12 - 15 Uhr. Eintritt.

Das **Kriegsmuseum** am zentralen Marktplatz mit dem erwähnten Freiheitsdenkmal, die Lokomotive „**Bifrost**" am Bahnhof, das letzte Ex-

ROUTE 21: SVOLVÆR/LOFOTEN – TROMSØ

emplar einer der im schwedischen Trollhättan 1882 für die Erzbahn gebauten Lokomotiven und schließlich die etwa 3.000 Jahre alten **Felszeichnungen** im Park Brennholtet, knapp 1 km nordwestlich vom Bahnhof sind weitere Sehenswürdigkeiten in Narvik.

Bei längerem Aufenthalt ist – neben einer Stadtrundfahrt mit Besichtigung von Teilen der Erzkais – eine Fahrt mit der Seilbahn (knapp 10 Min.) auf das **Fagernesfjell** (650 m) lohnend. Prächtige Aussicht bei klarem Wetter bis zu den Lofoten. Restaurant. Startplatz für Drachen- und Gleitschirmflieger, Beginn der Abfahrtstrecke für Geländeradfahrer. Ausgangspunkt für Bergwanderungen. Die Talstation liegt ca. 1 km östlich vom Bahnhof.

Eisenbahnliebhabern sei die Fahrt mit der Bahn bis Bjørnfjell an der schwedischen Grenze empfohlen. Die Strecke gilt als landschaftlich besonders eindrucksvoll.

Die **Mitternachtssonne** ist in Narvik zwischen **28. Mai** und **15. Juli** zu sehen.

Narvik

Praktische Hinweise – Narvik

☎ **Narvik Aktiv**, Postboks 338, 8505 Narvik, Tel. 76 94 33 09. Internet: www.narvikinfo.no

Hotels

🛏 Hotels: **Grand Royal,** 107 Zi., Kongensgt. 64, Tel. 76 94 15 00, Fax 76 94 55 31, Restaurant, Sauna.
Narvik, 34 Zi., Kongensgt. 36, Tel. 76 94 70 77, Fax 76 94 67 35, Restaurant.
Nordstjernen, 25 Zi., Kongensgt. 26, Tel. 76 94 41 20, Fax 76 94 75 06, Restaurant.
Norlandia Narvik, 91 Zi., Skistuaveien 8, Tel. 76 94 75 00, Fax 76 94 28 65, Restaurant, Sauna. Bei der Seilbahn-Talstation
Bjerkvik
Norlandia Bjerkvik, 51 Zi., Tel. 76 95 21 05, Fax 76 95 23 34, Restaurant, Sauna, Schwimmbad. – Und andere Hotels.

Jugendherberge

Jugendherberge: **Nordkalotten Vandrerhjem Narvik**, Havnegt. 3, 8500 Narvik, Tel. 76 94 25 98; 1. 4. – 30. 10.; 110 Betten.

Camping

▲ – **NAF-Camping Narvik ***,** Tel. 76 94 58 10; 1. Jan. – 31. Dez.; im nördl. Stadtbereich, zwischen E6 und Ofotenfjord; zum Fjord abfallendes Gelände; ca. 4 ha – 150 Stpl.; gute Standardausstattung; Laden, Imbiß; 30 Miethütten ****.
– **Camping Hersletta **,** Tel. 76 95 55 95; 15. Juni – 1. Sept.; Wiesengelände an der E6; 19 Miethütten ** - ***.

➜ **Hauptroute:** Unsere Route folgt der E6 nordwärts über **Storfossen**, das Gratangsfjell (Motel) und **Fossbakken** (Lapphaugen Camping *** und Hotel) bis **Elverum**. ●

25 km nördlich von Fossebakken liegt direkt an der E6 das **Freilichtmuseum Bardu Bygdetun**, mit schönen alten Häusern. Kurz darauf kommt man durch **Setermoen**, fährt durch das waldreiche Bardutal und kann schließlich bei **Elverum** nordostwärts auf die R87 und zum Wasserfall Målselvfossen (ca. 11 km) abzweigen.

ROUTE 21: SVOLVÆR/LOFOTEN – TROMSØ

DER GOLFSTROM

In den nördlichen Breiten Europas herrschen erstaunliche klimatische Verhältnisse, die es an anderen Stellen unseres Globus' so weit im Norden nicht gibt. Wo sich ewiger Frost ausbreiten sollte, wie in der Taiga oder in Labrador, wachsen Erdbeeren. Häfen bleiben im langen Winter eisfrei, wie der von Narvik, die Häfen auf den Lofoten oder in Kirkenes. Natürlich weiß man heute längst, daß dafür der Golfstrom verantwortlich ist.

Aber woher kommt diese Warmwasserheizung Nordeuropas? Ausgangspunkt des Golfstromes ist der *Golf von Mexiko*. Durch intensive Sonneneinstrahlung erwärmt sich das Meer dort rasch. Die sich ausdehnenden, stark erwärmten Wassermassen strömen durch die Meerenge am Florida-Tor in den Atlantik, wobei Geschwindigkeiten bis zu 2,5 m/sec. erreicht werden. Der Wasserstrom wird nun durch die Luftströmung nach Norden gedrängt, schiebt sich entlang der nordamerikanischen Küste und später quer über den Atlantik bis nach Nordeuropa.

Auf seinem Weg nach Nordosten teilt sich der „Fluß im Meer" in mehrere Zweige, und zwar in den **Nordäquatorialstrom**, in den **Floridastrom** und in den **Yukatanstrom**. Einer davon, der an Irland und Schottland vorbei bis ins Eismeer reicht, ist der **Golfstrom**.

Auf dem 12.000 km langen Weg sinkt die Wassertemperatur natürlich ab. Sind am Ausgangspunkt 20°C zu messen, so können im Eismeer immerhin noch 5 – 6°C registriert werden. Diese wenigen Grade über Null genügen aber, Norwegen im Schnitt 20°C höhere Temperaturen zu bescheren, als sie ohne den Golfstrom entstehen würden.

Am Hardangerfjord blühen Ende Mai schon die Obstbäume. Recht erstaunlich, wenn man bedenkt, daß auf dem gleichen Breitengrad auf dem Südkap Grönlands kilometerdicke Gletscher liegen. Oder nehmen wir den Lyngenfjord, der etwa auf 69° nördlicher Breite liegt. Kartoffeln und Erdbeeren werden hier angebaut. Auf dem gleichen Breitengrad, in der russischen Taiga zum Beispiel, herrscht immerwährender Bodenfrost.

Bereits im 17. Jahrhundert war diese Naturerscheinung „Golfstrom" der damaligen Seemacht Spanien bekannt, wurde aber lange als großes Geheimnis gehütet. Denn durch Kenntnis und Ausnutzung der einzelnen Strömungszweige war es den Caravellen der spanischen Armada möglich, die neuen Kolonien Mittelamerikas schneller zu erreichen.

Noch auf den Seekarten des mächtigen Britischen Empire fehlte lange ein entsprechender Hinweis. Also stampften die Segler Royal Navy mühevoll wie eh und je auf den alten Routen buchstäblich gegen den Strom nach Boston und Philadelphia. Gut gemeinte Ratschläge der erfahrenen Walfänger aus Nantucket, die die Strömung lange schon zu ihren Gunsten nutzten, wurden nicht ernstgenommen.

→ **Hauptroute:** 67 km östlich von **Andselv** erreicht man **Nordkjosbotn** (Hotel, Camping Bjørnebo) am Ostende des Balsfjords und damit den Abzweig der E8 nordwestwärts ins 73 km entfernte **Tromsø**. Details siehe nächste Etappe. ●

ROUTE 22: TROMSØ

FINNMARK UND NORDNORWEGEN

22. TROMSØ

🕐 **Reisedauer:** Mindestens ein Tag.

⌘ **Höhepunkte:** Tromsøs **Polarmuseum** * – **das Polaria Erlebniszentrum** * – das **Tromsø Museum** * – das **Nordlichtplanetarium** *** – die **Eismeerkathedrale** – Stadtblick vom **Aussichtsberg Storsteinen** **.

Tromsø, ca. 30.000 Einwohner, liegt recht malerisch an der Ostseite der **Insel Tromsøya**. Eine hohe, 1969 erbaute, 1.036 m lange Bogenbrücke verbindet das Stadtzentrum mit dem Gemeindeteil Tromsdal auf dem Festland.

Vom Scheitelpunkt der Brücke hat man auf der Hin- wie auf der Rückfahrt jeweils einen schönen Blick – stadteinwärts auf die Stadt selbst und auf die Berge der weiter westlich liegenden Insel Kvaløy, und stadtauswärts fahrend auf die markante, 1965 eingeweihte **Eismeerkathedrale** und den dahinter aufragenden 1.238 m hohen **Tromdalstind**. Die Eismeerkathedrale ist ein architektonisches Meisterwerk von Jan Inge Hovig. Im Innern wird der Blick des Betrachters von den großflächigen Glasmalereien gefesselt. Man kann die Eismeerkathedrale ab Stadtmitte auch mit Bussen der Linien 26, 27 und 28 erreichen. Die Kirche ist außerhalb der Gottesdienste gegen Eintritt zu besichtigen.

**schöner Stadtblick **
Seilbahn 20. 5. - 20 Aug. tgl. 10 - 01 Uhr. April 10 - 17 Uhr. Eintritt. Buslinie 26.

Eine markierte Zufahrt führt an der Eismeerkathedrale vorbei, rechts ab und bergwärts zur Talstation der Seilbahn **Fjellheisen Talstation**. Die Schwebeseilbahn führt auf den 412 m hohen Storsteinen. Von oben hat man natürlich einen prächtigen Blick auf Stadt, Inseln und Sunde. Die Talstation ist auch mit Bussen der Linie 26 zu erreichen.

„Eismeerstadt" Tromsø Stadtgeschichte

Ausgrabungsfunde und Felszeichnungen weisen darauf hin, daß auf Tromsøya schon vor ungefähr 4.500 Jahren Menschen gelebt haben müssen. Zur eigentlichen Stadtgründung kam es erst im 13. Jh., als König Håkon Håkonsson auf Tromsøya eine Kirche errichten ließ und im Stadtteil Skansen, am Westende der heutigen Sundbrücke, eine Hafensiedlung gründete. Lange war die Entwicklung der Stadt beeinträchtigt durch die Abhängigkeit von Handelsprivilegien, die Bergen für sich in Anspruch nahm. Erst 1794 erhielt Tromsø Stadtrechte und das Recht auf selbständigen Handel. Ihre große Blütezeit erlebte die Stadt Tromsø vor allem im 19. Jh. Damals entstanden viele der stattlichen Speicher am Hafen und Stadthäuser, allesamt aus Holz gebaut. Noch heute prägen sie das Bild der Innenstadt mit und verleihen den Straßenzügen ein buntes, abwechslungsreiches Gepräge.

Natürlich etablierten sich Handelshäuser in der Stadt, die naturgemäß beste Verbindungen mit dem Ausland pflegten. So blieb es nicht aus, daß die Damen die Handelskontakte auf die von ihnen geliebte Weise nutzten. Sie waren immer nach der neuesten Mode gekleidet. Wie konnte es da ausbleiben, daß Tromsø einen weiteren Beinamen erhielt – „Paris des Nordens".

ROUTE 22: TROMSØ

Tromsøs
Eismeerkathedrale

Ebenfalls im 19. Jh. wurde Tromsø mehr und mehr zum Ausgangspunkt für Eismeer- und Polarexpeditionen. Anfangs waren es Fangexpeditionen nach Walen, Robben und Fischen, die von hier ausgingen. Dann waren es Überwinterungsexpeditionen nach Spitzbergen (Svalbard), die von der Eismeerstadt ausliefen. Und zu Zeiten der kühnen Erforschung des Nordpols war Tromsø eine wichtige Station, bevor man weiter nach Spitzbergen zog und von dort zu den eigentlichen Forschungsreisen in polare Regionen aufbrach. Und bald wurde Tromsø mit Beinamen belegt wie „Tor zur Arktis" oder „Eismeerstadt".

Roald Amundsen, der große norwegische Polarforscher, startete in Tromsø zu vielen seiner Expeditionsreisen. 1926 überquerte er zusammen mit der italienischen Nobile-Expedition im Luftschiff den Nordpol. Zwei Jahre später, am 18. Juni 1928, war Amundsen an Bord des französischen Suchflugzeugs „Latham", das die Rettungsaktion nach dem nördlich von Spitzbergen verschollenen, von Nobile gesteuerten Luftschiff „Italia" unterstützen sollte. Die „Latham" stürzte ab, alle 11 Besatzungsmitglieder, darunter auch Amundsen, kamen ums Leben.

Die Bewohner von Tromsø haben Amundsen am Hafen ein würdiges Denkmal gesetzt.

Während des Zweiten Weltkriegs war Tromsø kurze Zeit Hauptstadt des unbesetzten Norwegens. Am 12. November 1944 versenkten englische Bomber vor Tromsø das deutsche Schlachtschiff „Tirpitz". Der Stadt blieben Zerstörungen durch Kriegseinwirkungen erspart.

1960 wurde die hohe Bogenbrücke Tromsøbrua über den Tromsøysund fertiggestellt, 1964 der Langnes Flughafen ausgebaut, 1965 die Eismeerkathedrale eingeweiht, 1969 Teile der Innenstadt durch ein Großfeuer zerstört, 1972 die Universität eingerichtet und 1974 schließlich der Sandnessund im Westen der Stadt hinüber nach Kvaløy überbrückt.

ROUTE 22: TROMSØ

in Tromsø

Die **Mitternachtssonne** ist in Tromsø zwischen **19. Mai** und **25. Juli** zu sehen.

Tipps zur Stadtbesichtigung: Große öffentliche Parkplätze findet man gleich rechts am Westende der Sundbrücke und im südlichen Stadtbereich zwischen Strandvegen und Fischereihafen. Außerdem gibt es eine riesige unterirdische Parkanlage (Trygg Parkering) in Felstunnels, die rund um die Uhr geöffnet ist. Parken am Straßenrand ist stark reglementiert und für längere Stadtbesuche kaum tauglich.

Polarmuseum **
16. 6. - 15. 8. tgl.
10 - 19 Uhr,
Winterhalbjahr tgl.
11 - 15 Uhr.
Eintritt.

In der Søndre Tolbugate 11, an der Nordseite des Hafenbeckens im historischen Stadtteil Skansen, ist in einem alten Zollspeicherhaus von 1830 das sehr sehenswerte **Polarmuseum** untergebracht. Viele der Schaubilder werden durch Tonkulissen noch interessanter. Wichtige Ausstellungsthemen stehen im Zusammenhang mit den Forschungsarbeiten, mit den Lebensumständen, der Überwinterung oder der Jagd in Polargebieten. Man sieht z. B. Schaubilder über die Jagd auf Eisbären oder auf Moschusochsen in Grönland und erfährt dabei, dass der Pelzjäger Henry Rudi, der in Jägerkreisen als „Eisbärenkönig" bekannt war, zwischen 1908 und 1948 nicht weniger als 713 Eisbären zur Strecke gebracht haben soll. Tromsø wäre aber nicht das „Tor zur Arktis", wenn das Museum nicht breiten Raum den großen Expeditionen von Fridtjof Nansen, der sich z. B. zwischen 1893 und 1896 mit dem Polarexpeditionsschiff „Fram" zum Nordpol driften ließ und Roald Amundsen einräumen würde. Leider sind fast alle Exponatsbeschriftungen und Unterschriften unter den vielen historischen und überaus interessanten Dokumenten und Fotos ausschließlich in norwegischer Sprache.

In „Alt-Tromsø", dem Viertel um das Polarmuseum, sieht man an den Kais noch einige alte Hafengebäude, Packhäuser und Kontore, die in ihrem Kern oft noch aus dem ausgehenden 18. Jh. stammen.

ROUTE 22: TROMSØ

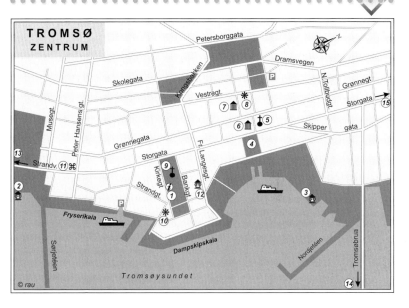

TROMSØ – 1 Touristeninformation – 2 Polaria – 3 Polarmuseum – 4 Stor Torget – 5 Katholische Kirche – 6 Kulturhaus – 7 Rathaus – 8 König Håkon VII. Denkmal – 9 Domkirche – 10 Amundsen Denkmal – 11 Ølhallen Pub – 12 Kunstmuseum – 13 zum Tromsø Museum, Aquarium, Folkemuseum – 14 zur Eismeerkathedrale – 15 zum Nordlicht Planetarium, Universität

Gehen Sie hinter dem Polarmuseum herum und an den Kaianlagen stadteinwärts bis zur **Flytebrygga**, direkt neben dem großen Kaufhaus Domus. An der Anlegestelle sind immer Kutter zu finden, die fangfrischen Fisch, Krabben etc. anbieten. Kaufen Sie sich eine Tüte frischer Krabben und genießen Sie beim Auspulen den Blick über den betriebsamen Hafen, zur Sundbrücke und zur Eismeerkathedrale unterhalb der aufragenden Bergkette auf der gegenüberliegenden Seite.

In der Sjøgata 1 ist das **Nordnorwegische Kunstmuseum** (bislang in der Muségata 1) untergebracht. Neben Keramiken, Zeichnungen, Kunsthandwerk, Grafik etc. wird eine Gemäldeausstellung mit Werken Nordnorwegischer Maler vom 19. Jh. bis heute gezeigt.

Kunstmuseum tgl. a. Mo. 11 - 17 Uhr.

Stadteinwärts liegt der Marktplatz **Stor Torget** mit einem Denkmal der verschollenen Seefahrer und Fischer. Gehen Sie über den Marktplatz hinauf bis zur Grønnegate mit dem Holzbau der Katholischen Kirche aus dem Jahre 1862 rechts und dem modernen Bau des **Kulturhaus** links.

Rechts neben der Katholischen Kirche ist das supermoderne Einkaufszentrum „*Veita Senter*" entstanden.

Nördlich der Grønnegate steht in einer kleinen Parkanlage das **Denkmal König Håkons VII.** Es erinnert an die Monate Mai und Juni 1940, als Tromsø kurzzeitig Hauptstadt des nicht besetzten Norwegens war und

ROUTE 22: TROMSØ

Amundsendenkmal und die Domkirche

Polaria Erlebniszentrum
*
1. 5. - 31. 8. tgl. 10 - 19 Uhr. 1. 9. - 30. 4. tgl. 12 - 17 Uhr. Eintritt.

Tromsø Museum
*
1. 6. - 31. 8. tgl. 9 - 20 Uhr, übrige Zeit Mo. - Fr. 8.30 - 15.30, Sa. + So. 12 - 15 Uhr. Eintritt. Buslinie 28

König Håkon und Kronprinz Olav in Tromsø residierten, bevor sie nach England emigrieren mußten.

Wir gehen zurück bis zur Hauptstraße Storgata und folgen ihr südwärts (rechts) bis zum Park mit der **Domkirche** linkerhand. Der Kirchenbau stammt aus dem Jahre 1861 und gilt als eine der größten aus Holz errichteten Kirchen in Norwegen. Besichtigungen sind außerhalb der Gottesdienste möglich von Anfang Juni bis 1. Aug. täglich außer Montag von 12 bis 16 Uhr.

Man kann nun über die Kirkegate Richtung Hafen gehen und kommt dabei über den Platz mit dem Amundsen-Denkmal. Das **Touristeninfor-mationsbüro** findet man an der Storgata, Nähe Bankgata und Kaianlagen Dampskipskaia.

Geht man ab Domkirche die Storgata weiter nach Süden, passiert man das Grand Nordic Hotel, drei Querstraßen weiter die Brauereigaststätte „Ølhallen", eine in Tromsø sehr traditionsreiche, für Norwegen aber überaus bemerkenswerte, sprich seltene Einrichtung.

Noch ein Stück weiter liegt linkerhand (östlich) am dortigen Hafen in der Hjalmar Johansensgate 12 der futuristische Bau von **Polaria**. Von der Ferne mutet das moderne Ausstellungsgebäude an, wie gewaltige Eisschollen, die sich bei der Eisdrift übereinander geschoben haben und nun aus dem Meer ragen. Erlebnisse, Wissen und Polarabenteuer sind die Ausstellungsthemen im Polaria Informations- und Erlebniszentrum. Neben Aquarien mit arktischen Meerestieren, Seehundbecken, Ausstellungen zum Thema Polarforschung, in denen Sie z. B. erfahren können, warum das Polarschiff „Fram" von den Packeismassen nicht zerdrückt werden konnte, ist vor allem auch der **Panoramafilm über Svalbard** sehenswert, Dauer 18 Minuten. Cafeteria. Souvenirladen. Infos im Internet über www.polaria.com.

Gut 3 km südlich des Stadtzentrums liegt das **Tromsø Museum**, Nordnorwegens ältestes Museum übrigens. Man kann mit Bussen der Linie 28 ab Storgata dahin gelangen oder man bedient sich des eigenen Autos. Das 1872 eingerichtete und seit 1976 von der Universität Tromsø betreute Museum besteht aus drei großen Abteilungen – dem **Aquarium**, dem **Folkemuseum** und dem großen **Kulturgeschichtlichen Museum** mit großen Abteilungen über Geologie, Archäologie, Botanik, Zoologie, Meereskunde und Samische Kultur. Der Besuch des Museums ist empfehlenswert. Eintrittskarten gelten für Museum und Aquarium. Cafeteria, Museumsladen.

Lohnend ist ein Besuch im **Norlysplanetarium,** im Nordlichtplanetarium, das bei der Universität Tromsø im Stadtteil Breivika ein gutes Stück nördlich des Stadtzentrums liegt. Man kann mit Bussen der Linie 20 dahin gelangen.

ROUTE 22: TROMSØ

In der multimedialen Präsentation von insgesamt 50 Minuten Dauer im Nordlichtplanetarium sieht man zunächst, in völlige Dunkelheit gehüllt, eindrucksvolle Bilder vom polaren Sternenhimmel. Und der anschließende, großartige und wirklich sehenswerte Film „Arktisk Lys", der spektakuläre Bilder in 360-Grad-Projektion über das gespenstische Nordlicht, das unwirklich blaue Licht der Dunkelzeit und über die Mitternachtssonne zeigt, ein weiteres Erlebnis.

Übrigens: Auf dem Planetariumsgebäude befindet sich eine verglaste Aussichtsplattform, von der man über den Tromsøsund bis nach Tromsø blicken kann.

Norlysplanetarium
***
1. 6. - 20. Aug. Mo. - Fr. 11 - 18 Uhr, Sa. + So. 11 - 16.30 Uhr. Eintritt. Buslinie Nr. 20.

Praktische Hinweise – Tromsø

Tromsø

📞 **Turist Informasjon Destinasjon Tromsø**, Storgata 61, 9253 Tromsø, Tel. 77 61 00 00, Fax 77 61 00 10. Internet: www.destinasjontromsø.no

☑ Der „**Eismeerzug**", ein gebührenpflichtiger Sightseeing-Trolly, verkehrt vom 1. Juni bis 31. August täglich ab Stortorget und fährt durch die Straßen Tromsøs. Haltepunkte sind am Polaria und am Polarmuseum. Abfahrt ab Stortorget stündlich zwischen 10.30 und 18 Uhr.

Im Sommer, von Mitte Juni bis Mitte August, werden **Stadtrundfahrten** mit Fremdenführer angeboten, auf denen auch ein Besuch des Polarmuseums vorgesehen ist.

Stadtrundfahrten

🛏 Hotels: **Comfort Home Hotel With**, 76 Zi., Tel. 77 68 70 00, Fax 77 68 96 16, Sauna, mittlere Preisklasse.
Grand Nordic, 100 Zi., Storgt. 44, Tel. 77 75 37 77, Fax 77 75 37 78, zentrale Lage, obere Preisklasse.
Rica Ishavshotel, 180 Zi., Fr. Langesgt. 2, Tel. 77 66 64 00, Fax 77 66 64 44, zentral am Hafen gelegenes Firstclass Hotel, **Restaurant „Gallionen"** am Kai mit Blick über den Sund zur Eismeerkathedrale.
Saga, 120 Betten, Richard Withs pl. 2, Tel. 77 68 11 80, Fax 77 68 23 80, Temperance Hotel, Cafeteria.
Scandic, 147 Zi., Heiloveien 23, Tel. 77 75 50 00, Fax 77 77 75 50 11, Luxuspreisklasse, **Restaurant „Måken"** mit schönem Blick auf Kvaløya, Sauna, Schwimmbad.
Tulip Inn Rainbow Polar, 135 Betten, Grønnegt. 45, Tel. 77 68 64 80, Fax 77 68 91 36. – Und andere Hotels.
Jugendherberge: **Tromsø Vandrerhjem**, Gitta Jønssonsvei 4, Elverhøy, 9001 Tromsø, Tel. 76 68 53 19. Ende Juni – Mitte Aug.; 74 Betten.

Hotels

Jugendherberge

▲ – **NAF-Camping Tromsdalen *****, Tel. 77 63 80 37; 1. Jan. – 31. Dez.; ca. 2 km nördl. Tromsdalen; in einem niederen Laubwäldchen am Tromsdalselva, im Sommer stark frequentiert; ca. 1,5 ha – 80 Stpl.; Standardausstattung; Laden, Imbiß; 39 Miethütten ** - ****.

Camping bei Tromsø

Skittenelv/Krokelvdalen
– **Skittenelv Camping ******, Tel. 77 69 00 26; 1. Jan. – 31. Dez.; von der Sundbrücke in Tromsdalen noch ca. 25 km über die Küstenstraße nordostwärts, fast ebene Wiesen zwischen Straße und Meeressund, in schöner Landschaft, ruhig gelegen; ca. 2 ha – 60 Stpl.; Standardausstattung; Laden, Imbiß; Schwimmbad, 20 Miethütten ** - ****.

Ramfjordbotn
– **NAF-Camping Ramfjord *****; ca. 30 km südöstl. Tromsø unterhalb der E8, in einem Birkenwäldchen am Ramfjord, ca. 1,5 ha – 70 Stpl; Standardausstattung. 20 Miethütten ** - ****.

ROUTE 22: TROMSØ

NORDLICHT

Polarlicht oder Nordlicht (aurora borealis) sind Erscheinungen am nächtlichen Himmel in polaren Zonen, die der Wissenschaft lange Zeit Rätsel aufgaben.

Wenn sich in den langen Winternächten der Himmel streifenweise hellgrün färbte, oder wenn stundenlang ein in bläulichem Licht erstrahlender, übernatürlicher Vorhang vom Himmel zu hängen schien, wurden Märchen und Sagen der Tundrabewohner, der Sami oder Eskimos, lebendig.

Böse Geister sollen auf der Suche nach armen Seelen sein, Verstorbenen wird angeblich mit dem Nordlicht ins ewige Leben geleuchtet und die Richtigkeit von Vorhersagen wird heute noch von so manchem an die Erscheinung dieses überwältigenden Naturschauspiels geknüpft.

Später versuchte man dem Phänomen mit wissenschaftlicher Logik auf die Spur zu kommen. Da die Astrophysik aber noch in den Kinderschuhen steckte, muten auch die ersten Deutungsversuche noch etwas unbeholfen an.

Ein gewisser Herr Hells war zum Beispiel der festen Überzeugung, das ganze Phänomen sei „ein optischer Meteor, welcher aus der Zurückwerfung des Sonnenlichtes von platten Eisteilchen" erklärbar sei.

Die Hypothese eines Herrn Mairan Anfang des 18. Jahrhunderts war, daß Polarlicht eine „Folge der in den Luftkreis eintretenden Sonnenatmosphäre" sei. Und der britische Nordpolforscher Sir John Franklin (1786 – 1847), kam der Sache ebenfalls schon recht nahe. Er bezeichnete das Nordlicht als „elektrisches Gleichgewicht zwischen der Polarluft und derjenigen, der gemäßigten Erdstriche" und brachte somit Nordlicht als erster in Verbindung mit atmosphärischer Elektrizität.

Von der Sonne werden ständig durch gewaltige Ausbrüche elektrisch geladene Teilchen ins All geschleudert. Und nicht selten sind diese Sonnenwinde so enorm, daß sie bis an das Kraftfeld der Erde heranreichen. Durch das Magnetfeld der Erde können sie aber nicht in die Erdatmosphäre eindringen. Nur an den Polen, Polarlicht ist ja im nördlichen Polargebiet ebenso zu sehen, wie im südlichen, ist es möglich, daß diese elektrisch aufgeladenen Teilchen auf die Atmosphäre treffen.

Drei Dinge sind also nötig, um das faszinierende Phänomen des Nordlichts entstehen zu lassen: Elektrisch geladene Teilchen der Sonnenwinde, Magnetfeld und Luftmoleküle (Stickstoff und Sauerstoff).

Wissenschaftlich erklärt ist heute die Erscheinung Nordlicht. Aber das schmälert nicht im geringsten die geheimnisvolle Stimmung angesichts der blaßblau oder hellgrün über dem dämmrigen Nachthimmel der Polarzonen wallenden Geistervorhänge.

ROUTE 23: TROMSØ – ALTA

23. TROMSØ – ALTA

⊙ **Entfernung:** Rund 300 km, ohne Abstecher; + 2 Fähren.

→ **Strecke:** Über die E8 bis **Fagernes** – R91 bis **Breivikeidet** – Fähre nach **Svensby** – R91 bis **Lyngseidet** – Fähre nach **Olderdalen** – E6 bis **Alta.**

🕒 **Reisedauer:** Mindestens ein Tag.

⌘ **Höhepunkte:** Die **prähistorischen Felszeichnungen** ** von Alta – Wandern in der **Finnmarksvidda**.

Für den ersten Teil dieser Etappe bieten sich **zwei Routenvarianten** an.

→ **Route:** Zum einen kann man über die E8 zurück bis **Nordkjosbotn** fahren und dort der E6 am Storfjord und Lyngenfjord entlang, über **Skibotn** (am Abzweig der E8 nach Schweden; Motel und Camping) und um den gesamten Kåfjord herum nach **Olderdalen** folgen (188 km). Der Vorteil dieses längeren Weges: Man erspart sich die Kosten für zwei Autofähren.

Zum anderen – dieser Weg entspricht unserer **Hauptroute** – fährt man ab Tromsø über die E8 nur bis **Fagernes** am schönen, berggesäumten Ramfjord zurück und folgt dort der R91 nordostwärts, quer durch die Halbinsel Tromsø, zur **Fährstation Breivikeidet**. ●

Routenvarianten zur Weiterreise

Route 23
TROMSØ – ALTA

Ab **Breivikeidet** verkehren regelmäßig Autofähren über den Ullsfjord nach **Svensby** auf der Halbinsel Lyngen. Zwischen ca. 6 und ca. 21.30 Uhr gibt es bis zu 14 Abfahrten; Fahrtdauer 25 Minuten. Auf der Überfahrt kann man ein herrliches **Bergpanorama** mit dem stolzen, 1.596 m hohen, vergletscherten **Storetind** auf der Halbinsel Lyngen genießen.

Autofähre Breivikeidet - Svensby

ROUTE 23: TROMSØ – ALTA

→ **Route:** Weiterrreise ab Svensby auf der R91 mit Blick auf den Fornesbreen (1.567 m) im Süden weiter zur **Fährstation Lyngseidet.** •

In **Lyngseidet** nimmt man die Fähre über den Lyngenfjord nach **Olderdalen** an der E6 (73 Straßenkilometer ab Tromsø). Fähren verkehren zwischen ca. 8 und ca. 21.30 Uhr bis zu 11 mal. Fahrzeit 45 Minuten.

Lyngseidet Hotel, Camping

⌂ Hotels: **Lyngseidet**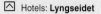
Lyngseidet Hotell og Camping, 113 Betten, Tel. 77 71 04 00, Restaurant, Sauna. **Camping *****, 1. Jan. – 31. Dez., 20 Miethütten.

▲ – **NAF-Camping Birtavarre *****, Tel. 77 71 77 07; 10. Mai – 15. Sept.; knapp 20 km südl. **Olderdalen Fährstation,** am Abzweig von der E6 ins Kåfjorddalen; ca. 3 ha – 100 Stpl.; gute Standardausstattung; Laden; 17 Miethütten.

→ **Route:** Der weitere Verlauf unserer Route führt ab dem Fährhafen **Olderdalen** über die E6 nordwärts und über **Nordreisa** (119 km ab Olderdalen) und **Bognelv** (90 km ab Nordreisa) bis **Alta** (85 km ab Bognelv. •

Immer wieder sieht man auf der sehr reizvollen Fahrt am Lyngenfjord entlang große Fischgestelle am groben Kiesstrand stehen. Diese für die nordischen Fjordufer so typischen, satteldachförmigen Lattengerüste hängen nach einer guten Fangsaison oft bis in den Juni hinein voller Kabeljau, der luftgetrocknet wird. Trocken- oder auch Stockfisch ist noch heute ein unentbehrlicher Grundbestandteil zahlreicher norwegischer Gerichte. Gerade im Winter wird selbst heute im Zeitalter der Tiefkühltruhe gerne auf diese Naturkonserve zurückgegriffen.

Sehr beeindruckend sind die Küstengestade an diesen für uns eher abweisend und kühl anmutenden Meeresarmen so hoch im Norden, etwa bei **Djupvik**. Weit kann der Blick ungehindert schweifen, von der einsamen, steinigen Küste mit einigen Fischerhütten und wenigen farbigen Häusern auf den Wiesen, am graugrünen Fjord entlang und hinüber zu den dunklen, stellenweise vom ewigen Schnee bedeckten Bergzügen auf der Lyngenhalbinsel im Westen.

Die Landschaft nahe dem 70. Breitengrad kann nicht mehr mit einer Vielfalt an Farben aufwerten. Besonders an bewölkten Tagen dominieren eher monotone Farbtöne. Die Berge und Fjorde erscheinen dunkel und düster, der Himmel bleiern grau, verschwimmt in der Ferne mit dem Horizont ohne Kontur. Und das Grün und Braun der Hänge ist stumpf. Aber die Leute hier schaffen sich schon Abwechslung fürs Auge. Viel stärker als in südlichen Landesteilen fällt auf, dass die Häuser alle in kräftigen Farben angestrichen sind. Dunkles Rot und Braun dominiert, aber auch Grün, Beige, Ockergelb oder gar Blau bringen Farbtupfer in die Landschaft.

Kurvenreich zieht die E6 um den verzweigten Reisafjord.

Gelegenheit zum Wandern im Reisadalen

Wer Zeit mitbringt, kann ab **Nordreisa** einen Abstecher südwärts in das **Reisadalen** unternehmen. Die Straße R865 führt durch eine über-

ROUTE 23: TROMSØ – ALTA

Djupvik am Lyngenfjord

aus reizvolle Landschaft und endet nach 44 km in **Bilto**. Von dort kann man per Boot flußaufwärts durch die Reisaschlucht bis zur **Nedresfosshytta** weiterreisen (ca. 3 Stunden). Auf der Bootsfahrt sieht man im Nordosten den 270 m hohen Mollesfoss, einen der höchsten Wasserfälle in Norwegen. Ein Wanderweg führt von der Nedrefosshytta zum etwa eine Stunde entfernten Imofossen, einem anderen imposanten Wasserfall.

Auf der E6 passiert man etwa 30 km nach Nordreisa auf einer schönen Fahrt in 402 m Höhe das Kvænangsfjell.

Seit alters her ist die Gegend ein Sommerlager der Kautokeino-Sami. Sami in ihren bunten Trachten treten dem durchreisenden Urlauber allerdings nur noch als Souvenirverkäufer in schnell am Straßenrand provisorisch aufgeschlagenen Buden gegenüber. Sami in ihren angestammten Lebensweisen als nomadisierende Rentierzüchter zu erleben, wird nicht leicht sein. Man muß schon einige Mühe auf sich nehmen, um diesem ehedem so naturnah und naturverbunden lebenden Völkchen zu begegnen. Am ehesten kann das auf Wanderungen über die Finnmarksvidda, die von fischreichen Seen und Flüssen durchsetzte Tundraebene Nordnorwegens, geschehen.

Wenn die E6 auf den Kvænangenfjord stößt, genießt man von der Straße aus einen prächtigen Ausblick auf den Fjord und die Insel Skorpa, auf der regelmäßig Seevögel nisten und brüten.

Später passiert man auf einer 300 m langen Brücke den Sörstraumen. Man kann jedoch den Fjordausläufer auch im Süden über **Kvænangsbotn** (*Camping*) umfahren (Umweg von 39 km) und kommt in **Sekkemo** wieder auf die E6.

36 km weiter passiert man die Grenze zu Norwegens nördlichster *Provinz Finnmark* und erreicht den schmalen Langfjord. An ihm führt die

ROUTE 23: TROMSØ – ALTA

E6 bis zu seiner Mündung in den Altafjord entlang. Dort an der Landzunge, wo die Straße einen scharfen Knick nach Süden macht, bietet sich abermals ein herrlicher Blick auf Norwegens Fjordlandschaft und auf das weite Rund der Buchten des Altafjords. Bei klarem Wetter sind im Norden die Eisgipfel des Seilandsjökulen (985 m) zu erkennen. Diese Urlandschaft strömt etwas ungeheuer Ruhiges, Unveränderliches und Unbeirrbares aus.

am Balsfjord bei Tromsø

Praktische Hinweise

☎ **Nord-Troms Reiseliv**, Postboks 3, 9156 Storslett, Tel. 77 76 58 00, Fax 77 76 76 60. Internet: www.nordtromsreiseliv.no

Hotels und Camping zwischen Olderdalen und Alta

Storslett/Sørkjosen
🏠 Hotels: **Sørkjosen Turisthotell**, 65 Zi., Tel. 77 76 52 77, Fax 77 76 70 58.

Djupvik
▲ – **Camping Lyngenfjord** *, Tel. 77 71 71 21; Anf. Juni – Ende Aug.; unebenes Birkenwäldchen in schöner, erhöhter Lage oberhalb der E6, mit herrlichem Blick auf Djupvik; ca. 2 ha – 50 Stpl.; einfache Ausstattung; 10 Miethütten **.

Nordreisa
– **NAF-Camping Storslett** *, Tel. 77 76 50 24; 1. Juni – 1. Sept.; ebene Wiese am Ortsrand; ca. 1 ha – 50 Stpl.; sehr einfache Standardausstattung; 10 Miethütten.

– **Camping Sandnes** **, Tel. 77 76 49 15; Mitte Mai – Anf. Sept.; ca. 10 km nordöstl. Nordreisa, Wiesen zwischen E6 und Fjord, ca. 3 ha – 100 Stpl.; einfache Standardausstattung; 10 Miethütten.

– **Camping Fosselv** *, Tel. 77 76 49 29; Anf. Juni – Ende Sept.; ca. 12 km nordöstl. Nordreisa; kleinerer Platz an der E6; ca. 50 Stpl.; 12 Miethütten.

Sekkemo
– **Camping Sekkemo** **, Tel. 77 76 89 12; Anf. Juni – Ende Aug.; ca. 3 km östl. der Brücke über den Sørstraumen; ca. 1,5 ha – 50 Stpl.; Standardausstattung; 10 Miethütten.

Burfjord
– **NAF-Camping Alteidet** **, Tel. 77 76 93 57; 1. Juni – 15. Sept.; ca. 11 km nördl. Burfjord; Wiesenhang am Bach in Fjordnähe; ca. 2 ha – 40 Stpl.; Standardausstattung; 20 Miethütten.

Bognelv
– **Camping Altafjord** **, Tel. 78 43 28 24; 15. Mai – 15. Sept.; freie Wiesen

ROUTE 23: TROMSØ – ALTA

und Schotterflächen, in sehr ansprechender Lage mit Ausblick, bei einem Gehöft, oberhalb der E6; ca. 2 ha – 50 Stpl.; Komfortausstattung; Laden; 25 Miethütten.

Alta, die 9.000-Seelen-Gemeinde am Altafjord, ist das Zentrum der Altagroßgemeinde (14.300 Einw.), die sich aus den Gemeinden *Bossekop, Elvebakken* und *Bukta* zusammensetzt. Landwirtschaft, Schieferbrüche, Bergbau, Fischerei, Handel und Dienstleistungsgewerbe sind die wichtigsten Wirtschaftszweige.

Samischer Souvenirstand

Alta hat dreimal täglich Flugverbindung mit Oslo, wird täglich von den Schnelldampfern der Hurtigruten angelaufen und hat Anschluß an den Nordnorwegen-Bus (Fauske – Kirkenes) sowie Expreßbusverbindungen durch Finnland und Schweden nach Oslo.

Die **Mitternachtssonne** ist in Alta von 17. Mai bis 26. Juli zu erleben.

Länger verweilen werden wohl nur passionierte Angler in Alta, die im Altaelva, dem angeblich lachsreichsten Fluß der Welt, ihr Glück versuchen wollen. Für die Vergabe der Angellizenzen gibt es allerdings lange Wartelisten. Anfragen richtet man an: *Alta Laksfiskeri Interessentskap*, 9510 Elvebakken.

Seit 1985 verfügt Alta über eine interessante Sehenswürdigkeit, die **prähistorischen Felsbilder** von Hjemmeluft.

Im Vorort Hjemmeluft, am Südwestrand von Alta (gut beschilderter Abzweig von der E6), wurden im Frühjahr 1973 auf den glatten Felsen oberhalb der Bucht am Ende des Altafjords **Felszeichnungen** (Helleristninger) entdeckt, deren Anzahl zwischenzeitlich auf etwa 3.000 Abbildungen geschätzt wird. Forscher stellten fest, dass die in den Fels geritzten Bilder um 2.000 bis 4.000 vor unserer Zeitrechnung entstanden sein müssen, also annähernd vier- bis sechstausend Jahre alt sind.

Abgebildet sind Tiere und Menschen in verschiedenen Situationen. Man sieht Jagdszenen mit Bären, Rentieren und Elchen, aber auch Menschen in Booten, mit Pfeil und Bogen, auf Rentierjagd, bei Zeremonien etc.

Alta Museum, Felszeichnungen **
Besucherzentrum und Museum
15. 6. - 15. 8. tgl. 8 - 23 Uhr, Mai u. Sept. tgl. 9 - 18 Uhr, Winterhalbjahr Mo. - Fr. 9 - 15, Sa. + So. 11 - 16 Uhr. Eintritt.

Im Eingangsbereich des denkmalgeschützten Küstenbereichs mit den Felsbildern ist ein neues, modernes **Besucherzentrum** eingerichtet worden. Zufahrt von der E6 beschildert. Es gibt reichlich Parkplatz und im Museumsgebäude eine Cafeteria.

ROUTE 23: TROMSØ – ALTA

prähistorische Felszeichnungen bei Alta

Sehenswert sind die Ausstellungen im **Alta Museum**, das Teil des Besucherzentrums ist. Sie geben Einblick in die Kulturgeschichte der Altaregion von der Zeit der Felszeichnungen bis zum Christentum. Man sieht Sammlungen über samisches Kunsthandwerk, über den Schieferabbau und über die Fluß- und Fjordfischerei. Andere Themen sind das Marktgeschehen in Alta und der Schatzfund aus der Wikingerzeit, die Kriegsereignisse in der Finnmark sowie das Nordlicht und die Gewinnung von Kupfererzen.

Vom Besucherzentrum aus führt ein gut präparierter **Fußweg** teils über Holzstege durch das ganze, ausgedehnte Gebiet dieser prähistorischen „Freilichtgalerie". Wichtige Punkte sind mit Nummern markiert. Dazu gibt es im Besucherzentrum eine Broschüre mit detaillierten Erklärungen, auch in deutsch. Die Felsbilder von Alta sind in die UNESCO-Liste über bewahrenswerte Kulturschätze aufgenommen.

Am Fjordufer sind in einer besonderen Abteilung des Museum einige bemerkenswerte typische Fischerboot zu sehen, wie sie im Altafjord benutzt wurden.

Wer die prähistorischen Spuren der im Gebiet um Alta einst lebendigen *Komsakultur* weiter verfolgen will, findet auf dem **Komsafjellet**, einem Landvorsprung im nördlichen Stadtgebiet, Reste alter Siedlungen, die zu den ältesten des Landes überhaupt gehören. Außerdem hat man vom 212 m hohen Komsafjellet einen reizvollen Rundblick.

Wandern in der Finnmarksvidda
**

Südöstlich von Alta erstreckt sich ein ganz ausgezeichnetes Wandergebiet, das sich über die **Finnmarksvidda** mit dem *Jiesjavrre*, dem größten See in der Finnmark, bis Karasjok erstreckt.

Eine bei einem längeren Altaufenthalt empfehlenswerte Wanderung führt 100 m von der alten **Kirche von Kåfjord** (E6, ca. 15 km südwestlich von Alta) hinauf ins Halddegebirge, zum rund 1.000 m hohen **Halddetoppen**. Dort sind die teilweise restaurierten Ruinen des ersten Nordlichtobservatoriums der Welt zu sehen. Die Wanderung dauert rund drei bis vier Stunden.

AUSFLUG ZU NORDEUROPAS GRÖSSTEM CANYON

Mein Tipp! Bei längerem Aufenthalt lohnt ein Tagesausflug zum **Alta Canyon** bei **Savtso**. Man fährt zunächst auf der R93 von Alta Richtung Kautokeino, zweigt aber schon nach 8 km auf die alte Reichsstraße links ab. Sie führt am Altaelva entlang und erreicht nach 17 km den Berg-

ROUTE 23: TROMSØ – ALTA

gasthof **Gargia Fjellstua** (ganzjährig geöffnet, 40 Betten, Restaurant, Tel. 78 43 33 51). Von hier kann man die Schlucht auf einem Fußmarsch (ca. 4 Stunden hin und zurück) erreichen. Oder man fährt auf einem alten Fahrweg weiter Richtung **Bæskades**. Nach etlichen Kilometern erkennt man einen Sendemasten. In seiner Nähe führt vom Fahrweg ein markierter Fußweg (ca. 6 km, 2 Stunden einfach) nach Osten zur mehrere Kilometer langen und bis zu 600 m tiefen Felsschlucht des Altaelva, Nordeuropas größtem Canyon.

Wanderung zum Alta Canyon **

Auf organisierten, im Sommer regelmäßig durchgeführten Ausflügen ist es möglich, zum 110 m hohen Staudamm bei Savtso zu fahren. Dort werden Führungen durch das **Alta Kraftwerk** angeboten. Man kann dann z. B. durch ein Panoramafenster in den Stausee und zur Staumauer sehen. Es wird eine Multivisionsshow gezeigt. Vom Kraftwerk ist eine Wanderung zum Alta Canyon (ca. 7 km) möglich. Details über die jeweils gültigen Abfahrtszeiten und Preise erhält man im Touristenbüro.

Praktische Hinweise – Alta

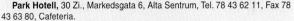

Alta

Alta Turist Informasjon, Destinasjon Alta, Postboks 1327, 9505 Alta, Tel. 78 43 77 70. Geöffnet 1. Juni bis 31. August. Internet: www.destinasjonalta.no
Finnmark Reiseliv AS, Postboks 1223, 9504 Alta, Tel. 78 44 00 20. Internet: www.finnmark.org

Hotels: **Øytun Gjesteheim**, Ende Juni – Anfang Aug., 66 Zi., in **Øvre Alta**, Tel. 78 44 91 40, Fax 78 44 91 79.
Nordlys Hotell Alta, 27 Zi., Bekkefaret 3, Tel. 78 43 55 66, Fax 78 43 50 80, Restaurant.
Park Hotell, 30 Zi., Markedsgata 6, Alta Sentrum, Tel. 78 43 62 11, Fax 78 43 63 80, Cafeteria.
Rica Hotel, 155 Zi., Løkkeveien 61, Tel. 78 48 27 00, Fax 78 48 27 77, am Rande des neuen Gewerbegebietes, Restaurant. Sauna.
Sagatun Hotell, 30 Zi., in **Saga**, Tel. 78 45 78 00, Fax 78 45 78 01, Restaurant, Sauna.
Quality Hotel Vica, 24 Zi., Fogdebakken 6, Stadtteil Bossekop, Tel. 78 43 47 11, Fax 78 43 42 99, Restaurant, Sauna. – Und andere Hotels.

Hotels

▲ – **NAF Alta Strand Camping og Apartment ******, Tel. 78 43 40 22; 1. Jan. – 31. Dez.; in Øvre Alta beschilderter Abzweig von der R93, Wiesengelände; ca. 1,5 ha – 40 Stpl.; gute Standardausstattung; Laden, Cafeteria, Sauna; 35 Miethütten ** - ****.
– **Wisløff Camping ****, Tel. 78 43 43 03; 1. Jan. – 31. Dez.; in Øvre Alta beschilderter Abzweig von der R93, ca. 5 km südl. von Alta; Wiesen am Fluß Altaelva; ca. 3 ha – 80 Stpl.; gute Standardausstattung; 7 Miethütten.
In der Nachbarschaft findet man **Alta River Camping** und **Alta Strand Camping**.
– **Camping Kronstad *****, Tel. 78 43 03 60; Anf. Juni – Ende Aug.; in **Elvebakken** an der E6, ca. 1 km östl. Alta; Waldgelände; ca. 3 ha – 70 Stpl.; Standardausstattung; Laden; 20 Miethütten.
– **MA-Camping Solvang ****, Tel. 78 43 04 77; 1. Juni – Anf. Aug.; bei Elvebakken, ca. 6 km nordöstl. Alta; Wiesengelände mit Waldanteil, zwischen E6 und Fjord; ca. 1 ha – 30 Stpl.; Standardausstattung; Laden; 17 Miethütten **. – Und andere Campingplätze.

Camping

311

ROUTE 23: TROMSØ – ALTA

SAMI, „NOMADEN DES NORDENS"

Die Bevölkerungsgruppe der Sami (Lappen) nennt sich in ihrer eigenen Sprache *sábme*, mit dialektbezogenen Abweichungen. Die Bezeichnung *Lappe* empfinden sie als mit einem negativen Beiklang belastet, wie das Schwedische Institut berichtet. In Schweden haben die Sami durchgesetzt, dass das Wort *same* (plur. *samer*) verwendet wird. Die deutsche Abwandlung dieses Wortes ist *Sami* (singular und plural). In diesem Reiseführer ist also nicht mehr von Lappen, sondern von Sami die Rede.

Bis auf den heutigen Tag ist nicht eindeutig nachgewiesen, von woher die Sami einst in den skandinavischen Raum einwanderten. Vielfach wird angenommen, dass sie vor Jahrtausenden aus dem Gebiet des Urals oder der Wolga kamen. Diese Überlegung basiert auf der Tatsache, dass Samische Dialekte deutlich finnisch-ugrischen Ursprungs sind. Sicher ist, dass schon vor rund 10.000 Jahren Stämme samischer Völker im skandinavischen Raum gesiedelt haben, wie archäologische Funde beweisen. Noch vor etwa 2.000 Jahren war das gesamte Gebiet des heutigen Finnland von Sami besiedelt. Andere Sami-Völker wohnten an den Küsten des Atlantik im heutigen Norwegen, auf der Kola Halbinsel Rußlands und an den Küsten des Botnischen Meerbusens.

Heute leben zwischen 50.000 und 60.000 Sami in einem Gebiet, das von der Finnmark in Norwegen, über Schwedisch- und Finnisch Lappland bis auf die Kola Halbinsel, dem nordwestlichen Teil Rußlands, reicht. Ihr Lebensraum der Sami reichte früher viel weiter nach Süden. In den waldreichen Gegenden fanden sie ihr Auskommen als Jäger und Pelzhändler. Mit der Zeit drangen aber Siedler aus dem Süden immer weiter nach Norden vor und der von Hause aus friedliebende Sami zog sich immer weiter nach Norden zurück. In den Tundren, die für eine Urbarmachung durch die Landnehmer aus dem Süden wenig taugten, fanden die Sami eine neue Heimat. Die arktischen Breiten aber waren nicht so reich an Pelztieren. Man machte sich das Ren zur Lebensgrundlage. Viele der Sami wurden so gezwungenermaßen Nomaden, denn das Ren war nicht zu domestizieren oder „seßhaft" zu machen. Andere Stämme zogen weiter an die Küste oder ließen sich an den fischreichen Flüssen nieder und wurden Fischer.

ROUTE 23: TROMSØ – ALTA

Seit etwa der Mitte des zu Ende gegangenen Jahrhunderts folgen immer weniger Sami dem Zug des Rens. Dienten die Tiere, die früher nur in kleinen Herden gehalten wurden, einst als Zug- und Lasttiere, als Lieferanten für Milch, Fleisch, Fell, Knochen, Sehnen etc. (alles, was nicht verzehrt werden konnte, wurde zu Gebrauchsgegenständen weiterverarbeitet), werden sie heute fast ausschließlich zur Fleischgewinnung gehalten.

Die Methoden der Zucht und die Überwachung der Herden wurden modernisiert, Hubschrauber, Sprechfunk, Geländewagen und Snowscooter sind im Einsatz. Die meisten Rentierzüchter haben sich zu genossenschaftsähnlichen „Sami-Dörfern" *(cearru)* zusammengeschlossen, in denen die verwaltungstechnischen und wirtschaftlichen Belange der Zucht und der Vermarktung der Produkte gesteuert werden. Heute ziehen schätzungsweise noch 750.000 Tiere durch das nordskandinavische Gebiet.

Stark in Mitleidenschaft gezogen wurde die Rentierzucht im Frühjahr 1986 durch die Folgen der Reaktorkatastrophe in Tschernobyl. Durch hohe Cäsiumwerte, die heute noch im Rentierfleisch gemessen werden können, hat dieser kleine Wirtschaftszweig einen nicht abschätzbaren Schaden erlitten.

Im Winter, zur Zeit der Rentierscheide, wenn schlachtreife, aber auch kranke und alte Tiere ausgesondert werden und Jungtieren das Zeichen des Besitzers in die Ohren oder das Fell geschnitten wird, wählte man früher gerne Kirchdörfer wie Sodankylä in Finnland zum Beispiel, Karasjok in der Finnmark oder Jokkmokk in Schweden als Standquartier. Es waren Orte, wo Sami mit anderen Zivilisationen in Berührung kamen und mit ihnen Handel trieben.

Die Sprache der Sami gliedert sich ein drei Grunddialekte – Ost-Samisch, Zentral-Samisch und Süd-Samisch – und annähernd fünfzig Unterdialekte, zwischen denen aber nicht selten größere Unterschiede bestehen, als zwischen der deutschen und der norwegischen Sprache zum Beispiel. Und ein Sami vom nördlichen Eismeer würde wahrscheinlich einen Sami aus Mittelschweden kaum verstehen, bedienten sie sich nicht der Landes- und Amtssprache.

Die Sprache der Sami ist eine Sprache mit einem überaus reichen Vokabular. Sehr zahlreich sind die Bedeutungen für Dinge der Natur. So gibt es überaus präzise Beschreibungen für Landschaften, Gewässer, den Schnee oder für Tiere. Alleine für den Begriff Rentier soll es so zahl- und variantenreiche Bezeichnungen z. B. für das Fell, das Geschlecht, das Geweih, das Alter u.s.w. geben, dass es mit diesen Begriffen ohne weiteres gelingt, aus einer tausendköpfigen Herde ein Tier so präzise und eindeutig zu beschreiben, dass es jeder Kundige auch aus der größten Herde problemlos herausfindet.

Bis in jüngste Zeit war der Gebrauch ihrer Dialekte unter der samischen Bevölkerung stark im Abnehmen begriffen. Heute hat man allerdings – unter den Sami selbst wie auch in Regierungskreisen der skandinavischen Länder – längst erkannt, dass die samische Sprache ein unabdingbares Kulturgut ist, das es zu erhalten und zu fördern gilt.

Wie bei vielen nomadisierenden Völkern haben sich Schrift und Literatur kaum entwickelt. Viel größere Bedeutung kam der Überlieferung in Erzählungen oder Liedern zu. In der Tradition der Sami hat hier das *Joiken*, eine Art erzählender Sprechgesang, sehr große Bedeutung. Beim Joiken werden Geschichten erzählt, Personen und Ereignisse geschildert oder Landschaften beschrieben.

Zu den wenigen Werken der Literatur werden die 1910 erstmals erschienene Erzählung *„Mui'talus Samiid birra"* von Johan Turi und die 1969 erschienene Erzählung *„Anta"* von Andreas Labbas, mit Geschichten von der ursprünglichen Lebensweise der Sami gerechnet.

24. ALTA – NORDKAP

◉ **Entfernung:** Rund 450 km. Abstecher nach Hammerfest 58 km einfach.

➔ **Strecke:** Über die E6 bis **Skaidi** – Abstecher über R94 bis **Hammerfest** und zurück – E6 bis **Olderfjord/Russenes** – E69 über **Honningsvåg** bis zum **Nordkap.**

⇔ **Abstecher** nach **Hammerfest** (Seite 314).

🕒 **Reisedauer:** Mindestens ein Tag, besser zwei Tage.

✣ **Höhepunkte:** Der Panoramablick auf **Hammerfest** * vom Salen – Mitternachtssonne am **Nordkap** ** – Sekt und Krabben in der **Nordkaphalle** genießen.

Route 24
ALTA – NORDKAP
0   20   40   80 km

Ab Alta führt die E6 durch niedere, mit zunehmender Höhe mehr und mehr zurückweichende Birkenwälder bergan. Man passiert das Hochtal Sennelandet in einer öden Tundralandschaft. Schließlich führt die Straße am Lachsfluß Reppafjordelva entlang hinab nach **Skaidi**. Skaidi ist weniger eine Ortschaft, als vielmehr eine wichtige Straßenkreuzung mit Tankstelle, Hotel (*Skaidi Hotell*, 43 Zi., Tel. 78 41 61 20, Fax 78 41 61 27, geöffnet 1. 6. – 15. 11., Restaurant) und Gasthof (*Skaidi Kro og Motell*, 7 Zi., geöffnet 10. 6. – 30. 9.).

ABSTECHER NACH HAMMERFEST

⇔ **Abstecher:** Ab **Skaidi** bietet sich ein Abstecher über die R94 nach Hammerfest an. Auf dem Weg dahin passiert man nach 27 km auf Norwegens längster Hängebrücke (741 m) den Kvalsund, befindet sich dann auf der **Insel Kvaløya** und fährt am Westufer der Insel noch 31 km weiter bis **Hammerfest**. ●

ROUTE 24: ALTA – NORDKAP

Panoramablick auf Hammerfest vom Berg Salen

Sollten Sie auf Ihrer Norwegenreise bisher noch kein Rentier zu Gesicht bekommen haben, spätestens hier auf Kvaløya werden Ihnen mit fast hundertprozentiger Sicherheit Rentiere begegnen.

Hammerfest, ca. 9.200 Einwohner, nimmt für sich in Anspruch, die nördlichste Stadt der Welt zu sein (70°39'48" nördliche Breite).

nördlichste Stadt der Welt - Hammerfest

Gegründet wurde Hammerfest als Stadtgemeinde offiziell am 17. Juli 1789, damals angeblich mit nicht mehr als 40 Einwohnern. Dank lebhafter Küsten- und Hochseefischerei, durch Fischhandel und später auch Fischverarbeitung (heute ist Hammerfest Heimathafen einer der größten Trawlerflotten des Landes und Sitz einer international operierenden Fischverarbeitungsfabrik) nahm die Stadt einen langsamen, aber stetigen Aufschwung.

Fast genau 100 Jahre nach der Stadtgründung fiel 1890 nahezu ganz Hammerfest einem Großfeuer zum Opfer. Im gleichen Jahr übrigens bekam Hammerfest als erste Stadt Europas elektrische Straßenbeleuchtung. Beim Rückzug deutscher Truppen 1944/45 wurde Hammerfest total zerstört und mußte nach dem Zweiten Weltkrieg völlig neu aufgebaut werden.

Zugegebenermaßen ist die Lage der Stadt an der geschützten Hafenbucht recht reizvoll. Besonders vom 86 m hohen **Aussichtsberg Salen**, im Osten der Stadt, direkt über dem Hafen, genießt man einen prächtigen Panoramablick. Man kann über einen steilen Fußweg ab Ole Olsen's Plass am Hafen hinaufwandern. Per Auto muß man den Weg von der Durchgangsstraße bei der katholischen Kirche ostwärts, am Stadion vorbei, etwas suchen. Spärliche Beschilderung. Der weite Blick auf die Stadt und die Hafenbucht ist, um der Wahrheit die Ehre zu geben, auch schon der touristische Höhepunkt eines Besuchs in Hammerfest. Man sieht die

Blick auf Hammerfest *

ROUTE 24: ALTA – NORDKAP

Stadt, diesen weit vorgeschobenen Zivilisationsposten, unter sich liegen, umgeben von baum- und strauchlosen Hügeln. Der meist heftig wehende Wind, lange Winter und oft schneidende Kälte, lassen außer Rentiermoos kaum etwas gedeihen. Stolz verweist man auf einen kleinen Forst, der an einem windgeschützten Hang im Norden der Stadt heranwächst, den nördlichsten Wald der Welt.

Auf dem Salen finden Sie das Panorama-Restaurant **Turistua,** schöner Blick über Hammerfast. Geöffnet 1. Juni bis 15. August.

In diesen nördlichen Breiten geht von Mitte November bis in die letzten Januartage die Sonne überhaupt nicht auf. Da kommt man auf die Gedanken zu fragen, wer kommt freiwillig in diese Stadt am Ende der Welt? Antwort: Touristen!

Die Mitternachtssonne ist in Hammerfest von **14. Mai** bis **29. Juli** zu erleben.

Wiederaufbaumuseum
5. 6. - 25. 8. tgl. 10 - 18 Uhr, 26. 8. - 4. 6. tgl. 11 - 14 Uhr.

In der Kirkegata 21, im Gebäude, in dem auch das Touristenbüro untergebracht ist, kann man das **Wiederaufbaumuseum** besichtigen. Es vermittelt Einblicke in die Geschichte der Finnmark von der Steinzeit bis heute. Breiten Raum nimmt die Stadtgeschichte in der Zeit vor, während und nach dem Zweiten Weltkrieg ein.

Ein interessantes Monument liegt im nördlichen Stadtteil Fuglenes – die **Meridiansäule.** Die runde Granitsäule mit bronzener Erdkugel wurde einst auf Veranlassung von König Oscar II. errichtet, zur Erinnerung an die erste präzise Vermessung der Erdgröße und Erdform in den Jahren 1816 bis 1852.

Schließlich verdient die moderne **Kirche** am südlichen Stadtrand Beachtung. Der Kirchenbau entstand 1961. Er weist eine mit farbenprächtigen Glasmalereien versehene Giebelwand auf, die als Altarwand in den Innenraum integriert ist.

Hammerfest

Praktische Hinweise – Hammerfest

☎ **Hammerfest Turistkontor,** Kirkegate 21, 9600 Hammerfest, Tel. 78 41 21 85. Geöffnet 15. 6. – 15. 8. Mo. - Fr. 9 - 19, Sa. + So. 10 - 17 Uhr. Internet: www.hammerfest-turist.no

Hotels

🛏 Hotels: **Quality Hammerfest Hotel,** 53 Zi., Strandgt. 2 - 4, Tel. 78 42 96 00, Fax 78 42 96 60, **Restaurant „Benoni",** Sauna.
Rica Hotel, 160 Betten, Sørøygt. 15, Tel. 78 41 13 33, Fax 78 41 13 11, Restaurant, Sauna.
Skytterhuset Hotell, 66 Zi., Skytterveien 24, Tel. 78 41 15 11, Fax 78 41 19 26.
Hammerfest Touristsenter, 43 Zi., in **Storsvingen,** Tel. 78 41 11 26, Fax 78 41 19 26, geöffnet 1. 5. – 15. 10.; Cafeteria, Sauna, **Camping.**

Jugendherberge

Jugendherberge: **Hammerfest Vandrerhjem,** Idrettsvn. 52, Tel. 78 41 36 67, geöffnete Ende Juni – Ende August.

Camping

▲ – **NAF-Camping Storvannet** **, Tel. 78 41 10 10; 1. Juni – 15. Sept.; kleine Wiese am See, ca. 2 km nordöstl. der Stadt; ca. 1 ha – 50 Stpl.; Standardausstattung; 7 Miethütten.
– **Hammerfest Touristsenter** **, 1. Mai – 15. Okt.; an der R94 südl. der Stadt; Stellmöglichkeiten bei der **Miethütten- und Motelanlage** (s. o.), schöne Lage, Cafeteria.

ROUTE 24: ALTA – NORDKAP

HAUPTROUTE

→ **Hauptroute:** Im weiteren Verlauf unserer Hauptroute folgen wir ab Skaidi der E6 über eine Tundrahochebene bis **Olderfjord** am gleichnamigen Seitenarm des weit ins Land reichenden Porsangerfjords. In Olderfjord zweigt nach Nordwesten die E69 zum **Nordkap** ab (125 Straßenkilometer), der wir folgen. Westlich der Straßengabelung liegt **Russenes.** •

Russenes
▲ – **NAF Russenes Kro, Motell og Camping** **, Tel. 78 46 37 11; 1. Jan. – 30. Dez.; an der E69; Campinggelegenheit bei einer Touristenstation mit Gasthof und Motel; ca. 2,5 ha – 120 Stpl.; Standardausstattung; Laden, Restaurant; 16 Miethütten; Gasthof, **Motel**.

ABSTECHER NACH HAVØYSUND

die Meridiansäule in Hammerfest

Wer gerne wirklich abgelegene, touristisch noch unbeleckte Landschaften aufsucht (was von der Nordkapinsel Magerøya zumindest im Juli schon lange nicht mehr behauptet werden kann), dem bietet sich in **Smørfjord**, 4 km nordwestlich von Olderfjord, Gelegenheit, auf der erst seit 1987 durchgehend befahrbaren R889 nach **Havøysund** (Touristeninformation, Internet www.masoy.kommune.no, *Hotel Best Western Havøysund*, in der Strandgate 149, 37 Zi., Restaurant, Tel. 78 42 43 00, Fax 78 42 43 33; und Rorbucamping), einem der größten Fischerhäfen der Finnmark, abzuzweigen (ca. 90 km). Es gibt dort das **Måsøy Museum**, Kirkeveien 3, über die Küstenkultur der Gemeinde Måsøy zu besichtigen. Im Sommer zweimal wöchentlich abends Ausflüge mit Schnellbooten und Bussen zum Nordkap. Infos im Hotel.

HAUPTROUTE

Die Nordkapstraße E69 ist gut ausgebaut. Sie folgt der Küstenlinie des Porsangerfjords und verschafft immer wieder eindrucksvolle Ausblicke auf die Eismeerküstenlandschaft.

Man passiert das 2.980 m lange Skarbergtunnel. Vorsicht vor Rentieren, die sich gelegentlich die Tunnelröhre als Aufenthaltsort aussuchen!

46 km nach Olderfjord erreicht man den Abzweig zum **Fährhafen Repvåg**, der früheren Fährstation zur Nordkapinsel (*Repvåg Fjord Hotell og Rorbusenter* mit Fischrestaurant, Tel. 78 47 54 40, Geöffnet 1. April bis 31. Oktober; *Repvåg Camping*, 1. 2. – 30. 10.).

25 km nach besagtem Abzweig erreicht man die Zufahrt zur ehemaligen, und seit der Eröffnung des Seetunnels verwaisten Fährstation **Kåfjord**.

317

ROUTE 24: ALTA – NORDKAP

zum Nordkap geht's links

seit 1999 durch das bislang längste Untersee-Straßentunnel Europas zum Nordkap **

Seit 1. Juni 1999 ist die **Nordkapinsel Magerøya** über ein **neues Straßen- und Tunnelsystem**, das teils unter dem Meer verläuft, zu erreichen. Die Nordkap Gemeinde spricht vom „längsten Untersee-Straßentunnel in Europa"!

Die neue, 28,6 km lange Straße, die die Nordkapinsel an das Festland anbindet, führt durch einen unterseeischen Tunnel, zwei Landtunnel und über 17 km offenes Gelände.

Der Tunnel unter dem Magerøy-Sund zählt mit 6,8 km Länge zu einem der längsten unterseeischen Straßentunnel der Welt. An seinem tiefsten Punkt liegt der Tunnel 212 m unter dem Meeresspiegel. Er ist 8 m breit und hat 2 Fahrbahnen. Die beiden anderen auf das Modernste ausgestatteten Tunnel, die durch das Honningsvågfjell auf der Insel Magerøya führen, sind 4,4 km lang.

Die Benutzung des neuen Straßensystems auf die Nordkapinsel Magerøya soll 15 Jahre lang mautpflichtig sein. Dann sollen, so die Planung, 27% der Gesamtbaukosten von annähernd 230 Mio. DM (ca. 927 Mio. Nkr.) durch Mautgebühren erwirtschaftet sein.

Die Mautgebühr belief sich zuletzt auf NOK 125,- für Fahrzeuge bis 6 m Länge inklusive Fahrer, plus NOK 40,- für jede weitere Person. Die Maut ist in beide Richtungen zu bezahlen! Wie es heißt, entsprechen die Mautgebühren den Preisen, die für eine Fährfahrt nach Honningsvåg ausgegeben werden müßte. Positiv zu vermerken ist, dass die oft langen Wartezeiten an den Fähren im Sommer nun der Vergangenheit angehören. Das Gedränge zur Mitternachtssonne auf dem Nordkapplateau aber wird wohl noch etwas heftiger werden.

Der wichtige Fischereihafen **Honningsvåg** (ca. 3.600 Einw.) ist der Hauptort der 437 qkm Insel Magerøya.

Zu den bescheidenen Sehenswürdigkeiten der Hafenstadt zählt das **Nordkapmuseum** im Nordkaphuset am Fiskeriveien 4. Mit kulturhistorischen Sammlungen und Ausstellungen wird u. a. über die Fischerei und den Nordkaptourismus berichtet. Das Nordkaphuset selbst ist ein modernes Gemeindezentrum mit Galerie, Multivisionsshow „Jahreszeiten in der Finnmark" (Weiterbestand fraglich), Café, Geschäften, Geldwechselstelle und Touristeninformation. Neben dem Nordkaphuset liegen der Busbahnhof und der Hafen.

Schließlich verdient die 1884 erbaute **Kirche von Honningsvåg** Erwähnung. Die Kirche, heute das älteste Gebäude der Stadt, war nach den Wirren und Zerstörungen im Zweiten Weltkrieg bis zu den Anfängen des Wiederaufbaus, ein Zuhause für einen großen Teil Stadtbevölkerung. Die Kirche ist im Sommer zwischen 8 und 22 Uhr geöffnet.

Honningsvåg hat tägliche Flugverbindungen mit Oslo. Der Hafen wird täglich von Schiffen der Hurtigruten angelaufen.

ROUTE 24: ALTA – NORDKAP

keine Seltenheit, Rentiere an der Straße zum Nordkap

Praktische Hinweise – Honningsvåg

📞 **Nordkap Turist Informasjon, Nordkap Reiseliv AS**, Fikserveien 4D, 9750 Honningsvåg, Tel. 78 47 25 99. Geöffnet: 15. 6. - 15. 8. Mo. - Fr. 8.30 - 18 Uhr, Sa. + So. 12 - 18 Uhr. Winterhalbjahr: Mo. - Fr. 8.30 - 16 Uhr. Internet: www.northcape.no

Honningsvåg

🏨 Hotels: **Arctic Hotel Nordkapp**, 50 Zi., ganzjährig, Tel. 78 47 29 66, Fax 78 47 36 10, Restaurant.
Honningsvåg Bryggen, 28 Zi., ganzjährig, Vågen 1A, Tel. 78 47 64 64, Fax 78 47 64 65.
Rica Bryggen Hotel, 42 Zi., ganzjährig, Vågen 1, Tel. 78 47 28 88, Fax 78 47 27 24, Restaurant.
Rica Hotel Honningsvåg, 174 Zi., geöffnet 15. 5. – 31. 8., Tel. 78 47 23 33, 78 47 33 79, Restaurant.
Skipsforden/Kamøyvær
Rica Hotel Nordkapp, 290 Zi., geöffnet 1. 6. – 31. 8.; in **Skipsfjorden**, Tel. 78 47 33 88, Fax 78 47 32 33, Restaurant.
Havstua, 20 Zi., geöffnet 1. 5. – 15. 9., Gasthof in **Kamøyvær**, Restaurant.
Skarsvåg
Nordkapp Turisthotell, 30 Zi., geöffnet 1. 5. – 31. 10., in **Skarsvåg**, Tel. 78 47 52 67, Fax 78 47 52 10, Restaurant. – Und andere Hotels.

Hotels

Jugendherberge: **Nordkap Vandrerhjem**, 9751 Honningsvåg, Tel. 78 47 33 77; Ende Mai – Ende Sept.; 58 Betten; bei **Skipsfjord**, an der Straße E69 zum Nordkap, beim **Campingplatz**, ca. 8 km nördl. des Stadtzentrums.

Jugendherberge

▲ – **NAF-Camping Nordkapp og Vandrerhjem** ****, Tel. 78 47 33 77; 15. Mai – 30 Sept.; in Skipsfjord an der E69 ca. 8 km nördl. Honningsvåg Richtung Nordkap; ca. 5 ha – 100 Stpl.; Standardausstattung; Laden, Imbiß; 26 Miethütten ** - ****; Zimmer, **Jugendherberge**.

Camping Stellplätze

ROUTE 24: ALTA – NORDKAP

> Weitere Campingmöglichkeiten auf dem **Nordkapplateau** (Stellplätze auf Schotterfläche vor der Nordkaphalle) und in **Skarsvåg, Kirkeporten Camping ******, 20. Mai – 1. Sept., 21 Miethütten ** - ***.

Ausflüge

Es werden diverse **Bootsausflüge** ab Hafen Honningsvåg angeboten, z. B. rund ums Nordkap zum Fischerdorf Skarsvåg (ca. 4 Stunden), zum Fischerdorf Sarnes (ca. 1 1/2 Stunden) oder zu Nistklippen von Seevögeln (ca. 3 Stunden).

Busse zum Nordkap verkehren ab Honningsvåg im Sommer viermal täglich, um 12.20, 16.00, 19.30 und 21.45 Uhr. Fahrzeit 50 Minuten. Rückfahrt vom Nordkap nach Honningsvåg um 14.20, 17.50, 21.00 und 00.30 Uhr. Die Abfahrtszeiten können Änderungen unterliegen! Busverbindungen bestehen auch, an Werktagen bis zu dreimal täglich, über Skarsvåg nach Gjesvær.

Nordkap **
Eintritt

NORDKAP

Das Nordkap, 71° 10' 21" nördlicher Breite, liegt 34 km nördlich von Honningsvåg. Das 307 m hohe, fast senkrecht zum Eismeer abfallende Felsplateau gilt als der nördlichste per Straße erreichbare Punkt Europas. Die Betonung liegt aber auf „per Straße erreichbar". Denn das weiter nordwestlich gelegene Kap Knivskjellodden ragt noch ein paar Kilometer weiter nach Norden.

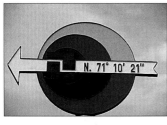

Seit 1956 kann das Nordkapplateau auf einer zwischenzeitlich durchgehend geteerten und in Abschnitten erweiterten Straße völlig problemlos mit Auto, Caravan etc. erreicht werden.

Ab Honningsvåg führt die E69 (Wintersperre von ca. Mitte Oktober bis Ende Mai) durch eine fast außerirdisch anmutende, kahle Landschaft, ohne Strauch, ohne Baum, nur in windgeschützten Mulden mit Islandmoos, Flechten und höchstens etwas knöchelhohem Gestrüpp bewachsen.

die Nordkap-Position

Aber diese spärliche Vegetation genügt den Rentieren, die hier häufig zu sehen sind. Jedes Jahr aufs neue ziehen die Tiere vom Festland hierher auf die Insel und überqueren dabei schwimmend den Magerøyasund. Ihre Besitzer, Samifamilien aus Kautokeino und Karasjok, folgen ihnen dann hierher zu den Sommerweiden.

Nach dem Anstieg ins Vestfjordfjellet (336 m), genießt man von der Straßenkehre einen weiten Blick über den Tufjorden nach Westen.

In der Ferne taucht links der Straße die weiße Kugel einer Radarstation auf und wenig später hat man, nach Tausenden von Kilometern, das eigentliche Ziel und einen der Höhepunkte der Reise erreicht – das Nordkap.

Stellplatz direkt auf dem Nordkap

An einer Mautstation an der Zufahrt zum Nordkap muß Eintritt bezahlt werden – 175 !!! Kronen pro Person, was rund satten 42,- Mark entspricht! Die Gebühr schließt Parkerlaubnis, Eintritt zur Nordkaphalle und zum Videokino ein. Campen ist auf einem eigens dafür vorgesehenen Areal gestattet (keine speziellen Sanitäranlagen, Wasser- oder Stromanschlüsse). Zählt man Eintrittsgebühr und Straßenmaut zusammen, kommt man auf eine Gebühr für zwei Personen von immerhin 680

ROUTE 24: ALTA – NORDKAP

Kronen, was dem erklecklichen Sümmchen von runden 163 DM entspricht, das für einen Besuch des Nordkaps zu berappen ist!
  Wildes Campen ist zwischenzeitlich auf der ganzen Nordkapinsel verboten! Das Verbot wird scharf überwacht! Zuwiderhandlungen oder „nicht umweltgerechtes Verhalten" werden mit hohen Geldbußen belegt.

Reiseziel Nordkap, von der Südküste Norwegens 2.518 km entfernt

  Der englische Seefahrer Richard Chancellor, 1553 mit seinem Segler „Edward Bonaventura" auf der Suche nach einem nördlichen Seeweg nach China, nannte das bis dahin namenlose Kap „North Cape".
  Als erster „Tourist" wird 1664 der italienische Pfarrer Francesco Negri verzeichnet. Etwa ab dem Ende des 18. Jh. wurde in wohlbetuchten Gesellschaftskreisen eine Seereise ins Nordmeer, mit Besuch des Nordkaps, ein beliebter Ausflug mit „Expeditionscharakter". Die Damen und Herren mußten damals allerdings von der Anlegestelle in der Hornvika-Bucht, östlich des Kaps, einen beschwerlichen Aufstieg zum Plateau auf sich nehmen. Die alte Anlegestelle dort soll übrigens restauriert werden und dann als Freilichtmuseum dienen.
  Der erste Veranstalter, der einen Nordkapbesuch touristisch vermarktete, war das altehrwürdige Reiseunternehmen Thomas Cook aus London. 1875 veranstaltete es die erste Kreuzfahrt zum Nordkap.

  Zu sehen gibt es „auf" dem völlig kahlen, steinigen Nordkap-Plateau („darunter" ist es seit 1988 recht interessant geworden) neben Felsen, Meer und Himmel einen stählernen Globus, einen kleinen Obelisken zum Gedenken an König Oskar II., der das Nordkap 1873 besuchte, sowie eine Marmorbüste des Herzogs von Orleans, Louis Phillipe. Der spätere „Bürgerkönig" (1830 – 1848) besuchte das Nordkap 1795, während die Grande Nation von den Wirren der Revolution erschüttert wurde. Und neben der Nordkaphalle sieht man die 1989 geschaffenen Skulpturen

ROUTE 24: ALTA – NORDKAP

tausendfach fotografiert, der Globus auf dem Nordkap

„Kinder der Erde", die die grenzüberschreitende Freundschaft, Hoffnung, Freude und Zusammenarbeit symbolisieren sollen.

Die **Mitternachtssonne** ist vom Nordkap aus vom **14. Mai** bis **1. August** zu erleben.

Aber auch in den Tagen davor und danach ist hier – sofern Wolken keinen Strich durch die Rechnung machen – ein Sonnenuntergang ein grandioses Erlebnis. Die Aussicht vom Nordkap-Plateau hoch über dem Meer und das Schauspiel der ins graue Eismeer eintauchenden, tausend glühende Strahlen versprühenden Sonnenscheibe, die eine breite Glutstraße über die Wellen zieht und die ins Meer stürzenden schwarzen Klippen kupfern aufleuchten läßt, ist die Belohnung für viele Tausend Kilometer Autofahrt.

„Hier stehe ich endlich an der äußersten Spitze der Finnmark – ja, am Ende der Welt. Hier wo die Welt endet, nimmt auch meine Neugier ein Ende und ich kehre zufrieden nach Hause zurück, wenn Gott es will" schrieb Francesco Negri über seinen Nordkapbesuch im Jahre 1664.

Aber: Die bequemen Verkehrswege durch Norwegen bis direkt zum Nordkap führen Jahr für Jahr mehr Besucher hierher. Und ein mitternächtliches Beobachten der über die Kimm ziehenden Sommersonne genießt man – zumindest in der Hauptreisezeit – inzwischen im Bade eines babylonischen Stimmengewirrs, das von hunderten von Touristen aus aller Herren Länder stammt, die kurz vor Mitternacht mit einer wahren Busarmada angefrachtet werden. In der Nordkaphalle stolpert man dann über lagernde Touristen, quält sich an endlosen Schlangen am Postschalter vorbei, wo der begehrte Nordkapstempel täglich auf sackweise abtransportierte Postkarten gehämmert wird, sucht oft vergeblich nach einem freien Tisch in der Cafeteria und wird durch den riesigen Souvenirsupermarkt geschoben. Romantisch ist es dann am nördlichsten Punkt Europas wahrlich nicht mehr! Viele Besucher verlassen denn auch das Nordkap mit einem gelangweilten Achselzucken, während andere selbst bei einer so gnadenlosen Vermarktung diesem Ort noch etwas abgewinnen können.

Die Nordkaphalle, geöffnet Anfang April bis Ende September/Anfang Oktober, ein riesiger Touristenpavillon, ist das infrastrukturelle Zentrum am Nordkap. Das Gebäude wurde 1997 erneut erweitert und mit neuen Attraktionen versehen. Heute findet der Besucher in der Nordkap-

ROUTE 24: ALTA – NORDKAP

halle in wohlig warmer Atmosphäre u. a. das **Kompasset-Café und Restaurant**, ein **Postamt**, einen riesengroßen **Souvenirmarkt**, die sog. **Thai-Nische** (1989 zur Erinnerung an König Chulalongkorn von Siam eingerichtet, der das Nordkap 1907 besuchte), die kleine ökumenische **St. Johannes-Kapelle**, die gerne für Trauungen benutz wird, und ein **Video-Kino** mit 225-Grad-Leinwand. Dort wird ein recht spektakulär gemachter Film über das Nordkap und seine Umgebung gezeigt. Der Besuch des Films lohnt!

Durch einen tief im Nordkap-Fels verlaufenden Tunnelgang mit einigen Schaubildern in der Wand, gelangt man zur großen **Royal Nordkap Halle**. An einer Seite ist die aus dem Fels gesprengte, unterirdische Halle von einem 80 qm großen Panoramafenster (mit Terrasse) abgeschlossen, das den Blick auf das Meer bzw. die Mitternachtssonne erlaubt.

Die Royal Nordkap Halle ist bewirtschaftet und beschallt. Hier können Sie, an amphitheatralisch angeordneten Bartischchen sitzend, bei Sekt und Kaviar das Nordkapabenteuer genießen. Heute ist es „unter" dem Nordkap fast interessanter als „oben". Wie der Tourismus doch die Welt verändert. Und wer sich vor gar nichts scheut, kann sich – neuester Gag der Planungsgruppe North Cape Hotels – in der St. Johannes-Kapelle sogar trauen lassen und seine Hochzeitsnacht unter den Strahlen der Mitternachtssonne in der Suite 71° 10' 21" über dem Kompasset-Café verbringen. Nun fehlen nur noch ein Spielkasino und ein unterirdischer Freizeit- und Themenpark (wie in Rovaniemi im benachbarten Finnland zum Beispiel) und das Nordkap ist auf dem besten Wege zum „Las Vegas der Arktis" zu werden.

Zwar ist das Nordkap der nördlichste *per Straße* erreichbar Punkt Europas, der tatsächlich nördlichste Punkt ist es aber nicht. Der liegt auf der Landzunge **Knivskjellodden** ein gutes Stück weiter nordwestlich auf 71°11'08" nördlicher Breite. Ein markierter Wanderweg führt von der Straße E69 rund 5 km südlich vom Nordkap nach Nordwesten zum Kap Knivskellodden mit der 2000-Jahrespyramide, gut 9 km eine Wegstrecke. An klaren Tagen hat man von dort einen schönen Blick bis zum Nordkap.

Europas nördlichster Punkt

Natürlich wird von der Gemeinde Nordkapp deutlich hervorgehoben, dass der Weg zur Landzunge Knivskjellodden der nördlichste Wander-

NORDKAPHALLE
1 Souvenirsupermarkt
2 Café Kompasset, Restaurant, Videokino im Untergeschoß,
Suite 71° 10' 21" (im Obergeschoß)
3 Info, Snackbar
4 Postamt
5 Tunnel mit Schaubildern
6 Thai-Nische
7 Kapelle
8 Royal Nordkaphalle
9 Panoramafenster und Terrasse
10 Royal Nordkap Club
11 Oscar-Denkmal
12 „Kinder d. Erde"
13 Globus
14 Panoramahalle und Ausgang zum Globus Richtung Nordpol

323

ROUTE 24: ALTA – NORDKAP

Mitternachtssonne an der Finnmarkküste

Hotels + Camping in Skarsvåg und Gjesvær

weg Europas ist. Und natürlich kann man sich über das „Bezwingen" des Weges im Touristenbüro oder bei Nordkapp Camping ein Zertifikat ausstellen lassen. Bis Redaktionsschluß war nicht mehr zu erfahren, ob das Zertifikat kostenlos erteilt wird. Es ist aber zu befürchten dass nein, denn in Informationen der Gemeinde heißt es, dass man ein solches Diplom „erwerben" kann.

Auf der Rückreise, die ab dem Nordkap zwangsläufig nur nach Süden führen kann, bietet sich nach 13 km Gelegenheit nach **Skarsvåg**, dem „nördlichsten Fischerdorf der Welt" und Norwegens nördlichster Gemeinde abzuweigen. Ein nur schwer erkennbarer Fußweg führt von Skarsvåg zum Felsen „Kirkeporten" (Kirchenpforte), ca. 30 Minuten Gehzeit. Interessanter Blick zum Nordkap.

Unterkunft findet man bei Skarsvåg im *Nordkap Turisthotell* (s. u. Honningsvåg) und auf dem *Campingplätzen Midnattsol Camping* (1. 6. – 31. 8., 15 Miethütten) und *Kirkeporten Camping* (20. 5. – 1. 9., 21 Miethütten).

Ein anderer Abstecher führt 13 km nördlich von Honningsvåg westwärts zum Fischereihafen **Gjesvær** (*Gjesvær Turistsenter*, Motel und Camping, 1. 6. – 15. 9.). Es werden z. B. Hochseeangeltörns und Vogelsafaris angeboten. Dem Ort sind viele kleine Inseln und Vogelfelsen vorgelagert.

In den langen Winternächten ist in diesen nördlichen Breiten polarer Zonen ein eigenartiges Naturphänomen zu beobachten, das **Nordlicht** oder Polarlicht (lat. aurora borealis). Näheres darüber unter „Nordlicht" bei Tromsø.

25. NORDKAP – KIRKENES

- **Entfernung:** Rund 520 km, ohne Abstecher.
- **Strecke:** Über die E69 bis **Russenes** – E6 bis **Lakselv** – R98 bis **Tana Bru** – E6 bis **Kirkenes** – E105 bis **Grense Jakobselv.**
- **Alternativroute** über **Karasjok** (Seite 326).
- **Abstecher** auf die **Varanger-Halbinsel** (Seite 332).
- **Reisedauer:** Mindestens ein Tag.
- **Höhepunkte:** Die Tundralandschaft der **Finnmark** *** – die **Samischen Sammlungen** in **Karasjok** – eine Wildniswanderung im **Øvre Pasvik Nationalpark** *.

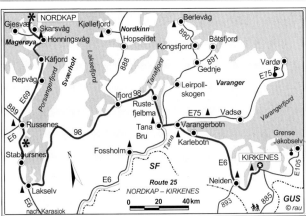
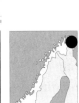

→ **Hauptroute:** Ab Honningsvåg zurück bis **Olderfjord** an der E6 und weiter auf der E6 südwärts, am Westufer des Porsangerfjords entlang, über **Indre Billefjord** und **Stabbursnes** nach **Lakselv**, 156 km. •

Östlich von **Indre Billefjord** sieht man im Meer eine Gruppe markanter weißer Dolomitfelsen im Meer, die als „**Die Trolle im Trollholmsund**" bekannt sind. Über sie gibt es eine hübsche samische Geschichte. Man erzählt sich, dass eines Nachts eine Schar von Trollen auf dem Weg über die Finnmarksvidda war. Sie hatten eine riesige Kiste voller Gold bei sich, die sie an der Küste weit im Norden sicher verstecken wollten. Langsam ging die Nacht zu Ende und die Trolle versuchten nun fieberhaft am Porsangerfjord ein Loch zu graben, in dem sie ihren Schatz verbergen konnten. Aber so sehr sie sich auch mühten, kein Loch war groß genug, um den Schatz aufnehmen zu können. Also wanderten sie weiter. Aber gerade als sie den Porsangerfjord überqueren wollten, ging

ROUTE 25: NORDKAP – KIRKENES

die Sonne auf. Und alle leichtsinnigen Trolle, die sich vor den ersten Sonnenstrahlen nicht rechtzeitig versteckten, wurden zu Stein.

Stabbursnes ist Ausgangspunkt für Touren in den **Stabbursdalen Nasjonalpark**. Das 96 qkm große Natur- und Landschaftsschutzgebiete erstreckt sich westlich vom Porsangerfjord. Es ist ein artenreiches Eldorado der Tier-, Pflanzen- und Vogelwelt. Einige der Bäume dort sollen 500 Jahre alt sein. Im Park gibt es eine ganze Reihe markierter Wanderwege. Infos darüber im Naturhaus.

Stabbursnes Naturhaus und Museum
1. 6 - 31. 8. tgl. 10 - 17 Uhr, Mitte Juni - Anfang Aug. tgl. 9 - 20 Uhr.

In Stabbursnes wurde 1990 das **Stabbursnes Naturhus og Museum** eingerichtet. In diesem Natur- und Informationszentrum erfahren Sie alles über Fauna und Flora im Stabburdsdalen und über den nördlichsten Kiefernwald dort. Eindrucksvolle Landschaftsbilder sieht man in der Tonbildschau, die im Museum gezeigt wird. Man erhält Auskunft über Wanderwege und Touren im Nationalpark. Es werden auch geführte Themenwanderungen (Geologie, Vogelkunde, Pflanzenwelt u. ä.) angeboten.

Lakselv

Praktische Hinweise – Lakselv

☎ **Porsanger Turist Informasjon, Porsanger Arrangement**, Postboks 18, 9700 Lakselv, Tel. 78 46 21 45. Geöffnet Anfang Juni bis Mitte August Mo. - Fr. 10 - 19 Uhr, Sa. + So. 11 - 17 Uhr. Übrige Zeit Mo. - Fr. 8.30 - 16 Uhr.

Hotels Jugendherberge

⌂ Hotels: **Best Western Lakselv Hotell**, 44 Zi., ganzjährig, Karasjokveien, E6, Tel. 78 46 54 00, Fax 78 46 54 01, Restaurant, Sauna.
Jugendherberge: **Lakselv Vandrerhjem**, 13 Zi., geöffnet 1. 6. – 1. 9., Karasjokveien, E6, Tel. 78 46 14 76, Fax 78 46 11 31, Cafeteria, beim **Campingplatz**.

Camping

▲ – **NAF-Camping Solstad** **, Tel. 78 46 14 04; 1. Juni – 1. Sept.; ca. 1 km östl. des Ortes; ca. 2 ha – 150 Stpl.; Standardausstattung; 16 Miethütten. Fremdenzimmer.
– **Banak Camping** **, Tel. 78 46 10 31; 1. Jan. – 31. Dez.; 16 Miethütten.

Stabbursnes Camping

▲ – **Stabbursdalen Camping og Fritidspark** ***, Tel. 78 46 47 60, 1. März – 1. Dez., ca. 60 Stpl.; Laden, Restaurant; Fahrrad- und Bootsverleih; 27 Miethütten ** - ****.

Alternativen zur Weiterreise

In Lakselv können Sie sich entscheiden, ob Sie den rund 500 km langen **Abstecher nach Kirkenes** und/oder auf die **Varanger Halbinsel** unternehmen wollen.

Es bieten sich zwei Möglichkeiten an – einmal über die Straße 98 und über Ifjord nach Tana Bru und auf der E6 weiter nach Kirkenes, oder Sie wählen für die gesamte Strecke die E6 und fahren dann ab Lakselv über Karasjok und Tana Bru nach Kirkenes.

ALTERNATIVROUTE ÜBER KARASJOK

↯ **Alternativroute:** Weiterreise ab Lakselv auf der E6 südwärts. Die Straße passiert über viele Kilometer militärisches Sperrgebiet (Beschilderung über Halte- und Fotografierverbot beachten), später die Samisiedlung **Skoganvarre** (*Skoganvarre Turist og*

ROUTE 25: NORDKAP – KIRKENES

Landschaft in der Finnmark

Campingsenter, Tel. 78 46 48 46, 1. Jan. – 31. Dez., Camping am See; ca. 80 Stpl.; Laden, Cafeteria, Sauna, 32 Miethütten ** - ****), bietet auf den kahlen Höhen herrliche Ausblicke und erreicht nach 74 km **Karasjok/Kárášjohka**. Die finnische Grenze ist von Karasjok nur noch 18 km entfernt. •

Karasjok/Kárášjohka ist Kreisgemeinde. Die Stadt mit knapp 2.700 Einwohnern, von denen viele zu den heute noch etwa 100 nomadisierenden Samifamilien zählen, ist kulturelles und gesellschaftliches Zentrum im norwegischen Teil des Samilandes. Mehr über die Volksgruppe der Sami können Sie unter „Sami, Nomaden des Nordens" weiter vorne bei Alta lesen.

Dokumentiert wird der Anspruch Karasjoks „Hauptstadt der Samen" zu sein u. a. mit dem neuen **Sameting**, dem Parlament der Sami. Es gilt als architektonisches Monument des ersten Ureinwohner-Parlaments der Welt. Typisches Merkmal der Trachten der Karasjok-Sami ist übrigens die sternförmige bunte Mütze.

Die Lappmark, die Heimat der „Sami" oder „Samen", wie sie sich selbst nennen, beschränkt sich keineswegs nur auf die norwegische Finnmark, sondern schließt Finnisch- und Schwedisch-Lappland und den nordwestlichen Teil Rußlands mit ein. Allerdings leben heute rund zwei Drittel des gut 30.000 Seelen zählenden Samivolkes in Norwegen und sind norwegische Staatsbürger.

Karasjok als Kulturzentrum der in der Finnmark lebenden Sami gewährt mit diversen Ausstellungen und Museen Einblick in die interessante Samenkultur und in die Lebensweise dieses Nomadenvolkes. Dazu zählen die **„Samische Sammlung"** mit ihrer interessanten Freilichtab-

ROUTE 25: NORDKAP – KIRKENES

Freilichtmuseum
Mitte Juni - Ende Aug. Mo. - Sa. 9 - 18, So. 10 - 18 Uhr. Übrige Zeit bis 15 Uhr. Eintritt. Führungen.

teilung und Sami-Siedlung, dann das **Samenland-Center** mit Touristeninformation, Multivision, Souvenirladen, Messer- und Silberschmiede u. ä. und nicht zuletzt das erst im Sommer 2000 eröffnete **„Sápmi i Karasjok"**, ein ethnischer Themenpark, der die samische Kultur und Geschichte anschaulich präsentiert.

Karasjok

Praktische Hinweise – Karasjok

☎ **Karasjok Opplevelser,** Postboks 192, 9735 Kárášjohka/Karasjok, Tel. 78 46 69 00.

Hotels

🏨 Hotels: **Rica Hotel Karasjok**, 56 Zimmer, an der E6, Tel. 78 46 74 00, Fax 78 46 68 02, Gammen-Restaurant (auch samische Spezialitäten), Sauna, Schwimmbad. Dem Hotel angeschlossen ist das etwas einfachere **Karasjok Gjesthus** mit 28 Zimmern.
Villmarks Motell og Kro, 4 Zimmer, Kautokeinoveien 9, Tel. 78 46 74 46, Cafeteria, Pub, Bar und Diskothek. Miethütten.

Camping

▲ – **NAF-Camping Karasjok *****, Tel. 78 46 61 35; 1. Jan. – 31. Dez.; an der R92 Richtung Kautokeino; von Wald begrenzte Wiesenstreifen, ca. 3 ha – 120 Stpl.; gute Standardausstattung; Laden; 20 Miethütten. **Jugendherberge**.

Ist der Abstecher nach Kirkenes vorgesehen, folgt man ab Karasjok der E6, die nun wieder nach Norden führt und nach gut 180 km Tana Bru am Grenzfluß Tana (Tenojoki) erreicht. Der Umweg über die E6 ist gegenüber der nördlicheren Strecke über die R98 zwischen Lakselv und Tana Bru rund 50 km länger.

RÜCKREISEVARIANTEN

Verzichtet man auf den Abstecher nach Kirkenes, bieten sich ab Karasjok für die **Rückreise** nach Süden mehrere Möglichkeiten, z. B.:

– Ab **Karasjok** ostwärts zur 18 km entfernten finnischen Grenze bei **Karigasniemi** und weiter durch Finnland und über **Kaamanen, Inari, Ivalo, Sodankylä, Rovaniemi** nach **Kemi** oder **Kuusamo** und weiter südwärts über **Kajaani, Kuopio** und **Savonlinna** nach **Helsinki, Stockholm** etc. südwärts.

– Ab **Karasjok** über **Kautokeino** nach **Karesuando** und entweder quer durch Schweden südwärts

– Oder über **Karesuando** nach **Kiruna** und über die Nordkalottenstraße nach **Narvik** und ab Narvik durch Norwegen südwärts, evtl. über die auf der Fahrt nach Norden ausgelassenen Routenalternativen wie z. B. die R17 oder der Weg über Røros.

Detaillierte Routenbeschreibungen durch Finnland und durch Schweden finden Sie in den Reiseführern „*Mobil Reisen: SKANDINAVIEN"* und *"Mobil Reisen: SCHWEDEN"* aus unserer Buchreihe.

HAUPTROUTE NACH KIRKENES

➔ **Hauptroute:** In **Lakselv** verlassen wir die E6 und folgen der R98 in nordöstlicher Richtung. Man passiert **Børselv, Ifjord** und

ROUTE 25: NORDKAP – KIRKENES

Rustefjelbma und erreicht schließlich nach 211 km **Tana Bru**.

Die Strecke über die R98 folgt lange dem Ostufer des Porsangerfjords, Norwegens viertlängstem Fjord.

Etwa nach 20 km, auf halbem Wege von Lakselv nach Børselv, kann man am Landvorsprung **Roddineset** an den gestuften Strandlinien erkennen, wie sich das Land nach der letzten Eiszeit langsam aus dem Meer hob.

Ab **Børselv** (*Bungalåven Vertshus Børselv*, Restaurant 5 Miethütten, Campingmöglichkeit, Tel. 78 46 43 95) findet man auf 80 km keine Tankstelle. Die nächsten Zapfsäulen gibt's wieder in Ifjord.

Im weiteren Verlauf quert die R98 im Süden die Sværholt-Halbinsel, dabei passiert man den **Silfar Canyon** südlich der Straße, der zu den längsten Canyons in Nordeuropa zählt.

Später zieht die R98 kurvenreich durch seendurchsetzte herrliche Tundralandschaft in einer eindrucksvollen Hochebene, die sich bis zur Südküste des Laksefjords erstreckt.

Fahrt durch herrliche Tundralandschaft **

Man gelangt schnell hinab nach **Kunes**. Bei Kunes sind Luftschutzstellungen und Bunker mit Schützengräben aus dem Zweiten Weltkrieg erhalten. Rund 15 km nördlich von Kunes sieht man den wilden Adamsfoss-Wasserfall herabstürzen (ca. 37 m). Schließlich gelangt man nach **Ifjord** (*Nielsen's Gjestgiveri og. Camping*). Stundenlang fährt man hier, ohne auch nur auf ein Zeichen menschlicher Behausung zu stoßen. Die Bevölkerungsdichte so weit im Norden ist sehr gering. Theoretisch lebt hier nur ein Mensch je Quadratkilometer.

Gasthof u. Camping

ABSTECHER AUF DIE NORDKINN-HALBINSEL MIT EUROPAS NÖRDLICHSTEM FESTLANDSPUNKT

Seit noch nicht allzu langer Zeit kann man auf einer durchgehenden Straße, der R888, ab Ifjord über **Lebesby** (Ausstellung über den Hellseher Anton Johanson; Touristeninformation, Juni – Aug. tgl. 11 -– 17 Uhr, Tel. 78 49 98 69) nordwärts auf die **Nordkinn-Halbinsel** zu den Hafenstädten **Kjøllefjord, Mehamn** und **Gamvik** fahren. Im Winter gilt der Abschnitt der R888 zwischen Bekkarfjord und Hopseidet, die hier auf endlose 42 km durch eine wirklich menschenleere Mondlandschaft führt, übrigens als die schwierigste Straße in Norwegen.

Westlich von **Kjøllefjord** liegt die ähnlich wie eine Kirche geformte Felsenklippe „**Store Finnkjerka**", ein alter Opferplatz der Samen. Die Klippe ist nur zu Fuß oder per Boot zu erreichen.

Auf dem Weg nach Kjøllefjord passiert man die **Oksvågen Landstation**. Hier war lange eine Basis des norwegischen Walfangs, der früher in den Gewässern vor der Finnmark von dieser Landstation aus betrieben wurde. Von der Hauptstraße führt ein Weg zur Landstation, die man auf einem Spaziergang in einer knappen halben Stunde erreichen kann. Auf dem Wege kommt man durch den nördlichsten Birkenwald der Welt.

Überhaupt findet man auf der Nordkinn-Halbinsel einige „nördlichste" Dinge. So. z. B. das **Kap Kinnarodden**, 71° 08' 00" nördlicher Brei-

ROUTE 25: NORDKAP – KIRKENES

te, den nun tatsächlich **nördlichsten Festlandspunkt Europas** (das Nordkap liegt ja auf einer Insel). Der Punkt befindet sich rund 20 km nordwestlich von **Mehamn** und kann nur auf einer langen Wandertour erreicht werden.

Und nördlich von **Gamvik**, der nördlichsten Gemeinde Europas, steht auf dem Kap Varnesodden das **Slettnes fyr,** der nördlichste Festlands-Leuchtturm der Welt. Der Leuchtturm befindet sich auf dem gleichen Breitengrad wie die Nordspitze Alaskas. An der recht stürmischen Küste am Slettnes fyr, deren Ufer übersät sind mit rundgeschliffenen Steinen, führt ein markierter Wanderweg entlang. Man kommt an der Höhle Varnesovnen vorbei, die 1944 während der Evakuierung genutzt wurde.

Gamvik Museum
20. 5. - 31. 8. tgl. 9 - 17 Uhr, Winterhalbjahr Di. - So. 10.30 - 15.30 Uhr. Eintritt.

Besichtigen kann man in Gamvik das **Gamvik Museum,** das Ausstellungen über die Fischerei- und Küstenkultur, über Steinzeitfunde, die hier gemacht wurden, über die Siedlungsgeschichte, über den Walfang oder über den Mehamn-Aufstand zeigt.

Nordkinn-Halbinsel

Camping

Praktische Hinweise – Nordkinn-Halbinsel

☎ **Kjøllefjord Turist Informasjon**, 9790 Kjøllefjord, Tel. 78 49 83 64, geöffnet Mitte Juni bis Mitte August.

Kjøllefjord
▲ – **Campingmöglichkeit** in Form von Stellplätzen für Wohnmobile beim **Kjøllefjord Kro,** Moloveien 1, Tel 78 49 85 52, ganzjährig; 1 Miethütte.
Gamvik
– **Campingmöglichkeit** bei **Camp 7105° N**, Tel. 78 49 62 35; ganzjährig, ca. 2 km von Slettnes, 2 Miethütten, Fahrradverleih.

HAUPTROUTE

Auf der Weiterreise über die R98 ostwärts folgt ab **Ifjord** eine sehr schöne Fahrt auf durchgehend guter Straße durch die menschenleere, einsame Bergwelt des Ifjordfjellet nach **Sjursjok** am Tanafjord. Der Streckenabschnitt über das Ifjordfjellet zwischen Ifjord und Sjursjok/ Skjærnes ist gewöhnlich zwischen Anfang Oktober und Ende Mai gesperrt!

Wintersperre zwischen Ifjord und Skursjok

Ab **Rustefjelbma** (sehenswerte Kirche von 1964, *Tana Vertshus*, 26 Betten) folgt die R98 dem breiten, lachsreichen Tana-Fluß südwärts bis **Tana Bru** und trifft dort auf die E6.

Wie viele Gemeinden in der Finnmark ist auch **Tana Bru** eine flächenmäßig sehr große Kommune. Auf 4.045 qkm leben hier aber kaum mehr als 3.000 Einwohner. Wie der Ortsname schon vermuten läßt, liegt Tana Bru am Fluß Tanaelva, auf Samisch Deanu und auf Finnisch Teno, der Strom. Der lachsreiche **Tanafluß**, mit über 300 km der drittlängste Fluß in Norwegen, markiert auf über 200 km die Grenze zu Finnland. Tana, wo Landwirtschaft, Rentierhaltung und Bergbau die Haupterwerbsquellen sind, ist ein dreisprachiges Städtchen. Hier wird Norwegisch genauso verstanden, wie Samisch und Finnisch.

ROUTE 25: NORDKAP – KIRKENES

Das **Deanu Musea/Tana Museum**, ein Museum, das sich vornehmlich mit der Lachsfischerei im Tanaelva, und mit der Fischerei im Wandel der Zeit befaßt, findet man in **Polmak** an der R895 an der Südseite des Flusses, gut 12 km südwestlich von Tana Bru. Im Museum erfährt man z. B. dass im Tanaelva, angeblich Norwegens fischreichstem Fluß, das Fischen mit Treibnetzen erlaubt ist, dass das Fischen im Fluß durch eigene Gesetze geregelt ist und dass über ein Drittel des norwegischen Wildlachses aus dem Tanaelva und seinen Nebenflüssen stammt.

Tana Museum
10. 6. - 20. 8. 11 - 17 Uhr.

Praktische Hinweise – Tana Bru

☎ **Tana Turist Informasjon**, Rådhusveien, Tan miljøbygg, 9845 Tana, Tel./Fax 78 92 53 98. Geöffnet Juni - August 10 - 18 Uhr. Sonst im Rathaus. Internet: www.finnmark.net/tana

🏠 Hotels: **Comfort Hotel Tana**, 30 Zi., Tel. 78 92 81 98, Fax 78 92 80 05, im Ort, einfaches Mittelklassehotel, Cafeteria, Sauna, **Camping**.

▲ – **Tana Turisthotell**, Tel. 78 92 81 98; 15. Juni – 15. Sept.; an der R98, gestufte, teils schräge Wiesen zwischen Straße und Fluß, Campingmöglichkeit hinter dem Comfort Hotel Tana; ca. 2 ha – 50 Stpl.; einfache Standardausstattung; 16 Miethütten.
– **Tana Familiecamping *****, Tel. 78 92 86 30; 1. Jan. – 31. Dez.; bei **Skipagurra**, ca. 5 km östl. Tana Bru, am östl. Ufer des Tanaflusses, Nähe Abzweig R895 von der E6, gegenüber einer Tankstelle; ca. 3 ha – 100 Stpl.; Standardausstattung; 18 Miethütten * - **.
– **Camping Storfossen *****, Tel. 78 92 88 11; 1. Mai – 30. Sept.; ca. 30 km südwestl. von Tana Bru, zwischen E6 und Fluß; kleiner, einfacher Übernachtungsplatz, 12 Miethütten.
Berlevåg
– **Berlevåg Camping og Apartement *****, Tel. 78 98 16 10; 1. Juni – 30. Sept., in Berlevåg an der Nordküste der **Varanger-Halbinsel**, 135 km nördlich von Tana Bru, zu erreichen über die R890; kleinere Campingmöglichkeit mit etwa 15 Stellplätzen.

Tana Bru

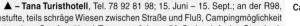

Hotels

Camping

➔ **Hauptroute:** Weiterreise auf der E6 ostwärts über die Flussbrücke Tana Bru bis **Varangerbotn,** 13 km. ●

Varangerbotn/Vuonnabahta am Ende des Varangerfjords ist ein wichtiger Verkehrsknotenpunkt in der östlichen Finnmark und Teil der Gemeinde Nesseby.

An den Fjordufern wurden bei Ausgrabungen zahlreiche frühgeschichtliche Funde gemacht. Bei **Mortensnes** am nördlichen Fjordufer, ca. 16 km östlich von Varangerbotn, wurden z. B Siedlungsreste mit Grundmauern, Gräbern, Fallgruben, Opferstätten entdeckt.

Die prähistorischen Funde weisen darauf hin, daß das Gebiet um den Varangerfjord schon vor etwa acht- bis zehntausend Jahren besiedelt war. Bis um 1600 allerdings waren die Siedlungen mehr sporadischer Natur und richteten sich mehr nach den Jagdgepflogenheiten der damaligen Bewohner, lange ausschließlich Sami, die Fischfang betrieben, Ren- und Pelztiere jagten. Samischen Ursprungs ist auch der Gemeindename Nesseby.

ROUTE 25: NORDKAP – KIRKENES

1688 wurde auf Geheiß des Königs am Westufer des Varangerfjords eine erste kleine Marktgemeinde namens Karlebotn gegründet, die rasch ein belebter Treffpunkt für Händler aus Russland, Norwegen und Schweden wurde.

Sehenswert ist das Freilichtmuseum **Varanger Samiske Museum** mit dem **Mortensnes Kulturdenkmalpark**, mit Torfhütten, kulturhistorischer Sammlung, samischem Kunsthandwerk, sowie mit samischen Gräberfeldern und Opferstätten etc. im Freigelände. Im Museum ist auch das **Touristeninformationsbüro** für Nesseby untergebracht.

Beachtung verdient auch die weiße **Nesseby Kirche** aus dem 19. Jh., die weiter östlich etwas abseits der Straße E75 Richtung Vadsø recht malerisch auf einer Landzunge an der Nordseite des Varangerfjords liegt.

Nesby, Information, Camping

☎ **Nesseby Turist Informasjon**, Varanger Samiske Museum, 9820 Varangerbotn, Tel. 78 95 82 55.

▲ – **Gandvik Camping** **; Tel. 78 95 85 31; Ende Juni – Ende Aug.; an der E6; ca. 1 ha – 30 Stpl.; Standardausstattung; 4 Hütten.

ABSTECHER AUF DIE VARANGER-HALBINSEL

Ab Varangerbotn bietet sich ein Abstecher über die E75 nach Osten nach **Vadsø** und **Vardø** auf der **Varanger-Halbinsel** an. Die gesamte riesige Halbinsel ist ein Paradies für Wanderer, Angler, für Naturfreunde und für alle, die Einsamkeit und Ruhe suchen.

⇔ **Abstecher:** Die E75 folgt der Nordküste des Varangerfjords. Man passiert **Mortensnes** mit den oben erwähnten frühgeschichtlichen Ausgrabungen, dann **Vestre Jakobselv** (*Camping*, 1. 6. – 31. 8., 7 Miethütten) und erreicht nach 66 km **Vadsø**. ●

Vadsø mit seinem relativ hohen finnischstämmigen Bevölkerungsanteil ist Hauptverwaltungsort der Finnmark (Denkmal *Innvandrermonumentet*).

Vadsø Museum

Zu besichtigen gibt es ein **Freilichtmuseum** mit Gehöften und Patrizierhaus von 1840 und den Haltemasten für die einst von Amundsen und Nobile zur Nordpolerforschung benutzten Luftschiffe „Norge" und „Italia".

Die **Ausstellung „Luftschiffe und Schiffe"** zeigt Bilder, Dokumente und Exponate über die Nordpolexpeditionen mit den Luftschiffen „Norge" und „Italia", die hier zwischen 1926 und 1928 immer wieder festmachten. Man sieht ein Modell der Gondel der „Norge" sowie Kopien von Amundsens Fotografien über seine Polexpeditionen. Das Museum liegt im Hafen hinter dem Hafenterminal.

Vadsø

Praktische Hinweise – Vadsø

☎ **Vadsø Turist Informasjon**, Slettengate 21, 9800 Vadsø, Tel. 78 95 44 90. Geöffnet Ende Juni bis Ende Aug. Mo. - Fr. 10 -l 18, S. + So. 10 - 16 Uhr. Internet: www.vadso.kommune.no

ROUTE 25: NORDKAP – KIRKENES

die Nesseby Kirche am Varangerfjord

🏨 Hotels: **Lailas Hotell**, 30 Zi., Brugata 2, Tel. 78 95 33 35, Fax 78 95 34 35, Restaurant, Cafeteria, Sauna.
 Rica Hotel Vadsø, 68 Zi., Oscarsgate 4, Tel. 78 95 16 81, Fax 78 95 10 02, Restaurant, Sauna.

⇔ **Abstecher:** Weiterreise auf der E75 nach **Vardø**, 76 km. ●

13 km östlich von Vadsø kann man zur unter Naturschutz stehenden **Vogelinsel Ekkerøya** abzweigen. Man findet dort die einzigen Nistklippen für Seevögel in der Finnmark, die auf dem Landwege erreichbar sind.

Die ehemalige Fischverarbeitungsfabrik **Kjeldsenbruket**, die auf Ekkerøya von 1900 bis 1960 in Betrieb war, wurde restauriert und dient nun als Fischerei- und Fabrikmuseum.

Fischereimuseum
Ende Juni - Ende Aug. Di. - So. 12 - 18 Uhr.

Auf dem Landvorsprung **Kibergneset** kurz vor Vardø befand sich während des Zweiten Weltkriegs eine der größten Kanonenstellungen in Europa. Kibergneset ist der östlichste Punkt des norwegischen Festlandes.

Schließlich erreicht man **Vardø**, das „Tor zur Barentssee". In Norwegens östlichster Stadt (31°05'55 Ost) und einziger Stadt des Landes, die in der arktischen Klimazone liegt, gelangt man durch einen 2,9 km langen See-Tunnel, der an seiner tiefsten Stelle 88 m unter dem Meeresspiegel verläuft.

Zu den Sehenswürdigkeiten der Inselstadt zählt die **Vardøhus Festning**, eine große, achteckige Sternschanze, die 1738 angelegt worden ist und noch heute „aktiv" ist. Schon um 1300 war Vardø stark befestigt. Und heute ist die Festung die älteste in Norwegen und die nördlichste ihrer Art weltweit.

Vardøhus Festung
tgl. 8 - 22 Uhr. Eintritt.

ROUTE 25: NORDKAP – KIRKENES

Vardømuseum
15. 6. - 15. 8. tgl. 9 - 18 Uhr, übrige Zeit Mo. - Fr. 9 - 15 Uhr. Eintritt.

Nur etwa 300 m von der Festung entfernt ist in der Per Larssensgate 32 in einem stattlichen Gebäude am Bussesund das **Vardømuseum** untergebracht. Neben Ausstellungen zur Kulturgeschichte der Region Vardø zeigt das Museum eine Sammlung zum Thema Hexenverfolgung in der Finnmark.

Man hält es kaum für möglich, aber das abgelegene Vardø soll im Mittelalter eine Stadt der Hexen gewesen sein. Die Leute behaupteten damals, dass die Hexen den Teufel in einer Höhle und auf dem Gipfel des Hexenberges Domen trafen. Aktenkundig ist die Verbrennung von 80 Frauen, die zwischen 1621 und 1692 als Hexen einen grausamen Feuertod auf dem Scheiterhaufen erleiden mußten. Es werden Führungen durch das Museum angeboten.

Vardø

Praktische Hinweise – Vardø

Vardø Turist Informasjon, c/o Hexeria AS, Kaigate 6, 9950 Vardø, Tel. 78 98 84 04. Geöffnet ganzjährig Mo. - Fr. 9 - 16 Uhr, Ende Juni - Mitte Aug. tgl. bis 19 Uhr.

Hotel, Jugendherberge

Hotels: **Vardø Hotel**, 40 Zi., Kaigata 8, Tel. 78 98 77 61, Fax 78 98 83 97, im Stadtzentrum, **Restaurant Arctic**, Sauna.

Jugendherberge: **Hexeria Sommerpensjonat**, 30 Zi., geöffnet Ende Juni bis 15. August, im Stadtzentrum, Tel. 78 98 84 04.

HAUPTROUTE

➔ **Hauptroute:** Der Verlauf unserer Hauptroute führt ab Varangerbotn über die E6 nach Südosten. Man passiert den alten Handelsplatz **Karlebotn,** dann **Grasbakken**. Auch hier wurden steinzeitliche Funde gemacht.
Bald erreicht man die herrliche Bucht von **Gandvik**.
Nachdem man die von wuchtigen Felsrücken umgebene Bucht Gandvika umfahren hat, passiert man den Abzweig zum noch recht ursprünglich erhaltenen Fischerdorf **Bugøynes** (ca. 20 km).
Schließlich kommt man durch **Neiden**. •

Beachtenswert ist in **Bugøynes** der restaurierte **Plem-Kai**, der einen Eindruck von der früheren Küstenkultur in dieser abgelegenen Region Norwegens vermittelt. Interessant auch der alte **Lassigården**, ein Handels- und Kaufmannshof aus dem Jahre 1850. Hier gibt es auch ein Café. Das Fischerdorf Bugøynes hatte das Glück, im Zweiten Weltkrieg nicht niedergebrannt zu werden. Diesem Umstand ist es zu verdanken, dass der Ort noch im alten finnischen Baustil aus der Zeit des 19. Jh., als sich in dieser Gegend Norwegens viele Finnen niederließen, erhalten ist. Viele Einwohner sprechen immer noch ihre alte finnische Sprache. Von Bugøynes aus geht man dem Fang der riesigen Kamtschatkakrabben nach.

ROUTE 25: NORDKAP – KIRKENES

die Kirche von Neiden

Von Bugøynes führt ein gekennzeichneter Wanderweg südwärts zum **Ranvika Vogelfelsen**, den man nach gut 90 Minuten Gehzeit erreicht.

In Neiden bietet sich westlich der Straßengabelung Gelegenheit zur hübschen **Kirche von Neiden** abzuzweigen, die einer Stabkirche nicht unähnlich ist. Die Holzkirche wurde übrigens 1902 als „kulturelle Grenzmarkierung" zu Finnland errichtet.

Nach der Brücke über den Wasserfall und dem Abzweig der Straße 893 nach Ivalo sieht man ein Hinweisschild zur russisch-orthodoxen **St. Georgs Kapelle**. Der kleine, unscheinbare Holzbau mit einem bescheidenen orthodoxen Kreuz auf dem Dach stammt aus der Mitte des 16. Jh. Die etwas abseits auf einer kleinen Erhöhung gelegene Kapelle gilt als einzige ihrer Art in ganz Norwegen. Sie entstand in einer Zeit, als die Skolte-Samen, die lange in Neiden ihr Sommerlager hatten, für den christlichen Glauben gewonnen wurden. Jedes Jahr am letzten Sonntag im August findet vor der Kapelle eine feierliche Freilichtmesse statt.

Praktische Hinweise – Neiden

Hotels: **Neidenelv Motell og Camping**, 13 Zi. plus Miethütten, Tel. 78 99 62 03, Fax 78 99 31 44, Restaurant, Sauna.

▲ – **NAF Neidenelven Camping og Motell** ***, Tel. 78 99 62 03; 1. Jan. – 31. Dez., an der E6 westlich der Straßengabelung (R893), in einem Birkenwäldchen, ca. 2 ha – 50 Stpl.; gute Standardausstattung; Laden, Cafeteria, 14 Miethütten ** - ****.

Neiden, Hotels

Camping

ROUTE 25: NORDKAP – KIRKENES

RÜCKREISEWEG DURCH FINNLAND

In Neiden zweigt die Straße R893 nach **Ivalo** in Finnland ab. Nach 129 km erreicht man **Kaamanen** in Finnland und nach weiteren 60 km **Ivalo**. Die Straße ist eine erhebliche Abkürzung, falls man auf der Rückreise durch Finnland südwärts fahren will.

HAUPTROUTE

➔ **Hauptroute:** Weiterreise auf der E6 ostwärts bis **Kirkenes**, das man nach rund 45 km erreicht. •

Die Tundralandschaft hier, mit ihren unzähligen Seen, weiten, sanft geschwungenen, kahlen, nur mit Flechten und Moos bewachsenen Hügelkuppen und niederen Birkenwäldern in den Senken und Tälern, hinterläßt trotz ihrer Kargheit und Eintönigkeit einen nachhaltigen Eindruck.

Kirkenes (ca. 5.000 Einw.), der eisfreie Erzhafen, ist nicht nur durch die ergiebigen Erzvorkommen bei Bjørnevatn (Grubenbesichtigung möglich) von wirtschaftlicher, sondern durch seine grenznahe Lage zur früheren Sowjetunion auch von großer strategischer Bedeutung für das Land. Von Kirkenes sind es übrigens 2.502 km bis nach Oslo und 5.102 km nach Rom.

Kirkenes wurde im Zweiten Weltkrieg bei fast 300 Bombenangriffen nahezu völlig zerstört. Viele der Einwohner konnten dank der ausgedehnten Bergwerkstollen, die als Bunker dienten, die Bombardements überleben.

Einer dieser Zufluchtsbunker war die **Andersgrotte** in der Tellef Dahls gate. Im Sommer finden dort regelmäßig Führungen statt. Zudem wird ein 90-minütiger Film über die Kriegswirren in und um Kirkenes gezeigt. Nähere Infos und Anmeldung im Touristenbüro.

Zu den eher bescheidenen Sehenswürdigkeiten in Kirkenes zählen das **Savio Museum** in der Kongensgate 10B, das Werke des samischen Künstlers John Andras Savio (1902 – 1938) und das **Sør-Varanger Grenselandmuseet,** Førstevannslia, das am Stadtrand etwas außerhalb an der E6 an der Zufahrt nach Kirkenes liegt. Das Museum befaßt sich mit der Geschichte des Grenzgebietes. Kriegsausstellung aus dem 2. Weltkrieg.

Bootsausflug zur russischen Grenze

Eine naturnahe, interessante Abwechslung ist ein **Ausflug mit Flussbooten** zur russischen Grenze bei **Boris Gleb**. Sie erleben die Küstenlandschaft und mit etwas Glück bekommen Sie Seehunde, Seeadler, Falken und Rentiere zu Gesicht. Die Touren werden vom 1. 6. bis 30. 9. täglich um 15 Uhr und 18 Uhr ab Kleinboothafen Kirkenes durchgeführt. Infos und Anmeldung bei Barents Safari, Tel. 90 19 05 94.

Seit den politischen Veränderungen im einstigen Ostblock und dem Zerfall des Sowjetreiches sind **Ausflüge ins russische Murmansk** ohne große Formalitäten möglich. Ab Kirkenes werden im Sommer Tagestouren per Bus oder Bootsausflüge von eintägiger Dauer mit schnellen Katamaranen angeboten. Aktuelle Infos und Buchungsstellen erfährt man im Touristenbüro.

ROUTE 25: NORDKAP – KIRKENES

Praktische Hinweise – Kirkenes

Kirkenes

☎ **Grenseland AS Turist Informasjon**, Kongensgate 1 - 3, 9915 Kirkenes, Tel. 78 99 25 44, Fax 78 99 25 25. Geöffnet ganzjährig Mo. – Fr. 8.30 – 16 Uhr, Anfang Juni – 15. 8. bis 18 Uhr und Sa. + So.

Hotels

⌂ Hotels: **Kirkenes Hotell**, 29 Zi., Dr. Wesselsgt. 3, Tel. 78 99 21 68, Fax 78 99 21 68, Restaurant, Sauna.
Rica Arctic Hotel, 78 Zi., Kongensgt. 1 - 3, Tel. 78 99 29 29, Fax 78 99 11 59, Restaurant, Sauna, Schwimmbad.
Rica Hotel Kirkenes, 67 Zi., Pasvikveien 63, Tel. 78 99 14 91, Fax 78 99 13 56, Restaurant, Sauna. – Und andere Unterkünfte.

Camping bei Kirkenes

▲ – **Camping Kirkenes *****, Tel. 78 99 80 28; 1. Juni – 1. Sept.; ca. 7 km westl. Kirkenes, Gemeinde Hessend, an der E6 beschilderte Zufahrt; ca. 2,5 ha – 100 Stpl.; gute Sanitärausstattung; Laden. 15 Miethütten.

ABSTECHER AN DIE RUSSISCHE GRENZE

Ein Ausflug über die E105 ostwärts endet nach 63 km in **Grense Jakobselv** (einfache Campingmöglichkeit im Sommer), unmittelbar an der norwegisch-russischen Grenze. Die Straße, anfangs schon nach kurzer Strecke unbefestigt und nicht sehr gut, wird später wieder besser, stößt bei **Boris Gleb** an die russische Grenze (offizieller Grenzübergang nach Rußland ist in Storskog) und führt später durch eine herrlich wilde Berglandschaft mit einigen glasklaren Seen.

Einen „Ort" Grense Jakobselv im eigentlichen Sinne gibt es nicht. Lediglich die 1869 errichtete **König Oscar II. Steinkapelle** findet sich hier. Sie soll ein Symbol für die Souveränität Norwegens darstellen.

Am Ostufer des Grenzflusses Jakobselv sieht man die russischen Grenzanlagen und Wachtürme. Die Straße endet schließlich am Eismeer an einer Mole mit einigen Fischerhütten. Weiter nach Osten zu reisen, ist in Norwegen nicht möglich.

ABSTECHER IN DEN ØVRE PASVIK NASJONALPARK

↔ **Abstecher:** 6 km südlich von Kirkenes zweigt von der E6 die R885 ab. Die Straße führt nach Süden über **Svanvik** nach **Nyrud** (100 km). Von dort kann man auf mautpflichtigen Fahrwegen bis zum **Øvre Pasvik Nationalpark** gelangen. ●

Abstecher in den Øvre Pasvik Nationalpark *
Svanvik
Camping

Besichtigen kann man unterwegs bei **Strand** das **Sør-Varanger Freilichtmuseum** und in **Svanvik** (*Pasvikdalens Villmarkssenter*, Cafeteria, Camping, 8 Miethütten) den Museumshof **Bjørklund Gård**, einen historischen Siedlerhof aus der Mitte des 19. Jh.

Bemerkenswert in Svanvik ist die **Svanvik Kapelle**, eine Holzkirche, die einst unter König Håkon VII. errichtet wurde, um das Pasvik-Gebiet als norwegisches Territorium zu markieren.

Ab Svanvik können Sie sich einer **Bärensafari** anschließen. In Begleitung erfahrener Wildhüter kommen Sie in Teile des Nationalparks, in

ROUTE 25: NORDKAP – KIRKENES

denen große Bärenpopulationen leben. Dauer des Ausflugs ca. 4 Stunden. Auskunft im Pasvikdalen Villmarkssenter.

Schließlich kann man von der „**Høyde 96**" (Höhe 96, Aussichtspunkt mit Café) nicht weit südwestlich von Svanvik an der Straße 885 einen herrlichen Panoramablick genießen bis hinüber zur russischen Bergbaustadt Nikel. Am Fuße des Berges liegt ein Friedhof mit einer Gedenkstätte an die Ost-Samen, die Urbevölkerung des Pasvik-Tales.

Nördlich von **Nyrud** in Øvre Pasvik zählt der **Noatun Hof,** eine alte ornithologische Station, von der aus seit der Jahrhundertwende die interessante Vogelwelt der Region beobachtet und erforscht wurde, zu den Sehenswürdigkeiten.

Südwestlich von Nyrud liegt am **Dreiländereck** Norwegen/Finnland/Russland im äußersten Zipfel im Nordosten Norwegens der **Øvre Pasvik Nasjonalpark**. Das Dreiländereck **Treriksøysa** ist durch eine Steinpyramide markiert. Ein markierter Weg führt vom Ende eines Waldweges zwischen Noatun und Nyrud zu dem Punkt. Es ist aber nicht erlaubt, um die Steinpyramide herumzugehen. Man würde dadurch die Grenzen verletzen!

Das 68 qkm große Naturschutzgebiet wurde 1970 als solches ausgewiesen. Hier findet man ausgedehnte Seen und endlos erscheinende Kiefernwälder mit einer bemerkenswerten Pflanzen- und Tierwelt. Hier leben noch Bären, Wölfe und Vielfraß. Das Gebiet eignet sich zu ausgedehnten Wildniswanderungen für Geübte oder zu Kanutouren auf dem verzweigten und mit vielen Inselchen durchsetzten See Ellenvann in der Abgeschiedenheit und Ruhe dieser Urlandschaft, die hier einen fließenden Übergang von der skandinavischen Natur zur russischen Tundralandschaft bildet.

➔ **Route:** Auf der Rückreise folgt man ab Kirkenes der E6 bis **Neiden** und nimmt dort die Straße R893 nach Finnland oder man fährt über **Tana** bis **Karasjok** (siehe dort unter „Rückreisevarianten") und entscheidet sich für eine der dort erwähnten Möglichkeiten der Weiterreise. •

Außerdem bieten sich auf dem Rückweg durch Norwegen die Alternativrouten und Umwege an, die auf dem Weg nordwärts nicht befahren werden konnten, z. B. er Weg über die R17 zwischen Trondheim und Bodø oder der Weg über Røros oder der Umweg ab Otta hinein in die Bergwelt von Jotunheimen.

PRAKTISCHE UND NÜTZLICHE INFORMATIONEN VON A BIS Z

ANSCHRIFTEN

Fremdenverkehrsämter
Norwegisches Fremdenverkehrsamt, Postfach 11 33 17, 20433 Hamburg, Tel. 01 80-500 15 48, Fax 0 40-22 71 08 15.
Weitere Touristeninformationsbüros sind in den Routenbeschreibungen bei den jeweiligen Orten aufgeführt.

Internet
Über Norwegen unter: www.norwegen.no, www.norwe-gen.org, www.visitnorway.com
oder: www.skandinavien.de/norwegen
Über Oslo, u. a. Hotels, Restaurants, Veranstaltungen: www.oslopro.no
Informationen verschiedenster Art über die skandinavischen Länder finden Sie in deutscher Sprache, unter: www.skandinavien.de

Automobilclubs
NAF – Norske Automobilforbund, Storgata 2, N-0105 Oslo, Tel. 00 47–22 34 14 00. Gibt auch ein umfangreiches **Verzeichnis von Campingplätzen** heraus.
KNA – Kongelig Norsk Automobilklubb, Parkveien 68, N-0105 Oslo, Tel. 00 47–22 56 26 90.
MA – Motorförernes Avholdsforbund, St. Olavsgt. 26, N-0166 Oslo, Tel. 00 47–22 11 22 55.

Busunternehmen
Deutsche Touring GmbH, Am Römerhof 17, 60486 Frankfurt/Main, Tel. 0 69–7 90 30, Fax 0 69–7 07 58 57.
NOR-WAY Bussekspress AS, Kundenzentrum, Karl Johansgate 2, 0154 Oslo, Tel 23 00 24 40.

Jugendherbergen
Deutsches Jugendherbergswerk, Bismarckstr. 8, 32756 Detmold, Tel. 0 52 31–74 01 36, Fax 0 52 31–74 01 67.
Norske Vandrerhjem, Hostelling International Norway, Postboks 364, Sentrum, 0102 Oslo, Tel. 23 13 93 00, Fax 23 13 93 50. Internet: www.vandrerhjem.no

Kanusport
Norges Kajakkforbund, Hauger Skolevei 1, N-1351 Rud, Tel. 00 47 – 67 56 88 00.

Konsularische Vertretungen
Königlich Norwegische Botschaft, Rauchstr. 1, 10787 Berlin, Tel. 030–50 50 50, Fax 030–50 50 55. Internet. www.norwegen.org
Botschaft der Bundesrepublik Deutschland, Forbundsrepublikken Tysklands Ambassade, Oscarsgate 45, N-0244 Oslo, Tel. 00 47–23 27 54 00, Fax 00 47–22 44 76 72.

Schiffahrtslinien
Color Line GmbH, Norwegenkai, 24143 Kiel-Gaarden, Tel. 04 31–7 30 00, Fax 04 31–7 30 04 00. Internet: www.color-line.de
Fjord Line A/S, c/o Karl Geuther GmbH, Martinistr. 58, 28195 Bremen, Tel. 04 21–1 76 03 62. Internet: www.fjordline.de
Hurtigruten, c/o NSA-Norwegische Schifffahrts-Agentur GmbH, Postfach 11 08 33, 20408 Hamburg, Tel. 0 40–37 69 30, Fax 0 40–3 76 93-199. Internet: www.hurtigruten.com
Scandlines, Fährcenter Rostock, Tel. 01805-722 635 46 37, Fax 03 81–673 12 13. Internet: www.scandlines.de
Stena Line, Schwedenkai 1, 24103 Kiel, Tel. 04 31 – 90 99, Fax 04 31-90 92 00. Internet: www.stenaline.de

Wandern
DNT – Den Norske Turistforeningen, Stortingsgate 28, N-0161 Oslo 1, Tel. 00 47–22 41 80 20.

CAMPING

THEMA WOHNMOBIL-STELLPLÄTZE

Immer häufiger wird der Wunsch an uns heran getragen, doch bitte auch Stellplätze für Wohnmobile in unseren Reiseführern zu beschreiben. Wir sind diesem Wunsch natürlich sehr gerne nachgekom-

CAMPING

men und haben auf unseren jüngsten Rechercherreisen speziell Ausschau gehalten nach Stellplätzen für Wohnmobilfahrer. Alle offiziell eingerichteten Stellplätze, die wir finden konnten, oder von denen wir erfahren haben, wurden registriert und erscheinen in diesem Reiseführer. Ausdrücklich hinweisen wollen wir, dass es sich bei diesen Stellplätzen, die wir aufführen, NICHT um „wilde" Stellplätze handelt! Wildes Campen ist in Skandinavien nicht mehr erlaubt. Städte, Gemeinden und Privatpersonen wurden hier zunehmend mit Problemen konfrontiert.

Unsere Erfahrung mit Stellplätzen allgemein ist so, dass wir nicht gerade in helle Begeisterung darüber ausbrechen. In vielen Fällen steht man so beengt wie auf einem ganz normalen Parkplatz. Und auch die Lage mancher Stellplatzareale in Städten ist nicht gerade berauschend. Dennoch werden Stellplätze von vielen Wohnmobilfahrern mit Begeisterung angefahren.

Oft stehen auf den Stellplätzen Entnahmestellen für Frischwasser und Entsorgungsstellen für Abwässer und Chemikalietoiletten zur Verfügung. Sanitäranlagen mit Duschen oder Stromanschlüsse dürfen aber nicht immer und überall erwartet werden. Positiv zu vermerken ist, dass die Übernachtungsgebühren vieler Stellplätze oft erheblich unter denen von Campingplätzen liegen. Bislang läßt sich die Anzahl der in Norwegen von Städten oder Gemeinden offiziell für Wohnmobilfahrer eingerichteten Stellplatzareale an den Fingern einer Hand abzählen.

CAMPING IN NORWEGEN

Annähernd 1.400 Campinganlagen sind in Norwegen zu finden, wobei die Konzentration und Dichte von Süd nach Nord deutlich abnimmt.

Die Zufahrten zu den Campingplätzen sind in aller Regel sehr gut und deutlich beschildert, führen aber abseits der Hauptverkehrsstraßen oft über unbefestigte Wege.

Das Gelände, fast immer Wiesengelände, gelegentlich mit Waldanteil, ist bei der Mehrzahl der Plätze naturbelassen. Viele Campinganlagen zeichnen sich durch eine landschaftlich schöne Lage aus.

Noch ist der Anteil von Dauercampern auf norwegischen Campingplätzen – abgesehen von einigen Gebieten an der Südküste und im Einzugsbereich der großen Städte – angenehm gering.

Das Herrliche an vielen, vor allem den kleinen, etwas abseits der Hauptreiserouten gelegenen Plätzen ist ihre sympathische Einfachheit und ihre Naturnähe. Andererseits muß auch bemerkt werden, daß manche Anlagen in den touristischen Ballungszentren wie Oslo, an der Südküste, bei Loen, Geiranger, Voss oder Trondheim im Hauptreisemonat Juli gelegentlich südländische Belegungsdichten aufweisen, mit entsprechenden Auswirkungen auf die Platzeinrichtungen.

Seit 1992 sind die norwegischen Campingplätze in fünf **Kategorien** eingeteilt, die durch Sternsymbole angezeigt werden. Fünf Sterne werden an die besten Anlagen, ein Stern an einfachere Campingplätze vergeben. Diese Klassifizierung wird vom Norwegischen Campingrat vorgenommen. Das Gremium setzt sich aus Vertretern der Automobilclubs KNA, MA und NAF, des Norwegischen Campingverbands und des Caravan Clubs zusammen.

Diese Klassifizierung läßt zwar eine grobe Einschätzung der Platzausstattung zu, sagt aber nichts über Lage oder Führung aus. Die präzise Abgrenzung zwischen den einzelnen Kategorien wird das Geheimnis des Campingrats bleiben. Es ist auch keineswegs so, daß z. B. ein 2-Sterne-Platz immer billiger sein muß, als ein 3-Sterne-Platz.

Laut Angaben des Norwegischen Campingverbandes sind alle 3 – 5 Sterne-Plätze mit behindertenge-rechten Toiletten, Duschen und anderen Einrichtungen ausgestattet. Als behindertengerecht kann ein Platz aber schon eingestuft werden, wenn eine Rampe für Rollstuhlfahrer in das

340

CAMPING

Sanitärgebäude oder eine breitere Tür in einen Toilettenraum vorhanden ist. Ob die Installationen selbst auch behindertengerecht sind, ist dann manchmal immer noch die Frage.

Generell ist ein allgemeiner Aufwärtstrend bei der Platzausstattung festzustellen. Negativ hingegen fällt auf, daß auf vielen Plätzen die Neigung wächst, unverhältnismäßig hohe Extragebühren bei den Warmduschen zu erheben. 5 Kronen für 4 Minuten Duschzeit sind keine Seltenheit. Noch unverständlicher erscheinen solche Preise, wenn man erfährt, daß Norwegen weder an Wasser- noch an Strommangel leidet. In kaum irgend einem anderen Land ist Strom (z.B. zur Warmwassererzeugung) so billig wie in Norwegen.

Durch die enorm gestiegene Zahl von Wohnmobilfahrern, die jedes Jahr Norwegen heimsuchen, bieten immer mehr Gemeinden Stellen zum Entleeren der Chemikaltoiletten an. Nutzen Sie dieses Angebot. Der Inhalt von Chemikaltoiletten gehört keinesfalls irgendwohin in den Straßengraben!

Hinweise über Angaben zu Campingplätzen

Bei den in diesem Reiseführer aufgelisteten Campingplätzen folgen dem **Platznamen** die **Telefonnummer**, dann **Öffnungszeit** und die Lokalisierung oder **Zufahrt**. Bei der Beschaffenheit des **Geländes** wird die Form angegeben, die überwiegt, z. B. Wiesengelände. Die **Größe** des Platzgeländes wird in Hektar (ha), die Aufnahmekapazität in Stellplätzen (Stpl.), ggf. mit Belegung durch Dauercamper (Dau.), angegeben. Die Angabe **Miethütten** (evtl. mit Anzahl) deutet auf das Vorhandensein von mietbaren Campinghütten hin.

Wir haben versucht, die **Platzeinrichtungen**, so wie sie beim Besuch vorgefunden wurden, in etwa zu charakterisieren, wobei Zustand und Pflege der Gebäude und Installationen auch von Bedeutung waren. Die Übergänge zwischen den drei von uns als grobe Anhaltspunkte geschaffenen Kategorien sind fließend.

Mindestausstattung: Einfacher Platz mit bescheidenen, veralteten oder vernachlässigten Einrichtungen, die außer WC's, Kaltwasserwaschbecken und evtl. Duschen keine oder völlig unzeitgemäße Einrichtungen für Hygiene und Körperpflege aufweisen.

Standardausstattung, mit den Varianten *einfache* oder *gute Standardausstattung*: Der Durchschnittscampingplatz mit WC's, Kaltwasserwaschbecken und Duschkabinen in den Waschräumen, evtl. mit Warmwasser, Kochgelegenheit, Geschirrspül- und Wäschewaschbecken teils mit Warmwasser. Ordentlicher Gesamteindruck, einige Stromanschlüsse für Caravans.

Komfortausstattung, mit der Variante *gehobene Komfortausstattung*: Außer ausreichend WC's, Waschbecken mit Warmwasser und Warmduschen in zeitgemäßen, gepflegten Sanitäranlagen, werden auch Geschirr- und Wäschewaschbecken mit Warmwasser, Waschmaschine und Trockner, Küche und Aufenthaltsraum, Chemikalausgüsse für Campingtoiletten und Stromanschlüsse für Caravans in ausreichender Zahl erwartet. Das Terrain soll durch Wege erschlossen sein und im Gelände verteilte Müllbehälter und Wasserzapfstellen, sowie Restaurant oder Cafeteria, Einkaufsmöglichkeit und möglichst Freizeit- oder Sporteinrichtungen aufweisen.

Infos zu Campingplätzen in Norwegen erhalten Sie im **Internet** unter www.camping.no oder auch vom Norwegischen Automobilclub NAF unter www.nafcamp.com.

Das Übernachten auf Rastplätzen und Reichsstraßen in Caravans oder Wohnmobilen ist nicht erlaubt! Benutzen Sie, vor allem auch als Wohnmobilfahrer, wenn immer irgend möglich, Campingplätze. Das hilft nicht nur der Natur und der Umwelt, sondern sicher auch dem nicht nur in Norwegen bereits ziemlich lädierten

CAMPING

Image der Wohnmobilisten. Auch die viel bemühte „Freiheit auf Rädern" hat ihre Grenzen!

Übrigens: Auf der Nordkapinsel ist wildes Campen zwischenzeitlich strikt verboten! Das wird streng kontrolliert und Zuwiderhandlungen werden unnachsichtig und empfindlich bestraft.

Geradezu vorbildlich ist in Norwegen das dichte, im ganzen Lande gut und deutlich beschilderte **Netz von Entsorgungsstellen** für Wohnmobil-abwässer ausgebaut. In jedem größeren Ort findet man einen dieser Automaten, die meist bei Tankstellen installiert sind, dort mitunter aber ein etwas verstecktes Dasein fristen. Die Automaten sind mit Geldmünzen zu betätigen. Zum Aufnehmen von Frischwasser ist es oft nützlich, einen eigenen Schlauch dabei zu haben.

Und so lassen sich die allermeisten **automatischen Entsorgungsstationen**, die fast alle vom Typ „Sani-Service" sind, bedienen: Zunächst müssen Sie wissen, ob der Ab-wasseranschluß an Ihrem Wohnmobil einen Drei-Zoll-Anschluß hat. Nur dann können Sie den im Automaten verstauten Schlauch benutzen. Wichtig ist dann auch, dass Ihr Abwassertank am Wohnmobil eine gute Belüftung hat. Die Absaugpumpen der Automaten arbeiten kräftig und würden im Ab-wassertank ein Vakuum erzeugen und den Tank implodieren lassen, wenn nicht ausreichend Luft nachströmen kann. Schlauch aus dem Automaten ziehen und am Ausgußstutzen des Abwassertanks fest anklemmen! Am Automaten Wählschalter auf 1 „Pumpen" stellen und Münze oder Wertmarke (manchmal muss in der Tankstelle oder im Geschäft, bei dem der Automat steht eine Wertmarke gekauft werden) einwerfen. Der Entsorgungsautomat sollte nun zu arbeiten beginnen. Die Geräte sind meist so eingestellt, dass pro Münze 50 Liter abgesaugt werden, also ggf. Geld nachwerfen. Nach Beendigung Wählschalter wieder auf Null stellen und nicht vergessen, den Schlauch wieder abzuklemmen.

Wenn Sie einen tragbaren Chemikaltoilettentank haben, entnehmen Sie den Tank aus Ihrem Fahrzeug, stellen den Wählschalter am Entsorgungs-automaten auf Position 3, was die Funktion „Ausgießen" aktiviert. Nach Einwurf einer Geldmünze oder einer Wertmarke öffnet sich eine wasser-bespülte Ausgußluke, in die Sie Ihren Chemikaltoilettentank entleeren.

Frischwasser können Sie an den Entsorgungsautomaten auch bunkern. Allerdings geht ohne mitgebrachten eigenen Schlauch meist gar nichts. Schließen Sie den Schlauch am Wasserhahn an. Oft hilft hier eine mitgebrachte Schlauchkupplung eines marktführenden Gartenbewässerungssystems weiter. Nun Wählschalter auf „Frischwasser" stellen, Münze oder Wertmarke einwerfen und ggf. Wasserhahn öffnen. Die Abgabemenge kann unterschiedlich sein. Erkundigen Sie sich in der Tankstelle (Laden), wieviel Liter Frischwasser der Automat pro Münze abgibt.

CAMPINGHÜTTEN

Wer nicht mit Zelt, Wohnwagen oder Wohnmobil durch Norwegen reist, oder auf einer Radtour abends ein festes Dach über dem Kopf vorzieht, dennoch aber nicht in Hotels oder Gasthäusern übernachten will, findet auf fast jedem Campingplatz in Norwegen sog. **Campinghütten**. Sie sind in ganz Skandinavien sehr verbreitet und bieten eine recht komfortable, wenn auch rustikale, aber für Norwegen relativ preiswerte Übernachtungsmöglichkeit. Vor allem auf einer Rad- oder Motorradtour werden Sie bei Schlechtwetterperioden eine gemütliche Hütte schätzen lernen.

Die aus Holz, oft in Blockhausmanier errichteten Häuschen bieten Platz für zwei bis sechs Personen. Sie sind in aller Regel recht zweckmäßig eingerichtet. Die Ausstattung, bei der fast immer reichlich Holz verwendet wird, reicht von der spartanischen Version mit Tisch, Stuhl und Bett bis zum komfortabel ausgestatteten und stilvoll möblierten Ferienhäuschen mit Dusche und WC, Heizung, Kochgelegenheit mit Kühlschrank und Wohnecke. Oft ist eine kleine überdachte Veranda vorgebaut. Bettwäsche ist mitzubringen, kann aber gelegentlich auch geliehen werden. Saubermachen muß man selbst und auch für des eigene leibliche Wohl muß man selbst sorgen. Einfachere Campinghütten haben keine eigenen Sanitäreinrichtungen, man bedient sich dann der Einrichtungen des Campingplatzes.

Auch Campinghütten sind in offizielle Qualitätskategorien unterteilt, die durch Sternsymbole angezeigt werden. Eine Hütte mit einem Stern soll z. B. außer dem notwendigsten Mobiliar (Tisch, Bett) auch einen Stromanschluß haben und eine 3-Sterne-Hütte zusätzlich mit fließend Wasser, Dusche und WC, Kochgelegenheit, Bettwäsche und abgetrenntem Schlafraum ausgestattet sein.

Vor allem im Hauptreisemonat Juli sollten Hütten unbedingt vorbestellt, oder sehr früh am Tage angefahren werden, da in dieser Zeit die Nachfrage überaus groß ist!

JEDERMANNSRECHT

Ein sehr tolerantes, großzügiges, traditionsreiches Recht in Norwegen, Schweden und Finnland ist das **Allemannsretten** (Jedermannsrecht), dessen Maxime lautet: *Nicht stören, nichts zerstören und den Hausfrieden respektieren.*

Überall in den skandinavischen Ländern wird das Jedermannsrecht hoch geschätzt und von den Bürgern mit größter Verantwortung wahrgenommen. Das Jedermannsrecht erlaubt im Prinzip jeder Einzelperson (aber nicht Gruppen), sich in den „Allmenninge", also auf öffentlichem Grund und Boden, an Küsten, Stränden, in staatlichen Wäldern, Berg- und Grünlandgebieten, frei zu bewegen, solange weder Mensch noch Natur gestört oder geschädigt werden.

Auch der ausländische Besucher kommt in den Genuß dieses Rechts. Die Entwicklungen in den vergangenen Jahren führten allerdings dazu, daß Autofahrer und Wohnmobilisten dieses Jedermannsrecht nicht mehr für sich in Anspruch nehmen dürfen, solange sie mit ihren Gefährten und nicht zu Fuß unterwegs sind.

Natürlich gibt es ein paar Spielregeln, an die man sich zu halten hat, wie z. B. an das strikte Verbot von offenen Feuern zwischen 15. April und 15. September. Respektieren Sie Fischgewässer, Jagdgebiete und geschützte Pflanzen und vor allem, schonen Sie die Natur, besonders im hohen Norden. Allgemein ist übrigens motorisierter Verkehr (Geländewagen, Motorrad, Wohnmobile etc.), aber auch das Fahren mit Mountainbikes im freien Gelände abseits der Fahrwege grundsätzlich nicht erlaubt. Die Natur im hohen Norden reagiert sehr empfindlich auf Verwüstung, Störung oder Verschmutzung. Regenerie-rungsprozesse gehen hier – wenn überhaupt – um ein Vielfaches langsamer von-statten.

Leider wurde dieses Recht von einigen Touristen – und hier oft von Campern, die wild campen, wo es ihnen gerade gefällt – in der Vergangenheit gelegentlich so strapaziert, daß das Verhalten das Mißfallen und den Protest der Einheimischen provozierte. Bedauerlicherweise wird von manchen gedankenlosen Feriengästen oft vergessen, daß solche Freiheiten in erster Linie Verantwortungsbewußtsein von Jedermann (nicht Verbrauch durch Jedermann) voraussetzen. Sonst können Freiräume wie dieses „Recht auf den Gebrauch durch Jedermann" nicht von Bestand sein, zumal in einer Zeit, in der die Natur auch in Skandinavien durch Umwelteinflüsse geschädigt wird.

EINREISEBESTIMMUNGEN

Einreise mit dem Auto

Private Kraftfahrzeuge können von Besuchern vorübergehend zollfrei eingeführt werden. Gültiger nationaler Führerschein und Kraftfahrzeugschein sind ausreichend. Die Internationale „Grüne Versicherungskarte" ist nicht zwingend vorgeschrieben, ihre Mitführung wird aber empfohlen. Das Nationalitätskennzeichen „D",

343

EINREISEBESTIMMUNGEN

„A", „CH" o. a. muß am Auto angebracht sein.

Haustiere

Das Mitnehmen von Hunden und Katzen nach Norwegen ist seit einigen Jahren bei Erfüllung bestimmter Voraussetzungen (Einfuhrantrag, Identitätsmarkierung, Impfungen) möglich. Wo und wie die notwendigen Unterlagen beantragt werden müssen, erfährt man beim Fremdenverkehrsamt.

Norwegen war bislang noch tollwutfrei. Entsprechend scharf gehen die Behörden bei Verstößen und illegalen Einfuhren von Haustieren vor!

Auf den Fähren müssen Haustiere während der Überfahrt im Auto bleiben. Fußpassagiere müssen ihr Haustier in den auf den Fähren dafür vorgesehenen Käfigen unterbringen. Sind die Käfige belegt, kann das Haustier in aller Regel nicht mitgenommen werden! Unbedingt vorher bei der Reederei nach neuesten Stand der Vorschriften erkundigen!

Persönliche Dokumente

Dank der „Nordischen Paßunion" zwischen Dänemark, Norwegen, Schweden und Finnland gelten die Staatsgebiete der vier nordischen Staaten als einheitliches Paßgebiet.

Zudem haben die fünf nordischen Länder (inkl. Island) Ende 1996 das Schengener Abkommen über Passfreiheit und politische Zusammenarbeit unterzeichnet. Die EU-Mitglieder Dänemark, Schweden und Finnland sind Vollmitglieder des Abkommens, Norwegen und Island gingen eine Kooperationsabsprache ein.

Zur Einreise in die skandinavischen Länder als Tourist benötigen Bürger aus der Bundesrepublik Deutschland, aus Österreich, der Schweiz und weiteren westeuropäischen Ländern lediglich einen gültigen Personalausweis oder Reisepaß. Für Kinder unter 16 Jahren wird ein Kinderausweis (ab 10 Jahren mit Lichtbild) verlangt. Ohne weitere Formalitäten ist der vorläufige Aufenthalt auf drei Monate beschränkt.

Zollbestimmungen (unvollständiger Auszug)

Persönliche Gegenstände und alle auf der Reise benötigten Artikel wie Sportgeräte, können zollfrei vorübergehend eingeführt werden. Medikamente, die ausschließlich für den Gebrauch durch die Reisenden bestimmt sind, können mitgeführt werden. Über Medikamente, die Rausch- oder Betäubungsmittel enthalten, auf die der Reisende aber aus medizinischen Gründen nicht verzichten kann, ist eine ärztliche Bescheinigung mitzuführen, aus der eindeutig diese Notwendigkeit hervorgeht.

Die Freigrenzen zollfreier Waren für Reisende über 18 Jahre aus EG-Ländern: 2 Liter Bier, 1 Liter Wein, 200 Zigaretten und 250 g Tabak. Reisende über 20 Jahre dürfen zudem 1 Liter Spirituosen einführen.

Die Einfuhr von Fleisch ist bis zu einer Menge von 3 kg erlaubt, wenn das Fleisch aus EWR-Staaten stammt und entsprechend gestempelt ist.

Einem Einfuhrverbot unterliegen Gemüse, Pflanzen, Eier, Milchprodukte, Kartoffeln, Rauschgifte, Waffen und Medikamente.

Besonderen Einfuhrbestimmungen unterliegen auch bestimmte Fischfanggeräte (u. a. Angelnetze, Ausrüstung für den Krebsfang). Es empfiehlt sich immer, sich im Zweifelsfall vor der Abreise nach den neuesten Bestimmungen zu erkundigen.

FREIZEITAKTIVITÄTEN

ANGELN

Wer in Norwegen angeln möchte und über 16 Jahre alt ist, benötigt die staatliche Angellizentz („fiskeavgift") nur noch für Lachs, Meerforelle und Meersaibling (anadrome Salmoniden). Derzeitiger Preis ca. NOK 90,- für See und Flüsse, ca. NOK 180,- für Lachsangeln, jeweils gültig für ein Jahr, Wochenkarte NOK 45,-. Man bekommt die Angellizenz auf allen Postämtern.

Damit nicht genug. Zudem wird eine „fiskekort", ein Angelschein, benötigt, der für ein bestimmtes Fischwasser gültig ist. Die „fiskekort" kann man in Touristenbüros, in Hotels, auf Campingplätzen oder Sportgeschäften der jeweiligen Region kaufen. Die Preise sind je nach Gültigkeitsdauer und Qualität der Fischgewässer ganz unterschiedlich. Interessierte sollten die spezielle Angelbroschüre vom Norwegischen Fremdenverkehrsamt anfordern. Angaben ohne Gewähr.

RADFAHREN

Eine Radtour durch Norwegen, mit seinem bergigen ja gebirgigen Terrain, ist sicher etwas für Spezialisten und trainierte Biker. Auf jeden Fall empfiehlt es sich, die Tour voraus zu planen.

Gerne befahrene Routen führen z. B. entlang des Telemarkkanals oder auf dem „Rallarvegen", dem alten Versorgungsweg der Bahnarbeiter entlang der Bahnstrecke nach Flåm (siehe dort). Viele Gebirgsstraßen führen durch Tunnels, die oft sehr lang sind und durch die Radfahrer nicht fahren dürfen. Und nicht immer ist eine Umgehung der Tunnels, etwa auf der alten, nicht mehr benutzten Trasse, möglich. Dazu kommt, daß viele Bergstraßen, vor allem kleine Nebenstraßen, oft bis weit in den Sommer hinein (Juni) wegen Schnee gesperrt sind.

Um keine allzu großen Enttäuschungen zu erleben, empfiehlt sich vor einer ausgedehnten Radtour durch Norwegen eine Anfrage beim Norwegischen Fremdenverkehrsamt oder bei *Sykkleturisme i Norge*, Postboks 448, Sentrum N-0104 Oslo, Tel 0047–22 00 25 00, Fax 0047–22 98 35 29, Internet: www.bike-norway.com.

Mountainbiking ist auch in Skandinavien eine überaus beliebte Freizeitbeschäftigung. Wenn Sie mit Ihrem Mountainbike im Norden Skandinaviens unterwegs sind, sollten Sie unbedingt auf den Wegen bleiben! Die Natur im hohen Norden ist sehr empfindlich und regeneriert sich wesentlich langsamer als in unseren Breiten. Grobstollige Fahrradreifen zerstören z. B. nachhaltig die dünne Vegetationsdecke.

WASSER- UND KANUSPORT

Schöne Kanutouren lassen sich vor allem auf den Binnenseen in der Telemark unternehmen. Und an der Fjordküste entlang lassen sich tagelange Wasserwanderungen mit dem Meerkajak planen. Auch für Wildwasserfahrten und Gelegenheiten zum River Rafting bieten sich zahlreiche Möglichkeiten. Über Einzelheiten und Schwierigkeitsgrade der einzelnen Wassersportreviere erkundigt man sich in den Touristenbüros.

Immer beliebter wird in Norwegen eine erst junge Sportart, das **Canyoning**. In Oppdal gibt es Veranstalter für diesen Sport.

WANDERN

Norwegen weist ganz ausgezeichnete Wandergebiete auf. Vor allem auf den Hochflächen der Viddas, in den Berg- und Gletscherregionen und in den Weiten der Finnmark sind zahlreiche ausgedehnte, mehrtägige Touren möglich. Nicht selten sind die Routen so anspruchsvoll, daß sie nur geübten, gut trainierten Wanderern empfohlen werden können. In vielen Fällen ist der Umgang mit Karte und Kompaß nötig.

Alle großen Wanderregionen wurden durch Bergwandervereine (z. B. vom DNT) einem breiten Publikum erschlossen. Viele Routen wurden markiert, Schutzhütten und Berggasthöfe entlang den Wegen, oder Brücken und Stege in unwegsamem Gelände angelegt.

Einige der größten Wandergebiete liegen in den Nationalparks Hardangervidda, Jotunheimen, Rondane, Dovrefjell, Övre Dividalen, Stabbursdalen und Övre Pasvik.

Wandertouren sollten gut vorbereitet und geplant und nur mit perfekter, den hohen Anforderungen entsprechender Ausrüstung angetreten werden.

Einige Anhaltspunkte für Wandertouren in der Hardangervidda oder im Jotunheimen sind in diesem Reiseführer an entsprechender Stelle skizziert.

Wichtige einschlägige Infos, Detailkarten, Routenvorschläge, Anmeldungen für Hüttenschlüssel etc. erteilt der DNT, der Norwegische Bergwander- und Touristenverein.

MÜCKENSCHUTZ

Es läßt sich nicht leugnen, die summenden, blutsaugenden Plagegeister können Aktivitäten in freier Natur und den Spaß daran schon arg verleiden. Vor allem in windgeschützten, waldreichen Seengebieten oder in feuchten Niederungen können Stechmückenschwärme im Sommer den Aufenthalt im Freien für den Unvorbereiteten zum Martyrium werden lassen. Einziger kleiner Trost: Die in Skandinavien auftretenden Stechmücken übertragen keine Malaria wie es heißt und an der norwegischen Atlantikküste treten Stechmücken selten in größerem Maße auf, im Gegensatz zu den Inlandsteilen und Tundragebieten der Finnmark zum Beispiel. Im Prinzip hilft nur, sich rechtzeitig vorher mit wirksamen Mitteln einzucremen oder einzusprühen. Die Sportgeschäfte und Apotheken in Norwegen halten da recht wirksame Mittelchen bereit. Im Normalfall sollte das genügen. Ist man allerdings im Sommer in Nordskandinavien oder in den seendurchsetzten Tundra auf Wander- oder Kanutour, wird das Eincremen alleine nicht genügen. Kleidung aus festem Stoff mit dichten Bünden an den Ärmeln und Hosenbeinen, spezielle Hemden, ein Hut mit Moskitonetz, Handschuhe u. ä. sind dann fast unerläßlich. Machen Sie sich vorher in einschlägiger Outdoor-Literatur kundig, was Spezialisten zu diesem Thema zu sagen haben.

Mein Tipp! Oder machen Sie es wie viele Kenner der Verhältnisse und verschieben Sie ihre Wandertour auf den Spätsommer bzw. Frühherbst, wenn in Nordskandinavien bereits die ersten leichten Nachtfröste eingesetzt haben, die Tage aber noch herrlich sonnig und warm sein können. Dann ist die Mückenplage in aller Regel kein Thema mehr, die Landschaft in ihrer beginnenden Herbstfärbung aber noch traumhafter!

GESETZLICHE FEIERTAGE

Neben kirchlichen Feiertagen wie Dreikönig, Gründonnerstag, Karfreitag, Ostern, Christi Himmelfahrt, Pfingsten und Weihnachten, gelten folgende Feiertage, an denen Geschäfte, Banken und Büros meist geschlossen bleiben:

1. Januar – Neujahrstag
1. Mai – Tag der Arbeit
17. Mai – Tag der Verfassung, Nationalfeiertag
Ende Juni – St. Hans Tag und Mittsommerfest
Ende Juli – Olsokfest.

HOTELS UND ANDERE UNTERKÜNFTE

Alle in Norwegen betriebenen Hotels bedürfen einer behördlichen Genehmigung. Der Begriff „Hotel" ist gesetzlich geschützt. Nicht jeder Zimmerwirt kann also sein Haus als Hotel bezeichnen. Die Hotelanlage und ihr Management müssen bestimmte Voraussetzungen erfüllen, um als „Hotel" zu firmieren. Häuser die sich „*Høyfjellshotell*" oder „*Turisthotell*" nennen, müssen besondere Bedin-gungen erfüllen, die ebenfalls staatlicher Kontrolle unterliegen. U. a. zählen zu diesen Bedingungen eine besondere landschaftliche Lage, Einrichtungen zur Freizeitgestaltung wie Wanderwege, Schwimmbad etc. Solche Ferienhotels haben in aller Regel auch eine Schanklizenz.

HOTELS UND ANDERE UNTERKÜNFTE

Ein umfangreiches Angebot an Hotels und Pensionen (Gjestgiveri) verschiedener Qualität und Preislagen sind in den Großstädten und in den touristisch stark frequentierten Fjord- oder Gebirgsregionen anzutreffen. Auf dem „flachen Lande" ist das Angebot schon deutlich geringer, mit nach Norden hin abnehmender Tendenz.

Dringend anzuraten sind deshalb bei Rundreisen auf Hotelbasis im Sommer rechtzeitige Zimmerreservierungen.

Norwegische Hotelbetriebe zählen nicht gerade zu den billigen und preiswertesten Übernachtungsstätten. Andererseits ist der Qualitätsstandard vieler Häuser dafür überdurchschnittlich hoch. Viele Hotelketten bieten Touristen ein *Hotelpass-System* an, die dem Reisenden Übernachtungen zu ermäßigten Preisen gestattet.

Wenn Sie eine Rundreise durch Skandinavien auf Hotelbasis planen, sollten Sie sich vorher nach den diversen **Hotelpass-, Hotelscheck- und Rabatt-Systemen** erkundigen. Das momentan am weitesten und in ganz Skandinavien verbreitete System für ermäßigte Zimmerpreise ist der „SCAN+ Hotel Pass". Dem System sind z. Zt. mehr als 200 Hotels angeschlossen. Verbreitet ist auch der sog. „Fjord Pass", dem 225 Übernachtungsbetriebe angeschlossen sind. Infos zu den detaillierten Konditionen der Hotelpässe, die sich immer wieder etwas ändern, sowie Verzeichnisse der angeschlossenen Hotels gibt es beim Fremdenverkehrsamt.

Die wichtigsten **Hotelketten** in Norwegen, deren Häuser fast alle einem der Hotelpass-System angeschlossen sind, sind:

Best Western Hotels Norway, Postboks 2773, Solli, N-0204 Oslo, Buchungen unter Tel. 800 11 624. Internet: www.bestwestern.com.

First Hotels, First Reservation Tel. 800 10 410. Internet: www.firsthotels.com.

Norlandia Hotellene, Postboks 6615, St. Olavs plass, N-0129 Oslo, Buchungen unter Tel. 23 08 02 80. Internet: www.norlandia.no.

Scandic Hotellene, Postboks 173, Skøyen, N-0212 Oslo, Buchen unter Tel. 8-51 75 17 00. Internet: www.scandic-hotels.com.

Rica Hotels, Postboks 3, N-1375 Billingstad, Buchungen unter Tel. 66 85 45 60. Internet: www.rica.no.

Choice Hotels ASA, Postboks 1936, Vika, N-0125 Oslo, Buchungen unter Tel. 22 40 13 88. Internet: www.choce.no.

Jugendherbergen gibt es über das ganze Land verstreut, bislang 90 Häuser. Norwegische Jugendherbergen (*Ungdomsherberger* oder *Vandrerhjem*) kennen kaum noch die Schlafsäle früherer Art. Häufiger sind individuelle Zimmer, oft mit eigener Dusche und WC, mit zwei, vier oder sechs Betten. Aufnahme finden nicht nur Jugendliche, sondern auch Familien. Es gibt keine Altersbegrenzung. Mit anderen Worten, auch als Auto- oder Motorradtourist können Sie in Norwegens Jugendherbergen übernachten, solange ausreichend Betten für Wanderer oder Radler vorhanden, die bei evtl. Bettenknappheit bevorzugt aufgenommen werden. Oft werden Mahlzeiten angeboten, oder es steht eine Küche zur Verfügung.

Eine ganz besondere, typisch Art an den Küsten Nordnorwegens zu übernachten ist ein Aufenthalt in **„Rorbuer"**, alten, ausgedienten Fischerhütten, oder solchen nachempfundene Strandhäuser.

Der Ursprung der Rorbuer geht darauf zurück, daß die Fischerhütten an der Küste Westnorwegens in der Regel früher nur in der winterlichen Fangsaison von Fischern bewohnt waren und so im Sommer an Gäste vermietet werden konnten. Wirklich alte Rorbuer bieten gewöhnlich wenig Luxus, dafür aber meist eine herrliche, oft recht abgeschiedene Lage in wunderschöner Küstenlandschaft.

Heute sind die meisten Touristenrorbuer zeitgemäßen Wohnbedürfnissen angepaßt. Rorbuer werden gewöhnlich nicht nur für eine Übernachtung vermietet.

KLIMA UND DURCHSCHNITTSTEMPERATUREN

Man muß schon zweimal hinschauen, wenn man liest, daß Norwegen eines der wärmsten Länder der Erde ist – allerdings im Verhältnis zu seiner geographischen Lage gesehen.

Verantwortlich für diesen erstaunlichen Umstand ist der Golfstrom. Die größte und augenfälligste Auswirkung haben die warmen Wasserströmungen allerdings auf die Häfen des Landes, die alle während des langen Winters eisfrei bleiben. Um so erstaunlicher klingt dann die Tatsache, daß nur rund 130 km Luftlinie von der Küste entfernt, im Inneren der Finnmark bei Kautokeino, winterliche Temperaturen weit unter –40°C keine Seltenheit sind. Andererseits werden dort im Sommer mitunter Höchstwerte von 30°C und mehr gemessen.

Im allgemeinen Landesdurchschnitt bewegen sich die Sommertemperaturen zwischen 15°C und 21°C.

Durchschnittstemperaturen im Sommerhalbjahr:

Ort	April °C	Mai °C	Juni °C	Juli °C	Aug. °C	Sept. °C	Okt. °C
Bergen	7,5	10	12,5	16	15	12	10
Bodø	3,8	7	10	14	13	10	6,2
Karasjok	1	4	11	13	12	4	0
Lillehammer	5	9	14	16	14	10	6
Oslo	7	11	15	17	16	11,5	8,3
Stavanger	8	9	14	16	14	10	8,6
Tromsø	1,6	4	9	13	11	7	3,5
Trondheim	6	8	12	16	14	10	7,8
Vardø	1	3	6	9	10	7	3

In dieser Zeit kann man die Mitternachtssonne bzw. die Polarnacht erleben:

Ort	Mitternachtssonne von – bis	Polarnacht von – bis
Bodø	04. Juni – 08. Juli	
Svolvær	28. Mai – 14. Juli	
Harstad	23. Mai – 22. Juli	
Narvik	24. Mai – 19. Juli	
Tromsø	20. Mai – 20. Juli	25. Nov. – 18. Jan.
Alta	17. Mai – 26. Juli	24. Nov. – 18. Jan.
Hammerfest	16. Mai – 27. Juli	21. Nov. – 22. Jan.
Vardø	14. Mai – 29. Juli	22. Nov. – 20. Jan.
Nordkap	13. Mai – 29. Juli.	18. Nov. – 24. Jan.
Svalbard (Spitzbergen)	20. Apr. – 20. Aug.	Nov. – Febr.

MEDIKAMENTE, ÄRZTLICHE VERSORGUNG

Wer unterwegs auf bestimmte Medikamente angewiesen ist, sollte sich diese in ausreichenden Mengen von zu Hause mitbringen. Wichtig ist dabei aber, daß man dann tunlichst eine Bescheinigung des Arztes mitführt, die aussagt, daß man auf diese Medikamente aus medizinischen Gründen nicht verzichten kann. Eine solche Bescheinigung ist um so wichtiger, wenn die Medikamente Stoffe enthalten, die unter das Betäubungsmittelgesetz fallen. Ein Rezept alleine würde Ihnen nichts nützen. Norwegische Apotheken dürfen auf ausländische Rezepte keine Medikamente abgeben.

Ganz allgemein kann festgestellt werden, daß der Medikamentenverkauf in den skandinavischen Ländern strenger geregelt ist als bei uns.

In allen größeren Städten gibt es Apotheken mit Nacht- und Notdienst, auch am Wochenende.

Obwohl zwischen der BRD und den skandinavischen Ländern Sozialversicherungsabkommen bestehen und in Dänemark und Norwegen darüber hinaus das E111-Formular der deutschen Krankenkassen (das Sie sich vor Abreise bei Ihrer Krankenkasse besorgen müßten) akzeptiert wird, der Reisende dadurch im Krankheitsfall oder bei einem Unfall eine gewisse krankenversicherungstechnische Absicherung genießt, sollte man dennoch auf eine Auslandskrankenschutzversicherung nicht verzichten.

MINIWORTSCHATZ – KLEIN, ABER NÜTZLICH

Etwa seit dem späten Mittelalter war in ganz Norwegen Dänisch die offizielle Sprache. Norwegisch lebte in den Dialekten der einzelnen Regionen fort. Mit der Zeit vermischten sich Dialekte und offizielle Sprache. Im 19. Jh. wurde daraus das sog. *„Riksmål"* (Reichssprache), auch *„Bokmål"* (Buchsprache) entwickelt. Gleichzeitig hielten aber weite Kreise der Bevölkerung am *„Landsmål"* fest, einer aus westnorwegischen Mundarten gebildeten Sprache, die heute als *„Nynorsk"* offizielle Amtssprache ist.

Für den Besucher sind die unterschiedlichen Sprachen am ehesten an gelegentlich noch differierenden Orts- oder Landschaftsnamen erkennbar wie z. B. „Vann" oder „Vatn" für See. Auch findet man differierende Schreibweisen bei den Buchstaben „å" und „ø", z. B. Haakon statt Håkon oder Hönefoss statt Hønefoss etc.

Wichtig ist noch, daß die Buchstaben Å, Æ und Ø **am Ende** des norwegischen Alphabets stehen. Mit diesen Buchstaben beginnende Namen oder Ortsnamen findet man im Telefonbuch oder im Hotelverzeichnis u. ä. also ganz hinten!

Allgemeines

Anruf	– oppringning
Apotheke	– apotek
Arzt	– lege/doktor
Auf Wiedersehen	– adjø
Auslandsgespräch	– utenriks samtale
bitte	– vær så god
Briefmarke	– frimerke
Damen, Herren	– dame, herer
danke	– takk
Entschuldigung!	– unnskyld!
Erwachsener	– voksne
geöffnet	– åpen
geschlossen	– lukket
gut	– bra
Guten Tag	– god dag
Guten Abend	– god kveld
hallo!	– hei!
ja, nein	– ja, nei
Jugendherberge	– vandrerhjem
Kinder	– barn
Krankenhaus	– sykehus
Miethütten	– utleiehytter
Personalausweis	– legitimasjonskort
Postamt	– postkontor
schlecht	– dårlig
wann	– når
übernachten	– overnatte
Zimmer	– værelse
zu vermieten	– til leie
Ich verstehe nicht.	– Jeg forstår ikke.

MINIWORTSCHATZ – KLEIN, ABER NÜTZLICH

Ich hätte gerne	– jeg vil gjerne
Gibt es ...	– Finnes det
Wo ist ...?	– Hvor er ...?
Sprechen Sie deutsch?	– Snakker du tysk?

Auto und Verkehr

Abschleppdienst	– redningstjeneste
Auto	– bil
Autofähre	– bilferje
Autovermietung	– bilutleie
Bahnhof	– jernebanestasjon
Bremse	– bremse
Einbahnstraße	– ensrettet
Flughafen	– flyhavn
Führerschein	– førerkort
Geschwindigkeitsbegrenzung	– fartsgrense
Hafen	– havn
langsam fahren	– kjøre langsomt
Keilriemen	– vifterem
Maut, Weggebühr	– bompenger
Mautstraße	– bomvei
Ölwechsel	– oljeskift
Panne	– uhell
Reifen	– dekk
Reifenpanne	– punktering
Reifenwechsel	– å skifte hjul
Rollsplit	– grus
Scheinwerfer	– frontlys
Straßenarbeiten	– veiarbeid
Tankstelle	– bensin stasjon
Umleitung	– omkjørsel
Vergaser	– forgasser
Wohnmobil	– bobil
Wohnwagen	– campingvogn
Zug	– tog
Zündkerze	– plugg

Essen und Trinken

Abendessen	– middag
Barsch	– abbor
Bier	– Øl
Blaubeere	– blåbær
Brot	– brød
Butter	– smør
Eier	– egg
Erdbeere	– jordbær
Fisch	– fisk
Fleisch	– kjøtt
Forelle	– ørret
Frühstück	– frokost
Garnelen	– reker
Gemüse	– grønsaker
Hauptgericht	– hovedrett
Heilbutt	– kveite
Hering	– sild
Himbeere	– bringebær
Huhn, Hähnchen	– høns, kylling
Imbißstube	– gatekjøkken
Kabeljau	– torsk
Kalb	– kalv
Käse, Ziegen-, alter -, gammel ost	– ost, geitost,
Kartoffeln	–poteter
Lachs	– laks
Limonade	– brus
Marmelade	– syltetøy
Milch	– melk
Mittagessen	– lunch, lunsj
Preiselbeere	– tyttebær
Rentier	– reinsdyr
Rind	– okse
Sahne	– fløte
Salz	– salt
Sauerrahm	– rømme
Schellfisch	– hyse
Schweinefleisch	– svinekjøtt
Speisekarte	– meny
Stockfisch	– tørrfisk
Vorspeise	– forrett
Wasser, Trink-	– vann, drikke-
Wein, Rot-, Weiß-	– vin, rød-, hvit-
Würstchen	– pølse
Zander	– gjars
Zucker	– sukker

Unterwegs

ås, åsen	– Bergrücken
austre	– östlich
botn, botnen	– Talende, -mulde
elv, elva	– Fluß, Bach
fjell	– Gebirge
foss	– Wasserfall
hav	– Meer
holmen	– Insel
hovd	– Hügel
høyre	– rechts
litle	– klein
nibba	– Gipfel
nordre	– nördlich
os, osen	– Flußmündung

øy, øya	– Insel
rettfram	– geradeaus
sæter, seter, støl	– Berghof, Alm
sjø, vatn	– See
søre	– südlich
store	– groß
tind, tindan	– Gipfel
topp, toppen	– Bergspitze
vær	– Fischerdorf
venstre	– links
vester	– westlich
vik, vika	– Bucht

MIT DEM AUTO DURCH NORWEGEN

Ein dichtes, gut ausgebautes und ausgezeichnet beschildertes Straßennetz durchzieht zwischenzeitlich ganz Norwegen bis in den hohen Norden.

Große Anstrengungen wurden in Norwegen in der Vergangenheit unternommen, um Engpässe im Straßennetz, z. B. im Fjordgebiet oder in den Gebirgsregionen, zu entschärfen. Ganz erstaunliche Tunnels wurden angelegt, wie der 11,4 km lange Gudvangentunnel oder der erst im Jahre 2000 eingeweihte Lærdalstunnel. Brücken verbinden Inseln mit dem Festland oder mit Nachbarinseln wie bei Runde, bei Kristiansund oder auf den Vesterålen. Ganz neue Trassen wurden angelegt wie bei Tosbotn in Nord-Trøndelag, nördlich von Fauske an der E6, oder die neue Paßstraße bei Lysbotn in Rogaland. Große, ehrgeizige Tunnel- und Brückenprojekte sind im Fjordgebiet zwischen Stavanger und Haugesund vorgesehen.

Viele Straßen wurden verbreitert, befestigt, Kurven oder riskante Engstellen durch Tunnels entschärft etc. etc. Selbst zum Nordkap rollt man längst auf einem Asphaltband. Und seit 1. Juni 1999 gelangt der Autofahrer durch ein Untersee- und Landtunnel-System schnell und bequem auf die Nordkapinsel Magerøya.

Trotz dieser gravierenden Verbesserungen sind in den straßenbautechnisch oft schwierig zu meisternden Fjordregionen manche Straßenabschnitte immer noch relativ schmal (4 – 5 m).

Aber die Streckenanteile an den Hauptlandesstraßen, an den Fjorden oder über Gebirgspässe, die vom Norwegischen Straßenbauamt für Caravangespannfahrer als „grundsätzlich abzuraten" eingestuft sind, sind auf wenige kurze Teilstücke geschrumpft. Nach wie vor aber findet man in den Regionen des Hardangerfjords oder Sognefjords längere Straßenabschnitte, die das Straßenbauamt „ausschließlich geübten und guten Caravan-Fahrern" empfiehlt.

Folgende Straßen sind für Wohnwagengespanne bzw. Fahrzeuge mit Anhänger laut norwegischen Behörden nicht geeignet:

In **Vest-Agder**
Straße 461: Førland - Moi, Kvås - Konsmo
Straße 465: Hanesund - Liknes

Rogaland
Straße 501: Rekeland - Heskestad

Sogne og Fjordane
Straße 92: Bjordal - Bezirksgrenze Hordal

Møre of Romsdal
Straße 63: Geirangervegen
Straße 63: Trollstigen

Trøndelag
Straße 758: Vuku - Stene

Caravangespannfahrer sollten bei ihrer Routenplanung die Karte und die Informationen in der Campingbroschüre des Norwegischen Fremdenverkehrsamtes studieren. Dort sind besonders schmale Straßenpartien angegeben und es sind auch die Vorschriften für die Benutzung von Wohnwagen auf norwegischen Straßen aufgeführt, wie max. Caravan- und Wohnmobilbreite von 2,55 m oder höchstzulässige Länge von Wohnmobilen von 12,5 und Caravangespannen von 18,75 m. Fernsehantennen dürfen während der Fahrt nicht über die Seiten des Fahrzeugs hinausragen.

351

MIT DEM AUTO DURCH NORWEGEN

Nicht auf die leichte Schulter nehmen: Warnschild vor unfreiwilligem „Elchtest"

Übrigens: Eine deutliche Beschilderung weist im ganzen Lande auf **Wohnmobil-Abwasserentsorgungsstellen** hin, die sich meist bei Tankstellen befinden.

Mit unbefestigten Straßen muß nur noch in entlegenen Landesteilen abseits der Durchgangsstraßen gerechnet werden. Dort sind die Straßen oft nur einspurig (3 m), aber mit häufigen Ausweichstellen versehen.

Für die Benutzung gewisser, besonders aufwendiger Tunnel- oder Brückenbauten und Straßenabschnitte wird Maut erhoben, z. B. auf die Nordkapinsel. Ebenso sind die Zufahrten in die Städte Oslo, Bergen und Trondheim mautpflichtig. Außerdem werden für entlegene Bergstraßen, die oft Privatstraßen sind (z. B. zum Nigardsgletscher, zum Raubergstulen, nach Kjenndal u. a.) Maut erhoben.

Besonders im Südwesten von Norwegen wird man gelegentlich Paßstraßen befahren müssen, die oft langen Steigungen bzw. Abfahrten aufweisen Hier sollte bei Talfahrten daran gedacht werden, daß zu häufiges Bremsen die Bremsen stark erhitzt und zu einem Nachlassen der Bremswirkung führen kann. Da im Urlaub in aller Regel der Pkw oder das Wohnmobil stark beladen ist, werden die Bremsen ohnehin stärker beansprucht. Besser rechtzeitig herunterschalten und die Bremswirkung des Motors ausnutzen! Alte Faustregel: Wählen Sie den Gang für die Talfahrt, mit dem Sie auch bergauf fahren müßten. Bei langen Bergfahrten Temperaturanzeige der Kühlflüssigkeit im Auge behalten.

Zwischen 20. Juni und Mitte August sind Straßenwachtfahrzeuge des norwegischen Automobilklubs NAF auf den Hauptverkehrsstraßen und auf kritischen Paßstraßen unterwegs, um notfalls **Pannenhilfe** leisten zu können.

Die **Pannen-Notruf-Nummer** der NAF Alarmzentrale in Oslo ist 81 00 05 05. Der **Rettungsdienst Viking** ist über Tel. 800 32 900 und der **Falken Rettungsdienst** über Tel. 800 30 050 zu erreichen.

Alles über den neusten Stand in Sachen Straßen-, Schnee- und Verkehrsverhältnisse erhalten Sie vom **Vegemeldingstjenesten** (Straßendienst) landesweit und rund um die Uhr unter Tel. 175.

Verkehrsregeln

In Norwegen gelten die international üblichen **Verkehrsregeln**. Kreisverkehr hat immer Vorfahrt! Das **Abblendlicht** (Fahrlicht) muss auch tagsüber während der Fahrt immer eingeschaltet sein!

Die erlaubten **Höchstgeschwindigkeiten** betragen innerhalb geschlossener Ortschaften 50 km/h, in Wohngebieten meist 30 km/h Für Pkw und Wohnmobile bis 3,5 t gelten außerhalb geschlossener Ortschaften 80 km/h, auf Schnellstraßen 90 km/h. Für Pkw mit Anhänger (Caravan) gelten außerorts max. 80 km/h mit gebremstem Anhänger und 60 km/h mit ungebremstem Anhänger.

Es besteht **Anschnallpflicht** und **Helmpflicht**. Zuwiderhandlungen werden mit sehr hohen Geldbußen geahndet.

Die **Promillegrenze** ist seit 1. 1. 2001 auf 0,2 Promille festgesetzt. Vergehen gegen die Promillebeschränkung werden mit empfindlichen Strafen belegt.

Spikes sind erlaubt zwischen 1. November und Ostern, in Nordnorwegen von 17. Oktober bis 31. April. In Oslo wird eine Umweltabgabe auf Reifen mit Spikes erhoben.

Wildwechselbeschilderung ernst nehmen! Mitunter halten sich Schafe oder Rentiere in den Straßentunnels auf, was vor allem in unbeleuchteten Tunnels zu unliebsamen Überraschungen führen kann.

Übrigens: In Norwegen, wie in ganz Skandinavien, gibt es neben der Entfernungsangabe in Kilometern, eine weitere – wenn auch nur noch selten gebrauchte, inoffizielle Angabe in „*Meilen*" (mil). Bei Wegauskünften kann es u. U. noch vorkommen, daß es heißt: „Noch 10 Meilen". Es handelt sich dann aber nicht etwa um 16 km (entsprechend 10 englischen Meilen), sondern um 100 km. 1 skandinavische Meile entspricht nämlich 10 km.

Kraftstoffpreise

Tankstellen aller gängigen Marken sind in einem dichten Netz über das ganze Land verteilt. Selbstbedienung an den Zapfsäulen ist üblich.

Die meisten Tankstellen akzeptieren Kreditkarten. Tankstellen sind gewöhnlich zwischen 7 und 21 Uhr geöffnet.

Bei der Kraftstoffversorgung und den Benzinpreisen in Norwegen gilt, wie bei fast allen anderen Gütern auch: Im Süden reichlich, im hohen Norden dünner gesät und etwas teurer. Dennoch ist es kein Fehler, vor allem bei Reisen im hohen Norden, einen gefüllten Reservekanister mitzuführen.

Preise pro Liter:

Normal bleifrei (95 Oktan) ca. NOK 10,41.

Super bleifrei (98 Oktan) ca. NOK 10,17.

Diesel ca. NOK 8,00.

ENTFERNUNGSÜBERSICHT

Bergen							
1.420	**Bodø**						
2.255	955	**Hammerfest**					
2.685	1.390	495	**Kirkenes**				
395	1.610	2.445	2875	**Kristiansand**			
1.590	295	665	1.095	1.780	**Narvik**		
485	1.280	2.115	2.540	330	1.445	**Oslo**	
1.750	565	440	840	2.040	260	1.710	**Tromsø**
685	740	1.575	2.005	875	910	540	1.170 **Trondheim**

Beispiel: Oslo – Bodø 1.280 km

ÖFFNUNGSZEITEN

Geschäfte

Kein allgemein verbindliches Ladenschlußgesetz, keine einheitlichen Öffnungszeiten. Generell schließt man vor allem im Sommer recht früh!
Montag – Freitag 10 – 17 Uhr, Donnerstag in Städten bis 19 Uhr.
Samstag 10 – 15 Uhr.
Supermärkte sind oft bis 19 oder 20 Uhr, Kioske auch an Samstagen und Sonntagen geöffnet.

Banken

Montag – Freitag 8.30 – 15 Uhr.
Donnerstag 8.15 – 17 (18) Uhr.

Postämter

Montag – Freitag 8 (8.30) – 16 (16.30) Uhr,
Samstag 8 – 13 Uhr.
Die Zeiten in Klammern gelten im Sommer.

POST UND TELEFON

Porto nach Deutschland: Postkarte oder einen Standardbrief bis 20 g NOK 9,00.

Telefonieren ist im ganzen Land von Telefonämtern, Telefonzellen (natürlich auch von Privatanschlüssen, Hotelzimmern etc.) möglich. Verbreitet sind rückrufbare öffentliche Telefonzellen, in denen Sie sich anrufen lassen können.

Verbreitet sind **Kartentelefone**, die mit Telefonkarten „telekort" und in einigen Fällen auch mit den gängigen Kreditkarten betrieben werden können. Eine telekort können sie auf den Postämtern oder in Narvesen-Kiosken kaufen.

In Norwegen gibt es Telefonnummern mit acht Ziffern. Die Ortsvorwahl ist in die Rufnummer integriert!

Notruf:
Feuerwehr **110**,
Polizei **112**,
Ambulanz **113**.
Allg. Telefonauskunft: 01 80.

Vorwahlen:
Für **Norwegen: 00 47** (danach achtstellige Rufnummer).

Für Deutschland: **00 49** (danach Ortsvorwahl ohne erste Null, dann Rufnummer).

Für Österreich: **00 43** (danach Ortsvorwahl ohne erste Null, dann Rufnummer).

Für die Schweiz: **00 41** (danach Ortsvorwahl ohne erste Null, dann Rufnummer).

Ihr **Mobiltelefon** funktioniert auch in Norwegen, wenn das Gerät zu den Systemen GSM 900 und GSM 1800 kompatibel ist.

REISEN IM LANDE

Mit dem Flugzeug

Drehscheiben des inländischen Flugverkehrs sind Oslo, Bergen, Bodø und Tromsø. Das Luftliniennetz in Norwegen wird vor allem von den Gesellschaften SAS, Braathens SAFE, Widerøe, Norsk Air und kleineren Carriern bedient. Im ganzen Land werden rund 26 Städte regelmäßig angeflogen. Bis zu dreimal täglich bestehen z. B. Verbindungen von Oslo über Tromsø nach Kirkenes. Rege Frequenzen auch zwischen Oslo und Bergen (bis zu 15 Abflüge täglich).

Die Flugzeiten betragen von Oslo nach Kirkenes z. B. rund 4 Stunden, von Oslo nach Trondheim rund 1 Stunde 20 Minuten, oder von Oslo nach Bergen rund 50 Minuten.

Sondertarife werden auf Inlandslinien angeboten. Es besteht ein Rauchverbot auf allen Inlandflügen der SAS.

Mit der Bahn

Die wichtigsten Städte des Landes sind per Bahn zu erreichen. Auch im Bahnverkehr ist Oslo der zentrale Knotenpunkt, von dem die Strecken sternförmig ausgehen.

Die nördlichste mit den *Norwegischen Staatsbahnen (NSB)* erreichbare Stadt in

REISEN IM LANDE

Norwegen ist Bodø. Die wichtigsten Bahnstrecken sind die *Sørland-Bahn* (Oslo-Kristiansand-Stavanger), die *Bergen-Bahn* (Oslo-Myrdal-Voss-Bergen), eine der interessantesten Strecken des Landes, von der aus der Abstecher mit der berühmten *Flåmbahn* möglich ist, dann die wichtige Nord-Süd-Verbindung *Dovre-Bahn* (Oslo-Dombås-Trondheim) und die weiterführende *Nordland-Bahn* (Trondheim-Fauske-Bodø). Durch sehr reizvolle Landschaft führt die *Rauma-Bahn* von Dombås nach Åndalsnes.

Von Oslo nach Bergen verkehren täglich bis zu vier Züge (Fahrtdauer rund 7 1/2 Stunden), nach Stavanger bis zu vier Züge (Fahrtdauer rund 8 Stunden), nach Trondheim bis zu fünf Züge (Fahrtdauer rund 7 bis 9 Stunden, je nach Strecke). Die Bahnfahrt von Oslo über Trondheim nach Bodø dauert rund 20 Stunden.

Seit dem Jahr 2000 haben die Norwegischen Staatsbahnen ihre **Hochgeschwindigkeitszüge „Signatur"** in Betrieb genommen. Bislang verkehren die neuen, rund 100 m langen und voll klimatisierten Komfortzüge auf den Strecken Oslo – Kristiansand, Oslo – Stavanger, Oslo – Trondheim und Oslo – Bergen. Die Züge führen u. a. spezielle Abteile für Rollstuhlfahrer, für Allergiker, es gibt Büroabteile, Kinder- bzw. Spielabteile und einen Buffetwagen. Die Züge sind Zuschlagpflichtig.

Eine Möglichkeit auf Bahnreisen in Norwegen Geld zu sparen stellt der **ScanRail-Pass** dar.

Mit dem Bus

Ein recht dichtes Netz von Buslinien, die auf allen wichtigen Fernstraßen des Landes verkehren, komplettieren und erweitern die Bahn- und Schiffsstrecken. Wichtige Buslinien sind u. a. die durch das Setesdal (Kristiansand – Haukeligrend), die Strecke Skien – Haugesund, dann die von Trondheim über Molde nach Ålesund und die Linie der Nord-Norge-Bussen von Fauske über Narvik nach Kirkenes.

Mit dem **NOR-WAY BusPass** fährt man preisgünstiger auf dem innernorwegischen Busstrecken. Der BusPass für einen Gültigkeitszeitraum von 7 oder 14 Tagen zu haben. Infos bei: *NOR-WAY Bussekspress AS, Karl-Johans-Gate 2, N-0154 Oslo, Tel. 8154 44 44, Fax 2300 24 49, Web: www.nor-way.no*

Mit dem Mietauto

Pkws können in allen großen Städten des Landes gemietet werden, z.B. in Oslo, Larvik, Kristiansand, Egersund, Stavanger, Bergen, Trondheim, Bodø, Tromsø, Kirkenes.

Ein gültiger Führerschein muß vorgelegt werden. Einige Unternehmen vermieten nur an Personen, die älter als 25 Jahre sind. Wenn Sie mit einer Kreditkarte bezahlen können, vereinfacht das die Formalitäten erheblich.

Mit dem Schiff

Ein sehr dichtes Netz von Autofähren stellt die Verbindung in den Fjorden und zu den vielen Inseln an der westnorwegischen Küste her.

Auf allen wichtigen Strecken sind die Abfahrten so häufig, daß der Autofahrer nicht mit unkalkulierbar langen Wartezeiten rechnen muß. Reservierungen sind auf den Fjordfähren in aller Regel nicht möglich. Fahrkarten werden direkt auf den Schiffen verkauft. Angaben zu Fähren sind im Routenteil bei den entsprechenden Fährstationen angegeben.

Personenschnellboote verkehren außerdem von Bergen in den Sognefjord, nach Norheimsund im Hardangerfjord, über Haugesund nach Stavanger und in den Nordfjord.

Ein Norwegenerlebnis besonderer Art sind Reisen mit den ganzjährig und täglich verkehrenden Küstenschiffen der **Hurtigruten**. Die Hurtigrutenschiffe verkehren zwischen Bergen und Kirkenes und laufen auf der sieben Tage dauernden Seereise alle wichtigen Hafenstädte an der Westküste an. Die Rückreise dauert abermals 7 Tage. Häfen die auf der Nordfahrt

355

am Tage angelaufen wurden, werden auf der Rückfahrt nachts bedient.

Den Passagieren stehen bequeme Kabinen und Bordrestaurants zur Verfügung. Zumindest auf den großen, neueren, recht komfortablen Schiffen wie MS „Nordnorge", MS „Polarlys" oder MS „Nordkapp", die Platz für etwa 480 Passagiere bieten, sind alle Kabinen mit Dusche und WC ausgestattet.

Man kann auch nur Teile der Gesamtstrecke buchen. Auf den oben erwähnten Schiffen können bis zu 50 Personenwagen befördert werden. Die zu befördernden Autos dürfen auf den neueren Schiffen folgende Werte nicht überschreiten: Gesamtgewicht 5.000 kg, max. Höhe 2,50 m, max. Länge 6,50, max. Breite 2,45 m.

Detaillierte Informationen über Routenverlauf, Abfahrtszeiten, Preise und Reservierungen sind bei NSA in Hamburg zu bekommen. Das Norwegische Fremdenverkehrsamt gibt eine kostenlose Broschüre über Schiffs-, Bahn-, Flug- und Busverbindungen heraus.

REISEZEIT UND KLEIDUNG

Die beste Zeit für eine Reise durch **Norwegen** dürfte die Zeit von Ende Mai bis Anfang Juli sein. Nicht zuletzt der Mitternachtssonne wegen, die ja ein besonderes und typisches Nordlanderlebnis ist und gerade in dieser Zeit nördlich des Polarkreises am eindrucksvollsten erlebt werden kann, bietet sich die erwähnte Zeitspanne an.

Wer aber nach Norwegen fährt, um in erster Linie in der Finnmark zu wandern, wird sich den Frühherbst aussuchen. Und wer des Angelns wegen nach Norden reist, dem wird die für ihn günstigste Reisezeit von spezifischen Faktoren vorgegeben.

Bis Ende Mai kann man ab und zu Neuschnee erleben, dann aber nur noch in sehr hohen Lagen und ohne Beständigkeit. Zum Ende des Monats Mai hin ist bereits mit angenehmen Temperaturen zu rechnen. Das Wetter ist in aller Regel beständiger und die Sicht oft klarer als im Juli etwa. Allerdings ist um diese relativ frühe Reisezeit Ende Mai/Anfang Juni bei der Routenplanung darauf zu achten, ob die Wintersperren über bestimmte Bergpässe (gewöhnlich Mitte Oktober bis Ende Mai) schon aufgehoben sind. Und viele Informationsbüros und touristische Einrichtungen öffnen erst Anfang oder Mitte Juni.

Die turbulenteste Reisezeit ist erfahrungsgemäß der Monat Juli. Es ist der Urlaubsmonat der Norweger schlechthin. Alles was vier Räder hat ist dann unterwegs. Dazu kommen jedes Jahr größer werdende Scharen ausländischer Touristen. In dieser Zeit kann es durchaus passieren, daß in touristisch stark frequentierten Regionen, wie etwa an der südlichen Küste um Kristiansand, im Gebiet des Geirangerfjords, bei Voss, im Gebiet Loen/Stryn und entlang der E6, der wichtigsten Nord/Süd-Verbindung des Landes, Campingplätze vollbelegt und Hotels ausgebucht sind. In dieser Zeit ohne Anmeldung eine Campinghütte zu bekommen, kann Schwierigkeiten bereiten. Wer es einrichten kann, dem sei ans Herz gelegt, nicht in der Hauptreisezeit Juli zu fahren!

Die zweite Augusthälfte gehört in Norwegen, zumindest in nördlichen Landesteilen, schon zum Herbst. Es wird kühler und vor allen Dingen, die Tage werden rapide kürzer. Auf der Höhe von Kristiansand z. B. lassen sich in den letzten Augusttagen merkliche „Tagesverkürzungen" von rund 15 Minuten je Tag feststellen.

Anfang September kann man in der Finnmark mit den ersten Frösten rechnen. Diese frühe Herbstperiode ist die mit Abstand am besten geeignete Zeit für Wanderungen in der Finnmark. Die Laubfärbung der Birken und der zaghafte erste Schnee auf den Hügelköpfen lassen Fußmärsche in dieser Zeit unvergeßlich werden. Außerdem wird dann das Wandererlebnis nicht mehr von den im Sommer gelegentlich lästigen Stechmücken beeinträchtigt.

Zur **Kleidung** – eine individuelle Frage, die sich ja ganz nach persönlichen

Vorlieben oder geplante Urlaubsaktivitäten richten wird – für eine Urlaubsreise durch Skandinavien sei lediglich erwähnt, daß auch im Sommer dicke Wollpullover, winddichte Jacken und vor allem eine gute Regenbekleidung mit Gummistiefeln (mit denen es sich übrigens vorzüglich über die morastigen Hochebenen wandern läßt) im Reisegepäck nicht fehlen sollten.

Übrigens, selbst wenn Sie in einem schicken Berghotel abends zum Essen gehen erwartet niemand, dass Sie dort im feinen Zwirn und mit „Schlips und Kragen" auftauchen.

WÄHRUNG UND DEVISEN

In den skandinavischen Ländern gibt es bei der Ein- und Ausfuhr inländischer wie ausländischer Währung keinerlei Beschränkungen. Übersteigt allerdings die Ein- oder Ausfuhr NOK 25.000,- gelten besondere Bestimmungen!

Die norwegische Währungseinheit ist die **Norwegische Krone** (NOK) zu 100 Øre.
NOK 100,-- = ca. EUR 12,19.
EURO 1,-- = ca. NOK 8,20.
Die Wechselkurse unterliegen Schwankungen.

International bekannte **Reiseschecks** und die gängigen **Kreditkarten** werden in vielen Geschäften, Tankstellen, Hotels, Restaurants etc. als Zahlungsmittel akzeptiert. Gehen Sie mit Ihren Kreditkarten, Kreditkartenabdrucken (auch mit dem Karbonpapier zwischen den einzelnen Kopien) nicht zu sorglos um, um Mißbrauch und späteren unliebsamen Überraschungen auf Ihrem Bankkonto vorzubeugen.

Euroschecks werden von den Banken nicht mehr akzeptiert! Auch als Zahlungsmittel in Geschäften etc. sind Euroschecks nicht gebräuchlich.

Nach neuesten Informationen werden auch **Postsparbücher** nicht mehr akzeptiert.

Auch in Norwegen finden **Geldautomaten**, an denen Sie mit Ihrer EC-Karte oder Kreditkarte mit der geheimen PIN-Nummer rund um die Uhr Geld bekommen können immer mehr Verbreitung, bislang allerdings nur in den größeren Städten.

BESUCHEN SIE UNS IM INTERNET!

Mehr über unser Buchprogramm und über RAU'S REISEBÜCHER, die individuellen Auto- und Wohnmobil-Reiseführer finden Sie unter:

http://www.rau-verlag.de

ZEICHENERKLÄRUNG

Durch die nachstehenden **Symbole** und **Angaben**, zusammen mit der Kartenskizze vor jeder Teilstrecke, haben Sie die wichtigsten Informationen über die jeweilige Etappe auf einen Blick zusammen. Sie können – ohne die ganze Etappe durchblättern zu müssen – abschätzen, was Sie auf dieser Strecke erwartet. Beispiel:

⊙ **Entfernung:** Rund .... km.
➔ **Strecke:** Über E20 bis **Sorø** .....
🕒 **Reisedauer:** Mindestens ein Tag.
⌘ **Höhepunkte:** Die **Storebæltbrücke** *** – die **Wikingerfestung Trelleborg** ....

Mit folgender **Hervorhebung im Text, beginnend mit einem Pfeil und endend mit einem Punkt**

➔ **Route:** Weiterreise nach ..... ●

soll die eigentliche Route/Fahrstrecke von den Beschreibungen der Städte, Landschaften und Sehenswürdigkeiten optisch unterschieden und der Wiedereinstieg in die Route bei der Weiterfahrt erleichtert werden.

☑ *Mein Tipp!* – **Dieser Hinweis** ist eine subjektive Einschätzung durch den Autor. Damit sind Sehenswürdigkeiten, Hotels, Restaurants, Ausflüge o. ä. gekennzeichnet, die während der Recherchenreisen einen besonders starken und positiven Eindruck hinterlassen haben. Oder es werden damit wichtige Reisetipps markiert.

Piktogramme am Seitenrand:

 die Route

 archäol. Sehenswürdigkeit

 Wandermöglichkeit

 Umweg, Alternativroute

 Stadtrundgang

 Radtouren

 Abstecher, Ausflug

 Schloß, histor. Gebäude

 Information

 Autofähre

 Campingplatz Stellplatz

 Restaurant

 Sehenswürdigkeit

 „Mein Tipp"

 Hotels

Wichtige, am Rande vermerkte Sehenswürdigkeiten sind ihrer Bedeutung entsprechend mit ein, zwei oder drei Sternchen versehen:

* = sehenswert
** = sehr sehenswert
*** = ein „Muß" auf der Reise

REGISTER

Personennamen in kursiver Schrift

A

Å 286
Åkrafjord 105
Ål 203
Ålesund 163
Ålgård 80
Alstahaug 259
Alta 309
Alta Canyon 310
Åmot 101
Amundsen, Roald 20, 45
Åndalsnes 159
Andenes 292
Årdal 84
Arendal 56
Aulestad 216
Aurland 198
Aurlandsdalen 202

B

Balestrand 141
Ballangen 275
Ballstad 282
Bandakkanal 97
Bergen 112
   Bergen Karte 123
   Camping 126
   Damsgård 122
   Festspiele 124
   Gamlehaugen 120
   Hotels 125
   Information 123
   Restaurants 124
   Stadtspaziergang 113
   Troldhaugen 120
   Ulriken 121
Bjåland, Olav 92
Björheimsund 84
Bjørnson, Bjørnstjerne 20, 216
Bø 96
Bø, Insel 290
Bodø 268
Bognelv 308
Bognes 274
Borg 283
Borgund Stabkirche 207
Borgundkaupangen 164
Bøyabreen 138
Breivikeidet 305
Brekkestö 60
Bremsnes 170, 234
Briksdalgletscher 150
Brønnøysund 252
Brundtland, Gro Harlem 20
Brusand 73
Buarbreen 108
Bugøynes 334
Bull, Ole 20, 122
Burfjord 308
Bygland 88
Byglandsfjord 87
Bykle 90

C

Christian, Johann 20
Christiania. Siehe Oslo

D

Dalen 98
Dalsnibba 158
Dass, Petter 20, 259
Djupvik 308
Dombås 172
Dovre 173
Dovrefjell Nationalpark 223
Dragsvik 141
Drammen 53
Dyrskar-Paß 104

E

Egersund 71
Eidfjord 129, 205
Eidsborg Stabkirche 99
Eidsdal 158
Eidsvoll Verk 222
Eiken 87
Einwohnerzahl 9
Ekkerøya, Vogelinsel 333
Eleverum 220
Elveseter 185
Erikson, Leif 14, 247
Evje 87

F

Fagernes 212
Fantoft Stabkirche 120
Fauske 268
Felszeichnungen 309
Finse 200
Fiskebøl 288
Fister 84
Fjærland 137, 194
Flå 211
Flakk 245
Flåm 198
Flåmbahn 132, 199
Flateland 89
Flekkefjord 69
Foldereid 250
Folgefonn-Gletscher 108
Folgefonntunnel 105
Folldal 225
Fram 45
Frette 106
Frosta 253

G

Galdhøpiggen 184
Gamvik 330
Garmo 180
Gaularfjell 142
Gaupne 190
Geilo 204
Geiranger 157
Geirangerfjord 155
Giske Inseln 165
Gjendesheim 214
Gjerde 190
Gjermundshamn 107
Gjesvær 324
Gletscher 192
Gol 210
Golfstrom 297
Granvin 129
Grense Jakobselv 337
Grieg, Edvard 20, 120
Grimdalen, Anne 98
Grimstad 58
Grindaheim 212
Grindheim, Kirche 87
Grip, Insel 233
Grønligrotte 263
Grovane 64
Gryllefjord 293
Gudvangen 132, 135

H

Håkon VII. 17
Hamar 221
Hammerfest 315
Hamsun, Knut 21, 59, 180
Hanse 15
Harald Hårdråde 15
Harald V. 10
Hardangerfjord 107
Hardangervidda 103
Hardangervidda Naturzentrum 206
Hareid 166

REGISTER

Harran 256
Harstad 293
Hauge i Dalane 71
Haukeland 126
Haukeligrend 90
Havøysund 317
Heddal Stabkirche 93
Helgeroa 55
Helle 88
Hellesylt 155
Henningsvær 281
Heyerdahl, Thor 21, 46
Hjelmeland 85
Hjerkinn 224
Hoddevika 145
Hol 203
Holberg, Ludvig 21
Holland 260
Homborsund 59
Honningsvåg 318
Hopperstad Stabkirche 138
Hordaland, Provinz 104
Høre Stabkirche 212
Hornadalen 198
Horten 53
Hovden 90
Hovet 203
Hovland 195
Høvringen 173
Hunnedalen 83

I

Ibsen, Henrik 21, 58
Indre Billefjord 325

J

Jedermannsrecht 343
Jelsa 85
Johansen, Hjalmar 45
Jørpeland 84
Jostedalen
 Breheimsenteret 190
Jostedalsbreen 192
Jotunheimengebirge, Bergtouren 184

K

Kabelvåg 278
Kalmarer Union 16
Kanestraum 235
Kap Kinnarodden, 329
Kap Lindesnes 68
Karasjok 327
Kaupanger 195

Kaupanger, 136
Kibergneset 333
Kielland, Alexander 21
Kinsarvik 110
Kirkenes 336
Kjeldal 96
Kjelvik 273
Kjenndal 150
Kjerag 81
Kjerringøy 270
Kjøllefjord 329
Knaben 87
Kongenveien 173
Kongsberg 94
Kongsvold Fjellstue 228
Königsweg 225
Korgen 262
Kristiansand 60
Kristiansund 231
Kristin Lavransdatter, Roman 174
Kunes 329
Kvam 215
Kvanndal 128
Kviteseid 98
Kyrping 106

L

Lade 242
Lærdals Tunnel 196
Lærdalsøyri 195
Lakselv 326
Landesnatur 10
Lappen. Siehe Sami
Larvik 53
Låtefossen 108
Laukvik 281
Lebesby 329
Leif Eriksson 14, 247
Leka, Insel 251
Leknes 282
Lesjaskog 172
Levanger 254
Lie, Trygve 22
Lillehammer 217
Lillehavn 69
Lillesand 59
Løding 274
Loen 148
Lofoten 276
Lofthus 109
Løkken 235
Lom 181
Lyngseidet 306
Lysebotn 82
Lysefjord 81

Lysekloster 122
Lysevegen 82
Lysøyen, Insel 122

M

Mære 255
Mandal 66
Mannheller 195
Maurvangen 214
Melbu 288
Merdø, Inseln 57
Mitternachtssonne 266
Mjøsa, See 219
Mo i Rana 262
Molde 168
Morgedal 91
Mørsvikbotn 274
Mortensnes 331
Mosjøen 257
Moskenstraumen 287
Moskog 142
Mosterøy, Insel 80
Munch, Edvard 46
Myrdal 199

N

Nærbø 72
Nærøyfjord 136
Namsen Laksakvarium 256
Namsos 249
Nansen, Fridtjof 22, 45
Narvik 294
Nationalversammlung 17
Neiden 335
Nesbyen 211
Neumann Sverdrup, Otto 45
Nevlunghavn 55
Nigardsbreen 190
Nord-Sel 174
Nordfjordeid 144
Nordkap 320
Nordkinn-Halbinsel 329
Nordlicht 304
Nordreisa 308
Norheim, Sondre 92
Norheimsund 128
Nörholm 59
Notodden 93
Numedalen 204
Nusfjord 284
Nykvåg 290
Nyrud 338

O

360

REGISTER

Odda 108
Ogna 73
Oksvågen Landstation 329
Olav II. Haraldsson 14, 236, 254
Olav V. 18, 22
Olden 149
Ölexport 78
Oppdal 229
Oppeid 274
Oppheim 135
Oppstryn 162
Osa 129
Osebergschiff 43
Oslo 28
   Akershus Festung 36
   Bygdøy 41
   Camping 51
   Frogner Park 39
   Holmenkollen 38
   Hotels 50
   Kon-Tiki Museum 46
   Norsk Folkemuseum 41
   Oslo Kortet 31
   Restaurants 49
   Stadtbesichtigung 30
   Touristen-informationszentrum 48
   Vikingskiphuset 43
Otta 176
Overhalla 250
Øvre Eidfjord 206
Øvre Pasvik Nasjonalpark 338
Øye Stabkirche 211
Øyslebø 67

P

Peer Gynt 177
Peer Gynt Weg 216
Polarkreis 265
Polarnacht 266
Prekestolen 82

R

Rå 122
Rallarvegen 129, 199
Ravnjuvet, Schlucht 101
Reime 72
Reine 284
Reisadalen 306
Ridderspranget, Felsklamm 214
Risør 55
Roddineset 329
Rognan 268
Røldal 104
Rondane Nationalpark 177
Rorbuer-Ferien 277
Røros 226
Rørvik 251
Rosendal 106
Røssvassbukt 262
Røst 287
Runde 167
Russenes 317

S

Saltstraumen 271
Sami 312
Sandane 144
Sandnes 56
Sandnessjøen 259
Sandsletta 281
Sauda 85
Sauherad 94
"Schottenzug" 168, 178
Scott, Robert Falcon 45
Sekkemo 308
Sel 176
Selja, Insel 146
Seljord 98
Setergrotta 263
Setesdal 88
Setesdalbahn 64
Setesdalsheiene, Hochebene 90
Sjoa 216
Skånevik 106
Skarsvåg 324
Skei 143
Skien 95
Skisport 91
Skjolden 188
Skutvik 275
Sogndal 136, 194
Sognefjell 185
Solbakk 84
Sølsnes 168
Solvorn 193
Sørkjosen 308
Sortland 290
Sørvågen 285
Staatsform 9
Stabbursnes 326
Stalheim 135
Stavanger 73
Stavern 54
Stein 221
Steine 291
Steinkjer 255
Stiklestad 254
Stjørdal 253
Stø 291
Stokmarknes 289
Strand 337
Straumen 273
Stryn 154
Sturlasson, Snorre 15
Sulitjelma 267
Sund 284
Sundet 249
Sunndalsøra 231
Svanvik 337
Svartisen 264
Sverrestien Weg 207
Svolvær 277

T

Tana Bru 330
Tautra, Insel 236
Telavåg 122
Telemark 91
Telemarkkanal 97
Thorwaldsson, Erik "der Rote" 246
Tingvoll 231
Tjøme 54
Tømmerneset 274
Tønsberg 54
Tonstad 86
Torghatten, Berg 252
Torpo 203
Tresjord 162
Trofors 257
Troldhaugen 120
Trollfjord 280
Trollheimen Gebirge 229
Trollkyrkja, Marmorhöhle 170
Trollstigen 159
Tromsø 298
Trondheim 236
   Camping 245
   Hotels 245
   Restaurants 244
   Ringve Museum 242
   Stadtspaziergang 239
   Touristeninformation 244
Trones 256
Trygvasson, Olav 145
Tvedestrand 56
Tynset 225

REGISTER

Tyssedal 108

U

Ulefoss 94
Ullensvang 109
Ullmann, Liv 22
Ulvik 129
Ulvsvåg 274
Undset, Sigrid 22, 174
Urnes Stabkirche 194
Utåker 106
Utne 110
Utstein Kloster 80
Uvdal Stabkirche 204

V

Vadsø 332
Værøy 287
Valldal 158
Valle 88
Valleheiene, Hochebene 88
Vangsnes 141
Varanger-Halbinsel 332
Varangerbotn 331
Vardø 333
Varhaug 72
Vårstigen 228
Vennesund 251
Verdal 254
Vetti 211
Videdalen 162
Vigeland 68
Vigeland, Gustav 22, 39, 68
Vik 138, 252
Vikhamar 245
Vingelen 225
Vingsand 249
Vinstra 216
Vøringsfoss 205
Voss 130
Vrangfoss, Katarakt 96

W

Walsafaris 292
Wergland, Henrik 22
Westkap 146
Wikinger 14, 246

Y

Ytre Vinje 101

RAU'S REISEBÜCHER

MOBIL REISEN

Praktische Führer für das erlebnisreiche Reisen auf eigene Faust.

Die schönsten Reisewege neu erfahren.

Freude am Touring mit Auto, Motorrad, Caravan oder Wohnmobil.

Mobil Reisen: SKANDINAVIEN
Reiseziel Nordkap

Die große Tour zum Nordkap in bequem zu kombinierenden Reiserouten. Mit vielen Routenvarianten durch alle vier nordischen Länder – Dänemark, Norwegen, Schweden und Finnland. Ausführliche Beschreibung der Hauptstädte Kopenhagen, Oslo, Stockholm und Helsinki.
440 S., zahlr. s/w.- u. Farb-Abb., Kartenskizzen, Stadtpläne, Hotels, viele Infos, die schönsten Camping- u. Stellplätze.
ISBN 3-926145-14-5

Mobil Reisen: DÄNEMARK
Mit Insel Bornholm

Handlich und praktisch für erlebnisreiches Auto-, Motorrad- oder Wohnmobil-Touring. Auf 15 handverlesenen Urlaubsrouten zu den schönsten Städten und Küsten in Jütland, Fünen, Seeland und Bornholm. Ausführlicher Teil über "wonderful, wonderful Copenhagen".
272 S., zahlr. s/w.- u. Farb-Abb., Kartenskizzen, Stadtpläne, Hotels, viele Infos, die schönsten Camping- u. Stellplätze.
ISBN 3-926145-02-1

Mobil Reisen: SCHWEDEN
Mit Inseln Öland und Gotland

22 sorgfältig ausgewählte, vor Ort getestete Reise(mobil)routen und Autotouren durch die schönsten Landschaften, Städte und Regionen. Mit vielen Reisetipps und Informationen über Sehenswertes vom südlichen Schonen bis Lappland. Mit ausführlichem Stockholm-Teil, Stadtrundgänge u.a. durch Helsingborg, Göteborg, Uppsala, Kalmar, sowie die Inseln Öland und Gotland.
332 S., zahlr. s/w.- u. Farb-Abb., Kartenskizzen, Stadtpläne, Hotels, viele Infos und die schönsten Campingplätze.
ISBN 3-926145-13-7

RAU'S REISEBÜCHER

Mobil Reisen: SCHOTTLAND
Schottland auf neuen Wegen erleben. Eine variantenreiche Rundreise – von den Borders bis zu den Highlands, von den Western Isles bis zu den Orkneys. Detaillierte Beschreibung von Edinburgh, Glasgow, allen wichtigen Städten, Schlössern und Landschaften.
Außerdem Essen und Trinken, Whisky, Clans, Tartans und Dudelsäcke, Wandern u.v.m.
364 S., zahlr. s/w- u. Farb-Abb., Kartenskizzen, Stadtpläne, Hotels, viele Infos und die schönsten Campingplätze.
ISBN 3-926145-08-0

Mobil Reisen: BRETAGNE
Ein individueller Reiseführer mit Routenvorschlägen, ausgesuchten Touren und praktischen Reisetipps für eine Reise von Nantes bis ans „Ende der Welt", der Finistère, und an die bretonische Atlantikküste. Historisches, Amüsantes, Kulinarisches und natürlich viele praktische Reisetipps. <u>NEU:</u> Jetzt auch mit Wohnmobil-Stellplätzen.
<u>PLUS</u>: Anreise über die schönsten Schlösser an der Loire.
428 S., zahlr. s/w.- u. Farb-Abb., Kartenskizzen, Stadtpläne, Hotels, viele Infos und die schönsten Campingplätze.
ISBN 3-926145-20-X

Mobil Reisen: LOIRETAL
Die schönsten Reisewege durch das Herz Frankreichs, der Landschaft, in der es sich leben lässt „wie Gott in Frankreich". Nicht umsonst entstanden hier die prächtigsten Schlösser Frankreichs. Aber auch wer weniger das Historische als viel mehr kulinarische Erlebnisse sucht, wird in der Gegend um das Loiretal auf seine Kosten kommen. Und dieser Reiseführer sagt Ihnen wo's lang geht. <u>NEU:</u> Jetzt auch mit Wohnmobil-Stellplätzen.
zahlr. s/w- u. Farb-Abb., Kartenskizzen, Stadtpläne, Hotels, viele Infos und die schönsten Campingplätze.
ISBN 3-926145-27-7.

Mobil Reisen: IRLAND – Mit Nordirland
Der ideale Urlaubsführer für alle, die den Charme der "Grünen Insel" auf eigene Faust entdecken wollen. Ausgesuchte Routenvorschläge fürs Auto-Touring von den südlichen Counties über die imposante Westküste bis hinauf ins abgeschiedene Donegal und durch Nordirland. Ausführlicher Dublin-Teil mit detaillierten Rundgängen. Kultur, Folklore, Tipps zu Pubs, Wandermöglichkeiten.
408 S., viele s/w- u. Farb-Fotos, Kartenskizzen, Stadtpläne, Hotels, viele Infos und die schönsten Campingplätze
ISBN 3-926145-01-3

RAU'S REISEBÜCHER

Mobil Reisen: KROATIEN
Istrien, die Dalmatinische Küste und Kroatiens herrliche Adriainseln auf den schönsten Reisewegen erleben. Dieses praktische Reisehandbuch sagt Ihnen, wo's lang geht. Eine Fülle an Reisetipps, Infos zu Hotels und Campings.
228 S., zahlreiche s/w- u. Farb-Fotos, Karten, Stadtpläne, Stadtspaziergänge u. v. m.
ISBN 3-926145-26-9

Mobil Reisen: PORTUGAL
Gesamt Portugal, vom grünen Norden bis zur sonnigen Algaveküste, vom kargen, ursprünglichen Alto Alentejo bis zu den Seebädern am Atlantik beschreibt dieser Band auf leicht nachvollziehbaren Touren, die einen kompletten Eindruck von diesem überaus interessanten Reiseland vermitteln. Besonders ausführlich die Weinstadt Porto und natürlich Lissabon, eine der schönsten Hauptstädte Europas.
280 S., zahlr. s/w- u. Farb-Abb., Kartenskizzen, Stadtpläne, Hotels, viele Infos und die schönsten Campingplätze.
ISBN 3-926145-04-8

Mobil Reisen: SPANIEN – Der Süden
Eine gelungene Mischung aus Kunst, Kultur, Information und Reisetipps. Ein kompletter Reiseführer, der mehr als nur Routen und Touren bietet. Vom Mittelmeer ins Herz Kastiliens, auf den Spuren der Conquistadores, weiße Dörfer, maurische Paläste und der sonnige Süden Andalusiens.
Mobil Reisen Plus: Madrid City Guide.
324 S., zahlreiche s/w- u. Farb-Fotos, Karten, Stadtpläne, Stadtspaziergänge, Hotels, Paradores, Campings u. v. m.
ISBN 3-926145-25-0

Mobil Reisen: SPANIEN – Der Norden
Spaniens Norden von den Stränden der Costa Brava über die Pyrenäen, durch das grüne Galicien mit dem Pilgerziel Santiago de Compostela bis ins Herz Kastiliens mit den Hochburgen von Kunst, Kultur und Geschichte wie Salamanca oder Segovia. Ausführlich: Der Jakobsweg und ein Madrid City Guide.
360 S., viele s/w- u. Farb-Fotos; Karten, Stadt- u. Lagepläne, Stadtspaziergänge, Hotels und die schönsten Campingplätze.
ISBN 3-926145-24-2

RAU'S REISEBÜCHER

Mobil Reisen: TOSKANA & UMBRIEN
Wiege der Renaissance, altes Zentrum von Kunst, Kultur und Wissenschaft und natürlich Eldorado für Weinliebhaber und ein wahres Paradies für kulinarische Entdecker. Ein Autoführer mit bequem zu kombinierenden Reiserouten durch die gesamte Toskana, mit Elba, und durch Umbrien.
Großer Florenz-Teil sowie alle wichtigen Städte, Landschaften und Sehenswürdigkeiten.
365 S., zahlr. s/w.- u. Farb-Abb., Hotels, Restaurants, Camping- u. Stellplätze, Kartenskizzen, Stadtpläne und viele Infos.
ISBN 3-926145-09-9

Mobil Reisen: GRIECHENLAND
Aus der Reisepraxis für die Reisepraxis geschrieben. Ein Reisehandbuch mit Routen, Touren und Reisetipps fürs Auto-, Motorrad-, Caravan- oder Wohnmobil-Touring. Eine Fülle von Routenvorschlägen führt durch alle Regionen Festlandgriechenlands, von den Badestränden der Chalkidiki-Halbinsel bis in den Süden des Peloponnes und natürlich zu allen archäologischen Stätten.
262 S., viele s/w- u. Farb-Fotos; Karten, Stadt- u. Lagepläne, Stadtspaziergänge, Hotels und die schönsten Campingplätze.
ISBN 3-926145-05-6

TOURING AFRIKA
Mobil Reisen: MAROKKO
Mehrfach vor Ort getestete Reiserouten vom Mittelmeer bis zur Sahara und detaillierte Pistenbeschreibungen für Off-Roader. Komplett überarbeitete Neuausgabe!
436 S., zahlr. s/w- u. Farb-Fotos, Karten, Stadtpläne, Hotels, Campingplätze.
Edith Kohlbach
ISBN 3-926145-12-9

Weitere Titel sind in Vorbereitung!
Fragen Sie im Buchhandel nach unseren aktuellen Neuerscheinungen.
Oder besuchen Sie uns im Internet:

http://www.rau-verlag.de
WERNER RAU VERLAG, Feldbergstraße 54, D - 70569 Stuttgart
e-mail: RauVerlag@aol.com

Mobil Reisen: NORWEGEN, Reisewege zum Nordkap
© Werner Rau, Stuttgart, 1989.
Vorliegend: 8. Auflage 2004/05